U0601610

十三經清人注疏

公羊義疏

五

〔清〕陳立　撰
劉尚慈　點校

公羊義疏五十

南菁書院　　句容陳立卓人著

成元年盡二年

○**春秋公羊經傳解詁成公第七**【疏】校勘記云：「唐石經成公第八卷七。」左傳釋文：「成公名黑肱，宣公子。」魯世家：「宣公卒，子成公黑肱立，是爲成公。」左疏云：「穆姜所生。以定王十七年即位。謚法：『安民立政曰成。』釋例曰：『討公衡之年，成公又非穆姜所生，不知其母何氏也。』」按：襄二年傳：「齊姜與繆姜，則未知其爲宣夫人與？成夫人與？」則公羊不必以成公爲穆姜子也。

○**元年，春，王正月，公即位。**

○**二月，辛酉，葬我君宣公。**【疏】包氏慎言云：「二月書辛酉，月之二十九日。」

○**無冰。**【注】周二月，夏十二月。尚書：「曰舒[一]，恒燠若。」易京房傳曰：「當寒而温，例賞也。」是時成公幼少，季孫行父專權，而委任之所致。【疏】注「周二」至「二月」。○杜云：「周二月，今之十二月。」穀梁傳：「終時無冰則志，此未終時而言無冰，何也？終無冰矣，加之寒之辭也。」疏引麋信、徐邈並云：「十二月最爲寒甚之時，故特於此書之。」范云：「周二月，建丑之月，夏之十二月也。此月既是常寒之月，於寒之中又加甚，常年過此無冰，終無冰矣。」校勘記云：「此本原刻，周二之二缺上畫，翻刻本遂改爲『周正月，夏十一月』，閩、監、毛本承其誤。」按：紹熙本作「周二月，夏十二月」。○注「尚書」至「燠若」。○書洪範文也。釋文：「尚書作豫。奥本又作燠，於六反，煖也。」校勘記云：「閩、監、毛本同。段玉裁云：『僞孔本作豫。鄭、王本作舒。羣經音辨引作「舒常奥若」，云「何休讀今本作燠」。按，音辨恒作常，避宋諱也。』」五行志中之下：「傳曰：『視之不明，是謂不悊，厥咎舒，厥罰恒奥。』」亦作燠。又云：「庶徵之恒奥，劉向以爲，春秋亡冰也。小奥不書，無冰然後書，舉其大者也。」按：書疏引鄭、王本皆作「舒」。鄭云：「舉，遲也。舒，惰也。」尚書大傳作「荼」，荼亦舒。玉藻：「諸侯荼。」是也。僞孔作豫，徐仙民故讀從舒也。論衡寒温篇：「洪範：『庶徵：曰急，恒寒若。曰[二]舒，恒燠若。』」荀悦漢高后紀：「人君急，則日晷進而疾；舒，則日晷退而緩。故曰急，恒寒若；舒，恒燠若。」今本漢紀作「豫」，淺人改之也。上文明以急舒對舉，

[一]「曰舒」，尚書洪範原文作「曰豫」。

[二]「曰」字原脱，叢書本同。「曰急」、「曰舒」相應爲文，據尚書洪範校改。

惠紀〔一〕亦有「厥咎急」、「厥咎舒」之語可證也。經義雜記：「尚書『厥民隩』，五帝本紀作『其民燠』，蓋古文尚書作奥，今文尚書作燠也。釋文引馬云：『煖也。』是馬從今文讀。何氏今文之學也，引尚書作『恒奥若』，是今文燠亦作奥。」○注「易京」至「賞也」。○校勘記云：「諸本同。按，『例』當作『倒』，字之誤也。此本疏〔二〕云『凡爲賞罰宜出君門，而臣下行之，故曰倒賞也』，可證。閩、監、毛本亦誤作『例賞』矣。襄二十八疏引作『倒置』，置〔三〕字誤，倒字不誤。」按：紹熙本作「倒賞」，不誤。五行志又云：「言上不明，暗昧蔽惑，則不能知善惡，親近習，長同類，无功者受賞，有罪者不殺，百官廢禮，失在舒緩，故其咎舒也。」即倒賞之義也。志又引京房易傳曰：「禄不遂行兹謂欺，厥咎奥，雨雪四至而温。臣安禄樂逸兹謂亂，奥而生蟲。知罪不誅兹謂舒，其奥，夏則暑殺人，冬則物華實。重過不誅兹謂亡徵，其咎，當寒而奥六日也。」按：洪範云：「唯辟作福，唯辟作威。」此經舊疏引：「鄭注云：『此凡君抑臣之言也。作福專慶賞，作威專刑罰。』書又云：『臣之有作福作威玉〔四〕食，其害于而家，凶于而國。』鄭注云：『害于汝家，福去室凶；凶〔五〕于汝國，亂下民。』是也。」○注「是時」至「所致」。○五行志又云：「董仲舒以爲，方有宣公

〔一〕「惠紀」，殆爲「惠帝紀」之訛。
〔二〕「疏」字原脱，據阮元校勘記校補。
〔三〕「置」，原訛作「二」，叢書本不誤，據改。
〔四〕「玉」，原訛作「王」，叢書本不誤，據改。
〔五〕「凶」字原脱，叢書本同，據公羊注疏校補。

之喪，君臣無悲哀之心，而炕陽，作丘甲。劉向以爲，時公幼弱，政舒緩也。」又云：「一曰，水旱之災，寒暑之變，天下皆同，故曰『無冰』，天下異也。成公時，楚横行中國，王札子殺召伯、毛伯，晉敗天子之師于貿戎，天子皆不能討。」按：何氏之説同子政。知成公幼少者，下十六年「不見公」傳：「曷爲不恥，公〔一〕幼也。」左傳成二年：「公衡爲質。」杜云：「公衡，成公子。」計已有子爲質，則成公時應三十餘矣，則左氏不以爲幼，然公至十四年始娶，則公羊之説信矣。行父專權，自仲遂卒後始。魯世家於宣公初立云：「魯由此公室卑，三桓彊。」明魯君失政於宣初，遂卒後，季氏日彊大也。

○三月，作丘甲。

何以書？譏。何譏爾？譏始丘使也。【注】四井爲邑，四邑爲丘。甲，鎧也。譏始使丘民作鎧也。古者有四民：一曰德能居位曰士，二曰辟土殖穀曰農，三曰巧心勞手以成器物曰工，四曰通財粥貨曰商。四民不相兼，然後財用足。月者，重録之。【疏】注「四井」至「爲丘」。○周禮小司徒文也。彼云：「乃經土地，而井牧其田野，九夫爲井，四井爲邑，四邑爲丘，四丘爲甸，四甸爲縣，四縣爲都。」鄭注：「九夫爲井〔二〕，井者，方一里。」「四井爲邑，方二里。四邑爲丘，方四里。四丘爲甸，方八里。旁加一里，

〔一〕「公」字原脱，叢書本不誤，據補。
〔二〕「井」字原脱，叢書本同，據周禮注疏校補。

則方十〔一〕里，爲一成。積百井，九〔二〕百夫。其中六十四井，五百七十六夫〔三〕，出田税。四甸爲縣，縣方二十里。四縣爲都，方四十里。」詩疏引服虔云：「司馬法云：四邑爲丘，有戎馬一匹，牛三頭。四丘爲甸，甸六十四井，出長轂一乘，馬四匹，牛十二頭，甲士三人，步卒七十二人，戈楯具備〔四〕，謂之乘馬。」杜云：「此甸所賦，今魯使丘出之，譏重斂，故書。」顧氏炎武杜解補正云：「杜云『丘出甸賦』，驟增三倍，恐未必然。周制四丘爲甸，旁加一里爲成，共出長轂一乘，步卒七十二人，甲士三人。則丘得十八人，不及一甲。今作丘甲，令丘出二十五人，一甸之中共出百人矣。」沈氏欽韓云：「顧説是矣，而未得其證。蓋一甸之中本出甲士三人，今令出甲士四人，則丘出一甲也。知者，以杜牧引司馬法云：『一車甲士三人，步卒七十二人，炊家子十人，固守衣裝五人，廄養五人，樵汲五人，輕卒七十五人，重車二十五人，故二乘兼百人爲一隊。』則李衛公問對引曹公新書同。然古制惟七十二人，其廝養之役皆在步卒七十二人之中。今司馬法百人爲一隊，則丘出二十五人，當一丘而一甲也。車兼輕重，則一甸又出二乘也。司馬法本於穰苴，是春秋之中皆用丘甲之法，而晉、楚諸國可知矣。李衛公問對，楚二廣之法，每車一乘用士百五十人，比周制差多，是丘出甲，又不止一矣。」按：沈氏之説本孔氏通義，云：「始丘使者，言始不甸使也。周制四

〔一〕「十」，原訛作「千」，據周禮注疏校改。
〔二〕「九」，原訛作「乃」，叢書本同，據周禮注疏校改。
〔三〕「五百七十六夫」句原脱，叢書本同，據周禮注疏校補。
〔四〕「具備」，原倒作「備具」，叢書本同，據毛詩正義校乙。

井爲邑，四邑爲丘，四丘爲甸，使出長轂一乘，甲士三人。今使丘出一甲，則甸有甲士四人，率三甸而增一乘。」是也。與顧說亦大同也。○注「甲，鎧也」。○周禮序官：「司甲。」注：「甲，今之鎧也。」禮記曲禮：「獻甲者執胄。」注：「甲，鎧也。」廣雅釋器：「甲，鎧也。」○注「譏始」至「鎧也」。○穀梁傳云：「作，爲也。丘，爲甲也。丘甲，國之事也。丘作甲，非正也。」又云：「夫甲，非人人之所能爲也。丘作甲，非正也。」此云譏「使丘民作甲」〔一〕，下備引四民不相兼之說，似與穀梁合。考周禮有「司甲」，其職雖闕，考工「函人」之職甚詳，司兵云：「掌五兵、五盾，以待軍事。及授兵，從司馬之法以頒之。其受兵輸，亦如之。」注：「兵輸，謂師還。」然則，戈盾弓矢，師出頒之，師入還之，皆掌於官，民不自備，意甲亦然。今使丘民自出甲，故譏之。管子乘馬云：「一乘者，四馬也。一馬，其甲七，其蔽五。四〔二〕乘其甲二十有八，其蔽二十人，白徒三十人。」彼一乘即一甸，一馬即一丘。蓋丘甲之制，早行之齊，魯從而放之與？其實井邑丘甸皆出甲，而獨舉丘者，舉丘以該井甸等。然則，丘民猶言邑民、鄉民、國民也。惠氏士奇春秋說云：「杜謂丘出甸賦，信乎？抑否乎？曰：不然。司馬法以田賦出兵，其法本於春秋，行於戰國，非周禮也。丘甲始作於齊桓之伯，桓公以此行之于齊，故成公亦以此行之於魯。管子云：『一乘之地，方六里（原注：六當爲八）。一乘者四馬也。一馬，其甲七，其蔽五。一乘，其甲二十有八，其蔽二十，白徒三十人。』然則，丘出

〔一〕穀梁傳注原文作「使一丘之民皆作甲」。
〔二〕「四」，原訛作「一」，據管子校改。

一馬七甲，甸四之，出四馬二十八甲。古制丘有馬無甲，今使一丘作七甲而已，安得又有長轂一乘，戎馬四匹，且甲士步卒戈楯皆具，而猥云丘出甸賦乎？杜以司馬法注春秋，往往不合，多類此。」劉氏逢禄解詁箋云：「何氏依穀梁解之，左氏服注引司馬法云：『丘有馬一匹，牛三頭，是曰匹馬丘牛。四丘爲甸，出長轂一乘，馬四匹，牛十二頭，甲士三人，步卒七十二人，戈楯具備，謂之乘馬。』杜云：『甸所賦，令丘出之，譏重斂，故書。』似與經、傳意合。然何氏本孔孟家法，以大國地方百里，出車千乘，故云十井而賦一乘。若司馬法井十爲通，通爲匹馬，三十家，士一人，徒二人，同方百里。萬井三萬家，革車百乘，士千人，徒二千人。又云『甸六十四井，出長轂一乘』，與諸侯百里千乘之制不合。此据天子畿内千里出車萬乘言之。馬融以十同之地開方爲三百一十六里有奇，皆周官家言。故何氏不取也。然如何義，四邑爲丘，使一丘農民皆作甲，以農爲工，失其本業，似亦與情事未協。」王氏念孫廣雅疏證云：「丘，衆也。」孟子盡心：「得乎丘民而爲天子。」莊子則陽篇：「丘里者，合十姓百名〔一〕以爲風俗也。」釋名曰：「四邑爲丘。丘，聚也。」皆衆之義，或以解此。然衆民作甲曰作丘甲，亦不辭。何氏云「譏始使」，則自後常行之矣。左傳云：「初税畝言初，此不言初者，此備齊難，暫爲之耳，非是終用，故不言初。」按：此如哀十二年之「用田賦」不言初耳，何所見暫爲之耶？民以食爲本，税畝害什一之中正，故於彼特重録之也。〇注「古者」至「用足」。〇穀梁傳云：「古者立國家，百官具，農工皆有職以事上。古者有四民，有士民。」注：「學習道藝

〔一〕「名」，原訛作「民」，據莊子校改。

者。」又云「有商民」，注：「通四方之貨者。」又云「有農民」，注：「播殖耕稼者。」又云「有工民」，注：「巧心勞手以成器物者。」國語齊語云：「四民者勿使雜處。公曰：『處士、農、工、商若何？』管子對曰：『昔聖王之處士也，使就閒燕；處工，就官府；處商，就市井；處農，就田野。令夫士，閒燕則父與父言義，子與子言孝，其事君者言敬，其幼者言悌。』『令夫工，審其四時，辨其功苦，權節其用，論比協材，旦莫從事，施於四方，以飭其子弟，相語以事，相示以巧，相陳〔一〕以功。』『令夫商，察其四時，而監其鄉之資，以知其市之賈，負、任、擔、荷，服牛，軺馬，以周四方，以其所有易其所無，市賤粥貴，旦莫從事於此，以飭其子弟，相語以利，相示以賴，相陳以知賈。』『令夫農，察其四時，權節其用，耒、耜、枷〔二〕、芟，及寒，擊草除田，以待時耕；及耕，深耕而疾擾之，以待時雨；時雨既至，挾其槍、刈、耨、鎛，以旦莫從事於田野。脱衣就功，首戴茅蒲，身衣襏襫，霑體塗足，暴其髮膚，盡其四支之敏，以從事於田野。』」呂覽上農篇：「凡民自七尺以上，屬諸三官。」三官，謂農工賈。六韜云：「大農、大工、大商，謂之三寶。農一其鄉，則穀足；工一其鄉，則器足；商一其鄉，則貨足。無亂其鄉，無亂其俗。」義皆同。校勘記出「通貨財曰商」，云：「閩、監、毛本作『通財粥貨曰商』。釋文：『粥貨，羊六反。』此脱。」按：紹熙本有「粥」字。此言「四民不可相兼」之義。漢書刑法志云：「魯成公作丘甲，春秋書而譏之，以成王道。」師古注用服説，又曰：「一説別令人爲丘作甲也。士

〔一〕「陳」，原訛作「乘」，叢書本同，據國語校改。

〔二〕「枷」，原訛作「耞」，據國語校改。

農工商四類異業，甲者非凡人所能爲，而令[一]作之，譏不正也。」即公、穀説。然爲丘作甲，語亦未明。○注「月者重録之」。○舊疏云：「欲道宣十五年『秋，初税畝』，哀十二年『春，用田賦』，皆書時，今書月，故如此解。」

○**夏，臧孫許及晉侯盟于赤棘。**【注】時者，謀結鞌之戰不相負也。後爲晉所執。不日者，執在三年外尋舊盟後，非此盟所能保。【疏】杜、范並云：「赤棘，晉地。」○注「時者」至「負也」。○舊疏云：「正以春秋之義，大信書時故也。鞌之戰在下二年。」○注「後爲」至「能保」。○舊疏云：「春秋之義，不信者日，故如此解。後爲晉所執者，即下十六年『晉人執季孫行父，舍之于招丘』是也。執在三年外尋舊盟後，即下三年，『冬，十有一月，晉侯使荀庚來聘。丙戌，及荀庚盟』，傳云：『此聘也，其言盟何[二]？聘而言盟者，尋舊盟也。』是。

○**秋，王師敗績于貿戎。**【疏】漢書劉向傳、五行志並作「貿戎」，左氏作「茅戎」，古茅、貿同部，叚借

〔一〕「令」，原訛作「令」，叢書本同，據漢書顔注校改。
〔二〕「何」，原訛作「後」，叢書本不誤，據改。

字。汪氏中經義知新録〔一〕云：「荀子禮論云：『薦器則冠〔二〕有鍪而無縰〔三〕。』注：『鍪之言蒙也，冒也。』按，鍪、蒙、冒，語之轉。左氏傳『茅戎』，公羊作『貿戎』。」方輿紀要：「大陽津在陜州西北三里，黄河津濟之處，志云『津北對茅城』。」按：三里蓋三十里之誤，今茅津渡是也。沈氏欽韓左傳補注云：「茅戎蓋西羌之入居中國者。鄭『角弓』箋云：『髦，西夷別名。』括地志：『岷、洮等州以西爲古羌國，以南爲古髦國。』今疊宕以西，松當〔四〕、悉、静等州以南皆是。」於今松潘廳〔五〕及疊溪營地。

孰敗之？蓋晉敗之。【注】以晉比侵柳圍郊，知王師討晉而敗之。【疏】注「以晉」至「敗之」。○侵柳者，宣元年：「冬，晉趙穿帥師侵柳。」傳：「柳者何？天子之邑也。曷爲不繫乎周？不與伐天子也。」是也。圍郊者，昭二十三年：「晉人圍郊。」傳云：「郊者何？天子之邑也。曷爲不繫乎周？不與伐天子也。」是也。正以往前侵柳已犯天子，在後圍郊，復犯天子。二經之間，天子敗績。据上下更無餘國犯王，故知是天子討晉而爲所敗也。繁露王道云：「晉至三侵周，與天王戰于貿戎，而大敗之。」漢書劉向傳：「周室多禍，晉敗其師于貿戎，伐其郊。」是也。貿戎去洛陽二百里，地近于晉，故以爲晉敗也。穀梁傳亦

〔一〕經義知新録，書之正名當爲經義知新記。
〔二〕「冠」字原脱，叢書本同，據荀子校補。
〔三〕「縰」，原訛作「縱」，據荀子校改。
〔四〕「松當」，疑爲「松潘」之訛。
〔五〕「松潘廳」，疑爲「松潘衛」之訛。

曰：「然則孰敗之？晉也。」

或曰貿戎敗之。【注】以地貿戎故。【疏】注「以地貿戎故」。○舊疏云：「蓋晉侯不臣，知王討之，逆往敗之，亦何傷？」按：傳載或説即左氏義也，於晉無涉矣。何云「以地貿戎故」者，謂春秋書地於貿戎故，或如此説也。左傳：「劉康公徼戎，將遂伐之。叔服曰：『背盟而欺大國，此必敗。』不聽。遂伐茅戎。三月，敗績于徐吾氏。」是也。通義云：「以不月日言之，或説是也。所聞之世，詐敗于戎狄，與詐敗戎狄同例。」

然則，曷爲不言晉敗之？【注】据侵柳圍郊言晉。

王者無敵，莫敢當也。【注】正其義使若王自敗于貿戎，莫敢當敵敗之也。不日月者，深正之使若不戰。【疏】穀梁傳云：「不言戰，莫之敢敵也。爲尊者諱敵不諱敗。」注：「諱敵，使莫二也。不諱敗，容有過否。」舊疏云：「春秋之義，託魯爲王，而使舊王無敵者，見任爲王，甯可會奪？正可時時內魯見義而已。」○注「正其」至「之也」。○五行志下之上云：「凡君道傷者病天氣〔一〕，不言五行沴天，而曰『日月亂行，星辰逆行』者，爲若下不敢沴天，猶春秋『王師敗績于貿戎』，不言敗之者，以自敗爲文，尊尊之意〔二〕

〔一〕「天氣」上，原脱「凡君道傷者病」句，此殆爲斷句失誤所致，叢書本同，據漢書校補。

〔二〕「意」，原訛作「應」，叢書本同，據漢書校改。

也。劉歆〔一〕『皇極』傳曰：有下體生上之痾〔二〕。説以爲下人伐上，天誅已成，不得復爲疴云。」鹽鐵論世務云：「春秋『王者無敵』，言其仁厚、其德美，天下賓服，莫敢受交也。」注：「淮南王安曰：天子之兵，有征而無戰，言莫敢校也。」皆正其義之義。通義引穀梁傳語，又引劉歆曰：「莫敢當，其言敗績何？天下之勢大矣，非有能敗王之師者也，王自敗也。」○注「不日」至「不戰」。○舊疏云：「春秋之例，偏戰日，詐戰月，故如此解。」

○冬，十月。

○二年，春，齊師伐我北鄙。

○夏，四月，丙戌，衛孫良夫帥師及齊師戰于新築。衛師敗績。【疏】包氏慎言云：「据曆，丙戌爲五月二日，四月無丙戌也。」杜云：「新築，衛地。」大事表云：「今大名府魏縣南二十里有新築

〔一〕「劉歆」下，原衍「云」字，叢書本同，據漢書校删。
〔二〕「生上之痾」，原訛作「生土之疥」，叢書本同，據漢書校改。

城。」方輿紀要云：「葛築〔一〕城在大名府魏縣西南二十里。趙成侯及魏惠王遇于葛築〔二〕，即此城也〔三〕。今其地又有築亭。」顧棟高直以爲新築。按：趙世家作葛孽。紀要又云：「葛孽城在廣平府肥鄉西。」寰宇記又作葛築，地與衛遠。

○六月，癸酉，季孫行父、臧孫許、叔孫僑如、公孫嬰齊帥師會晉郤克、衛孫良夫、曹公子手及齊侯戰于鞌。齊師敗績。【疏】包氏慎言云：「六月書癸酉，月之八日。」杜云：「鞌，齊地。」大事表云：「通典云：鞌在平陰縣東。今從高氏之説，取近志謂鞌即古之歷下城，即今濟南府治之歷城縣。」沈氏欽韓云：「按，地志不載沂水。雜記：沂水縣北一百里有將軍峴，西南有鞍山。非此鞍也。名勝志：『鞌城在平陰縣東。』按，傳文鞌地當在濟南府歷城。山東通志：『鞌在歷城縣西北十里華山下。』」今按：左傳云：「三周華不注。」齊師敗績，則在歷城者信。

曹無大夫，公子手何以書？【注】据羈無氏。【疏】釋文：「公子手，一本作『午』。左氏作『首』。」古手、首通。宣二年左傳「趙盾、士季見其手」，釋文：「『手』，一本作『首』。」禮大射儀「相者皆左何瑟，後

〔一〕「葛築」，原作「葛孽」，叢書本同，據光緒圖書集成局鉛印本、萬有文庫本讀史方輿紀要校改。

〔二〕「葛築」，同上注。

〔三〕「城也」，原訛作「地」，叢書本同，據讀史方輿紀要校改。

首」，注：「古文『後首』爲『後手』。」士喪禮「魚左首〔一〕」，注：「古文『首』爲『手』。」潛研堂金石跋尾卯敦銘：「拜手㙭手，即稽首。」是也。經義雜記云：「沈文何引穀梁傳『曹公子首偪』，今本作『曹公子手僂』。按，大射儀注古文『首』爲『手』。穀梁釋文亦作『手』。則手爲叚借字，首爲正字。古本穀梁作『首』，與左傳同。公羊一作『午』者，『手』字形近之譌。」○注「据羈無氏」。○莊二十四年：「曹羈出奔陳。」傳：「曹羈者何？曹大夫也。」注：「以小國知無氏爲大夫。」則小國例無大夫，有者名氏不具，故羈不氏也。此稱公子，故据以難。

憂内也。【注】春秋託王于魯，因假以見王法，明諸侯有能從王者征伐不義，克勝有功，當褒之，故與大夫。大夫敵君不貶者，隨從王者大夫得敵諸侯也。不從内言敗之者，君子不掩人之功，故從外言戰也。魯舉四大夫不舉重者，惡内多虚，國家悉出用兵，重録内也。【疏】通義云：「曹以内被齊難，遣大夫助戰，故善而録之。」繁露觀德云：「曲棘與鞌之戰，先憂我者，見尊〔二〕。」是也。○注「春秋」至「大夫」。○桓五年：「蔡人、衛人、陳人從王伐鄭。」其言從王伐鄭何？從王，正也。」注：「美其得正義也，故以從王征伐録之。蓋起時天子微弱，諸侯背叛，莫肯從王者征伐。以善三國之君，獨能尊天子死節。」是諸侯從王征不義，克勝當美之事也。此託王於魯，諸侯能爲内憂，與從王者征伐無異，故假以見王法。桓五年是其

〔一〕「魚」，原訛作「思」；「首」，原訛作「手」，據儀禮注疏校改。
〔二〕「尊」，原訛作「賢」，叢書本同，據春秋繁露校改。

事，此其義也，與彼同，亦得正，故與曹有大夫也。○注「大夫」至「侯也」。○僖二十八年：「晉侯、齊師、宋師、秦師及楚人戰于城濮。」傳云：「子玉得臣則其稱人何？貶。曷爲貶？大夫不敵君也。」注：「臣無敵君之義，故絶正也。」然則，彼以大夫敵君貶，此以隨從王者大夫，有得敵之義，故不貶也。解此以決彼稱人故也。又宣十二年書「晉荀林父帥師及楚子戰于邲」，彼傳云：「大夫不敵君。此其稱名氏以敵楚子何？不與晉而與楚子爲禮也。」注：「不與晉而反與楚子爲君臣之禮，以惡晉。」然則，得臣書人以明不敵之義，林父書名氏所以惡晉也，以無王者大夫故也。○注「不從」至「戰也」。○校勘記：「『不從內言敗之者』，此本『敗』誤『敵』，今訂正。」按：紹熙本正作「敗」。桓十年：「齊侯、衛侯、鄭伯來戰于郎。」傳：「此偏戰也，何以不言師敗績？內不言戰，言戰乃敗矣。」注〔一〕：「春秋託王於魯，戰者敵文也，王者兵不與諸侯戰，戰乃其已敗之文，故不復言師敗績矣。」然則，此若從魯爲文，不得言「及齊師戰于鞌」，宜如僖元年「公子友敗莒師于挐」之例矣。此因從外，故言戰，爲君子不掩人之功故也。桓十三年：「公會紀侯、鄭伯。己巳，及齊侯、宋公、衛侯、燕人戰。齊師、宋師、衛師、燕師敗績」傳：「內不言戰，此其言戰何？從外也。」亦此不掩人功之義也。通義云：「從外不從日者，先日者，前定之期也，緩辭也。後日者，非前定之期也，急辭也。龍門急，而鞌緩也。」義或然也。龍門之戰，何云：「明當歸功紀、鄭，故從紀、鄭〔二〕言

〔一〕「注」，原訛作「往」，叢書本不誤，據改。

〔二〕「故從紀、鄭」句原脱，叢書本同，據公羊注疏校補。

戰。」則此亦歸功于晉、衛、曹，故言戰也。○注「魯舉」至「内也」。○左傳疏云：「魯於聘與盟會，雖二卿並行，止書一使。至於行師用兵則並書諸將。此書四卿，昭、定之世或書三卿，或書二卿，皆謂重兵，故書之。其他國唯書元帥，詳内略外也。」按：孔氏此疏頗得公羊微旨。通義云：「内舉四大夫者，時未作三軍，蓋季孫將上軍，臧孫將下軍，僑如、嬰齊爲二軍之佐也。使舉上客而軍將列數之者，重師也。於他國則唯言元帥，録内略外之義也。」

○**秋，七月，齊侯使國佐如師。己酉，及國佐盟于袁婁。**【疏】包氏慎言云：「七月書己酉，月之二十六日。」杜云：「穀梁曰：『鞌去齊五百里，袁婁去齊五十里。』」正義曰：「齊之四竟不應過遥。且鞌已是齊地，未必竟上之邑，豈得去齊有五百里乎？穀梁又云『壹戰綿地五百里』，則是甚言之耳。釋例土地名鞌與袁婁並闕，不知其處遠近，無以驗之。」按：左傳作「爰婁」，袁、爰通。大事表云：「公、穀二傳並爲近郊之辭，張氏洽因曰『臨淄縣西有袁婁』，蓋亦約略之語耳。或曰在淄川竟。穀梁傳亦作爰婁。博物志：『臨淄縣西有袁婁。』一統志因云：『袁婁在青州府臨淄縣西。』」按：臨淄更在青州東，與鞌地似更遠矣。

君不使乎大夫，【疏】校勘記云：「唐石經、諸本同。按，『君不』下似脱『行』字，當補正。解云：春秋謹於别尊卑，理嫌疑，故絶去使文，以起事張例，則所謂『君不行使乎大夫』也者是。則疏本有『行』字。又隱六年疏兩引『君不行使乎大夫』，閔元年疏引同。」

此其行使乎大夫何？【注】据高子來盟，魯無君不稱使。不從王者大夫稱使者，實晉郤克爲主，經先晉，傳舉郤克是也。【疏】注「据高」至「稱使」。○閔二年：「齊高子來盟。」傳：「何以不稱使？我無君也。」注：「時閔公弒，僖公未立，故正其義，明君臣無相適之道也。」彼以我無君，故彼不稱使，明君不行使大夫之義。此皆大夫也，齊侯稱使，故据以難。○注「不從」至「是也」。○舊疏云：「經先晉，謂未戰之時，經言『及晉侯盟于赤棘』是也。傳舉郤克，即下傳云『師還齊侯，晉郤克投戟，逡巡再拜稽首馬前』之屬是也。或者言先晉，正謂會晉郤克是也。何者？序四大夫乃言會晉郤克，則似郤克在是，而四大夫往會之，猶如宣元年『宋公、陳侯以下會晉師于斐林，伐鄭』然。」按：前説是也。若如後説，注當云經、傳皆先舉晉郤克也。

佚獲也。【注】佚獲者，已獲而逃亡也。當絶賤，使與大夫敵體以起之。君獲不言師敗績，等起不去師敗績者，辟内敗文。【疏】注「佚獲」至「亡也」。○釋文：「『佚』，一本作『失』。」莊子書皆以「失」爲「佚」。漢書地理志「漢中淫失」，謂淫佚也。杜欽傳：「或三四年，言失欲之生害也。」謂佚欲也。主父偃傳：「齊王内有淫失之行。」謂淫泆之行也。游俠傳：「道行淫失。」謂行淫泆也。九經古義云：「古佚字皆作失。佚又與逸同[一]。尚書無逸，漢石經作『佚』。春秋經曰『肆大眚』，穀梁曰『肆，失也』。失猶佚也，佚與逸

〔一〕「同」，原作「通」，叢書本同，據九經古義校改。

同，謂逸囚。」按：漢石經「無逸」之「逸」作「劮」。桓八年左傳「隨侯逸」，注：「逸，逃也。」荀子宥坐云：「若有決行之，其應佚若聲響。」注：「逸，奔逸也。」國語鄭語：「以逸，逃於褒。」韋注：「逸，亡也。」廣雅釋詁：「逸，去也。」皆與逃亡義近。校勘記云：「唐石經、諸本同。」○注「當絶」至「起之」。○包氏慎言云：「國君被獲，辱社稷也，絶，奪其位。」按：僖十五年「獲晉侯」，注：「書者，以惡見獲，與獲人君皆當絶也。」莊十年傳：「蔡侯獻舞何以名？絶。曷爲絶之？獲也。」繁露竹林云：「是故春秋推天施而順人理〔一〕，以至尊爲不可以加〔二〕於大辱大羞，故獲者絶之；以至辱爲不可以加於至尊大位，故雖失位，弗君也；已反國，復在位〔三〕矣。而春秋猶有不君之辭，况其溷然方獲而〔四〕虜耶。其於義也，非君定矣。若非君，則丑父何權矣。」是其絶賤不君，故使與大夫敵體也。春秋爲内諱，故隱六年：「鄭人來輸平。」傳：「然則何以不言戰？諱獲也。」然猶稱人以起之。彼注云：「稱人共國〔五〕辭者，嫌來輸平獨惡鄭，明鄭擅獲諸侯，魯不能死難，皆當絶。」是也。○注「君獲」至「敗文」。○僖十五年：「晉侯及秦伯戰于韓，獲晉侯。」傳：「此偏戰也，何以不言師敗績？君獲，不言師敗績也。」注：「舉君敗爲重也。」然則，此若去師敗績，以起齊侯見

〔一〕「人理」，原訛作「天理」，據春秋繁露義證校改。

〔二〕「加」，原訛作「生」，據春秋繁露義證校改。

〔三〕「已反國，復在位」句，原訛作「已在國，反位矣」，據春秋繁露義證校改。

〔四〕「獲而」二字原脱，據春秋繁露校補。

〔五〕「共國」二字原誤倒爲「國共」，據公羊注疏乙正。

獲，則當但言季孫行父以下及齊侯戰于鞌。不言齊師敗績，又嫌與内敗文同矣。何者？春秋王魯，内不言戰，言戰乃敗。桓十年，「齊人、衛人、鄭人來戰于郎」是也。故直書「行使乎大夫」起之，所以辟内敗之文故也。

其佚獲奈何？師還齊侯，【注】還，繞。【疏】注「還，繞」。○廣雅〔一〕釋詁云：「旋，還也。」華嚴經音義引切韻同。文選注引字林云：「旋，回也。」史記日者傳：「旋式正棊。」索隱：「旋，轉也。」轉、旋，皆繞義也。左傳：「師從之，齊師敗績。逐之，三周華不注。韓厥夢子輿謂己曰：『且辟左右。』故中御而從齊侯。」是還繞義也。

晉郤克投戟，逡巡再拜稽首馬前。【疏】周禮考工記冶氏云：「戟廣寸有半寸，内三之，胡四之，援五之，倨句中矩，與刺重三鋝。」注：「戟，今三鋒戟也。」釋名釋兵云：「戟，格也，傍有枝格也。」左傳隱十一年：「子都拔棘以逐之。」注：「棘，戟也。」禮記明堂位「越棘」，注：「棘、戟同。」是也。說文作「戟」。逡者，說文辵部〔二〕：「復也。」玉篇：「退也，卻也。」莊子田子方篇：「登高山，履危石，臨百仞之淵，背逡巡，足二分垂在外。」蓋卻退之義也。再拜稽首者，白虎通姓名篇：「人所以相拜者何？以表情見義屈節卑體，尊事人者也，拜之言服也。所以必再拜何？法陰陽也。尚書：『再拜稽首也。』必稽首何？敬之至

〔一〕「廣雅」，原訛作「廣雜」，叢書本不誤，據改。
〔二〕「辵部」，原誤記爲「系部」，據說文解字校改。

也。頭至地何？以言首謂頭也。禮曰：『首有瘍則沐。』所以先拜手後稽首何？各順文質也。尚書曰：『周公拜手稽首。』」周禮大祝疏云：「軍中得拜者。」公羊之義，將軍不介胄，故得有拜法。通義云：「禮，介者不拜。而今再拜稽首者，重難執獲人君，故爲加恭。」舊疏云：「禮，介者不拜。而郤克再拜者，蓋齊師已敗，行賓命之禮，投戟之後得再拜矣。若當戰時，將軍有不可犯之色，甯有拜乎？」按：舊疏與孔説相兼乃備。周禮司服云：「凡兵事韋弁服。」成十六年左傳：「郤至衣韎韋之跗注。」或將軍不介胄與？

逢丑父者，頃公之車右也。【注】人君驂乘有車右，有御者。【疏】校勘記出「逢丑父」，云：「唐石經、諸本同。鄂本『逢』作『逢』，誤。按，逢姓之逢从夆，不从夅，諸家説多誤。」今按：紹熙本亦作「逢」。左傳校勘記云：「閩本『逢』作『逢』，非也。段玉裁云：『字从夆，逢丑父、逢伯陵、逢蒙，皆薄紅反，東轉爲江，乃薄江反。宋人廣韻改字从夅，薄江切，殊謬，不可從。』」齊世家：「陳于鞍，逢丑父爲齊頃公右。」左傳：「邴夏御齊侯，逢丑父爲右。」○注「人君」至「御者」。○漢書文帝紀：「乃令宋昌驂乘。」師古曰：「乘車之法，尊者居左，御者居中，又有一人處車之右，以備傾側。是以戎事則稱車右，其餘則曰驂乘。驂者，三也，蓋取三人爲義耳。」其兵車之法，則詩鄭風清人云：「左旋右抽，中軍作好。」鄭箋云：「左，左〔一〕人，謂御者。右，車〔二〕右也。中軍，爲將也。」左傳云：「郤克將中軍。」「解張御，鄭丘緩爲右。」「郤克傷於

〔一〕「左」，原譌作「二」，叢書本同，據毛詩正義校改。
〔二〕「車」，原譌作「軍」，叢書本同，據毛詩正義校改。

矢，流血及屨，未絶鼓音」，是郤克爲將，在鼓下也。又「張侯曰：自始合，而矢貫余手及肘，余折以御，左輪朱殷」，張侯即解張。張侯傷手而血染左輪，是御者在左也。人君兵車或亦如此也。

面目與頃公相似，衣服與頃公相似。【注】禮，皮弁以征，故言衣服相似。頃公有負晉、魯之心，故特巽〔一〕丑父備急，欲以自代。【疏】禮記坊記注：「僕、右恒朝服，君則各以時事，唯在軍同服爾。」疏引此傳云：「鞌之戰，逢丑父爲齊頃公車右也，衣服與頃公相似，是『在軍同服』也。」按：左傳僖五年云：「均服振振。」杜云：「戎事上下同服。」又成十六年左傳：「有韎韋之跗注。」疏：「在軍之服，其色皆同，所謂均服振振，上下同色也。郤至與衆同服，所以獨見識者，禮法雖有此服，軍士未必盡然。」則大夫以上服或與士不同與？　蓋車右與君將衣服無不似，特選〔二〕逢丑父，以其面目相似耳。○注「禮皮」至「相似」。○白虎通三軍云：「王者征伐，所以必皮弁素幘何？　伐者凶事，素服示有悽愴也。伐者質，故衣古服。禮曰：『三王共皮弁素幘。』服亦皮弁素幘，又招虞人，亦〔三〕皮弁。知伐亦皮弁。」按：「知伐亦皮弁」，當作「知田獵亦皮弁」。詩六月疏引孝經注：「田獵、戰伐冠皮弁。」昭二十五年注云：「皮弁以征不義。」韓詩傳亦有是語。蓋皆今文家説。其周禮弁師云「凡兵事韋弁服」，蓋古文家説也。○注「頃公」至「自代」。○

〔一〕「巽」爲「選」之訛，説見下【疏】。
〔二〕「選」，原訛作「巽」，叢書本同，據文意校改。
〔三〕「亦」，原訛作「以」，據白虎通校改。

舊疏云：「即下傳云：『前此者，晉郤克與臧孫許同時而聘于齊，則客或跛或眇，於是使跛者迓跛者，眇者迓眇者。』是也。」校勘記出「故特巽丑父備急」：「閩、監本同，蓋誤。宋本、毛本『巽』作『選』，當据正。」按：紹熙本亦作「選」。「巽」蓋「選」之壞字耳。按：頃公選丑父，備急自代爾，似與負晉、魯之心無涉也。

代頃公當左，【注】升車象陽，陽道尚左，故人君居左，臣居右。【疏】齊世家云：「遂復戰，齊急，丑父恐齊侯得，乃易處，頃公爲右。」左傳云：「逢丑父與公易位。」晉世家：「傷困頃公，頃公乃與其右易位。」○注「升車」至「居右」。○御覽引五經要記云：「國君及元戎率軍，將在中央當鼓，御者在左，勇力之士執戈在後。」禮記曲禮疏云：「乘車則君皆在左。若兵戎革路，則君在中央，御者居左。」蓋此代頃公當左，謂在車右之左爾，仍居中也。曲禮云：「乘君之乘車不敢曠左，左必式。」此兵車御者在左，當亦馮式，不敢與君並處。君之左，故自車右視之，則君居左，臣居右也。其非元帥御者皆在中，將在左。故左傳云韓厥代御居中也。其甲士兵車之法，則詩魯頌閟宫箋云：「左人持弓，右人持矛，中人御。」與此又不同也。

使頃公取飲。頃公操飲而至，【注】不知頃公將欲堅敵意邪？勢未得去邪？【疏】齊世家：「絓於木而止。晉小將韓厥伏齊侯車前，曰：『寡君使臣救魯、衛。』戲之。丑父使頃公取飲。」左傳：「及華泉，驂絓於木而止。丑父使公下，如華泉取飲。」○注「不知」至「去邪」。○校勘記出「將欲」，云：「閩、監、毛本同。鄂本『將欲』作『欲將』。」

曰：「革取清者！」【注】革，更也。軍中人多，水泉濁，欲使遠取清者，因亡去。【疏】注「革，更也」。○詩大雅皇矣：「不長夏以革。」傳：「革，更也。」襄十四年左傳：「失則革之。」注：「革，更也。」易雜卦傳：

「革，去故也。」呂覽執一云：「天地陰陽不革而成。」注：「革，改也。」説文：「革，獸皮，治去毛。革，更之象。」故凡更改皆謂革也。遠取清者，蓋即左傳所謂華泉也。

頃公用是佚而不反。【注】不書獲者，内大惡諱。【疏】晉世家云：「下取飲以得脱去。」左傳：「鄭周父御佐車，宛茷爲右，載齊侯以免。」齊世家云：「因得〔一〕亡，脱去，入其軍。」○注「不書」至「惡諱」。○各本「大」作「多」，誤，依宋本正。爲内大惡諱者，隱六年注：「明鄭擅獲諸侯，當絶。」僖十五年注：「見獲，與獲人君，皆當絶。」明獲諸侯當坐絶，故不書，爲内諱也。莊十年，「以蔡侯獻舞歸」，不書獲者，彼傳云：「不與夷狄之獲中國也。」蓋爲中國諱獲，但責其不死位也。

逢丑父曰：「吾賴社稷之神靈，吾君已免矣！」【疏】後漢書馮異傳：「昔逢丑父伏軾而使其君取飲，稱於諸侯。」

郤克曰：「欺三軍者，其法奈何？」【注】顧問執法者。

曰：「法斮。」【注】斮，斬。【疏】注「斮，斬」。○爾雅釋器云：「魚曰斮之。」此疏引樊光云：「斮，斫也。」彼釋文引字林云：「斮，斬也。」與此合。説文斤部云：「斮，斬也。」後漢書董卓傳論：「夫以刳肝斮趾之性。」注：「斮，斬也。」文選羽獵賦「斮巨狿」，注引韋昭曰：「斮，斬也。」

〔一〕「得」，原訛作「其」，叢書本同，據史記校改。

於是，斮逢丑父。【注】丑父死君，不賢之者，經有使乎大夫，於王法，頃公當絶。如賢丑父，是賞人之臣絶其君也。若以丑父故不絶頃公，是開諸侯戰不能死難也。如以衰世無絶頃公者，自齊所當善爾，非王法所當貴。【疏】齊世家云：「晉郤克欲殺丑父。丑父曰：『代君死而見僇，後人臣無忠其君者矣。』克舍之。」左傳：「韓厥獻丑父，郤獻子將戮之。呼曰：『自今無有代其君任患者，有一於此，將爲戮乎！』郤子曰：『人不難以死免其君，我戮之不祥，赦之，以勸事君者。』乃免之。」皆與此傳異。○注「丑父」至「君也」。○以丑父不書於春秋，又無起賢文故也。書「齊侯使國佐如師」，絶齊侯之意已起。若賢丑父，嫌賞人臣絶人君矣。襄二十九年傳：「賢季子，則吴何以有君有大夫？以季子爲臣，則宜有君者也。」又曰：「許人臣者〔一〕必使臣，許人子〔二〕者必使子也。」注：「緣臣子尊榮，莫不欲與君父共之。」丑父賢，則丑父榮而不及其君，非賢人所欲也，故没其賢文。○注「若以」至「難也」。○舊疏云：「今若以丑父賢，以爲齊宜有君而不絶頃公，即開諸侯不死社稷。」大戴禮曾子制言上云：「生以辱，不如死以榮。辱可避，避之而已矣；及其不可避也，君子視死若歸。」盧注：「不苟免也。」孔氏廣森補注云：「董仲舒説春秋齊頃公不死於位，以曾子此義責之。」按：襄六年：「齊侯滅萊。」傳：「不言萊君出奔，國滅，君死之，正也。」定十四年：

〔一〕「者」字原脱，叢書本同，據公羊注疏校補。

〔二〕「子」，原訛作「字」，叢書本同，據公羊注疏校改。

「以頓子牄歸。」注：「不別以歸何國者，頓子以不死位爲重。」哀七年：「以邾婁子益來。」傳：「名，絶之也。」〔一〕是諸侯死難之義也。若僖五年，「晉人執虞公」，彼注云：「不但去滅，復去〔二〕以歸，言執者，明虞公滅人以自亡，當絶，不得責以不死位也。」則又異也。○注「如以」至「當貴」。○校勘記出「當貴」，云：「閩、監、毛本同，誤也，當作『非王法所得貴』。」按，疏標起訖云『注如以至得貴』，解云：但春秋爲王法，是以不得貴耳。則疏本作『得』字。今毛本疏標起訖亦改作『當貴』矣。」舊疏云：「丑父權以免齊侯，是以齊人得善之。但春秋爲王法，是以不得貴耳。而公羊説、解疑論皆譏丑父者，非何氏意。」按：繁露竹林云：「逢丑父殺其身以生其君，何以不得爲知權？丑父欺晉，祭仲許宋，俱枉正以存其君，然而丑父之所爲，難於祭仲，祭仲見賢，而丑父猶見非，何也？曰：是非難別者在此，此其嫌疑相似，而不同理者，不可不察。夫去位而避兄弟者，君子〔三〕之所甚貴；獲虜逃遁者，君子之所甚賤。祭仲措其君於人所甚貴，以生其君，故君子以爲知權而賢之。丑父措其君於人所甚賤以生其君，春秋以爲不知權而簡之。其俱枉正以存其君，相似也；其使君榮之與使君辱，不同理。故凡人之有爲也，前枉而後義者，謂之中權，雖不能成，春秋善之，魯隱公、鄭祭仲是也；前正而後有枉者，謂之邪道，雖能成之，春秋弗愛，齊頃公、逢丑父是也。夫冒大辱以生，其情無樂，故賢人不爲也，而衆人疑焉，春秋以爲人之不知義而疑也，故示之以義，曰『國

〔一〕「名，絶之也」句，公羊注疏作「邾婁子益何以名？絶」。
〔二〕「去」，原訛作「云」，據公羊注疏校改。
〔三〕「君子」，春秋繁露原文作「春秋」。

滅，君死之，正也』。正也者，正於天之爲人性命也。天之爲人性命，使行仁義而羞可恥，非若鳥獸然，苟爲生，苟爲利而已。」又曰：「故欺三軍，爲大罪於晉；其免頃公，爲辱宗廟於齊。是以雖難，而春秋不愛。丑父大義，宜言於頃公曰：『君慢侮而怒諸侯，是失禮大矣；今被大辱而弗能死，是無恥也；而獲重罪，請俱死，無辱宗廟，無羞社稷。』如此，雖陷其身，尚有廉名。當此之時，死賢於生，故君子以爲生以辱不如死以榮，正是之謂也。由法論之，則丑父欺而不中權，忠而不中義，以爲不然。復察春秋之序辭也，置『王』於『春』、『正』之間，非曰上奉天施而下正人，然後可以爲王也云爾！今善善惡惡，好榮憎辱，非人能自生，此天施之在人者也。君子以天施之在人者，聽之，則丑父弗忠也。天施之在人者，使人有廉恥；有廉恥者，不生於大辱。大辱莫甚於去南面之位，而束縛爲虜也。曾子曰：『辱若可避，避之而已；及其不可避，君子視死如歸。』謂如頃公者也。」是則董生於丑父事反復申論，言第言無可貴之義耳，亦無譏丑父意，與何氏合。

己酉，及齊國佐盟于袁婁。【疏】通義云：「此傳覆舉經句也。尋此，似公羊經本云『齊國佐』，今本無齊者，後人沿二家之經而誤脱耳。推『陳侯使袁僑如會。戊寅，叔孫豹及諸侯之大夫及陳袁僑盟』例之，則國佐上正當再繫齊也。」按：孔説是也。

曷爲不盟于師而盟于袁婁？【注】据國佐如師。

前此者，晉郤克與臧孫許同時而聘于齊。【注】不書，恥之。【疏】毛本「于」誤「與」。左傳宣十七年：「晉侯使郤克徵會于齊。頃公幃婦人使觀之。郤子登，婦人笑于房。」注：「跛而登階，故笑之。」

沈氏引穀梁爲説，則是年事也，惟彼無臧孫許耳。通義謂：「不書者〔一〕，臧孫許於今元年始以名氏見經，蓋聘齊之時，猶未爲卿也。凡内大夫行，非〔二〕卿，例不書。」按：宣十八年左傳，臧孫許已能逐東門氏，則非大夫所爲，孔氏之説未然，與董生、何義皆乖。○注「不書，恥之」。○舊疏云：「謂魯使尊卿聘齊，爲所侮戲，假藉大國而雪其恥，是以不書〔三〕如齊，恥之矣。其郤克不書者，自從外相如之例。」繁露玉英云：「傳曰『臧孫許與晉郤克同時而聘乎齊』，按經無有，豈不微哉！不書其往，而有避也。今此傳言莊公馮，而於經不書，亦以有避也。是以不書聘于齊，避所羞也。不書莊公馮殺，避所善也。」是何氏「不書，恥之」所本也。校勘記云：「据疏，此下有『臧孫許眇也』五字一句，今各本脱去，則疏文無所系。」按：舊疏云：「注『臧孫許眇也』者，正以當聘之時，無有内魯之義，晉爲大國，郤克宜先而魯宜後，傳先言或跛，故知眇者是臧孫許矣。或曰一本云『臧孫許跛』，舊解言或跛或眇，据魯序上非也。」舊疏又云：「按此一句宜在『不書，恥之』下，今定本無，疑脱誤也。」校勘記云：「此二十字，當是校書者札記語，非作疏者本文也。作疏時，注固不脱，且疏内少言『定本』者。『定本』乃唐初顔師古所爲，則知公羊疏出唐以前人矣。」經義雜記云：「穀梁傳成元年：『季孫行父禿，晉郤克眇，衛孫良夫跛，曹公子手僂，同時而聘于齊。』釋曰：『郤克

〔一〕「者」，原訛作「此」，叢書本同，據公羊通義校改。
〔二〕「非」，原訛作「凡」，據公羊通義校改。
〔三〕「書」，原訛作「出」，叢書本同，據公羊注疏校改。

眇，左氏以爲跛，今云眇者，公羊無説，未知二傳孰是。范明年注云：郤克跛〔一〕者，意從左氏故也。或以爲誤，跛當作眇。』釋文：『郤克眇，亡小反。良夫跛，波可反。』二年傳『赦郤獻子』，范解謂笑其跛。釋文：跛，布可反。杜預注左傳云『郤克跛』，此傳言『郤克眇』，范注當依傳，而作跛者，恐非。按，左傳宣公十七年：『晉侯使郤克徵會于齊。齊頃公帷婦人使觀之。郤子登，婦人笑于房。獻子怒，出而誓曰：「所不此報，無能涉河！」』杜注：『跛而登階，故笑之。』正義曰：『沈氏引穀梁傳云：魯行父禿，晉郤克跛，衛孫良夫眇，曹公子首傴，故婦人笑之。』是以知郤克跛也。穀梁傳定本作『郤克眇，孫良夫跛』。又公羊傳成二年：『晉郤克與臧孫許同時而聘于齊。蕭同姪子，齊君之母也，踊于棓而窺客，則客或跛或眇。』何注：『臧孫許眇者也。』」元注云：「今本無此注，徐疏引有之。疏又云：今定本無，疑脱誤也。然則今本從定本也。」經義雜記又云：「据左傳云：『郤子登，婦人笑于房。』則郤克之跛，左氏有明文矣。杜注與傳合。沈文何引穀梁傳，知古本穀梁作『晉郤克跛，衛孫良夫眇』。故范二年注云：『謂笑其跛。』公羊傳上言『晉郤克、臧孫許聘齊』，下言『客或跛或眇』，何注以臧孫許爲眇，則郤克跛矣。然則郤克之跛，三傳同文。自唐定本以穀梁傳跛、眇互倒，釋文及疏皆從定本，故陸氏反据傳以非范注。楊疏引或説，亦以范注跛當作眇，是使不誤者亦誤也。何注公羊有『臧孫許眇者』之言，今楊疏云『公羊無説』，則楊所据公羊，亦定本也。釋文『或眇，亡小反』，在『或跛，布可反』之下，則陸所据公羊亦同定本也。」讀書叢録：「左氏正義沈

〔一〕「跛」，原訛作「眇」，叢書本同，據經義雜記及穀梁注疏校改。

氏引穀梁傳『晉郤克跛，衛孫良夫眇』。藝文類聚十九、御覽七百二十六引亦作『晉郤克跛，衛孫良夫眇』。定本作『晉郤克眇，衛孫良夫跛』，非是。」按：何氏此注五字，不宜系「不書，恥之」下，宜爲下「使眇者迓眇者」下注語。觀舊疏所引舊解，可證合併時誤衍在此，而又將下注文脱去，校書者誤仞即此下注語，故不可通耳。郤克跛自是定解，以臧氏、洪氏爲允。

蕭同姪子者，齊君之母也。【注】蕭同，國名。姪子者，蕭同君姪娣之子，嫁於齊，生頃公。【疏】注「蕭同」至「頃公」。○史記作「桐」。左傳作「蕭同叔子」，杜注：「同叔，蕭君之字，齊侯外祖父子女也。」沈氏欽韓左傳補注：「賈逵曰：『蕭，附庸，子姓。』當謂蕭，宋之附庸，與宋同姓。蕭叔大心即蕭之先，附庸，蓋以叔爲稱，『蕭叔朝公』是也。穀梁注：『蕭，國也；同，姓也；姪子，字也。其母更嫁齊惠公，生頃公。宣十二年，楚人滅蕭，故隨其母在齊。』以穀梁傳云『以蕭同姪子之母爲質』，故范如此解也，與二傳、史記皆殊。」干寶曰：「蕭同叔子，惠公之妾，頃公之母也。」通義云：「蕭同者，蕭君字同；叔，附庸之君，以字通也。姪子猶言姪女，頃公之母，是蕭同叔之姪女也。兄弟之子猶子，故左氏直云蕭同叔子矣。」水經注汳水篇：「蕭，本蕭叔國，宋附庸，楚滅之。蕭女聘齊，爲頃公之母。郤克所謂蕭同叔子也。」按：蕭爲國名，同宜爲蕭君字。姪子猶言姪女，孔氏義爲明允。何氏以蕭同爲國名，春秋有蕭，有蕭叔，其「蕭同」，別無所見。姪子謂爲姪之子，似亦迂。范謂「同」爲姓，列國無同姓者，亦未知所据。

踊于棓而窺客。【注】踊，上也。凡無高下有絶，加躡板曰棓，齊人語。【疏】校勘記云：「鄂本及漢制考作『踊于掊而窺客』，注同，棓字从手，非。閩、監、毛本『窺』作『闚』。唐石經缺，釋文作『闚』，云『本又作窺』。」按：紹熙本同各本。○注「踊，上也」。○鄂本「上」作「止」，非。公羊問答云：「此亦齊人語乎？曰：晏子春秋『齊景公爲露寢之臺，而鴞鳴其上，公惡之。臺成而不〔一〕踊』，此其證。」廣雅釋詁云：「踊，上也。」又云：「踊，跳也。」禮記檀弓「辟斯踊」，注：「踊，躍。」跳、躍，皆上義也，説文足部：「踊，跳也。」詩邶風擊鼓云：「踊躍用兵。」左氏僖二十八年傳「曲踊三百」，注：「跳，踊也。」○注「凡無」至「曰棓」。○舊疏云：「無高下猶言莫問高下，但當有縣絶而加躡板者，皆曰棓矣。」吴氏麦雲經説云：「説文：『棓，棁也。步項切。』即今棒字，非此義。棓當讀與桴同。論語『乘桴浮于海』，爾雅作『乘泭』，桴之爲泭，猶稃之爲柎也。古所謂桴，今之浮橋是其遺制。古所謂棓，今之浮梯是其遺制。吴俗名浮梯爲踏棓。从音从孚从付之字，古皆同用。左傳『編柎』，説文作『緶部』；『部婁』，説文作『附婁』。釋文：『棓音普口、步侯二反。』未合古音。按，方言：『隑，陭也。』郭注：『江南人呼梯爲隑，所以隑物而登者。』説文：『陭，上黨猗氏阪也。』亦謂阪道如梯，故得稱陭。陭、隑皆與從音之字音近。廣雅釋器云：『𤗏，版也。』棓與𤗏同。釋文云：『高下有絶加躡板曰棓。』脱一無字。躡者，説文云：『蹈也。』方言：『躡，登也。』廣雅釋詁云：『躡，履也。』釋名釋姿容云：『躡，攝也，登其上，使攝服也。』高下縣絶，有板横其間可登，如今匠氏之跳矣。」

則客或跛或眇。於是使跛者迓跛者，使眇者迓眇者。【注】迓，迎。卿主迎者也。聘禮，賓至，大夫率至于館，卿致館，宰夫朝服致飧。厥明至于館。【疏】校勘記出「迓」字，云：「唐石經、諸

〔一〕「不」字原脱，叢書本同，據公羊問答校補。又晏子春秋無此記載。事見説苑，然文字有所不同。

本同。釋文：『迓本又作訝。』周禮秋官掌訝注：鄭司農云：訝，讀爲『跛者訝跛者』之訝。釋曰：此公羊傳文。時晉使郤克聘齊，郤克跛，齊使跛者往御。御亦訝也。按，鄭司農所据公羊傳作『跛者訝跛者』，賈公彦所据公羊傳作『跛者御跛者』，皆與今本異。訝，正字；御，叚借字；迓，俗字。」按：釋文「迓本又作訝」，疑陸本當作「訝」，云：「本又作迓。」禮記曲禮「大夫士必自御之」，注：「御當爲迓。迓，迎也。春秋傳曰『跛者御跛者，眇者御眇者』，皆迓也，世人亂〔一〕之。」與賈公彦所見本同。晉世家：「郤克僂，而魯使蹇，衛使眇，故齊亦令人如之以導客。」説文：「蹇，跛也。」釋名：「蹇，跛〔二〕也。」即此之跛也。穀梁傳上元年云：「齊使禿者御禿者，使眇者御眇者，使跛者御跛者，使僂者御僂者。」説文：「跛，行不正也。」禮記問喪：「跛者不踊。」易履九三：「跛能履。」有足疾者也。説文目部：「眇，目小也。」履又云：「眇能視。」虞翻曰：「離目不正，兑爲小，故眇而視。」有目疾者也。通義云：「左傳曰：『郤子登，婦人笑于房。』然則，郤克跛也，眇者謂許。」〇注「迓迎」至「者也」。〇鄂本無「也」字。禮聘禮注：「以君命迎賓謂之訝。訝，迎也。」周禮掌訝云：「凡賓客，諸侯有卿訝，卿有大夫訝，大夫有士訝，士皆有訝。」聘禮記：「卿大夫迓，大夫士迓，士皆有迓。」周禮注：「此謂朝覲聘問之日，王所使迎賓于館之訝。」記注云：「訝，主國君所使迎待賓者，如今使者護客。」此之迓即迎待賓者也。卿主迎者，當是主迎卿者。〇注「聘禮」至「于館」。〇校勘記

〔一〕「亂」，原訛作「讖」，叢書本同，據禮記正義校改。
〔二〕「跛」下原衍「蹇」字，叢書本同，據釋名校删。

出「大夫率至于館」，「盧文弨云：『至』當作『迓』。按，儀禮『率』作『帥』。」又出「至于館」，云：「閩、監、毛本同，誤也。鄂本『至』作『訝』，當据正。盧文弨曰：儀禮『腍』作『飪』，音義同。」按：聘禮云：「大夫帥至乎館，卿至館。賓迎，再拜。卿致命，賓再拜稽首。卿退，賓送再拜。宰夫朝服設飧，飪一牢在西，鼎九，羞鼎三；腥一牢在東，鼎七。堂上之饌八，西夾六。門外米禾皆二十車，薪芻倍禾。上介，飪一牢在西，鼎七，羞鼎三。堂上之饌六。門外米禾皆十車，薪芻倍禾。厥明，訝賓于館。」鄭注：「賓至此館，主人以上卿禮致之，所以安之也。」蓋致館，使卿重其禮也。與訝者自别一人，故卿不俟設飧之畢即退也。飧者，鄭云：「食不備禮曰飧。」周禮宰夫〔一〕云：「掌賓賜〔二〕之飧牽。」是也。鄭又云：「飪，熟也。熟在西，腥在東，象春秋也。」何氏連飪引之，又以飪作腍，彼有熟有腥，此止言腍者。胡氏儀禮正義云：「或据毛傳熟食曰飧，謂此飧之設，無生牲，且雖有腥，而主於熟。賓即次未舉火，以熟爲先，故云飧也。按，下注亦有『新至尚熟』之説，義可兩存焉。」是飧主於熟，故何氏連牲腍引之。鄭又云：「此訝下大夫也。」按：禮「厥明」以下，皆敘行聘廟中儀節，故以爲下大夫，與上經帥至于館者同。郤克、臧孫許皆卿，當是大夫也。

二大夫出，相與踦閭而語，【注】閭，當道門。閉一扇，開一扇，一人在外，一人在内，曰踦閭。將别，恨爲齊所侮戲，謀伐之，而不欲使人聽之。【疏】注「閭，當道門」。○穀梁傳：「客不悦而去，相與立胥閭

〔一〕「宰夫」，原訛作「牢夫」，叢書本不誤，據改。
〔二〕「賜」，原訛作「客」，叢書本同，據周禮校改。

而語。」注：「胥閭，門名。」荀子大略云：「弔者在閭。」注：「閭，門。」文選注引字林云：「閭，里門也。」周禮秋官序官云：「脩閭氏。」注：「閭，謂里門。」里，居也，民家散處皆謂之里，論語「里仁」是也。故里門亦得爲當道門，不必二十五家始爲里也。按：脩閭氏云：比宿櫜而守閭互〔一〕。互，謂行馬，閭其門也。說文辵部：「迦互〔二〕，令不得行。」木如蒺藜，上下相距，形若犬牙左右相制，所以禁止行人。是當道有互，互更有門，謂之閭，所以禁奇衺。晏子曰：「急門閭之政，而淫民〔三〕惡之。」「緩門〔四〕閭之政，而淫民說。」是也。墨子自楚還，過宋，大雨，「庇其閭中，守閭者勿內」。守閭者，即周禮之宿互者也。時魯、衛大夫已出齊國，必野間分途之地，相與私語，而爲人所覺也。○注「閉一」至「踦閭」。○詩疏引字林云：「踦，一足意也。」按：一足者，謂一足門外，一足門内，猶騎物也，因謂之踦。釋名釋姿容云：「踦，支也，兩脚支別也。」是也。因之一人在外，一人在内，對峙門中，亦如騎然，故亦謂之踦。集韻四紙：「踦，隱綺反。」引此傳。韓非子亡徵篇：「必其治亂，其强弱相踦者也。」方言：「倚〔五〕、踦，奇也。自關而西，秦、晉之間，凡全

〔一〕「此」至「互」句，查周禮原文作「掌比國中宿互櫜者」。
〔二〕「迦互」，原訛作「迾互」，叢書本同，據說文解字校改。又段注作「迦牙」，曰：「『牙』，各本作『互』，今依玉篇正。」
〔三〕「民」，原訛作「門」，叢書本同，據晏子春秋校改。
〔四〕「門」，原訛作「民」，叢書本同，據晏子春秋校改。
〔五〕「倚」字原脫，叢書本同，據方言校補。

物而體不具者謂之倚〔一〕，梁、楚之間謂之踦。雍、梁之西郊，凡獸支體不具者謂之踦。」漢書段會宗傳：「亦足以復雁門之踦。」應劭曰：「踦，隻也。」踦、隻，不偶也。此當讀如掎，蓋跛倚而立，一足著地，故有奇、隻之象。廣雅云：「踦，蹇也。」蹇即跛也。○注「將别」至「聽之」。○宣十七年左傳：「獻子怒，出而誓曰：『所不此報，無能涉河！』獻子先歸，使欒京廬待命于齊，曰：『不得齊事，無復命矣！』」晉世家亦云：「郤克怒，歸，至河上，曰：『不報齊者，河伯視之！』」齊世家亦有是語。

移日然後相去。齊人皆曰：「患之起，必自此始！」【注】知必爲國家憂，明芻蕘之言不可廢，且起頃公不覺寤。【疏】穀梁傳：「移日不解。齊人有知之者，曰：『齊之患，必自此始矣！』」○注「明芻」至「可廢」。○説苑權謀云：「白屋之士，皆關其謀；芻蕘之役，咸盡其心，故萬舉而無遺籌失策。傳曰：『衆人之智，可以測天。兼聽獨斷，惟在一人。』此大謀之術也。」淮南主術訓：「使言之而是，雖在褐夫芻蕘，猶不可棄也。」鹽鐵論刺議云：「故謀及下者，無失策；舉及衆者，無頓功。詩云：『詢于芻蕘。』故布衣皆得風議。」韓詩外傳云：「故獨視，不若與衆視之明也；獨聽，不若與衆聽之聰也；獨慮，不若與衆慮之切也，故明王使賢臣輻輳並進，所以通中正而致隱居之士。詩曰：『先民有言，詢于芻蕘。』此之謂也。」

二大夫歸，相與率師爲鞌之戰。齊師大敗。齊侯使國佐如師，【注】怪師勝猶不解，往

〔一〕「倚」，原訛作「踦」，叢書本同，據方言校改。

問之。【疏】左傳：「齊侯使賓媚人賂以紀甗、玉磬〔一〕與地。」注：「媚人，國佐也。」疏引杜譜：「國佐、賓媚人、武子，三事互見於經、傳，不知賓媚人是何等名號也。」按：史記晉世家、齊世家皆以郤克請伐齊，晉侯弗許。後晉伐齊，齊以公子彊爲質，晉兵罷。會齊伐魯取隆，魯告急衛，衛與魯皆因郤克告急於晉，乃使郤克、欒書、韓厥以兵車八百乘與魯、衛共伐齊。左傳亦同此。傳似以晉、魯合謀在先也。○注「怪師」至「問之」。○各本「怪」作「恠」，俗字也。

郤克曰：「與我紀侯之甗，【注】齊襄公滅紀所得甗邑，其土肥饒，欲得之。或説甗，玉甑。【疏】穀梁傳：「郤克曰：『反魯、衛之侵地，以紀侯之甗來，以蕭同姪子之母爲質，使耕者皆東其畝，然後與子盟。』」○注「齊襄」至「得之」。○莊四年，「紀侯大去其國」，是襄公滅紀也。甗爲紀邑，未識即僖十九年宋、齊戰地否？其土肥饒，何氏以意言之。○注「或説甗，玉甑」。○公羊問答云：「或説甗，玉甑〔二〕，何也？曰：説文：『甗，甑也。』方言曰：『甑，自關而東謂之甗。』郭注：『音〔三〕言。』」左傳：『齊侯使賓媚人賂以紀甗、玉磬與地。』注：『甗，皆滅紀所得。』彼別言『與地』，故以甗爲器名。」正義云：「鄭衆注考工云：『甗，無底甑。』方言云：『甑，自關而東謂之甗。』知甗是甑也。下文云：『子得其國寶。』知甗亦以玉爲之。

〔一〕「玉磬」，十三經注疏本左傳正文如此。杜注曰：「甗、玉甑皆滅紀所得。」「甑，子孕反，又慈陵反。」可證「磬」爲「甑」之訛。下段引公羊問答亦可證。

〔二〕「甗玉甑」三字原脱，叢書本同，據公羊問答校補。

〔三〕「音」，原訛作「有」，叢書本同，據公羊問答校改。

傳文『玉』在『甗』『磬』之間，明二者皆是玉也。」穀梁傳：「郤克曰：以紀侯之甗來。」注：「甗，玉甑。齊滅紀，故得其寶。」則「或説」蓋取二傳爲義。按：「或説」是也。若是地名，不必言紀侯之甗。春秋取邑多矣，從無連本國言之者。紀滅近百年，郤克毋庸贅述也。紀侯之甗，與大鼎同，所謂器從名，地從主人也。爾雅釋器云：「鼎之款足者爲鬲。」説文：「鬲，鼎屬。」「鬳，鬲屬。」蓋鬳以金冶而成，甗以陶旊而成者，此爲玉甑，則當作甗。阮氏鐘鼎彝器款識有穀父甗〔一〕、叀甗，當作鬳也。竹書紀年：「定王十八年，齊國佐來獻玉磬、紀公之甗。」亦以甗爲器也。

反魯、衛之侵地，使耕者東畝，【注】使耕者東西如晉地。【疏】左傳：「賓媚人致賂，晉人不可，曰：『必以蕭同叔子爲質，而使齊之封内盡東其畝。』」○注「使耕」至「晉地」。○舊疏引：「舊云：如者，往也。使齊東西其畝，往來於晉地易，非公羊義。」按：杜云：「使壟畝東西行。」穀梁注：「欲以利其戎車於驅侵易。」左傳又云：「今吾子疆理諸侯，而曰『盡東其畝』而已，唯吾子戎車是利，無顧土宜，其無乃非先王之命乎？」則何氏謂如晉地，當訓如作往也。而舊疏云：「晉地谷川宜東畝者多，故言此。是以下傳云：『使耕者東畝，是則土齊也。』何氏云『則晉悉以齊爲土地，是不可行』者，是其晉東畝之義也。」其説非也。讀書叢録云：「後漢書孔融傳注引公羊傳，此與下文皆作『使耕者東西其畝』。按，何注『使耕者東西如晉地』，疏引舊云『使齊東西其畝，往來於晉地易』。注及舊本皆當作『東西其畝』。疏云：

〔一〕「穀父甗」，據金文編，當作「㝅父甗」。

『蓋晉地谷川宜東畝者多。』疏本已脱『西其』二字。」按：無「西其」字亦通。穀梁、左傳、齊世家皆止作「盡東其畝」。

且以蕭同姪子爲質，【注】見侮戲，本由蕭同姪子。【疏】注「見侮」至「姪子」。○晉世家：「八年，使郤克於齊。齊頃公母從樓上觀而笑之。」齊世家：「齊侯請以寶器謝，弗聽，必得笑克者蕭同叔子。」是爲其見侮戲故也。

則吾舍子矣。」國佐曰：「與我紀侯之甗，請諾。反魯、衛之侵地，請諾。使耕者東畝，是則土齊也。【注】則晉悉以齊爲土地，是不可行。【疏】舊疏云：「亦有一本云『是則土齊，曰不可也』者。」經義述聞云：「謹案，一本是也。曰不可者，國佐自答上語也。『齊君之母猶晉君之母也，曰不可』，『不可』上亦當有『曰』字，皆後人不解古人文義而删之耳。後漢書孔融傳注引此文云：『齊君之母猶晉君之母也，曰不可。』則所見本尚未删曰字。兩『曰不可』與上文之兩『請諾』相應爲文，若去其一，則文不相應矣。又案，『是則土齊也』下，何注云：『則晉悉以齊爲土地，是不可行。』此正釋『曰不可』三字也。下注云：『言正尊不可爲質。』此亦釋下文『曰不可』三字也。上文皆曰不可，故何注兩釋之。若上文本無『曰不可』三字，而以下文之不可總上二事言之，則上注不當先言『是不可行』，下注又不當但言『不可爲質』矣。合兩注觀之，則後人妄删之迹自明。僖二年傳『宋公曰：自我爲之，自我墮之，曰不可』，亦是自答上語也。論語陽貨篇曰：『懷其寶而迷其邦，可謂仁乎？曰不可。好從事而亟失時，可謂知乎？曰不可。』彼文兩言『曰不可』，亦與此同。」原注：「兩『曰不可』，皆陽貨之言，説見四書釋地。」又云：「墨子耕柱篇亦曰：『和氏之璧、隋侯〔一〕之珠，可以富國家、衆人民、治刑政、安社稷乎？曰不可。』」按：王氏之說是也。穀梁傳亦曰：「反魯、衛之侵地，以紀侯之甗來，則諸。」此齊以甗與晉，而曰「與我」者，順郤克語答之也。○注「則晉」至「可行」。○穀梁傳：「使耕者盡東其畝，則終土齊也。」注引：「凱曰：利其戎車侵伐易，則是以齊爲土。」本何氏說也。九經古義云：「按，土讀曰杜，古杜字皆作土。周禮及司馬法曰：『犯令陵政則杜之。』注：『王霸記曰：杜之者，杜塞使不得與鄰國交通。』詳具禮說。」經義述聞云：「惠說非也。耕者東畝，往來仍自可通交鄰之路，豈由此而杜塞乎？僖四年穀梁傳說齊桓公侵蔡，云『不土其地，不分其民，明正也』，謂不以蔡之地爲齊土，非杜塞之謂也。此云土齊，亦謂以齊之地爲晉土，故何注云『則晉悉以齊爲土地也』，於義自通，無煩改讀。」按：王氏所駁惠說甚爲允洽。而通義引：「惠士奇曰：『古土杜通。』毛詩『自土沮漆』，齊詩曰〔二〕『自杜沮漆』。『土齊』猶『杜齊』也。『杜齊』者，謂改其土地之宜，絶其往來之路，乃古杜之之法也。晉文公『反鄭之埤，東衛之畝』者，亦以此注。云『以齊爲土地』，失之。」然齊即東其畝，亦無杜塞之理，與周禮之「杜之」絶不相涉。孔義不可從也。左傳：「先王疆理天下物土之宜，而布其利，故詩曰：『我疆我理，南東其畝。』」引先王之命，專斥「盡東其畝」之語，尤與「杜齊」之說無干也。俞氏樾云：「謹按，使耕者東畝，晉非能遂得齊之土地也。且得齊之土地而謂之土齊，亦近不辭，何解殆

〔一〕「侯」，原訛作「和」，據經義述聞校改。
〔二〕「齊詩曰」三字原脱，叢書本同，據公羊通義校補。

失之。惠氏棟讀土曰杜，引周禮及司馬法、王霸記。然耕者東畝，往來仍自可通交鄰之路，豈由此而杜塞？惠説亦未爲得。今按，土當讀爲度，土與度聲相近。尚書粊〔一〕誓『杜乃擭』，周官雍氏注引作『敷』，乃擭土之爲度，猶杜之爲敷也。大司徒職曰：『以土圭土其地。』鄭注云：『土其地，猶言度地也。』並古文叚『土』爲『度』之證。故土方氏職曰『以土地相宅』，即度地相宅也。晉人使齊之封内盡東其畝，是有意規度齊國之土地，故曰是則度齊也。度與規同義。襄二十五年左傳曰『度山林』，又曰『規偃〔二〕豬』，是規、度一也。國語楚語曰：『實讒敗楚國，使不規東夏。』韋注曰：『規猶有也。』其實規亦言規度也。此云『度齊』，猶彼之『規東夏』矣。因叚土爲度，學者遂失其義。僖四年穀梁傳曰：『不土其地，不分其民，明正也。』不土其地，亦即不度其地也。」

蕭同姪子者，齊君之母也。齊君之母，猶晉君之母也，不可！【注】言至尊不可爲質。

【疏】齊世家：「對曰：叔子，齊君母，亦猶晉君母，子安質之？且子以義伐而以暴爲後，其可乎？」晉世家：「齊使〔三〕曰：蕭桐姪子，頃公母；頃公母猶晉君母，奈何必得之？不義。」穀梁傳：「以蕭同姪子之母爲質，則是齊侯之母也。齊侯之母，猶晉君之母也；晉君之母，猶齊侯之母也。」注：「言尊同也。」是其義

〔一〕「粊」，同「費」。見古文四聲韻、隸定古文疏證、字義總略。
〔二〕「偃」，原訛作「傴」，叢書本同，據左傳校改。
〔三〕「使」，原訛作「侯」，據史記校改。

也。○注「言尊」至「爲質」。○左傳：「蕭同叔子非他，寡君之母也。若以匹敵，則亦晉君之母也。吾子布大命於諸侯，而曰『必質其母以爲信』，其若王命何？且是以不孝令也。」此至尊不可爲質之義也。

請戰！【注】如欲使耕者東西畝，質齊君之母，當請戰。【疏】晉世家云：「請復戰！」左傳：「對曰：不然，寡君之命使臣則有辭矣，曰：『子以君師辱於敝邑，不腆敝賦，以犒從者。畏君之震，師徒撓敗。吾子惠徼齊國之福，不泯其社稷，使繼舊好，唯是先君之敝器、土地不敢愛。子又不許，請收合餘燼，背城借一。敝邑之幸，亦云從也；況其不幸，敢不唯命是聽？』」彼云「敝器、土地不敢愛」，故知爲耕者東畝、蕭同姪子爲質兩事矣。

壹戰不勝，請再；再戰不勝，請三；【注】言齊雖敗，尚可三戰。三戰不勝，則齊國子之有也。何必以蕭同姪子爲質？」揖而去之。【疏】穀梁傳云：「不可！請壹戰！壹戰不克，請再；再不克，請三；三不克，請四；四不克，請五；五不克，舉國而授！」推手曰揖，齊使對畢即去，亦決戰意也。

郤克眣魯、衛之使，使以其辭而爲之請，【注】郤克恥傷其威，故使魯、衛大夫以國佐辭爲國佐請。【疏】校勘記出「眣」字，云：「唐石經同，葉鈔釋文亦作『眣』，音舜。閩、監、毛本誤作『眹〔一〕』。」按：紹熙本亦

〔一〕「眹」，及下「紹熙本亦作」之「眹」，原皆誤作「眣」，據阮元校勘記校改。

作「眣」。釋文有丑〔一〕乙、達結二反。蓋唐初本已有作「眣」者，文七年傳注「以目〔二〕通指曰眣〔三〕」是也。○注「郤克」至「佐請」。○左傳：「魯、衛諫曰：齊疾我矣！其死亡者，皆親暱也。子若不許，仇我必甚。唯子則又何求？子得其國寶，我亦得地，而紓於難，其榮多矣。」蓋即會郤克意，以國佐辭爲請語也。

然後許之，逮于袁婁，而與之盟。【注】逮，及也，追及國佐于袁婁也。傳極道此者，本禍所由生，因録國佐受命不受辭。義可拒則拒，可許則許。一言使四國大夫汲追與之盟。【疏】左傳：「晉人許之。對曰：『羣臣帥賦輿，以爲魯、衛請，若苟有以藉口而復於寡君，君之惠也。敢不唯命是聽？』秋，七月，晉師及齊國佐盟于袁婁。」穀梁傳：「於是而與之盟。」晉世家：「晉乃許與平而去。」○注「逮及」至「婁也」。○爾雅釋詁云：「逮，及也。」穀梁傳曰：「鞌，去國五百里。爰婁，去國五十里。壹戰綿地五百里，焚雍門之茨，侵車東至海。」又云：「爰婁在師之外。」如穀梁意，則已逼近齊都，退與盟于袁婁也。此云「逮于袁婁」，當在鞌之東，國佐攝而去之，魯、衛追及之也。要皆去齊都不遠，故左傳有「背城借一」之語也。○注「傳極」至「由生」。○穀梁傳：「君子聞之，曰：『夫甚！』甚之辭焉。齊有以取之也。齊之有以取之，何

〔一〕「丑」，原訛作「王」，據經典釋文校改。
〔二〕「目」，原訛作「因」，叢書本不誤，據改。
〔三〕「眣」，原作「昳」，叢書本同，據公羊注疏校改。

也？敗衛師于新築，侵我北鄙，敖郤獻子，齊有以取之也。」繁露竹林云：「齊頃公親桓公之孫，國固廣大而地勢便利矣。又得伯主之餘尊，而志加於諸侯，以此之故，難使會同而易使驕奢。即位九年，未嘗肯一與會同之事。有怒魯、衛之志，而不從諸侯于清丘、斷道。春往伐魯，入其北郊。顧返伐衛，敗之新築。當是時也，方乘勝而志廣，大國往聘，慢而弗敬其使者。晉、魯俱怒，内悉其衆，外得黨與衛曹，四國相輔，大困之鞌，獲齊頃公，斮逢丑父。深本頃公之所以大辱身，幾亡國，爲天下笑，其端乃從懾魯勝衛起。伐魯，魯不敢出；擊衛，大敗之。因得氣而無敵國，以興患也。故曰：得志有喜，不可不戒，此其效也。」説苑敬慎云：「夫福生於隱約，而禍生於得意，齊頃公是也。齊頃公，桓公之子孫也，地廣民衆，兵强國富，又得伯者之餘尊。驕蹇怠傲，未嘗出會同諸侯。乃興師伐魯，反，敗衛師于新築，輕小嫚大之行甚。俄而，晉、魯往聘，以使者戲，二國怒，歸求黨與助，得衛及曹，四國相輔，期戰于鞌，大敗齊師，獲齊頃公，斮逢丑父。於是懼然大恐，賴逢丑父之欺，奔逃得歸。」○注「因録」至「之盟」。○校勘記出「汲追與之盟」，云：「鄂本疊『汲』字，此脱。」按：紹熙本亦疊「汲」字。莊十九年傳：「聘禮，大夫受命不受辭。」禮聘禮記：「辭無常，孫而説。」注：「大夫使，受命不受辭。」故善國佐「可拒則拒，可許則許」。安社稷，利國家，能專之也。繁露王道云：「齊國佐不辱君命，而尊齊侯。」後漢孔融傳：「昔國佐當晉軍而不撓。」禮記少儀云：「會同主詡。」注：「詡，謂敏而有勇〔一〕，若齊國佐。」是也。通義云：「傳道此者，明晉未能怗齊，進退權在

〔一〕「勇」，原訛作「功」，叢書本同，據禮記正義校改。

國佐，與『屈完來就盟于師』者異也。」

○八月，壬午，宋公鮑卒。【疏】包氏慎言云：「八月書壬午，月之三十日。」

○庚寅，衛侯遬卒。【疏】包氏慎言云：「庚寅，九月之九日，不蒙上月。」左氏、穀梁作「速」字。史記十二諸侯年表：「衛穆公遬。」

○取汶陽田。

汶陽者何？鞌之賂也。【注】以國佐言「反魯、衛之侵地，請諾」。本所侵地非一，總繫汶陽者，省文也。不言取之齊者，恥内乘勝脅齊求賂得邑，故諱使若非齊邑。【疏】左傳僖元年云：「公賜季友汶陽之田。」注：「汶陽田，汶水北地。汶水出泰山萊蕪縣西，入濟。」釋例：「汶水出泰山萊蕪縣西南，經濟北至東平須昌縣入濟。」○注「以國」至「請諾」。○見上傳。左傳：「使齊人歸我汶陽之田。」○注「本所」至「文也」。○舊疏云：「知侵伐非一者，正以下三年『叔孫僑如率師圍棘』，傳曰：『棘者何？汶陽之不服邑也。』以此言之，則知汶陽大判之名明矣。」○注「不言」至「齊邑」。○舊疏云：「決襄十九年，『春，取邾婁田，自漷水』，繫邾婁言之故也。」通義云：「不繫齊者，本所侵取内邑也。内邑而不言齊人來歸者，吕大圭曰：『歸者，其意也；取者，我也，非其意也。』」按：此與僖三十一年「取濟西田」不書「取之曹」同爲有所避也。彼爲避取同姓田，故不言曹。此爲避藉人之力，脅齊求賂無恥，故不言齊。若但以内邑，故不繫國齊，則彼之不繫曹，亦可從内邑不言國之例，無庸發「諱取同姓田」之傳矣。

○冬，楚師、鄭師侵衛。

○十有一月，公會楚公子嬰齊于蜀。【疏】杜云：「博縣西北有蜀亭。」大事表云：「今兗州府汶上縣西南四十里有蜀山，其下有蜀山湖與南旺湖，東西相對，爲泰安府接境。」通義云：「家鉉翁曰：自楚僭王，其公子亦僭而稱王子久矣。今書楚公子，春秋革之也。」

○丙申，公及楚人、秦人、宋人、陳人、衛人、鄭人、齊人、曹人、邾婁人、薛人、鄫人盟于蜀。【疏】包氏慎言云：「十一月書丙申，月之十五日。」舊疏云：「亦有一本無『齊人』者，脱也。」校勘記云：「唐石經、諸本同。」差繆略云：「左氏無『許人』。公羊無『齊人』。」按：唐石經左氏、公羊皆無「許人」，有「齊人」。石經穀梁渺。今本穀梁與左氏同。通義云：「間無事，再舉地者，以公在焉。從諸侯會盟例也。鄫，微國，盟會恒不序，獨此序者，鄫君戕于邾婁未三年，而二國大夫同盟，忘仇蔑君，莫此爲甚。

所聞之世始治諸夏，故小國有大惡，亦并〔一〕在譏限。」義或然也。

此楚公子嬰齊也，其稱人何？【注】据會而盟一處，知一人也。【疏】注「据會」至「人也」。○鄂本「据」作「據」，當據正。

得一貶焉爾。【注】得一貶者，獨此一事得具見其惡，故貶之爾。不然，則當没公也，如齊高傒矣。不没公者，明不主爲公故也。上會不序諸侯大夫者，嬰齊，楚專政驕蹇臣也，數道其君率諸侯侵中國，故獨先舉於上，乃貶之，明本在嬰齊，當先誅其本，乃及其末。【疏】紹熙本作「壹貶」。校勘記出「一貶」，云：「唐石經『一』作『壹』，蓋因何注作『一貶』轉改也。」通義云：「大夫不敵君，本當貶稱人，但會盟兩貶則嫌，楚實微者，故特見公子嬰齊名氏於上，而於此一貶，以申其義也。」按：既言大夫不敵君，則貶宜皆貶，設僅一會或一盟，將稱人以貶乎？抑不稱人以起其非實微者乎？故不可通也。○注「得一」至「之爾」。○舊疏云：「正以於此處得一貶焉爾。」按：一當如壹解，謂專壹於貶楚嬰齊也。○注「不然」至「傒矣」。○莊二十二年：「秋，及齊高傒盟于防。」傳云：「公則曷爲不言公？諱與大夫盟也。」此不爲公諱没公文，爲欲貶嬰齊故也。○注「不没」至「故也」。○舊疏云：「高傒本意敵公，故恥之。今嬰齊者，止自亢性驕蹇，不主爲公，是以春秋不没公以見之矣。」按：何意謂主於貶嬰齊，故不没公文也。穀梁所謂「於是而後

〔一〕「并」字原脱，據公羊通義校補。

公得其〔一〕所，申其事〔二〕也」，注：「公得其所，謂楚稱人；申其事，謂地會、地盟〔三〕。」〇注「上會」至「其末」。〇穀梁傳：「楚無大夫，其曰公子，何也？嬰齊亢也。」數道其君率諸侯侵中國者，舊疏云：「即宣十四年『秋，楚子圍宋』、十五年『夏，宋人及楚人平〔四〕』、上文『冬，楚師、鄭師侵衛』之屬是也。以其非一，故謂之數也。」包氏慎言云：「此言楚子之侵伐中國，由於嬰齊道之，孟子所謂『長君之惡』者也，故當先誅嬰齊。齊侯瑗亟伐諸侯，罪當絶。嬰齊道君侵伐中國，與亟伐者同科，亦當絶，故貶稱人，同於微者。明其黜退，奪其政權。僖二十八年注：『不氏者，子玉得臣，楚之驕蹇臣，數道其君侵中國，故貶，明當與君俱治。』言當治以亟伐之罪，宜絶其氏姓也。」按：上舉嬰齊，此貶稱人，起人即嬰齊也，猶僖二十八年下殺得臣，上稱人，明上之人即下之得臣也。大夫不敵君，故諸侯、大夫皆貶稱人。先舉嬰齊於上以貶之，誅首惡也，先本以及末也。

〔一〕「其」字原脱，叢書本同，據穀梁傳校補。
〔二〕「申其事」三字原脱，叢書本不誤，據補。
〔三〕「地盟」，原訛作「盟會」，叢書本同，據穀梁傳校改。
〔四〕「平」，原訛作「耳」，叢書本不誤，據改。

公羊義疏五十一

南菁書院　句容陳立卓人著

成三年盡七年

〇**三年，春，王正月，公會晉侯、宋公、衛侯、曹伯伐鄭。**【疏】穀梁注云：「宋、衛未葬，而自同於正君，故書公侯以譏之。」

〇**辛亥，葬衛繆公。**【疏】釋文：「繆音穆。」左氏、穀梁作「穆」，詳隱三年。包氏慎言云：「正月書辛亥，据曆爲二月朔日。」按：如包氏所推，則爲「過時而日，隱之也」。

〇**二月，公至自伐鄭。**【疏】舊疏云：「莊公六年傳云：『得意致會，不得意致伐。』何氏云：『此謂公與二國以上也。』然則，此言『公至自伐鄭』者，不得意故也。」通義云：「時諸侯次於伯牛，遣師東侵鄭，敗於丘輿，故以不得意致伐也。」舊疏又云：「莊六年注云『皆例時』，今此書二月者，爲下甲子出也。」

○甲子，新宮災，三日哭。【疏】包氏慎言云：「二月書甲子，月之十四日。」

新宮者何？宣公之宮也。【注】以無新宮，知宣公之宮廟。【疏】穀梁傳曰：「新宮者何？禰宮也。」注：「謂宣公廟也。三年喪畢，宣公神主新入廟，故謂之新宮。」杜亦云：「三年喪畢，宣公神主新入廟，故謂之新宮。」范所本也。○注「以無」至「宮廟」。○校勘記云：「按，當作『以無新公』，乃合魯桓公廟謂之桓宮，僖公廟謂之僖宮，煬公廟謂之煬宮。魯無新公，故疑之而問也。」

宣宮則曷爲謂之新宮？不忍言也。【注】親之精神所依而災，孝子隱痛，不忍正言也。謂之新宮者，因新入宮，易其西北角，示昭穆相繼代，有所改更也。【疏】通義云：「始入宮廟，未忍遽以神事，孝子之志也。」穀梁傳曰：「迫近不敢稱謚，恭也。」注：「迫近，言親禰也。桓、僖遠祖則稱謚。」○注「親之」至「言也」。○穀梁注云：「宮廟，親之神靈所憑居，而遇災，故以哀哭爲禮。」故亦不忍正言其謚也。○注「謂之」至「更也」。○邵氏晉涵爾雅正義云：「御覽引舍人云：古者徹屋西北扉以炊沐汲者，訖而復之古，謂之屋漏也。釋名曰：『西北隅曰屋漏。禮，每有親死者，撤屋之西北隅薪，以爨竈煑沐，供諸喪用。時若值雨則漏，遂以名之也。必取是隅者，禮，既祭，改設饌於西北隅。』喪大記云『甸人取所徹廟之西北扉薪，用爨之』，是劉熙所引之禮也。劉與舍人同義，唯曰雨漏訓屋漏，爲增成其義爾。爾雅疏〔一〕引孫炎

〔一〕「爾雅疏」，原誤記爲「詩疏」，以下所引「孫炎云」實出自爾雅疏，非詩疏，據改。

云：『屋漏者，當室之白，日光所漏入。』按，有司徹云：『有司官徹饋〔一〕，饌於宮中西北隅。』鄭注云：『於此尸謖改饌，當室之白。』曾子問：『陽厭之事，當室之白。』鄭注云：『得户明者也。』蓋西北隅爲幽隱之地，漏見日光，故爲當室之白，義本康成也。」按：穀梁傳：「壞〔二〕廟之道，易檐可也。」即謂易其西北角，當在祔廟。時與新死撤西北扉者自是兩事。毛氏奇齡春秋毛氏傳云：「新主入廟，禮無明文。唯春秋吉禘，在二十七月禫纖〔三〕之後，以禫月遇吉祭，雖可以奉主祭廟，然猶是祔祖而不以妃配。必逾月吉禘，然後遷主〔四〕於禰廟，名曰新宮。今宣以十八年十月薨，則成二年十一月爲大祥，三年正月爲禫，至是二月禫，已逾月，正二十八月吉禘之際，其名新宮，當在吉禘後，已經遷主，故燬而哭之也。」「新宮即先公之宮，先公居五廟之末，名曰禰廟。伯禽以來，即已有之，雖名曰新宮，而實則舊廟。必待吉禘之日，將四親廟并祧，合食太祖。及其臨徹，先迎高廟一位，隨諸祧主還遷廟中，然後新主〔五〕逐隊隨三親歸分高曾祖禰，而各入廟焉。是一日不吉禘則一日不遷主〔六〕。一日不遷主，則一日不易廟也。」「若謂『丹楹刻桷』，

〔一〕「饋」字原脱，叢書本同，據儀禮校補。
〔二〕「壞」，原訛作「壤」，叢書本同，據穀梁傳校改。
〔三〕「禫纖」，原訛作「纖禘」，叢書本同，據春秋毛氏傳校改。
〔四〕「主」，原訛作「祖」，叢書本同，據春秋毛氏傳校改。
〔五〕「新主」二字原脱，叢書本同，據春秋毛氏傳校補。
〔六〕此「主」及下「一日不遷」之「主」，原皆訛作「廟」，叢書本同，據春秋毛氏傳校改。

經稱桓宮，而此稱新不稱宣，必非無故，則以『丹楹刻桷』在莊二十三年，此時已舊而不新，故稱桓耳。若初入廟，則未有不稱新者，不聞夏宗伯稱新鬼大乎？」按：此稱新宮，自以新入廟而災故，不忍正言。若「丹楹刻桷」，無所不忍，即在莊公初年，亦可正稱桓宮矣。

其言三日哭何？【注】据桓、僖宮災，不言三日哭。【疏】注「据桓」至「日哭」。○鄂本「据」作「據」。

桓、僖宮災，見哀〔一〕三年。

廟災三日哭，禮也。【注】善得禮，痛傷鬼神無所依歸，故君臣素縞哭之。【疏】穀梁傳：「三日哭，哀也。其哀，禮也。」○注「痛傷」至「哭之」。○白虎通災變〔二〕云：「何以言災有哭也？春秋曰：『新宮災，三日哭。』傳：『必三日哭，何也？禮也。』所以然者，宗廟先祖所處，鬼神無形體，曰今忽得天火，得無爲災所中？故哭也。」禮記檀弓曰：「有焚其先人之室，則三日哭。故曰新宮火，亦三日哭。」注：「哭者，哀精神之有虧傷也。」故曾子問曰：「諸侯旅見天子，入門〔三〕，不得終禮，廢者幾？孔子曰：『四。』請問之。曰：『太廟火。』」注：「太廟，始祖廟、宗廟皆然，主〔四〕於始祖言耳。」

〔一〕「哀」，原訛作「宣」，據公羊注疏校改。
〔二〕「災變」，原誤記爲「災異」，據白虎通校改。
〔三〕「門」上原衍「廟」字，叢書本同，據禮記校删。
〔四〕「主」上原衍「記」字，叢書本同，據禮記正義校删。

新宫災何以書？記災也。【注】此象宣公篡立當誅絶，不宜列昭穆。成公幼少，臣威大重，結怨彊齊，將不得久承宗廟之應。【疏】五行志上云：「新宫災。穀梁以爲宣宫〔一〕。不言謚，恭也。劉向以爲，時魯三桓子孫始執國政，宣公欲誅之，恐不能，使大夫公孫歸父如晉謀。未反，宣公死，三家譖歸父於成公。成公父喪未葬，聽讒而逐其父之臣，使奔齊，故天災宣廟，明不用父命之象也。一曰，三家親而亡禮，猶宣公殺子赤而立。亡禮而親，天災宣廟，欲示去三家也。董仲舒以爲，成居喪無哀戚心，數興兵戰伐，故天災其父廟〔二〕，示失子道，不能奉宗廟也。一曰，宣殺君而立，不當列於羣祖也。」經義雜記云：「按，公羊當從董説，天意以成失子道，不能奉宗廟，不如災之。欲成公之追念其父，寢兵息民也。若謂以宣篡立，故災之，則天何不誅之於未亡之先，而必欲災之於入廟之後乎？何注謂『臣威太重，結怨强齊』，則與宣廟無涉。穀梁當從劉説，謂成不能用父命，以誅三家。夫能用父命方可謂之孝。天意若曰：爾不能聽父生前之命，安用死後之廟哉！不如災之！庶成能感悟，追用父命，方可謂之孝。有禮而恭，非孝子之能事也。檀弓説：『申生自卒而以爲恭世子。』鄭康成云：『言行如此，可以爲恭。於孝，則未之有。』余謂公羊、穀梁云禮也者，皆微詞以婉刺也。何休、杜預云『善得禮』，失經、傳之旨，亦非董、劉之意也。至謂天欲去三家，故災宣廟以示之，雖天意昭昭，每因此以示彼，然較之不欲父命之説，似疏矣。」按：當以五

〔一〕「宫」，原訛作「公」，據漢書校改。
〔二〕「廟」字原脱，叢書本同，據漢書校補。

行志一曰説爲正。臧氏謂:「天何不誅之未亡之先,而必欲災之於入廟之後?」夫商臣弑父,尚未顯誅亂臣賊子,天雖昭報不爽,安能駢示之罰? 適宣宫災,故春秋書以示戒也。傳云「禮也」,亦謂其「三日哭」,得處變之禮也,何有微文婉刺? 其即譏貶宣、成,已於災著之矣。何氏謂成公幼少云云,係推言之爾,新宫爲廟之極親,故以不得久承宗廟爲戒也。通義云:「桓、宣皆簒立者,二公之宫並以災書於春秋。上本天道,下正人事,灼然著明,有若符契。」是也。舊疏云:「桓公亦簒立,不災其宫者,蓋以桓母言媵,次第宜立。隱公攝位久不還,天示其變,隱猶不覺,是以隱九年『三月,癸酉,大雨震電』,何氏云:『此陽氣大失其節,猶隱公久居位不返於桓,失其宜也。』然則,桓正宜立,隱是左媵之子,據位失宜。而桓弑之雖曰簒君,其罪差輕,是以不災其廟,豈若宣公以庶簒嫡,其子失政,故災其宫矣。而哀三年『桓宫、僖宫災』者,彼是已毁後復立之,是不宜立,故天災之,不謂怒其簒隱也。」按:舊説亦泥。桓、宣同爲弑君,無分輕重。桓廟不災,或偶不災爾,天道遠,人道邇,天事焉能盡如人測乎? 況桓公不終於齊,受害哲婦,天之報之者,不爲不憭矣,故不必更災其廟與。

○乙亥,葬宋文公。

○夏,公如晉。

○鄭公子去疾率師伐許。

○公至自晉。

○秋，叔孫僑如率師圍棘。

棘者何？汶陽之不服邑也。【注】棘民初未服於魯。【疏】杜云：「棘，汶陽田之邑。在濟北蛇丘縣。」大事表云：「今當爲泰安府肥城縣地。」水經注汶水篇：「汶水又西，溝水注之，水出東北馬山，西南流徑棘亭南〔一〕。春秋成公三年『叔孫僑如圍棘』。南去汶水八十里。」方輿紀要：「在兗州甯陽縣西北。」○注「棘民」至「於魯」。○舊疏云：「言初未服者，欲言終服於魯矣。」「公羊之義，以圍爲不克之文，若其得之而言圍者，正謂當時未克，何妨終得之乎？」

其言圍之何？【注】据國内兵不舉。【疏】注「据國」至「不舉」。○舊疏云：「即定八年，『公斂處父帥師而至』，經不書之是也。」

不聽也。【注】不聽者，叛也。不言叛者，爲内諱，故書圍以起之。不先以文德來之，而便以兵圍之，當與

〔一〕「南」字原脱，據水經注校補。

圍外邑同罪，故言圍也。得曰取，不得曰圍。【疏】左傳：「取汶陽之田，棘不服，故圍之。」○注「不聽」至「起之」。○易艮象傳：「不拯其隨，未退聽也。」疏：「聽，從也。」故昭二十六年左傳「姑慈、婦聽」，亦謂婦從也。不從故叛。成十六年左傳：「鄭伯如晉聽成。」注：「聽，受也。」不受成，亦即叛義。必内諱叛，故於書圍起之。○注「不先」至「圍之」。○論語季氏云：「故遠人不服，則修文德以來之。」今不然，故譏之。○舊疏云：「國内之兵，本自不書，而此書者，惡其失所，令〔一〕與圍外邑同矣。」○注「得曰」至「曰圍」。○舊疏云：「取者，是得文，故言得曰取，即上文『取汶陽田』，及哀九年『宋皇瑗帥師取鄭師於雍丘』之屬是也。不得曰圍者，即定四年『楚人圍蔡』之屬是也。」

○大雩。【注】成公幼少，大臣秉政，變亂政教。先是作丘甲，爲鞌之戰，伐鄭圍棘，不恤民之所生。【疏】注「成公」至「所生」。○作丘甲，見上元年。鞌之戰，見上二年。伐鄭圍棘，並見上。桓五年傳：「大雩者何？旱祭也。」注：「祭言大雩，大旱可知。」

○晉郤克、衛孫良夫伐將咎如。【疏】左氏作「廧咎如」。穀梁作「牆咎如」。古將、牆皆从爿得

〔一〕「令」，原訛作「會」，叢書本同，據公羊注疏校改。

聲，通；牖當是从牆之省聲也。儀禮經傳通解續引書大傳洛誥傳「負牖而歌」，又多士傳「天子賁庸」，鄭注：「牖謂之庸。」又説「棘牖外閉之」，即祭義之「棘牆」也。詩小雅常棣：「兄弟鬩于牆。」釋文：「牆本或作牖。」是也。左傳曰：「討赤狄之餘焉。」杜注：「牖咎如，赤狄別種。潞氏入牖咎如，故討之。」大事表云：「按，是年赤狄之種盡絶。」

○冬，十有一月，晉侯使荀庚來聘。

○衛侯使孫良夫來聘。

○丙午，及荀庚盟。丁未，及孫良夫盟。【疏】包氏慎言云：「十一月書丙午、丁未，一爲閏月之朔日，一爲閏月之二日也。」

此聘也，其言盟何？【注】据不舉重，嫌生事，故此以輕問重也。【疏】注「据不」至「重也」。○舊疏云：「春秋之義，舉重略輕，即莊十年傳『戰不言伐，圍不言戰，入不言圍，滅不言入，書其重者也』是也。今聘盟兩受命書，故云不舉重矣。嫌生事者，嫌是荀庚初受君命，但聘而已，至及於魯生事而盟，故曰嫌生事也。云故此以輕問重也〔一〕者，聘輕而盟重，即此傳云『此聘也，其言盟何』是也。」

聘而言盟者，尋舊盟也。【注】尋，猶尋繹也。以不舉重，連聘而言之，知尋繹舊故約誓也。書者，惡之。詩曰：「君子屢盟，亂是用長。」二國既修禮相聘，不能相親信，反復相疑，故舉聘以非之。【疏】注「尋，猶尋繹也」。○說文：「尋，繹理也。」繹，猶絡繹不絕，故亦訓長。廣韻：「尋，長也。」方言：「尋，長也。海岱大野之間曰尋。自關而西，秦晉梁益之間，凡物長謂之尋。」是也。哀十二年左傳：「若可尋也。」禮疏引賈逵注：「尋，温也。」服注同。杜云：「重也，皆與尋繹義相足。」左傳兩言「且尋盟」，與此同。范云：「此先聘而後盟，故不言來盟也。」是也。○注「以不」至「誓也」。○舊疏云：「若其特結約誓，當但舉重，即文十五年『宋司馬華孫來盟』、宣七年『衛侯使孫良夫來盟』之屬，皆因聘爲之，不言聘而言盟，故知特結盟。此則言聘又言盟，故知非特結盟，而尋繹舊事無盟矣。」○注「書者」至「非之」。○解詁箋云：「來盟者，亦先行聘。此所聞世詳録之，故不舉重，惡屢盟也。」按：言亦所聞世，宋華孫、衛孫良夫何不詳録之與？「君子屢盟」二語，詩小雅巧言文。毛傳：「凡國有疑，會同則用盟而相要也。」箋云：「屢，數也。盟之所以數者，由世衰亂多相背違。時見曰會，殷見曰同，非此時而盟，謂之數。」此修禮相聘，復有疑貳而盟，故並舉以見其非。解詁箋云：「皆日，亦惡不信。」是也。

〔一〕該句自「苟庚」至此脱誤五處：「受君命」脱「君」字；「聘」下脱「而已」二字；「至」下脱「及於」二字；「以」上脱「云故此」三字；「重」下脱「也」字。均據公羊注疏校補。

○鄭伐許。【注】謂之鄭者，惡鄭襄公與楚同心，數侵伐諸夏。自此之後，中國盟會無已，兵革數起，夷狄比周爲黨，故夷狄之。【疏】注「謂之」至「狄之」。○左傳疏引賈逵云：「鄭小國，與大國争，諸侯仍伐許，不稱將帥，夷狄之，刺無知也。」范甯云：「鄭從楚而伐衛之喪，又叛諸侯之盟，故狄之。」穀梁昭十二年：「晉伐鮮虞。」傳：「不正其與夷狄交伐中國，故狄稱之。」此定四年傳：「吴何以不稱子？反夷狄也。」是皆以不稱爵，爲狄之也。繁露竹林云：「春秋曰『鄭伐許』，奚惡於鄭而夷狄之也？曰：『衛侯速卒，鄭師侵之』，是伐喪也。鄭與諸侯盟于蜀，以盟而歸，諸侯於是伐許，是叛盟也。伐喪無義，叛盟無信，無信無義，故大惡之。』」按：鄭自宣十二年後，敗晉、圍宋、執解揚，致諸夏弱、蠻楚强，皆鄭爲之，不徒伐喪、叛盟也。

○四年，春，宋公使華元來聘。

○三月，壬申，鄭伯堅卒。【疏】釋文「堅」作「臤」，云：「苦刃反，本或作堅。」按：舊疏云：「左氏作『堅』字。穀梁作『賢』字。今定本亦作『堅』字。」則疏本亦作「臤」，與釋文同也。今穀梁亦作「堅」，又後人据左氏改矣。九經古義云：「公羊作『臤』，穀梁作『賢』，本一字也。說文云：『臤，古文以爲賢字。』漢潘乾校官碑云：『親臤竇智〔一〕。』三老袁良碑云：『優臤之寵。』今文盤庚云：『優賢揚歷。』（見三國志注）是『優臤』即『優賢』也。玉篇又引作『徆〔二〕』，『徆』與『堅』同。『臤』亦爲古文『堅』字。『堅』又與『賢』通。東觀漢記云：『陰城公主名賢得。』續漢書天文志作『堅得』。疑古『堅』字、『賢』字皆省作『臤』。公羊从古文作『臤』，穀梁以爲『賢』，左氏以爲『堅』，師讀各異故也。」按：説文：「臤，堅也。从又臣聲，讀若鏗鏘之鏗。」知古文臤、堅、賢三字通也。玉篇之「徆」當是「徆」字之誤。釋名釋采帛云：「絹，絚也。其絲絚厚而疎也。」畢氏沅疏證云：「今本絚皆作絙，譌。」段云：「絚〔三〕，古堅字。當从糸〔四〕臣聲。」是也。包氏慎言云：「三月書壬申，月之二十八日。」

○杞伯來朝。

〔一〕「智」，古文「智」。

〔二〕「徆」，叢書本同。查玉篇引作「鄭伯絚卒」，九經古義作「絚」，陳立引作「徆」，下文又據此誤引給予校訂，故只出校記，不改原文。下同。參見下「絚」字校記。

〔三〕「絚」，段注説文作「絚」，曰：「臣聲與臤聲一也，而顧氏譌作『絚』。」認爲是「緊字耳」。無「古堅字，當从系臣聲」之説。

〔四〕「糸」，原訛作「系」。本書多有將「糸部」字之「糸」，誤寫作「系」者，或徑改未出校。因此定非陳立之訛作，刻工爲之也。

〇夏，四月，甲寅，臧孫許卒。【疏】包氏慎言云：「四月書甲寅，四月無甲寅，五月之十一日也。」

〇公如晉。

〇葬鄭襄公。

〇秋，公至自晉。

〇冬，城運。【疏】左氏作「鄆」。下五年「秋，大水」，注作「城鄆」。左氏正義引釋例土地名云：「魯有二鄆。文十二年『城諸及鄆』，杜云：『此東鄆，莒、魯所爭者。城陽姑幕縣南有員亭，或曰鄆，即員也。』成十六年傳『晉人執季孫文子，公待於鄆』，杜云：『此西鄆，昭公所出居者。東郡廩丘縣東有鄆城。然則，此爲公欲叛晉，而城鄆以爲備，當西鄆也。』」大事表云：「今在山東曹州府鄆城縣東六十里，鄆自唐季爲戰爭要地。」馬氏宗槤左傳補注云：「釋例以此爲西鄆，非是。此爲莒、魯所爭之東鄆。郡國志：『琅邪東莞有鄆亭。』槤按，鄆近費，故爲季氏邑。漢五行志：『成公五年，秋，大水。董仲舒、劉向以爲，時成幼弱，政在大夫。前此一年，再用師，明年復城鄆，以彊私家。』師古注：『鄆，季氏邑。』是也。」

○**鄭伯伐許。**【注】未踰年君稱伯者，時樂成君位，親自伐許，故如其意以著其惡。【疏】注「未踰」至「其惡」。○莊三十二年傳云：「君存稱世子，君薨稱子某，既葬稱子，踰年稱公。」故僖二十五年，「夏，衛侯燬卒。秋，葬衛文公」，冬書「衛子」是也。本年三月鄭伯卧卒，此書「鄭伯」，稱爵，故解之。通典引五經異義：「諸侯未踰年，出朝會與不朝會何稱？春秋公羊説云：諸侯未踰年不出境，在國中稱子，以王事出亦稱子，非王事而出會同，安父位，不稱子。『鄭伯伐許』，未踰年以本爵，譏不子也。左氏説：諸侯未踰年在國内稱子，以王事出則稱爵，詘於王事不敢伸其私恩，『鄭伯伐許』是也。謹案，春秋不以家事辭王事，諸侯蕃衛之臣，雖未踰年，以王事稱爵，是也。」「鄭駁之云：昔武王卒父業，既除喪，至孟津之上，猶稱太子者，是爲孝也。今未除喪而出稱爵，是與武王義反矣。春秋僖九年，『春，三月，丁丑，宋公禦説卒。夏，公會宰周公、齊侯、宋子、衛侯、鄭伯、許男、曹伯于葵丘』。宋子即未踰年君也，出與天子、大夫會，非王事而稱子耶？」是鄭用公羊義也。曲禮下正義：「公羊『凡以王事出會，未踰年皆稱子』。僖九年，會于葵丘，宋襄公稱子；僖二十八年，會于踐土，陳共公稱子；定四年，會召陵，陳懷公稱子。若未踰年，非王事稱爵，皆譏爾，成四年，『鄭伯伐許』是也。左氏之義，『凡在喪，王曰小童，公侯曰子』，宋襄公、陳共公稱子是也。其王事出會，則稱爵，『鄭伯伐許』是也。按：桓十三年經書衛侯爲惠公，成三年經書宋公、衛侯，時宋文公、衛穆公未葬，此並先君未葬而稱爵者，賈、服注：『譏其不稱子。』僖二十五年，『會衛子、莒慶盟于洮』，時先君已葬，衛成公猶稱子，服虔云：『明不失子道。』成十年，『晉侯伐鄭』，時厲公父景公疾未薨，而厲公出會稱爵，譏其生代父位也。」然則，左氏先師皆不以在喪稱爵爲禮，與公羊同。異義所載左氏説，不知何人臆見，致杜預輩得以彌縫其無父無君之見。故鄭駮從公羊，爲不易之論也。繁露竹林云：「問者曰：是君死，其子未踰年，有稱伯不子，法辭其罪何？曰：先王之制，有大喪者，三年不呼其門，順其志之不在事也。書〔一〕云：『高宗諒闇，三年不言。』居喪之義也。今縱不能如是，奈何其父卒未踰年，即以喪舉兵也？春秋以薄恩，且施失其子心，故不復得稱子，謂之鄭伯，以辱之也。且其先君襄公，伐喪叛盟，得罪諸侯，諸侯怒之未解，惡之未已，繼其業者，宜務善以覆之，今又重之〔二〕，無故居喪以伐人。父伐人喪，子以喪伐人。父加不義於人，子施失〔三〕恩於親，以犯中國。是父負故惡於前，己起大惡於後。諸侯果怒而憎之，率〔四〕而俱至，謀共擊之。鄭乃恐懼，去楚，而成蟲牢之盟是也。楚與中國，俠而擊之，鄭罷敝危亡，終身愁辜。吾本其端，無義而敗，由輕心然。孔子曰：『道千乘之國，敬事而信。』知其爲得失之大也，故敬而慎之。今鄭伯既無子恩，又不熟計，一舉兵不當，被患不窮，自取之也。是以生不得稱子，去其義也。死不得書葬，見其罪也。曰：有國者視此，行身不放義，興事不審時，其如此爾。」

〔一〕「書」，原訛作「詩」，叢書本同，據繁露及尚書、禮記校改。
〔二〕「之」，原訛作「以」，叢書本同，據繁露校改。
〔三〕「失」，原訛作「其」，義正相反，叢書本同，據繁露校改。
〔四〕「率」，原訛作「卒」，叢書本同，據繁露校改。

此公羊先師舊義，故何氏依用之焉。

○**五年，春，王正月，杞叔姬來歸。**【注】始歸不書，與郯伯姬同。【疏】注「始歸」至「姬同」。○宣十六年：「郯伯姬來歸。」注：「嫁不書者，爲媵也。來歸書者，後嫡也。棄歸例，有罪時，無罪月。」則今書月，爲無罪文也。穀梁傳：「婦人之義，嫁曰歸，反曰來歸。」杜云：「出也。」上年左傳云：「杞伯來朝，歸叔姬故也。」是也。禮記雜記云：「諸侯出夫人，夫人比至於國，以夫人之禮行。至，以夫人入。」注：「行道以夫人之禮者，棄妻致命其家，乃義絶，不用〔一〕此爲始。」故仍繫杞也。「易同人六二引禮疏〔二〕鄭注云：『天子、諸侯后夫人無子不出。』則猶有六出也。其天子之后，雖失禮亦不出。」〔三〕故禮記疏引：「鼎初六鄭注云：『嫁於天子，雖失禮，無出道，廢遠而已。若其無子，不廢，遠之。后尊如故，其犯六出，則廢之。』」此與郯叔姬其皆犯六出與？

○**仲孫蔑如宋。**

〔一〕「用」，原訛作「甲」，叢書本不誤，據改。

〔二〕「引禮疏」，原誤倒作「禮疏引」，叢書本同，據儀禮注疏、禮記正義校乙。

〔三〕「易同人六二」至「失禮亦不出」，整段引文見於儀禮注疏及禮記正義。

○夏，叔孫僑如會晉荀秀于穀。【疏】左氏作「荀首」，穀梁同。按：秀、首同部，叚借字。

○梁山崩。

梁山者何？河上之山也。【疏】校勘記云：「唐石經、鄂本、閩本同。監、毛本『河』作『江』，誤也。」穀梁注：「梁山，晉之望也。」杜云：「在馮翊夏陽縣北。」經義述聞云：「此梁山非詩之梁山也。詩之梁山在涿郡良鄉縣北，乃㶟水所經，去河甚遠，不得云『梁山崩，壅遏河水三日不流』。其韓城在涿郡方城縣，與燕甚近，故詩曰：『溥彼韓城，燕師所完。』非在晉地之韓也。此梁山則在馮翊夏陽縣西北，臨於河上，故『梁山崩，壅河，三日不流』也。夏陽，春秋之梁國，亦非韓也。自康成箋詩始，誤以『奕奕梁山』爲夏陽之山，又誤以韓城爲晉所滅之韓國，而隋人遂改夏陽爲韓城縣。楊氏不能糾正而承用之，疏矣。」按：爾雅釋山：「梁山，晉望也。」郭注：「晉國所望祭者，今在馮翊夏陽縣西北。」漢書地理志左馮翊夏陽縣：「禹貢：梁山在西北。」今梁山在同州府郃陽、韓城二縣境。大事表：「梁山在今陝西同州府韓城縣西北九十里。詩：『奕奕梁山，惟禹甸之。』本爲韓國鎮山。晉滅韓，其地屬晉。」仍本鄭義，以詩之梁山即此之梁山也。水經注云：「河水又南，逕梁山原東〔一〕。」公羊傳所謂「河上之山」也。一統志：「梁山在同州韓城

〔一〕該句中「逕」原訛作「徑」；「東」字原脱，叢書本同，據水經注校改校補。

西十九里，與郃陽縣接界。」通義云：「梁山不繫國者，與沙鹿同義。」

梁山崩，何以書？記異也。何異爾？大也。何大爾？梁山崩，壅河三日不沵。【注】故不日以起之，不書壅河者，舉崩大爲重。【疏】校勘記云：「壅河三日不沵，唐石經、諸本同。釋文：『壅河，於勇反。沵音流。』按，釋文當本作『雍』，今从土，當後人所加。」穀梁傳：「梁山崩，壅遏河三日不流。」又「輦者對曰：壅遏河三日不流」。彼釋文：「壅遏，於勇反，下於葛反。」經義雜記曰：「公羊傳『壅河三日不沵』，無『遏』字。壅、遏義同，不當複見。傳又云：『天有山，天崩之；天有河，天壅之。〔一〕』亦有『壅』無『遏』。疑二遏皆衍文，或本爲注義誤入傳中。漢書五行志下之上云〔二〕：『穀梁傳曰：廱河三日不流。』則西漢儒所据穀梁無『遏』字。陸德明爲遏作音，是唐初本已衍矣。」釋文：「沵音流。」通義：「沵，古流字。」水經注河水篇：「河水又南，逕梁山原東，南出至河，晉之望也。在馮翊夏陽縣之西，臨於河上。山崩，壅河三日不流。晉侯〔三〕使以此問伯宗，即是處也。春秋穀梁傳曰：成公五年，梁山崩，遏河水三日不流。」以「遏」代「壅」。知不得「壅」、「遏」兼有也。○注「故不日以起之」。○舊疏云：「謂起其三日不沵也。則但一日，不可不書日矣。若無所起，例當書日，即僖十四年，『秋，八月，辛卯，沙鹿崩』

〔一〕該句中「天崩之」之「天」，原訛作「山」；「天壅之」之「天」，原訛作「河」，據穀梁傳校改。
〔二〕「下之上云」四字原脱，叢書本同，據經義雜記校補。
〔三〕「侯」字原脱，叢書本同，據水經注校補。

是也。」

外異不書，【疏】舊疏云：「正以文十一年長狄〔一〕之齊、晉，不書故也。」

此何以書？爲天下記異也。【注】山者，陽精，德澤所由生，君之象。河者，四瀆，所以通道中國，與正道同。記山崩壅河者，此象諸侯失勢，王道絶，大夫擅恣，爲海内害。自是之後，六十年之中，弑君十四，亡國三十二。故湨〔二〕梁之盟，徧刺天下之大夫。【疏】注「山者」至「内害」。○校勘記出「與正道同」，云：「閩、監、毛本同。鄂本『正』作『王』。」按：紹熙本「正」作「王」。爾雅釋水云：「江、河、淮、濟，爲四瀆。」五行志下之上：「梁山崩，穀梁傳曰：『廱河三日不流，晉君帥羣臣而哭之，迺流。』劉向以爲，山陽，君也；水陰，民也。天戒若曰：君道崩壞，下亂，百姓將失其所矣。哭然後流，喪亡象也。梁山在晉地，自晉始而及天下也。後晉暴殺三卿，厲公以弑。湨梁之會，天下大夫皆執國政。其後孫、甯出衛獻，三家逐魯昭，單、尹〔三〕亂王室。董仲舒説略同。劉歆以爲，梁山，晉望也；崩，弛崩也。古者三代命祀，祭不越望〔四〕，吉凶禍福，不是過也。國主山川，山崩川竭，亡之徵也，美惡周必復。是歲歲在鶉火，至十

〔一〕「狄」，原訛作「秋」，叢書本同，據公羊注疏校改。
〔二〕「湨」，原訛作「溴」，據阮元校勘記改。下同徑改。
〔三〕「尹」，原訛作「劉」，叢書本同，據漢書校改。
〔四〕「望」，原訛作「境」，據漢書校改。望，指望祭之所及。

七年復至鶉火。欒書、中行偃殺厲公而立悼公。」按：劉歆專主晉説。董仲舒、劉向説，與「爲天下記異」義合。通義云：「山者，高大尊道也；河者，所以宣通潤澤。此象君位陵遲，德澤壅遏。自是之後，禮樂征伐自大夫出，徧於天下。」按：博物志云：「山崩川溢，臣盛君衰。詩云：『百川沸騰，山冢崒崩。高岸爲谷，深谷爲陵。』小人握命，君子陵遲，大亂之徵〔一〕也。」義通於此。漢書劉向傳曰：「天變見於上，地變動於下。水泉沸騰，山谷易處。」謂此。水經注引考異郵云：「河者，水之氣，四瀆之精也。所以流化〔二〕。」故曰河潤千里。此壅之不流，故爲王道將絶之象。劉、董取象於民，不若何氏爲允。○注「自是」至「十二」。○舊疏云：「春秋説文。若對經數之，從今以後，訖於六十年，則不及此數。自今盡昭十六年，弑君止十，亡國止九。」「然則春秋書遂其可書者矣，説文舉者悉言之，是以多少異爾。或者此注誤也。」舊疏又云：「弑君十四者：襄二十五年，『齊崔杼弑其君光』，『吴子門于巢』，爲巢人所弑；二十六年，『衛甯喜弑其君剽』；二十九年，『閽弑吴子餘祭』；三十年，『蔡世子般弑其君固』；三十一年，『莒人弑其君密州』；昭八年，『陳招殺偃師』；十一年，『楚子殺蔡侯般』；十三年，『楚公子比弑其君虔』，『楚公子棄疾弑公子比』是也。亡國止九者：成十七年，『楚滅舒庸』；襄六年，『莒人滅鄫』，『齊侯滅萊』；十年，『遂滅偪陽』；十三年，『取詩』；二十五年，『楚滅舒鳩』；昭四年，『遂滅厲』；八年，『楚滅陳』；十三年，『滅蔡』是也。」按：成十

〔一〕「徵」，原訛作「道」，據博物志校改。引文與原文有出入，且不連貫。
〔二〕「化」，原訛作「地」，據水經注校改。

八年「晉弑其君州蒲」，又襄七年「鄭伯髡頑卒于操」，傳云：「弑也。」昭元年，「楚子卷卒」，左傳以爲圍所弑。數「楚虔殺蔡侯般」，則昭十六年「楚殺戎曼子」亦宜列入，是十四也。其亡國，春秋不見者多矣。何氏或别有所見，或有誤字也。○注「故溴」至「大夫」。○校勘記云：「溴梁，監、毛本同，誤也。鄂本、閩本作『湨』，釋文：『湨，苦闃反。』當據正。」襄十六年：「公會晉侯以下于湨梁。戊寅，大夫盟。」傳：「諸侯皆在是。其言大夫盟何？信在大夫也。何言乎信在大夫？偏刺天下之大夫也。曷爲偏刺天下之大夫？君若贅旒然。」是也。

○**秋，大水。**【注】先是既有丘甲、鞌棘之役，又重以城鄆，民怨之所生。【疏】注「先是」至「所生」。○五行志上：「成公五年，秋，大水。董仲舒、劉向以爲，時成幼弱，政在大夫。前此一年，再用師。明年復城鄆以彊私家，仲孫蔑、叔孫僑如顓會宋、晉[一]。陰勝陽。」按：彼引五行傳曰：「簡宗廟，不禱祠，廢祭祀，逆天時，則水不潤下。」説曰：水，北方，終藏萬物者也[二]。其於人道，命終而形藏，精神放越，聖人爲之立廟以收魂氣，春秋祭祀，以終孝道。王者即位，必郊祀天地，禱祈神祇，望秩山川，懷柔百神，亡不宗事，慎其齊戒，致其嚴敬，鬼神歆饗，多獲福助。此聖王所以順事陰氣，和神人也。至發號施令，亦奉天

〔一〕「晉」，原訛作「齊」，叢書本同，據漢書及春秋校改。

〔二〕「終藏萬物者也」句，原訛作「終成萬物成也」，叢書本不誤，據改。

時。十二月咸〔一〕得其氣，則陰陽調而終始成。如此則水得其性矣。若乃不敬鬼神，政〔二〕令逆時，則水失其性。霧水暴出，百川逆溢，壞鄉邑，溺人民，及淫雨傷稼穡，是爲水不潤下。」時魯方謀立武宮，故有簡宗廟之戒也。此專主立武宮云異，與董、劉、何皆殊。通義云：「時謀立毀廟，故有簡宗廟之戒。魯人不悟，卒蹈失禮也。」按：作丘甲，見上元年。搴之戰，見上二年。圍棘，見上三年。城鄆，見上四年。按：但謀立武宮，天即示以大水，傷害稼。天心仁愛，恐不如是。設謀而不立，此異將何屬？當以董、劉、何三家爲正。

○冬，十有一月，己酉，天王崩。【注】定王。【疏】包氏慎言云：「冬十一月書己酉，月之十五日。」○注「定王」。○周本紀：「定王二十一年崩，子簡王夷立。」不書葬，故注明之。

○十有二月，己丑，公會晉侯、齊侯、宋公、衛侯、鄭伯、曹伯、邾婁子、杞伯同盟于蟲牢。【注】約備彊楚。【疏】包氏慎言云：「十二月書己丑，月之二十六日。」杜云：「蟲牢，鄭地。陳留封

〔一〕「咸」，原訛作「成」，叢書本不誤，據改。
〔二〕「政」，原訛作「致」，叢書本同，據漢書校改。

丘縣北有桐牢。」大事表云：「今桐牢亭在開封府封丘縣北三里。」續漢志：「封丘有桐牢亭，或曰古蟲牢。」寰宇記：「桐牢亭在開封府封丘縣北二里。」一統志：「今俗謂之桐渦。」○注「約備彊楚」。○左傳云：「同盟於蟲牢，鄭服也。」蓋服鄭兼以備楚，故繁露竹林云：「鄭乃恐懼，而成蟲牢之盟。」兼左氏義也。董生所据公羊，或作蟲牢。時晉、楚方争鄭，鄭自宣十二年後，此始與中國盟，故約以備楚也。

○六年，春，王正月，公至自會。【注】月者，前魯大夫獲齊侯，今親相見，故危之。【疏】注「月者」至「危之」。○舊疏云：「致例時，桓二年，『冬，公至自唐』；僖二十六年，『冬，公至自伐齊』；哀十三年，『秋，公至自會』是也。今此書月，故解之。前魯大夫獲齊侯者，即上二年鞌戰時也。言今親相見者，即上五年，『冬，公會晉侯、齊侯以下于[一]蟲牢』是也。」

○二月，辛巳，立武宮。【疏】包氏慎言云：「二月經書辛巳，月之十八日。」

武宮者何？武公之宮也。【注】在春秋前。【疏】注「在春秋前」。○禮記疏引世本云：「伯禽生煬公熙，熙生弗，弗生獻公具，具生武公敖。」按：魯世家：「伯禽卒，子考公酋立；卒，立弟熙，是爲煬公；

〔一〕「于」字原脱，叢書本不誤，據補。

卒，子幽公宰立；幽公弟潰殺幽公而自立，是爲魏公；卒，厲公擢立；卒，立其弟具，是爲獻公；卒，子真公濞立；卒，弟〔一〕敖立，是爲武公。」蓋世本引不具也，是在春秋前也。沈氏欽韓云：「以明堂位證之，武宫或是武公之廟，明堂位武世室也。」文十三年〔二〕注：「世室，言世世不毁也。」

立者何？不宜立也。【疏】舊疏云：「亦有直云『不宜立』，無在上『立者』二字也。」

立武宫，非禮也。【注】禮，天子諸侯立五廟，受命始封之君立一廟，至於子孫，過高祖，不得復立廟。周家祖有功，尊有德，立后稷、文、武廟，至於子孫，自高祖已下而七廟。天子卿大夫三廟，元士二廟，諸侯之卿大夫比元士二廟，諸侯之士一廟。立武宫者，蓋時衰，多廢人事，而好求福於鬼神，故重而書之。臧孫許伐齊有功，故立武宫。【疏】注「天子」至「七廟」。○禮記喪服小記云：「王者禘其祖之所自出，以其祖配之，而立四廟。」注：「高祖以下與始祖而五。」又王制：「天子七廟，三昭三穆，與太祖之廟而七。」注：「此周制。七者，太祖及文王、武王之祧，與親廟四；太〔三〕祖，后稷。殷則六廟，契及湯與二昭二穆。夏則五廟，無太祖，禹與二昭二穆而已。」正義：「按，禮緯稽命徵〔四〕云：『唐虞五廟，親廟四，始祖廟一。夏

〔一〕「弟」，原訛作「子」，據史記校改。
〔二〕「十三年」，原誤記爲「十五年」，據公羊注疏校改。
〔三〕「太」，原訛作「入」，叢書本不誤，據改。
〔四〕「稽命徵」，原訛作「稽命嘉」，與樂緯稽耀嘉混淆，叢書本同，據禮記正義校改。

四廟，至子孫五。殷五廟，至子孫六。』鉤命決云：『唐堯五廟，親廟四，與始祖五。禹四廟，至子孫五。殷五廟，至子孫六。周六廟，至子孫七。』鄭据此爲説，故謂七廟，周制也。周所以七者，以文王、武王受命，其廟不毁，以爲二祧，并始祖后稷，及高祖以下親廟四，故爲七也。」獨斷云：「天子七廟，三昭三穆，與太祖之廟七；諸侯二昭二穆，與太祖而五。」未分别二祧在内與否。漢書韋玄成傳：「玄成等四十四〔一〕人議奏曰：禮，王者始受命，諸侯始封之君，皆爲太祖。以下五廟而迭毁，毁廟之主藏於太祖。祭義曰：『王者禘其祖自出，以其祖配之，而立四廟。』言始受命而王，祭天以其祖配，而不爲立廟，親盡也。立親廟四，親親也。親盡而迭毁，親疏之殺，示有終也。周之所以七廟者，以后稷始封，文王、武王受命而王，是以三廟不毁，與親廟四而七。非有后稷始封，文、武受命之功者，皆當親盡而毁。成王成二聖之功業，制禮作樂，功德茂盛，廟〔二〕猶不世，以行爲謚而已。」是鄭、何與韋玄成同也。按：玄成謂始祖不爲立廟，蓋指夏、殷禮，與鄭小異。王制疏引：「聖證論：王肅難鄭云：周之文、武受命之王，不遷之廟，權禮所施，非常廟之數。殷之三宗，宗其德而存其廟，亦不以爲數。凡七廟者，皆不稱周室。禮器云：『有以多爲貴者，天子七廟。』孫卿云：『有天下者事七世。』又云：『自上以下，降〔三〕殺以兩。』今使天子、諸侯立廟，蓋親廟四而止，則君臣同制，尊卑不别。禮，名位不同，禮亦異數，况其君臣乎？又祭法云『王下祭殤五』，及五世來

〔一〕「四十四」，原訛作「四十八」，據漢書校改。
〔二〕「廟」字原脱，叢書本不誤，據補。
〔三〕「下降」，原誤倒作「降下」，叢書本同，據禮記正義校乙。

孫。則下及無親之孫，而祭上不及無親之祖，不亦詭哉！穀梁傳曰：『天子七廟，諸侯五。』家語云：『子羔問尊卑立廟制，孔子云：禮，天子立七廟，諸侯立五廟，大夫立三廟。』又云：『遠廟爲祧，有二祧焉。』又儒者難鄭云：『祭法「遠廟爲祧」，鄭注周禮云：「遷主所藏曰祧。」違經正文。』鄭又云：『先公之主，藏於后稷之廟。先王之主，藏於文、武之廟。』便有三祧，何得祭法云有二祧？」「馬、昭難王云：『按喪服小記王者立四廟』，又引禮緯夏無太祖，宗禹而已，則五廟。殷人祖契而宗湯，則六廟。周尊后稷，宗文王、武王，則七廟。自夏及周，少不減五，多不過七。禮器云：『周旅酬六尸。』一人發爵，則周七尸，七廟明矣。今使文、武不在七數，既不同祭，又不享嘗，豈禮也哉！故漢侍中盧植説云：『二祧謂文、武。』曾子問：『當七廟，無虚主。』禮器：『天子七廟。』『堂九尺。』王制：『七廟。』盧植云：皆據周言也。穀梁傳：『天子七廟。』尹更始説：『天子七廟，據周也。』漢書韋玄成等云：『周以后稷始封，文王受命。』石渠論白虎通云：『周以后稷、文、武特七廟。』張融謹按，周禮守祧職：『奄八[一]人，女祧每廟二人。』自太廟以下與文、武及親廟四，用七人，姜嫄廟用一人，適盡，若除文、武，則奄少二人。曾子問孔子説周事，而云七廟無虚主。若王肅數高祖之父、高祖之祖廟，與文、武而九，主當有九。孔子何云七廟無虚主乎？故云以周禮孔子之言爲本，穀梁説及小記爲枝葉，韋玄成、石渠論白虎通爲證驗，七廟之説爲長。且天子七廟者，有其人則七，無其人則五。若諸侯廟制，雖有其人，不得過五。則此天子諸侯七、五之異也。王肅云：『尊卑同

[一]「八」字原脱，叢書本不誤，據補。

制，君臣不別。』其義非也。『王下祭殤五』者，非是別立殤廟，七廟外親盡之祖，禘祫猶當祀之。而王肅云『上祭無親之孫，上不及無親之祖』，又非通論。且家語先儒以爲肅之所作，未足可依。禮疏又云周禮惟存后稷之廟不毁。昭七年傳云『余敢忘高圉、亞圉』，注云：『周人不毁其廟，報祭之。』似高圉、亞圉亦不毁者。此其不合鄭説，故馬融説云『周人所報而不立廟』。」此馬、昭、張融、孔穎達申鄭難之説也。按：匡衡告謝毁廟曰：「天序五行，人親五屬，天子奉天，率其意而尊其制，是以禘嘗之序，靡有過五。受命之主躬接於天，萬世不墮。繼烈以下，五廟而遷。」師古曰：「五屬謂同族之五服，斬衰、齊衰、大功、小功、緦麻也。」據衡之言，則廟制緣於服制。聖人不爲無服之人制制，亦不爲無服之人立廟，有斷然者，匡衡、韋玄成，皆在緯學未興之先，則孔氏引緯文釋鄭注，猶未當也。尹更始、盧植等皆以七廟專爲周制，而王肅之徒又以殷、周同七廟，據僞古文咸有一德「七世之廟，可以觀德」爲證。吕氏春秋引商書曰：「五世之廟，可以觀怪。」此秦火以前之書也，則殷不七廟明矣。哀帝時，劉歆議孝文、孝武皆有功德於世，當如周禮立七廟。其議曰：「高帝建大業，爲太祖；孝文皇帝德至厚也，爲文太宗；孝武皇帝功至著也，爲武世宗。」禮記王制及春秋穀梁傳，天子七廟，諸侯五，大夫三，士二。天子七日而殯，七月而葬；諸侯五日而殯，五月而葬。此喪事尊卑之序也。與〔一〕廟數相應。其文曰：天子三昭三穆，與太祖之廟而七；諸侯二昭二穆，與太祖之廟而五，故德厚者流光，德薄者流卑。春秋左氏傳曰：『名位不同，禮亦異數。』自上以下，降殺

〔一〕「與」，原訛作「於」，叢書本同，據漢書校改。作「於」，義亦通。

以兩，禮也。七者，其正法數，可常數者也。宗不在此數中。宗，變也，苟有功德則宗之，不可預爲設數。」「以七廟言之，孝武皇帝未宜毁；以所宗言之，則不可謂無功德。」「凡在異姓，猶將特祀之，況於先祖？或説天子五廟無見文，又説中宗、高宗者，宗其道而毁其廟，名與實異，非尊德貴功之意也。」「迭毁之禮，自有常法。」「祖宗之序，多少之數，經、傳無明文，至尊至重，難以疑文虚説定也。」是歆以殯葬日月之數爲七廟之制，與五廟五屬之説異。此王肅所本。其實劉歆所据天子七日而殯、七月而葬，及降殺以兩，皆左氏説周制也。云天子五廟無見文，又曰祖宗之序多少之數經、傳無明文，是歆以五廟之説無明文，因定用五廟之制，亦未以五廟爲非也。且劉亦不以周以前皆七廟也。蓋降殺以兩，等威之别，至周始嚴。周有七廟，若遂定爲歷代定制，豈其然乎？九廟之説，新莽亂制，王肅據以與鄭立異，忘其爲聖門之亂臣賊子矣！即如諸侯五廟，魯以伯禽爲始祖，而有周公之廟，得謂諸侯皆六廟乎？鄭有厲王之廟，得謂諸侯皆立其所自出之廟乎？○注「天子」至「二廟」。○王制云：「大夫三廟，一昭一穆，與太祖之廟而三。」注：「太祖别子始爵者。」大傳曰：『别子爲祖。』謂此雖非别子，始爵者亦然。」正義曰：「非别子，始爵者，有數條：一是别子，初雖身爲大夫，中間廢退，至其遠世子孫，始得爵命者，則以爲太祖，别子不得爲太祖也。二是别子及子孫，不得爵命者，後世始得爵命，自得爲太祖。三是全非諸侯子孫，異姓爲大夫者，及它國之臣初來任爲大夫者，亦得爲太祖。」然則，王制以太祖與一昭一穆爲三，而祭法云：「大夫立三廟，曰考廟，曰王考廟，曰皇考廟。」注：「非别子。故知祖考無廟。」與王制不同者，禮記疏引鄭志答趙商云：「祭法，周禮。王制之云『或以夏、殷雜，不合周制』。」然則，鄭以王制爲殷制，故云：「雖非别子，亦得立太祖廟。若周制，則別子始爵，其後得立別子爲太祖。若非別子之後，雖爲大夫，但立曾、祖、父三廟而已，隨時而遷，無太祖也。」王制疏云：「鄭必知周制別子之後得立別子爲太祖者，以大傳云：『別子爲祖，繫之以姓而弗別，綴之以食而弗殊，雖百世而昏姻不通者，周道然也。』故知別子百世不遷爲大祖〔一〕矣。」周道如此，明殷道不然。春秋譏世卿，又從殷之質，何意當以爲，大夫者，得立其父、祖、曾三世之廟而已。孔疏又云：「此大夫三廟者，天子諸侯之大夫皆同。知者，以此及祭法歷陳天子諸侯即云大夫，更不別云諸侯之大夫。」按：諸侯之卿，尊者不過三命，似不得與天子大夫同制。禮不言者，偶不具爾，不得遽以爲天子諸侯之大夫同制也。元士二廟，即祭法之「適士二廟」也。鄭云上士，蓋据諸侯之士言之，故以官師爲中士、下士也。如何意，則天子之士二廟，諸侯之士同官師也。獨斷云「大夫一昭一穆，與太祖之廟三」，本王制爲說爾。魏書禮志引稽命徵云：「天子之元士二廟。」禮記大傳云「大夫、士有事，省於其君〔二〕，干祫及其高祖」，疑指天子大夫得及曾祖，有省者得及高祖也。又喪服小記云：「大夫士之妾，祔於妾祖姑，亡則中一以上而祔。」中一以上，則高祖妾姑矣。蓋大夫士雖有親廟，亦別有祧廟，以祔祧主也。○注「諸侯」至「一廟」。○舊疏云：「『諸侯之士一廟』，禮說文。」魏書禮志引：「稽命徵云：『諸侯之上士亦二廟，中、下士一廟。』一廟者，祖禰共廟。」按：此與鄭注同。鄭注王制云：「士一廟者，謂諸侯之中士、下士，名

〔一〕「百世不遷爲大祖」，原訛作「爲百世不遷之宗」，叢書本同，據禮記正義校改。

〔二〕「大夫」句中，「有」下原脫「事」字，「君」上脫「其」字，叢書本同，據禮記正義校補。

曰官師者。上士二廟。」是也。祭法云：「適士二廟。」注：「適士，上士也。」亦指諸侯之士。又云：「官師一廟。」注：「官師，中士、下士也。」此注云「諸侯之士一廟」，則無分上、中、下士矣。然諸侯之卿大夫比天子元士，則諸侯之士亦宜降等，命數既殊，廟制應異。緯書與鄭君之義，似不及何注也。禮記曲禮云：「不逮事父母，則不諱王父母。」注：「適士以上，廟事祖，雖不逮事父母，猶諱祖。」疏云：「祭法云：適士二廟，祖之與禰各一廟，其中下士亦廟事祖，但祖、禰共廟，則既夕禮一廟是也。熊氏云：『此適士者，包中下士，對庶人府史亦稱適也。』」仍本鄭義也。獨斷云：「士一廟，降大夫二。」謂諸侯士。又云：「士二廟。」即元士也。與何義合。又云：「府史以下，未有爵命，號爲庶人，皆無廟，四時祭於寢也。」禮記大傳云：「諸侯及其太祖。大夫、士有大事，省於其君，干祫及其高祖。」注：「干，猶空也。空祫，謂無廟祫，祭之於壇墠。」正義：「此言支庶爲大夫、士者耳，若適〔一〕爲大夫，亦有太祖，王制『大夫三廟，一昭一穆〔二〕，與太祖之廟而三』是也。師説云：『大夫士有始祖者，鬼其百世，若〔三〕有善於其君得祫，於太祖廟中，偏祫太祖以下也。』」此仍据周制言。大夫得有太祖也。干祫及其高祖者，高祖於元孫有服，故省於其君者，得從權干〔四〕祫，於廟制無與也。○注「立武」至「書之」。○鹽鐵論散不足云：「古者，德行求

〔一〕「適」，原訛作「通」，據禮記正義校改。
〔二〕「一昭一穆」，原訛作「二昭二穆」，據禮記正義校改。
〔三〕「若」，原訛作「容」，叢書本同，據禮記正義校改。
〔四〕「干」，原訛作「上」，叢書本同，據上引禮記正義文校改。

福，故祭祀而寬。仁義求吉，故卜筮而希。今世俗寬〔一〕於行，而求於鬼；怠於禮，而篤於祭。」是即譏立武宫義也。明堂位曰：「武公之廟，武世室也。」此傳譏其不宜立者，記人所言多夸大之詞，未可據以爲實也。故彼正義云：「武公之廟，立在武公卒後，其廟不毁，在成公之世，此記所云，美成王褒崇魯國〔二〕而已。云『武公之廟，武世室』者，作記之人，因成王褒魯，遂盛美魯家之事。因武公其廟不毁，遂連文而美之，非實詞也。」是也。通義云：「『世室屋壞』云『世室』，此何以不云武〔三〕世室？立毁廟猶可言也，擬天子不可言也。春秋以其可辭書之。」義或然也。○注「臧孫」至「武宫」。○左傳：「季文子以鞌之功立武宫，非禮也。」疏引服虔云：「鞌之戰，禱武公以求勝，故立其宫。」按：上元年：「夏，臧孫許及晉侯盟于曲棘。」注：「時者，謀結鞌之戰，不相負也。」又二年傳云「前此者，晉郤克與臧孫許同時而聘於齊」，「二大夫出，相與踦閭而語」，則伐齊之役，實起於許，故注本而言之。左傳謂季文子者，時文子執政，爲魯上卿故也。因人之力，立廟自夸，不徒立毁廟爲非禮也。

○取鄟。

〔一〕「寬」，原訛作「薄」，據鹽鐵論校改。

〔二〕「魯國」，原訛作「魯公」，叢書本作「魯」，據禮記正義校改。

〔三〕「武」，原訛作「立」，據公羊通義校改。

鄟者何？邾婁之邑也。【疏】杜以爲附庸國。大事表云：「在沂州府郯城縣東北。」穀梁亦云「鄟，國也」，杜所本。

曷爲不繫於邾婁？諱亟也。【注】諱魯背信亟也。屬相與爲蟲牢之盟，旋取其邑，故使若非蟲牢人矣。【疏】僖三十三年「公伐邾婁，取叢」、僖二十二年「公伐邾婁，取須朐」之屬，皆繫邾婁，故問而解之。○注「諱魯」至「人矣」。○即上五年，「冬，公會晉侯、齊侯、宋公、衛侯、鄭伯、曹伯、邾婁子、杞伯同盟于蟲牢」，是魯與邾同盟也。旋盟而旋取其邑，背盟失信過亟，故諱而不繫邾婁，使若所取之邑，非同盟之國邑然矣。

○衛孫良夫率師侵宋。

○夏，六月，邾婁子來朝。

○公孫嬰齊如晉。

○壬申，鄭伯費卒。【注】不書葬者，爲中國諱。蟲牢之盟，約備彊楚。楚伐鄭喪，不能救，晉又侵之，故去葬，使若非伐喪。【疏】包氏慎言云：「六月書壬申，月之十一日。」○注「楚伐」至「侵之」。○即下秋，「楚公子嬰齊帥師伐鄭」，無中國救鄭文。下又云：「晉欒書帥師侵鄭。」是又侵之也。○注「故去」至「伐喪」。○繁露竹林云：「死不得書葬，見其罪也。」與何氏異。通義云：「悼公在喪未踰年，而親伐許，不子之甚，故去葬，奪臣子恩也。」用董氏義。

○秋，仲孫蔑、叔孫僑如率師侵宋。【疏】校勘記云：「唐石經、鄂本、閩、監本同。毛本脱『率師』二字。」

○楚公子嬰齊率師伐鄭。

○冬，季孫行父如晉。

○晉欒書率師侵鄭。【疏】校勘記云：「唐石經、諸本同。按，左氏、穀梁皆作『救鄭』。上書『楚公子嬰齊率師伐鄭」，故晉欒書率師救之也。『侵』字誤。嚴杰曰：上文『鄭伯費卒』，注云：『楚伐鄭喪，不能救，晉又侵之。』然則公羊作『侵鄭』，與左、穀本異也。」

○七年，春，王正月，鼷鼠食郊牛角，改卜牛。鼷鼠又食其角，乃免牛。【注】鼷鼠者，鼠中之微者。角生上指，逆之象。易京房傳曰：「祭天不慎，鼷鼠食郊牛角。」書「又食」者，重録魯不覺寤，重有災也。不重言牛獨重言鼠者，言角，牛可知，食牛者未必故鼠，故重言鼠。【疏】穀梁傳：「免牲者，爲之緇衣纁裳，有司玄端，奉送至於南郊。免牛亦然。」○注「鼷鼠」至「微者」。○説文鼠部：「鼷，小鼠也。」玉篇：「鼷鼠，小鼠也。螫毒，食人及鳥獸皆不痛，今之甘口〔一〕鼠也。」釋文引博物志云：「鼠之最小者，或以爲耳鼠。」爾雅釋獸云「鼷鼠」，郭注：「有螫毒者。」左疏引：「李巡云：『鼱鼩鼠一名鼷鼠。』孫炎云：『有螫毒者。』蓋如今鼠狼。」邵氏晉涵爾雅正義云：「按，今俗傳鼷鼠能入人耳，甘而不知痛，其爲螫毒，不特牛有害矣。莊子應帝王云：『鼷鼠深穴乎神丘之下，以避熏鑿之患。』漢書所謂『社鼷不灌，屋鼠不熏』也。淮南人間訓云：『塘漏若鼷穴，一墣〔二〕之所能塞也。』蓋鼷鼠本小，其穴自小矣。」公羊問答曰：

〔一〕「口」字原脱，據玉篇校補。
〔二〕「一墣」上原衍「非」字，叢書本同，據淮南子校删。

「説文：『鼷，小鼠也。』博物志：『春秋書鼷鼠食牛，牛死。鼠〔一〕類最小者，食物當時不覺痛。世傳云：亦食人項肥厚皮處，亦不覺。或名甘鼠，俗人〔二〕諱此所囓衰病之徵。』」是鼠中之最微者也。○注「角生」至「之象」。○舊疏云：「言角在牲體之上，指於天，亦是上逆之象。」○注「易京」至「牛角」。○五行志中之上：「成公七年，正月，鼷鼠食郊牛角，改卜牛，又食其角。劉向以爲，近青祥，亦牛禍也，不敬而傋霿之所致也。昔周公制禮樂，成周道，故成王命魯郊祀天地，以尊周公。至成公時，三家始顓政，魯將從此衰。天愍周公之德，痛其將有敗亡之禍，故於郊祭而見戒云。鼠，小蟲，性盜竊；鼷，又其小者也。牛，大畜，祭天，尊物也。角，兵象，在上，君威也。小小鼷鼠，食至尊之牛角，象季氏乃陪臣盜竊之人，將執國命，以傷君威而害周公之祀也。改卜牛，鼷鼠又食其角，天重語之也。成公怠慢昏亂，遂君臣更執於晉。至於襄公，晉爲溴梁之會，天下大夫皆奪君政，其後三家逐昭公，卒死於外，幾絶周公之祀。董仲舒以爲，鼷鼠食郊牛，皆養牲不謹也。京房易傳曰：『祭天不慎，厥妖鼷鼠齧郊牛角。』」何氏即本董義。繁露順命云：「至於祭天不享，其卜不從，使其牛口〔三〕傷，鼷鼠食其角，或言食牛，或言食而死，或食而生，或不食而自死，或改卜而牛死，或卜而食其角，過有淺深厚薄，而災有簡甚，不可不察也。」○注「書又」至「災也」。○

〔一〕「鼠」下原衍「之」字，據公羊問答及博物志校删。
〔二〕「人」，原訛作「此」，叢書本同，據公羊問答及博物志校改。
〔三〕「口」，原訛作「自」，叢書本同。春秋有「郊牛之口傷」，無「自傷」，據春秋、繁露校改。

舊疏云：「重〔一〕，讀如煩重之重也。」按：讀如字亦通。又引異義：「公羊説云：『鼷鼠初食牛角，咎在有司。又食，咎在人君，取己有災，而不改更者，義通於此。』」按：穀梁傳：「過有司也。郊牛日展斛角而知傷，展道盡矣，其所以備災之道不盡也。」又曰：「又，有繼之辭也。其，緩辭也。曰亡乎人矣，非人之所能也，所以免有司之過也。」注：「至此復食，乃知國無賢君，天災之爾，非有司之過也，故言其以赦之。」經義雜記云：「据徐疏引異義公羊説，知公羊無傳。説者本穀梁言之。劉子政之義尤爲深切著明。」惠氏士奇春秋説云：「宣三年書『郊牛之口傷』，成七年書『鼷鼠食郊牛角』，何謂也〔二〕？周禮封人飾其〔三〕牛牲，而設楅於角，設衡於鼻，又以綯牽牲入廟，而歌舞之。牧人共牲，以授充人繫之。牲必用牷物，牛人以授職人而芻之，充人則繫於牢，芻之三月。展牲則告牷，牷碩則贊。肆師展犧牲，頒於職人。然則肆師展之於未祭初〔四〕，充人展之於將祭之日〔五〕，穀梁所謂『日展斛角而知傷』也。古者，天子〔六〕諸侯必有養獸

〔一〕「重」，原訛作「至」，叢書本不誤，據改。
〔二〕「何謂也」，原脱「謂」字，據惠士奇春秋説校補。
〔三〕「其」，原訛作「牛」，叢書本不誤，據改。
〔四〕「展之於未祭初」，原脱誤作「展於祭初」，叢書本同，據春秋説校補。
〔五〕「展之於將祭之日」，原脱誤作「展於將祭」，叢書本同，據春秋説校補。
〔六〕「天子」二字原脱，叢書本同，據春秋説校補。

之官，及歲時，齊戒沐浴，而躬朝之。朔月月半〔一〕，君巡牲，不獨有司展之。君又朝而巡之，所以致力而盡其敬者如此。牷者，全也，備也。口傷、角食，其體弗全、弗備，不敬莫大焉。豈徒肆師、充人失其官哉〔二〕，人君朝巡之禮亦廢久矣。故春秋謹而書之。」○注「不重」至「言鼠」。○左傳疏引此注，「食牛」上有「後」字，當据補。通義：「許翰曰：小害大，下賊上，食而又食，三桓子孫相繼之象。宣公有虞三桓之志，成始弗戒矣。」

○吴伐郯。【注】吴國見者，罕與中國交，至升平乃見，故因始見以漸進。【疏】水經注沂水篇：「又東過襄賁縣東，屈從縣西南流，又屈南過郯縣西。郯，故國也，少昊之後。春秋昭十七年，郯子朝魯者也。」「竹書紀年：『晉烈公五年，越子朱勾伐郯，以郯子鴣歸。』縣，故舊魯也，東海郡治。」地理志東海郡郯下云：「故國，少昊後，盈姓。」吴世家云：「壽夢立而吴始益大，稱王。自太伯作吴，五世而武王克殷，封其後爲二：其一虞，在中國；其一吴，在夷蠻。十二世而晉滅中國之虞。中國之虞滅二世，而夷蠻之吴興。大凡從太伯至壽夢十九世。」正義：「吴，國號也。太伯居梅里，在常州無錫縣〔三〕東南六十里。至十九世孫壽

〔一〕「半」，原訛作「舉」，叢書本同，據春秋説校改。
〔二〕「哉」字原脱，叢書本同，據春秋説校補。
〔三〕「縣」，原訛作「去」，叢書本同，據史記三家注校改。

夢居之，號句吴。壽夢卒，諸樊南徙吴。至二十一代孫光，使子胥〔一〕築闔閭城，都之，今蘇州也。」○注「吴國」至「漸進」。○毛本「因」誤「言」，鄂本、閩、監本同，不誤。舊疏云：「莊十年，『荆敗蔡師于莘』，傳『荆者何？州名也。州不若國，國不若氏』云云。何注不言楚言荆者，楚强而近中國，卒暴責之，則恐爲害深，故進之以漸。」「然則，吴、楚相敵，亦宜言揚，而經言吴者，正以罕與中國交，至今升平之世乃始見經，故因其始見於升平，故經直以漸進之。」通義：「胡康侯曰：稱國以伐，狄之也。吴本太伯之後，以族屬言之，則周之伯父也。何以狄之？爲其僭天子之大號也。國語曰：『命圭有命，固曰吴伯，不曰吴王。』然則，吴本伯爵也，後雖益熾浸，與中國會盟，進而書爵，不過曰子，亦不以本爵與之，故記於禮書曰：四夷雖大，皆曰子。此春秋之法，仲尼之制，而以爲不敢〔二〕擅進退諸侯、亂名實者，誤矣。」按：世家〔三〕：「王壽夢二年，申公巫臣犇晉，自晉使吴，教吴用兵乘車，令其子爲吴行人，吴於是始通中國。」壽夢二年，當成公七年，始與中國通。適有伐郯事，在升平之世，春秋因以張法也。吴越春秋吴王壽夢傳：「吴壽夢元年，朝周，適楚，觀諸侯禮樂。魯成公會於鍾離，深問周公之禮樂，成公悉爲陳前王之禮樂，因爲詠歌三代之風。壽夢曰：『孤在蠻夷，徒以椎髻爲俗，豈有斯之服哉！』因歎而去，曰：『大哉！禮乎！』」此升平之世，已入内諸夏外四夷之限，故吴得以國見經，與楚之稱荆自殊，亦非如胡氏所云狄之也。

〔一〕「子胥」，原訛作「子齊」，叢書本同，據史記三家注校改。
〔二〕「敢」，原訛作「取」，叢書本同，據公羊通義及胡安國春秋傳校改。
〔三〕世家，當是吴太伯世家。

○夏，五月，曹伯來朝。【疏】通義云：「月者，爲下望出。」

○不郊，猶三望。【疏】通義云：「他言免牲者，則不言不郊。此間有異事，猶文無所承[一]，故復[二]舉不郊也。」

○秋，楚公子嬰齊帥師伐鄭。

○公會晉侯、齊侯、宋公、衛侯、曹伯、莒子、邾婁子、杞伯救鄭。【疏】差繆略云：「左氏晉侯下[三]有齊侯。」按：唐石經公羊泐數字，以字數計之，有齊侯。石經穀梁有齊侯。

○八月，戊辰，同盟于馬陵。【疏】包氏慎言云：「八月書戊辰，八月無戊辰，九月之四日，七月之三

[一]「承」，原訛作「成」，叢書本同，據公羊通義校改。

[二]「復」，原訛作「不」，叢書本同，據公羊通義校改。

[三]「下」上原衍「以」字，叢書本同，據春秋集傳纂例差繆略校删。

日也。」杜云：「馬陵，衛地。陽平元城縣東南有地名馬陵。」大事表云：「戰國時，孫臏殺龐涓處，今大名府治東南十五里有馬陵道，又有馬陵城。」續漢郡國志：「河東平陽。」劉昭注引杜云：「馬陵，衛地。平陽東南，地名馬陵。」又説：「在魏郡元城。」按：衛地不至河東。劉昭一地兩位，非也。杜亦無平陽之説。一統志：「馬陵故城在大名〔一〕府元城縣東南。隋開皇六年，置馬陵縣。」通義云：「不重言諸侯者，間無異事，文省。」

○**公至自會。**【疏】通義云：「左傳曰：『諸侯救鄭，鄭共仲、侯羽軍楚師，囚鄖公鍾儀，獻諸晉。』故以得意致會也。」

○**吴入州來。**【疏】杜云：「州來，楚邑，淮南下蔡是也。」爾雅釋丘：「淮南有州黎。」郭注：「今在壽春。」古來、黎同音，州黎即州來也。大事表云：「今爲江南鳳陽府壽州，即壽春也。自成七年吴入州來，至昭二十三年雞父之戰，楚師大敗州來，遂入吴。自是入郢之禍兆矣。吴蓋爭之七十餘年而後得。哀二年，吴遷蔡於州來，謂之下蔡山。是壽春城在淮之南，下蔡城在淮之北，相去三十里，夾淮爲固。歷東漢至六

〔一〕「名」，原訛作「各」，蓋形近而誤。

朝當爲重鎮。今壽州治即古壽春縣城，爲楚考烈王所築。州北三十里有蔡國城，即下蔡矣。」方輿紀要：「下蔡城在壽州北三十里，古州來也。」李氏兆洛鳳臺縣志：「州來即今下蔡鎮。」差繆略云：「公、穀作州萊。」按：於他書均未之見。

○**冬，大雩。**【注】先是公會諸侯救鄭，承前不恤民之所致。【疏】注「先是」至「所致」。○公會諸侯救鄭，見上秋。云承前不恤民之所致者，承上三年大雩爲説也，彼注云：「成公幼少，大臣秉政，先是作丘甲，爲鞌之戰，伐鄭圍棘，不恤民之所生也。」是也。

○**衛孫林父出奔晉。**

公羊義疏五十二

南菁書院　句容陳立卓人著

成八年盡九年

○八年，春，晉侯使韓穿來言汶陽之田，歸之于齊。

來言者何？內辭也。脅我，使我歸之也。【注】以此經加之，知見使，即聞晉語自歸之，但當言歸。【疏】注「以此」至「言歸」。○舊疏云：「其自歸言歸者，哀八年，『夏，歸邾婁子益于邾婁』，注：『善魯能悔過歸之。』然則若自歸，當言歸汶陽之田于齊。今乃如此作文，而又言之，則知被晉使之，非其本情。」通義云：「來言者，商量之意，不使晉命制乎我也。本非齊地，而言『歸之于』者，順韓穿來言辭。」按：此實晉使歸而曰來言，故爲內辭也。穀梁傳曰：「于齊，緩辭也，不使盡〔一〕我也。」注：「若曰爲之請歸，不

〔一〕「使盡」，原誤倒作「盡使」，叢書本同，據穀梁傳校乙。

使晉制命〔一〕于我。」與公羊義同。

曷爲使我歸之？【注】据本魯邑。【疏】注「据本魯邑」。○舊疏云：「莊十三年，曹子劫齊侯，反其所取侵地之時，管子曰：『然則君何求？』曹子曰：『願請汶陽之田。』又上二年傳曰『反魯、衛之侵地』下，其經曰：『取汶陽田。』以此言之，汶陽之田本是魯物明矣。」

鞌之戰，齊師大敗。齊侯歸，弔死視疾，七年不飲酒、不食肉。晉侯聞之，曰：「嘻！奈何使人之君，七年不飲酒、不食肉？請反其所取侵地。」【注】晉侯聞齊侯悔過自責，高其義，畏其德，使諸侯還鞌之所喪邑。魯見使卑，有恥，故諱。不言使者，因兩爲其義，諸侯不得相奪土地。晉適可來議語之，魯宜聞義自歸之爾，不得使也。主書者，善晉之義齊。【疏】說苑敬慎云：「齊頃公賴逢丑父之欺，奔逃得歸，弔死問疾，七年不飲酒，不食肉，外金石絲竹之聲，遠婦女之色，出會與盟，卑下諸侯，國家内得行義。聲聞震於諸侯，所亡之地，弗求而自爲來，尊寵不武而得之，可謂能詘免變化以致之。故福生於隱約，而禍生于得意，此得失之效也。」齊世家云：「歸，而頃公弛苑囿，薄賦斂，振孤問疾，虚積聚以救民，民亦大悅。厚禮諸侯。竟頃公卒，百姓附，諸侯不犯。」繁露竹林云：「自是後，頃公恐懼，不聽聲樂，不飲酒食肉，内愛百姓，問疾弔喪，外敬諸侯，從會與盟，卒終其身，家國安甯。是福

〔一〕「制命」，原訛倒作「命制」，叢書本同，據穀梁注疏校乙。

之本生於憂，而禍起於喜也。物之所由然，其於人切近，可不省耶！」又王道云：「齊頃公弔死視疾。」是其事也。○注「晉侯」至「喪邑」。○通義云：「弔死視疾，勸死士也。不飲酒，不食肉，志復仇也。」故晉侯高其義，畏其德。○注「魯見」至「故諱」。○明經書「來言」義也。即穀梁「不使盡我〔一〕之意也。○注「不言」至「使也」。○禮記玉藻云：「大夫私事使，私人擯則稱名。」注：「私事使，謂以君命私行，非聘也。」若魯成公時，晉侯使韓穿來言汶陽之田，歸之于齊之類。」然則，與莊二十七年傳「通乎季子之私行也」者別。亦以君命行，惟對聘問爲私耳。按：上二年經「取汶陽田」，與僖三十年「取濟西田」同文，皆當坐取邑，則歸之爲善辭矣。春秋爲魯諱爲晉使之恥，復作聞義自歸善辭，故言歸之于也，所以爲兩爲其義也。

○晉欒書帥師侵蔡。

○公孫嬰齊如莒。

○宋公使華元來聘。【疏】左傳：「宋華元來聘，聘共姬也。」按：以士昏禮準之，昏禮首云「下達」，鄭

〔一〕「我」，原訛作「職」，叢書本同，據穀梁注疏校改。

注：「達，通也。將欲與彼合昏姻，必先使媒氏通其言，女氏許之，乃後使人納其采擇之禮。」則此聘，蓋即下達也。士禮使媒，諸侯不必求媒，故使臣下也。

○**夏，宋公使公孫壽來納幣。**【疏】士昏禮疏〔一〕引服虔云：「不稱主人，母命不〔二〕通，故稱使。婦人無外事。」按：隱二年傳：「昏禮不稱主人，然則曷稱？稱諸父兄、師友。宋公使公孫壽來納幣，則其稱主人何？辭窮也。辭窮者何？無母也。」注：「禮，有母，母當命諸父兄師友，稱諸父兄師友以行。宋公無母，莫使命之，辭窮，故自命之。」然則何氏以宋公無母，與服云「母命不通」者異。

納幣不書，此何以書？【注】据紀履緰來逆女不書納幣。【疏】注「据紀」至「納幣」。○隱二年，「紀履緰來逆女」是也。

録伯姬也。【注】伯姬守節，逮火而死，賢，故詳録其禮，所以殊於衆女。【疏】注「伯姬」至「衆女」。○襄三十年傳：「外夫人不書葬，此何以書？隱之也。宋災，伯姬卒焉。其稱謚何？賢也。何賢爾？宋災，伯姬〔三〕存焉。有司復曰：『火至矣，請出。』伯姬曰：『不可。吾聞之也，婦人夜出，不見傅母不下堂。

〔一〕「士昏禮疏」，原誤記爲「左疏」。左疏中不見此段文字，儀禮士昏禮疏有之，據改。

〔二〕「不」字原脱，叢書本不誤，據補。

〔三〕「伯姬」原誤疊，叢書本不誤，據删。

傳至矣，母未至也。』逮乎火而死。」是也。下「衛人來媵」，傳云：「媵不書，此何以書？録伯姬也。」九年：「夏，季孫行父如宋致女。」傳：「此其言致女何？録伯姬也。」又「晉人來媵」，傳：「此何以書？録伯姬也。」又「齊人來媵」，傳：「此何以書？録伯姬也。」皆以賢，故詳録之也。

○**晉殺其大夫趙同、趙括。**【疏】晉世家云：「景公十七年，誅趙同、趙括，族滅之。」左傳：「晉趙莊〔一〕姬爲趙嬰之亡故，譖之於晉侯，曰：『原、屏將爲亂。』欒、郤爲徵。六月，晉討趙同、趙括。」趙世家云：「屠岸賈者，始寵于靈公，及至于景公，而賈爲司寇，將作難，乃治靈公之賊以致趙盾，徧告諸將曰：『盾雖不知，猶爲賊首。以臣弑君，子孫在朝，何以懲辠？請誅之。』」「擅與諸將攻趙氏於下宫，殺趙朔、趙同、趙括、趙嬰齊，皆滅其族。」與左氏傳異。

○**秋，七月，天子使召伯來錫公命。**【疏】左傳「錫」作「賜」。易師九二：「王三錫命。」釋文：「鄭本作『賜』。」書禹貢：「九江納錫大龜。」史記夏本紀作「九江入賜大龜」。禮覲禮云：「天子賜舍。」注：「今文賜皆爲錫。」蓋左氏多古文，故作「賜」；公、穀皆今文，改作「錫」也。差繆略云：「賜，公羊作錫。」趙氏坦

〔一〕「莊」字原脱，據左傳正義校補。

異文箋云：「石經公羊作『錫』，石經穀梁沕，注疏本作『錫』。」按：曲禮正義引左傳亦作「來錫公命」。

其稱天子何？【注】据天王使毛伯來錫文公命，不稱天子。【疏】注「据天」至「天子」。○即文元年，「天王使毛伯來錫公命」是也。

元年春王正月，正也。【注】正者，文不變也。【疏】注「正者，文不變也」。○毛本「正」誤「王」。舊疏云：「据始言之，其實二年三年以下之經皆如是。」説苑君道云：「孔子曰：文王似『元年』，武王似『春王』，周公似『正月』。文王以王季爲父，以太任爲母，以太姒爲妃，以武王、周公爲子，以泰顛、閎夭爲臣，其本美矣。武王正其身以正其國，正其國以正天下，伐無道，刑有罪，一動天下正，其事正矣。春致其時，萬物皆及生；君致其道，萬人〔一〕皆及治。周公載己，而天下順之，其誠至矣。」武王似春王，春秋稱王不變也。

其餘皆通矣。【注】其餘，謂不繫於元年者。或言王，或言天王，或言天子，皆相通矣，以見刺譏是非也。王者，號也。德合元者稱皇。孔子曰：「皇象元，逍遥術，無文字，德明謚。」德合天者稱帝，河洛受瑞可放。仁義合者稱王，符瑞應，天下歸往。天子者，爵稱也，聖人受命，皆天所生，故謂之天子。此錫命稱天子者，爲王者長愛幼少之義，欲進勉幼君，當勞來與賢師良傅，如父教子，不當賜也。月者，例也，爲魯

〔一〕「人」，原訛作「物」，據説苑校改。

喜録之。【疏】杜云：「天子、天王，王者之通稱。」孔疏：「『天子』之見經者，三十有二；稱『天王』者，二十五；稱『王』者，六；稱『天子』者，一，即此事是也。三稱並行，傳無異説，故知天子、天王，王者之通稱也。其不同者，史異辭耳。」引公羊此傳云云。杜用彼説也。按：何云「皆相通矣者，以見刺譏是非」，則與杜義殊。穀梁傳：「曰天子，何也？曰見一稱也。」范注：「天子、天王，王者之通稱。自此以上，未有言天子者。今言天子，是更見一稱。」其義以稱天子與稱天王、王者同，亦不以爲褒貶所係也。左疏引賈逵云：「諸夏稱天王，畿内曰王，夷狄曰天子。王使榮叔歸含且賵，以恩深加禮妾母，恩同畿内，故稱王。成公八年乃得賜命，與夷狄同，故稱天子。」與公羊義不合。○注「其餘」至「非也」。○舊疏云：「何氏亦順傳文，是以獨言元年矣。」按：其餘即謂不繫乎歲首者，皆刺譏所繫，與稱天王、天子同也。或稱王者，莊元年，「王使榮叔來錫桓公命」；文五年，「王使榮叔歸含且賵」，又「王使召伯來會葬」之屬是也。或言天王者，隱元年，「天王使宰咺來歸惠公、仲子之賵」；八年，「天王使南季來聘」之屬是也。或言天子，此文是也。通義云：「皆通者，明非刺譏所繫，或言天王或言天子，並是至尊之稱，猶覲禮曰『王使人皮弁用璧勞』，又曰『天子賜舍[一]』，臨文隨稱，無有意義。」按：孔義與何義乖，猶杜云「史異辭」之謬説也。莊元年「榮叔」之下，注云：「不言天王者，桓行實惡，而乃追錫之，尤悖天道，故云爾。」又文五年「王使榮叔」，注云：「去天者，含者臣子職，以至尊行至卑事，失尊之義也。」又「王使召伯」，注云：「去天者，不及事，刺比失喪

[一]「舍」，原訛作「含」，叢書本同，據儀禮校改。

禮也。」又隱元年「天王使宰咺」，注云：「言天王者，時吴、楚上僭稱王，王者不能正，而上自繫於天也。春秋不正者，因以廣是非。」是則天王者正稱，其稱王者皆有所譏刺，與稱天子同。唯「春」下之「王正」而不變，非刺譏所繫也。禮記疏引三禮義宗云：「夷狄不識王化，無有歸往之義，故不稱王臨之也。不云皇者，戎狄不識尊極之理，皇號尊大也。夷狄唯知畏天，故舉天子威之也。」又引異義：「許慎謹案，春秋左氏云：『施於夷狄稱天子，施於京師稱王。』」許所引之左氏説，蓋即本之賈侍中，其説不可通也。禮記曲禮云「君天下曰天子」，是即君臨天下之義。鄭注：「天下，謂外及四海也。今漢於蠻夷稱天子，於王侯稱皇帝。」則猶泥於左氏家説。禮記疏又引許慎〔一〕、服虔説，「依京師曰王，夷狄曰天子」，亦即左氏説。獨斷：「王，圻内之所稱，王有天下故稱王。天王者，夏之所稱，天下之所歸往，故稱天王。天子，夷狄之所稱，父天母地，故稱天子。」皆不可以説春秋。○注「王者，號也」。○舊疏云：「言正是當時天子之號也。」白虎通號篇云：「帝王者何？號也。號者，功之表也。所以表功明德，號令臣下也。德合天地者稱帝，仁義合者稱王，別優劣也。」王者，當王之號，三統通稱。三王之前曰五帝。繁露三代改制云：「聖王生則稱天子，崩遷則存爲三王，絀滅則爲五帝，下至附庸，絀爲九皇。」是也。○注「德合元者稱皇」。○文選注引鉤命決云：「道機合者稱皇。」初學記引七經義綱曰：「以化合神者曰皇。」三國志注引孫盛評：「化合神者曰皇。」詩疏引中候勅省圖鄭注：「德合北辰者皆稱皇。」元，即春秋元年之元。隱元年注云：「元者，氣

〔一〕「許慎」，原譌作「徐慎」，叢書本同，徑改。

也。無形以起，有形以分，造起天地，天地之始也。」是也。舊疏云：「謂元氣，是總三氣之名，是故其德與之相合者謂之皇。皇者，美大之名。」繁露王道篇所記「五帝三皇之治天下」是也。○注「孔子」至「明謚」。○舊疏云：「春秋説文。宋氏云：『言皇之德象合元矣。逍遥猶勤動，行其德術，未有文字之教，其德盛明者，爲其謚矣。』」風俗通引運斗樞云：「皇者，天。天不言，四時行焉，百物生焉。三皇垂拱無爲，設言而民不違，道德玄泊，有似皇天，故稱曰皇。皇者，中也，光也，弘也〔一〕。含宏履中，開陰陽布綱，上含皇極，其施光明，指天畫地，神化潛通，煌煌盛美，不可勝量。」道德經：「上德不德，下德不失德。」禮記疏引：「河上公注云：『下德謂號謚之君。』則五帝所行也。」知上德爲三皇之世，即此象元義，蓋即以德明爲謚矣。故繁露三代改制云：「黄帝之先謚，四帝之後謚，何也？」亦不及三皇。○注「德合」至「可放」。○獨斷云：「帝者，諦也，象能行天道，事天審諦。」風俗通引書大傳云：「帝者，任德設刑以則象之。言其能行天道，舉錯審諦。」初學記引義綱云：「德合天者稱帝。」三國志注引孫盛評同。離騷經：「帝高陽之苗裔兮。」王注：「德合天地者稱帝。」蓋皆取德合天地爲義，文有詳略也。易是類謀云：「河龍圖，洛龜書，聖人受，道真圖。」易繫辭上傳：「河出圖，洛出書，聖人則之。」是也。○注「仁義」至「歸往」。○白虎通號篇云：「仁義合者稱王。」初學記引義綱云：「德合仁義者稱王。」白虎通引禮謚法記：「仁義所在〔二〕稱王。」

〔一〕「皇者，中也，光也，弘也」句原被略去，下「含宏履中」句則變得費解，故據風俗通補足。

〔二〕「在」，原訛作「生」，叢書本同，據白虎通校改。

周書謚法解：「仁義所在曰王。」文選注引稽耀嘉：「仁義所在爲王。」韓詩外傳：「王者，往也，天下往之謂之王。」風俗通引書大傳：「王者，往也，爲天下所歸往也。」白虎通號篇亦有是語。吕覽下賢云：「王也者，天下之往也。」繁露滅國云：「王者，民之所往也。」是也。○注「天子者，爵稱也」。○禮記疏引：「異義：『天子有爵否？易孟京説，易有君〔一〕人五號：帝，天稱，一也；王，美稱，二也；天子，爵號，三也；大君者〔二〕，興盛行異，四也；大人者，聖人德備，五也。是天子有爵。古周禮説：天子無爵，同號於天，何爵之有？謹按，春秋左氏云：「施於夷狄稱天子，施於諸夏稱天王，施於京師稱王。」知天子非爵稱，從古周禮説。』鄭駁之：『按，士冠禮云：古者生無爵，死無謚。自周及漢，天子有謚，此有爵甚明。云無爵，失之矣。』」則此與易孟京説同也。易乾鑿度云：「孔子曰易有君人五號也：帝者，天稱也；王者，美行也；天子者，爵稱也；大君者，與上行異也；大人者，聖明德備也。變文以著名，題德以別操。」鄭注云：「臨之九二，有中和美異之行，應於九五。故百姓欲其與上爲大君也。」此易孟京與何氏所本也。白虎通爵篇云：「天子者，爵稱也。爵所以稱天子者，王者父天母地，爲天之子也。故援神契曰：『天覆地載謂之天子，上法斗極。』鉤命決云：『天子，爵稱也。』帝王之德有優劣，所以俱稱天子者何？以其俱命於天，而王治五千里内也。尚書曰：『天子作民父母，以爲天下王。』書亡佚篇曰：『厥兆天子爵。』」又號篇云：「或稱天子，或

〔一〕「君」，禮記正義引作「周」，周易古義、易緯乾鑿度、永樂大典等皆作「君」，不改。
〔二〕「者」字原脱，叢書本同，據禮記正義校補。

稱帝王何？以爲接上稱天子者，明以爵事天也。」是天子爲爵稱明矣。繁露順命云：「故德侔天地者，皇天佑而子之，號稱天子。其次有五等之爵以尊之。」則亦以天子爲爵矣。舊疏引辨名記云「天子無爵」，非公羊義。又引郊特牲云「古者生無爵，死無謚」。天子有謚，則有爵明矣，其説是也。○注「聖人」至「天子」。○詩疏引：「異義：『詩齊魯韓、春秋公羊説：聖人皆無父，感天而生。左氏説，聖人皆有父。謹案，堯典以親九族，即堯母慶都感赤龍而生堯，堯安得九族而親之？禮讖云：唐五廟，知不感天而生。』駁曰：『玄之聞也，諸言感生得無父，有父則不感生，此皆偏見之説也。商頌曰：「天命玄鳥，降而生商。」謂娀簡吞鳦子生契，是聖人感生，見於經之明文。劉媪是漢〔一〕太上皇之妻，感赤龍而生高祖，是非有父，感神而生者邪？且夫蒲盧之氣，嫗煦桑蟲，成爲己子，況乎天氣，因人之精，就而神之，反不使子賢聖乎！是則然矣，又何多怪？』」初學記引演孔圖云「天子皆五氣之精寶，各有題序，以次運相據起，必有神靈符紀，諸神扶助使開階立遂。」是以王者常置圖籙坐旁，以自正也。御覽引保乾圖云：「天子至尊也，神精與天地通，血氣含五帝精，天愛之子之也。」史記三代世表褚先生引：「詩傳曰：『湯之先爲契，契無父而生，契母與姊妹浴于玄丘水，有燕啣卵墮之，契母得，故含之，誤吞之，即生契。契生而賢，堯立爲司徒，姓之曰子氏。子者兹；兹，益大也。詩人美而頌之曰：「殷社芒芒，天命玄鳥，降而生商。」商者質，殷〔二〕號

〔一〕「漢」字原脱，叢書本同，據詩疏及五經異義校補。

〔二〕「殷」字原脱，叢書本同，據史記校補。

也。文王之先爲后稷，后稷亦無父而生。后稷母爲姜嫄，出見大人迹而履踐之，知於身，則生后稷。姜嫄以爲無父，賤而棄之道中，牛羊避不踐也。抱之山中，山者養之。又捐之大澤，鳥覆席食之。姜嫄怪之，於是知其天子，乃取長之。堯知其賢才，立以爲大農，姓之曰姬氏。姬者，本也。詩人美而頌之曰：『厥初生民。』深修益成，而道后稷之始也。」」詩周頌時邁曰：「昊天其子之。」箋云：「天其子愛之。」周禮疏引易緯云：「三王之郊，一用夏正。」謂各郊其所生之帝，如周則靈威仰，殷則汁光紀也。○注「此錫」至「賜也」。○舊疏云：「決文元年，『天王使毛伯來錫公命』，言天王矣。彼注云：『主書者，惡天子也。』古者三載考績，三考黜陟幽明。文公新即位，功未足施而錫之，非禮〔一〕也。然則，文公初受命而未有功，王賜之，故見非。但文公年長，故稱天王。今成公幼少，當如父教子，未當錫，是以爲之張義言天子矣。」按：白虎通爵篇引韓詩内傳：「諸侯世子三年喪畢，上受爵命於天子。」乃歸即位。明爵天子有也。臣無自爵之義。童子亦當受爵命，使大夫就其國命之，不與童子爲禮也。彼自謂諸侯三年喪畢受爵之命，此蓋天子特命，與彼不同也。而曲禮有「諸侯既葬，見天子，曰『類見〔二〕』」之禮者，彼鄭注云：「代父受國。類猶象也。執皮帛，象諸侯之禮見也。其禮亡。」蓋天子或巡守至竟，故得見天子。若未葬，則未正君臣，雖天子巡守，亦不見也。○注「月者」至「録之」。○舊疏云：「正以此經書月，故知例月。然外來朝聘例書時，

〔一〕「禮」字原脱，叢書本同，據公羊注疏校補。

〔二〕「類見」，原「見」字脱，叢書本同，據禮記正義校補。

天子錫命則書月，魯人喜得王命，故詳録之也。」

○**冬，十月，癸卯，杞叔姬卒。**【注】棄而曰卒者，爲下脅杞歸其喪張本文，使若尚爲杞夫人。

【疏】包氏慎言云：「十月書癸卯，月之二十五日。」○注「棄而」至「夫人」。○舊疏云：「外夫人卒例日，即襄三十年『夏，五月，甲午，宋災。伯姬卒』。何氏云：『外災例時，此日者，爲伯姬卒日。』是也。今此已棄而書日，故解之。其棄者，即上五年『春，王正月，杞叔姬來歸』是也。」爲下脅杞歸其喪者，即下九年，「春，杞伯來逆叔姬之喪以歸」，傳曰：「脅而歸之。」是也。按：此亦如大夫見黜例不書卒，此杞叔姬被出亦不合書卒。此書，爲下歸喪于杞書，亦如公孫敖出奔宜絶，因爲齊人脅歸其喪，故仍書卒，皆以殺恥也。然内女既爲諸侯夫人，雖見棄來歸，未經改適，當有恩禮，服如姑姊妹女子子之嫁于國君者也。

○**晉侯使士燮來聘。**

○**叔孫僑如會晉士燮、齊人、邾婁人伐郯。**

○**衛人來媵。**

媵不書，此何以書？【注】据逆女不書媵也。言來媵者，禮，君不求媵，諸侯自媵夫人。【疏】注「据逆」至「媵也」。○舊疏云：「蓋通内外言之，何者？隱二年『紀履緰來逆女』、桓三年『公子翬如齊逆女』之屬皆不書媵也。」○注「言來」至「夫人」。○白虎通嫁娶篇：「所以不聘妾何？人有子孫，欲尊之義，義〔一〕不可求人爲賤也。春秋傳曰：『二國來媵。』可求人爲士，不可求人爲妾何？士即尊之漸，賢，不止於士，妾雖賢，不得爲嫡。」莊十九年注云：「言往媵者，禮。君不求媵，二國自往媵夫人，所以一夫人之尊也。」

録伯姬也。【注】伯姬以賢聞，諸侯争欲媵之，故善而詳録之。媵例時。【疏】左氏傳云：「凡諸侯嫁女，同姓媵之，異姓則否。」彼疏引：「何氏膏肓云：『媵不必同姓，所以博異氣。今左傳云「異姓則否」，十年春「齊人來媵」，何以無貶刺之文？左氏爲短。』鄭箴云：『禮〔二〕稱納女于天子曰「備百姓」〔三〕，於國君直曰「備酒漿」，不得云「百姓」，是不博異氣也。』」何得有異姓在其中？「齊是大國，今來媵我，得之爲榮，不得貶也。」劉氏逢禄評曰：「齊人來媵無貶文者，以宋，王者之後，託共姬之賢，爲王后法也。諸侯不得博異氣，左氏之説然矣。鄭又以非禮爲榮，則不得貶，所謂説之不以其道説也。豈春秋之禮乎？」按：劉氏之

〔一〕「義」字原脱，叢書本同，據白虎通校補。
〔二〕「禮」上原衍「曰」字，叢書本不誤，據删。
〔三〕「備百姓」下原衍「博異氣」三字，叢書本同，據左傳正義校删。

說亦非公羊義。公羊新周故宋，無託宋見王之義。諸侯不得博異氣，亦鄭氏就曲禮强爲之解耳。○注「伯姬」至「録之」。○通義云：「隱伯姬賢而不得其所，故自納幣迄於致女，事事詳録之。」○注「媵例時」。○莊十九年「秋，公子結媵陳人之婦」，及下九年「夏，晉人來媵」是也。

○九年，春，王正月，杞伯來逆叔姬之喪以歸。

杞伯曷爲來逆叔姬之喪以歸？【注】据已棄也。

内辭也。脅而歸之也。【注】言以歸者，與忿怒執人同辭，而不得專其本意，知其爲脅也。已棄而脅歸其喪，悖義恥深惡重，故使若杞伯自來逆之。【疏】注「言以」至「脅也」。○舊疏云：「爲讀如『子爲衛君乎』之爲也。」「言〔一〕忿怒執人同辭者，即襄十六年『春，晉人執莒子、邾婁子以歸』、昭十三年『秋，晉人執季孫隱如以歸』是也。」「不得專其本意者，『正以以者，行其意之辭故也。是以桓十四年『冬，宋人以齊人、衛人、蔡人、陳人伐鄭』，傳：『以者何？行其意也。』注：『以已從人曰行。言四國行宋意。』今叔姬之喪言以歸，不得專其本意，明知杞伯有忿怒，是以知其被脅耳』。按：左傳：「杞桓公來逆叔姬之喪，請之也。」注：「叔姬已絶於杞，魯復强請杞，使還取葬。」與公羊合。○注「已棄」至「逆之」。○禮喪服云：「子

〔一〕「言」，原訛作「與」，據公羊注疏校改。

嫁，反在父之室，爲父三年。」注：「謂遭喪後而出者。」蓋婦人被出，則與夫家義絶，故仍如在室服三年，以無受我而厚之者也。今叔姬既出，仍脅夫家歸其喪，是爲恥深惡重。故以杞伯自逆爲文，爲内諱也。穀梁傳曰：「夫無逆出妻之喪而爲之也。」彼疏引徐邈云：「爲，猶葬也。」言夫無逆出妻之喪而葬，蓋交譏之矣。

○公會晉侯、齊侯、宋公、衛侯、鄭伯、曹伯、莒子、杞伯同盟于蒲。【注】不日者，已得鄭盟，當以備楚，而不以罪執之。旋使離叛，楚緣隙潰莒，不能救，禍由中國無信，故諱爲信辭。使若莒潰非盟失信，所以甚中國，因與不潰日相起。【疏】杜云：「蒲，衛地，在長垣縣西南。」○注「不日」至「信辭」。○春秋之例，不信者日。今雖得鄭盟，旋即執不以罪，即下「晉人執鄭伯」、僖四年傳「稱人而執者，非伯討也」是也。又下「楚公子嬰齊伐莒。莒潰」，亦無中國救莒文，其不信已明，理合書日，今不日，故解之。○注「使若」至「中國」。○舊疏云：「謂其作信辭也，所以甚惡中國之無信矣。」○注「因與」至「相起」。○舊疏云：「其言因非正爲之辭矣。言此盟不日，非直甚中國之無信，亦因欲起其下潰書日者，乃是中國無信，同盟不相救，至爲夷狄所潰矣。言相者，兩事相共之辭，則下潰書日，亦起此盟之不信矣。」通義云：「下旋執鄭伯，不日者，嫌罪鄭不信，故從小信辭，明鄭伯實不背盟，晉執之，非，乃與下稱人以執意相發也。」然同盟國多矣，即爲小信辭，無以别其爲鄭不背盟，中國之失，自在稱人以執見之也。

○公至自會。

○二月，伯姬歸于宋。【疏】通義云：「録伯姬詳矣，獨不書逆人者，宋公不親迎，失禮，不足爲伯姬榮，故自從外逆女不書常例也。」

○夏，季孫行父如宋致女。

未有言致女者，此其言致女何？録伯姬也。【注】古者婦入[一]三月而後廟見，稱婦，擇日而祭于禰，成婦之義也。父母使大夫操禮而致之。必三月者，取一時足以别貞信，貞信著，然後成婦禮。書者，與上納幣同義。所以彰其絜，且爲父母安榮之。言女者，謙不敢自成禮。婦人未廟見而死，歸葬於女氏之黨。【疏】舊疏云：「未有言致女者，謂春秋無此經也。」○注「古者」至「義也」。○禮記曾子問云：「三月而廟見，稱來婦也。擇日而祭于禰，成婦之義也。」注：「舅姑没者也，必祭，成婦義者，婦有共養之禮，猶舅姑存時，盥饋特豚于室。」故詩疏引易歸妹鄭注及箴膏肓，皆引士昏禮「婦入[二]三月而後祭行」，

〔一〕「入」，原訛作「人」，阮校本如此。此指新婦入境後三月行廟見禮，不當作「人」。儀禮士昏禮作「入」，據改。

〔二〕「入」，原訛作「人」，叢書本同，據儀禮校改。

則雖見舅姑，尚未祭行，猶未成婦也。其成婦雖待三月，其昏則當夕成矣。故士昏禮：「其夕，衽席於奧，良席在東，皆有枕，北趾。主人入，親脱婦纓，燭出。」注：「昏禮畢，將臥息。」又詩疏引駁異義云：「昏禮之莫，枕席相連也。」此鄭氏之義。若賈、服之義，則隱八年左傳：「先配而後祖。」疏引賈云：「配，成夫婦也。禮，齊而未配，三月廟見，然後配。」曾子問正義云：「若賈、服之義，大夫以上無問舅姑在否，皆三月廟見，乃始成昏，故譏公子忽先爲配匹，乃見祖廟。」又引此「如宋致女」下服注云：「謂成昏。」按：何氏之義亦與賈、服同。故白虎通嫁娶篇：「娶妻不先告廟者，示不必安也。昏禮請期，不敢必也。婦入三月，然後祭行。舅姑既没，亦婦入三月，奠采于廟。三月一時，物有成者，人之善惡可得知也。然後可得事宗廟之禮。曾子〔一〕曰：『女未廟見而死，歸葬於女氏之黨，示未成婦也。』」列女傳貞順篇：「宋恭伯姬，魯宣公之女，成公之妹也，其母曰繆姜。嫁伯姬於宋恭公，恭公不親迎。伯姬迫於父母之命而行，既入宋，三月廟見，當行夫婦之道。伯姬以恭公不親迎故，不肯聽命。宋人告，魯使大夫季文子如宋，致命於伯姬。」明古皆三月廟見乃成夫婦也。故列女傳貞順篇又云：「齊孝孟姬，華氏之長女，齊孝公之夫人也，好禮貞壹，齊中求之，禮不備，終不往，齊國稱其貞。孝公聞之，乃修禮親迎于華氏之室，遂納於宮，三月廟見，而後行夫婦之道。」是也。○注「父母」至「致之」。○禮記坊記云：「子云：昏禮，壻親迎，見于舅姑。舅姑承子以授壻，恐事之違也。以此坊民婦猶有不至者。」鄭注：「父戒女曰：夙夜無違命。母戒女曰：無違宮事。

〔一〕「曾子」下原衍一「問」字，據白虎通校删。

不至，不親夫以孝舅姑也。春秋成公九年〔一〕『春，二月，伯姬歸于宋。夏，五月，季孫行父如宋致女』。是時共公不親迎，恐其有違而致之也。」其云「宋共公〔二〕不親迎」，本之列女傳。以不親釋不至，亦即不肯聽命之意，似鄭氏此解亦以致女爲成昏。然何氏之意則以大夫致女是常禮。如列女傳義，則似因共公不親迎，特使大夫致之，令其無違，則又少殊也。故曲禮鄭注云：「壻不親迎，則女之家遣人致之。」正義云：「壻不親迎，則女之家，三月廟見，使人致之。」以成九年二月，伯姬歸于宋時，宋公不親迎，故「魯季孫行父如宋致女是也。」按：曲禮云：「納女於天子曰備百姓，於國君曰備酒漿，於大夫曰備掃灑。」注：「納女，猶致女也。」「此其辭也」是也。然鄭氏以此專指不親迎者，言似未達。穀梁傳曰：「婦人在家制于父，既嫁制于夫。如宋致女，是以我盡之也。」范云：「刺已嫁而猶以父制盡之。」又曰：「不正，故不與內稱也。」范云：「內稱謂稱使。」彼疏引徐邈云：「宋公不親迎，故伯姬未順爲夫婦，故父母使卿致伯姬，使成夫婦之禮，以其責小禮違大節，故傳曰：『不與內稱，謂不稱夫人而稱女。』」是宋公不親迎者，穀梁家說。子政習穀梁，故列女傳本之。徐氏責伯姬之解過矣。○注「必三」至「婦禮」。○禮昏禮云：「若舅姑既沒，則婦入三月乃奠菜。」疏〔三〕：「必三月者，三月一時，天氣變，婦道可以成之故也。」亦即白虎通「三月一時，物有成者，人之善惡可得而知」義也。此言舅姑俱沒者，若舅沒姑存，則當時見姑，三月亦廟見舅。若

〔一〕「九年」二字原脱，叢書本同，據禮記正義及公羊傳校補。
〔二〕「公」字原脱，叢書本同，據上引文校補。
〔三〕「疏」，原誤記爲「注」，據禮記正義校改。

舅存姑没，婦人無廟可見，或更有繼姑，自如常禮。賈疏：「謂姑没舅存，則不行奠菜之禮也。」褚氏寅亮云：「庾氏蔚之謂舅姑偏有没者，見其存者，不須見亡者，豈禰廟可以不見乎？」崔氏靈恩謂：「盥饋於存者，廟見於亡者。當舅見在，姑未有專廟，又何由而見乎？皆屬一偏之見。疏謂婦人無廟，以舅尚在，則權附於皇祖姑之廟耳。既入皇祖姑之廟矣，乃竟專見姑乎？事有難處，故姑没舅存，斷以不見爲正。三月祭行，達禮也；三月祭菜，變禮也，不可混而爲一。」孔穎達謂「奠菜之禮，適婦乃得行之，庶婦則否矣。」按：曾子問疏云：「此盥饋廟見，皆謂適婦。其庶婦，按士昏禮『庶婦則使人醮之，婦不饋』，注云：『使人醮之，不饗也。不饋者，共養統於適也。』是庶婦不饋，亦不廟見也。昏禮唯云「不饋」，不云「不見」，則庶婦亦當以棗栗腶修見舅姑也。」雖厥明見舅姑，仍三月見祖廟，所以示成婦也。故詩魏風葛屨云：「摻摻女手，可以縫裳。」傳：「婦人三月廟見，然後執婦功。」箋云：『言女手者，未三月未成爲婦。』」是也。劉氏毓崧大夫以上先廟見後成昏説云：「郊特牲云，無大夫冠禮，而有其昏禮。鄭氏据此，謂天子諸侯大夫昏禮與士昏禮不同。賈、服釋左氏，以大夫以上，無問舅姑在否，皆三月見祖廟，之後乃始成昏。今按，見於列女傳者，莫著於宋恭姬，三傳舊注皆主此義。次之者，則有齊孝孟姬，其位皆諸侯夫人，則賈、服所謂大夫以上先廟見，後成昏者，信有徵矣。鄭婦嬀所配者公子忽，位在諸侯夫人下，卿大夫内子命婦上，所行若彼，則鍼子所以譏先配後祖矣。文四年『逆婦姜于齊』，穀梁責其成禮于齊，較諸公子忽更爲非禮。然則，覩於春秋褒伯姬，穀梁貶婦姜，左傳譏鄭嬀，列女傳嘉孟姬，可知大夫以上之昏禮，不同於士之昏禮矣。士以下無致女之儀，大夫以上有之。其辭載於曲禮。天子諸侯大夫三月廟見，然後成昏。士庶人當夕成昏。故有致不致之殊，非第以位尊卑之别也。士以下無反馬，大夫以上有之，見於左傳。象著於易爻。致女者，婦家之禮；不親迎，則必致女；親迎，則不致女。反馬者，夫家之禮；不親迎，固當反馬；親迎，亦當反馬。然則大夫以上，先廟見，後成昏者，致女之禮，或不盡行，而反馬之禮，未有不行。蓋婦入三月，然後祭行，祭行然後成昏，成昏然後反馬。故無論舅姑在否，皆有反馬之儀。反馬與留車相對。鄭箴膏肓云：『留車，妻之道也；反馬，壻之義也。留車者，備其大歸；反馬者，示其偕老。』必俟反馬以後，乃婦道克成。當其反馬以前，猶慮夫家見棄。夫婦之禮，夫得去婦，婦不得去夫。故聘幣既行，雖未娶，而夫名已定；祖廟待見，雖已嫁，而婦道未成，蓋一以輔教女之禮也。古者，女子皆有姆教，既教於未嫁之先，復教於既嫁之後。而寒素者多歛抑，富貴者每驕矜。故士之女易於信從，大夫以上難於聽受，是以先嫁三月，教於公宫宗室，此士以下所共也。初嫁三月，教以待見祖廟，此大夫以上所特也。三月成婦，與三月教成，皆取一時可以有成之義。一以慎擇婦之禮也。古者爲子擇婦，將聘，必審其家世，既娶，必察其性情。惟是士以下之擇婦，止繫乎閨門，故先成昏而後廟見。大夫以上之擇婦，有關乎家國，故先廟見而後成昏。昏義云『質明，贊見婦于舅姑』，成婦禮也。此士以下之昏禮，蓋當夕成昏，次日即成婦也。曾子問曰『三月而廟見』云云，大夫以上昏禮。蓋廟見始成昏，故三月乃成婦也。必至三月者，經歷一時之久，知其性情之賢，然後妻可以事夫，媵可以事君子；婦可以奉宗廟，壻可以見外舅姑，而擇婦之禮成。一以全出妻之禮也。夫婦之際，義合則留，不合則去，故大歸書於春秋。禮有七出之文。顧士以下，其勢易行。大夫以上，閥閱多崇，其情難處。先王於易於出者，使之先成昏後廟見；難於出者，使之先廟見後成昏，仍得以處子改適，於嚴峻之中，寓忠厚之意。傳所謂棄妻令可嫁者，施諸尚未成昏者，尤見確切。要之，士以下無世禄，居必狹隘，罕有異宫；大夫以上有世禄，居必寬宏，且多别館。無異宫者，成昏必在當夕；有别館者，成昏可俟異時。士庶嫁娶多遲，成昏於旦夕，無遲莫之憂。天子諸侯大夫嫁娶較早，成昏於異時，則無太早之慮。此大夫以上，昏禮所以與士不同。揆之人情，固非窒礙難用也。」凡上中下三篇，極爲詳晰，擇其要者，惟以親迎則不致女，非公羊義。○注「書者」至「同義」。○上八年：「宋公使公孫壽來納幣。」傳：「納幣不書，此何以書？録伯姬也。」注：「伯姬守節，逮火而死，賢，故詳録其禮，所以殊於衆女。」今此書致女，亦詳録義也。列女傳云「春秋詳録其事，爲賢伯姬」，用公羊義也。○注「所以」至「榮之」。○何校本「潔」作「絜」。按：「潔」乃俗字。紹熙本正作「絜」。舊疏云：「重得父母之命，乃行婦道，故曰所以彰其絜也。其女當夫，非禮不動，光照九族，父母得安，故曰榮之。」毛詩周南葛覃序云：「后妃在父母家，則志在於女功之事，躬儉節用，服澣濯之衣，尊敬師傅，則可以歸安父母。」亦其義也。據舊疏義，明亦三月後致女，後始成昏矣。共姬以未親迎，不肯聽命，故必得父母之命也。○注「言女」至「之黨」。○禮記曾子問云：「女未廟見而死，則如之何？孔子曰：『不遷于祖，不祔于皇姑，壻不杖、不菲、不次，歸葬于女氏之黨，示未成婦也。』」鄭注：「遷，朝廟也。壻雖不備喪禮，猶爲之服齊衰也。」疏：「其女之父母，則爲之降服大功，以其非在家，壻爲之服齊衰期，非無主也。」又雜記云：「女子附於王母則不配。」

注：「配，謂并祭也。王母不配，則不祭王父也。」女子謂未嫁者也。「嫁未三月而死〔一〕，猶歸葬於女氏之黨。」按：此之廟見，即上文之「三月而廟見」也。廟見即祭禰也，即昏禮之奠菜也，與昏禮記之「祭行」別。彼云「然後」，則不必適三月；若廟見，則必三月行之。廟見之後，無論何時，適遇祭事，即得助祭。韋氏協夢儀禮集解云：「祭謂四時常祭。祭行，謂至是遇有祭祀，婦乃行也。」程氏瑶田通藝録云：「助祭兼適婦庶婦言。賈疏惟指適婦，未備。若三月廟見，則惟適婦，以廟見奠菜象盥饋。庶婦不饋，則亦不奠菜也。然則三月之前，雖有祭事，婦亦不行。不行者，未成婦也。」萬氏斯大禮記偶箋云：「三月廟見，即士昏禮所謂婦入三月，然後祭行也，謂祭於高曾祖禰，此指舅姑在者言。擇日而祭于禰，即士昏禮所謂舅姑既没，則婦入三月，乃奠菜也。孔氏謂廟見、祭禰，只是一事。然則舅姑在者，高曾祖之廟，婦可以不見乎？」按：萬氏以廟見與祭禰，分别舅姑存没，可也；謂廟見即祭行，則謬。胡氏培翬儀禮正義云：「曾子問所云廟見，是專指舅姑在者。其所云祭禰，即此經之奠菜，指舅姑没者。非謂舅姑没者止行祭禰，而别無廟見。又非即祭禰爲廟見。如注疏家之説。」與萬氏大同。按：曾子問廟見、祭禰，當是一事。謂舅姑没者，其高曾祖廟，自當於祭行時及之。蓋廟見止如舅姑在時之厥明之見舅姑也，故亦止于禰耳。擇日者，雖在三月之限，必擇吉日，敬之至也。劉氏毓崧謂大夫以上贊醴婦，婦盥饋，餕餘，及舅姑饗婦之禮，今無明文可證。然昏義謂贊醴婦，爲成婦禮；婦以特豚饋，爲明婦順；舅姑饗婦，婦降自阼階，爲著代，皆

〔一〕「而死」二字原脱，據禮記正義校補。

係成婦之禮。士以下，次日已成婦，其禮自當行於廟見之前。大夫以上，三月乃成婦，其禮似當行於廟見之後。按：三月不成昏可也，未及三月，并舅姑亦不見，揆諸人情，恐未盡洽。蓋婦者對舅姑之稱，亦係已昏未昏之别。昏義所謂婦禮婦義，就士昏禮釋之，無婦字則不辭，不必爲此正名之稱。則大夫以上，舅姑若在，即預行盥饋諸禮，亦無不可，似未必見舅姑後即婦而不女也。

○晉人來媵。

媵不書，此何以書？録伯姬也。【注】義與上同，復發傳者，樂道人之善。【疏】注「義與上同」，謂亦如上書致女，皆與書納幣同矣。

○秋，七月，丙子，齊侯無野卒。【疏】包氏慎言云：「七月書丙子，月之三日。」

○晉人執鄭伯。【疏】僖四年傳例曰：「稱人而執者，非伯討也。」左傳曰：「鄭伯如晉。晉人討其貳於楚也，執諸銅鞮。欒書伐鄭，鄭人使伯蠲行成，晉人殺之。」明執不以罪矣。

○晉欒書帥師伐鄭。

○冬，十有一月，葬齊頃公。

○楚公子嬰齊帥師伐莒。庚申，莒潰。【注】日者，録責中國無信，同盟不能相救，至爲夷狄所潰。【疏】十一月無庚申，杜氏長曆謂是年閏十一月也。○注「日者」至「所潰」。○舊疏云：「凡潰例月，即僖四年『春，王正月，蔡潰』、文三年『春，王正月，沈潰』之屬是也。今而書日，故解之。」義具上「公會晉侯以下同盟于蒲」注。通義云：「潰日者，惡楚比克莒二都，暴中國之甚。故伐莒，録名氏；入運，稱人，示貶也。」義亦可通。

○楚人入運。【疏】通義云：「文十二年，行父城運，則運本内邑。是時蓋已叛屬莒。内邑不言叛，故經無明文。」郡國志：「琅邪東莞有鄆亭，所謂東鄆也。」

○秦人、白狄伐晉。

○鄭人圍許。

○城中城。【疏】杜云：「魯邑也。在東海廩丘縣西南。」大事表云：「經於成九年、定六年俱書『城中城』，國都之内城也。杜謂在廩丘者，非是。定六年，高氏閌曰：『時公之所有，中城而已。』汪氏克寬曰：『定公豈能役衆修城？蓋陽虎欲去三家，將挾公以自固耳。』」按：高、汪説亦無据。一統志：「中城在海州沭陽縣西。」按：厚丘城在沭陽縣北四十六里。續志「東海厚丘縣」下劉昭引杜預注，今刊本訛爲廩丘。一統志於曹州古蹟亦引「中城在范縣東南」，即承此注廩丘之譌。

公羊義疏五十三

南菁書院　句容陳立卓人著

成十年盡十四年

○十年，春，衛侯之弟黑背率師侵鄭。

○夏，四月，五卜郊，不從，乃不郊。

其言乃不郊何？【注】据上不郊不言乃，僖公不從言免牲也。【疏】注「据上」至「牲也」。○上七年夏，「不郊猶三望」，是不郊不言乃也。僖三十一年「夏，四卜郊，不從，乃免牲，猶三望」，是其不從言免牲也。

不免牲，故言乃不郊也。【注】不免牲，當坐盜天牲，失事天之道，故諱使若重難不得郊。【疏】注「不免」至「得郊」。○穀梁上七年傳曰：「免牲者，爲之緇衣纁裳，有司玄端奉送至于南郊。」所以重天牲也。此不言免，故爲失事天道，坐盜天牲也。公羊問答云：「問：當坐盜天牲，何也？曰：此漢律也。書微子：『殷民乃攘竊神祇之犧牷牲用，以容將食，無災。』傳：『竊天地宗廟牲用，相容行食之，無災罪之者，言政亂。』疏：『漢魏以來著律皆云：「盜郊祀宗廟之物，無多少皆死。」爲特重故也。』据此，知何氏以漢法況之。」通義云：「不免牲，失禮，故譏之也。言免牲，則不郊可知；言不郊而不言免牲，則不免牲亦可知。」云諱使若重難者，宣八年傳：「而者何？難也。乃者何？難也。曷爲或言而或言乃？乃難乎而也。」故乃爲重難詞也。穀梁傳：「五卜，强也。乃者，亡乎人之辭也。」通義又云：「五卜，非禮。不發傳者，四卜猶瀆，過此可知矣。」一發傳，一不發傳，其義同也。

○五月，公會晉侯、齊侯、宋公、衛侯、曹伯伐鄭。【注】不致者，成公數卜郊不從，怨懟，故不免牲，不但不免牲而已，故奪臣子辭以起之。【疏】校勘記云：「諸本同。唐石經缺。解云：此經『公會晉侯、宋公以下伐鄭』，與今本異。」○注「不致」至「免牲」。○莊六年傳云：「得意致會，不得意致伐。」注：「此謂公與二國以上也。」此皆不致，故如此解。成公數卜郊不從，即此上文「五卜郊不從」是也。五卜郊，故云數。○注「不但」至「而已」。○舊疏云：「謂成公意，卒竟而不復郊。知如此者，正以不免牲，上文已有説。今此仍不致，故知更有罪也。」○注「故奪」至「起之」。○桓二年注：「凡致者，臣子喜其君父脱危而至。」今不致，故爲奪臣子辭。舊疏云：「桓元年注云『不致之者』至『故復奪[一]臣子辭，成誅文也』，義

[一]「奪」上原衍「脱」字，叢書本同，據公羊注疏校删。

亦通於此。」

○齊人來媵。

媵不書，此何以書？録伯姬也。【疏】穀梁傳於九年「晉人來媵」云：「媵，淺事也，不志，此其志何也？以伯姬之不得其所，故盡其事也。」八年「衛人來媵」傳同此。不發傳，義亦宜同，皆與公羊合。

三國來媵，非禮也。曷爲皆以録伯姬之辭言之？婦人以衆多爲侈也。【注】侈，大也。朝廷侈於妬上，婦人侈於妒下。伯姬以至賢爲三國所争媵，故侈大其能容之。唯天子娶十二女。

【疏】注「侈大」至「容之」。○校勘記出「故侈大其能容之」，云：「解云：考諸舊本，『大』上無『侈』字。按，上云『侈，大也』，故此云『大其能容之』，舊本是，今衍。」公羊問答云：「問：何爲婦人以衆多爲侈也？曰：此如詩『維鵲有巢，維鳩盈之』，傳：『盈，滿也。』箋云：『滿者，言衆媵姪娣之多。』是婦人以多爲侈之證。」惠氏士奇春秋説云：「内女嫁於諸侯者〔一〕，惟紀叔姬、宋共姬書之最詳。故媵不稱歸，而叔姬之媵，特稱歸也〔二〕，以其節。歸不書媵，而共姬之歸〔三〕，書三國來媵，以其賢。公、穀二傳皆以爲詳其事，而重録

〔一〕「者」字原脱，叢書本同，據春秋説校補。

〔二〕「媵不稱歸，而叔姬之媵，特稱歸也」，原錯訛作「媵不稱婦，而叔姬書婦」，叢書本同，據春秋説校改。

〔三〕「歸不書媵，而共姬之歸」，原訛作「婦不書媵，而共姬之婦」，叢書本同，據春秋説校改。

之，實得春秋之義。俗儒謂三國來媵爲非禮，如其然，則内女嫁於諸侯，豈皆無媵？其來媵也，豈盡合禮？曷不皆書？獨此賢女共姬之歸〔一〕而備書之，以示譏哉？且書來聘、書納幣、書致女，此獨屢書。其未歸也，衛人來媵；其既歸也，齊、晉大國亦來媵。未聞内女之嫁若是者。公羊所謂『婦人以衆多爲侈』者，不其然乎？」「朝廷侈於妬上」二語，疑有成文。舊疏云：「妬其有賢才而居於己上位者，是朝廷侈之妬也。不能容衆妾而妬惡之者，是婦人妬也。」○注「唯天」至「二女」。○校勘記云：「鄂本同。閩、監、毛本『娶』作『取』。按，釋文作『取』，云：『七住反，本或作娶。』疏本標注作『娶』。」舊疏云：「保乾圖文。孔子爲後王立制，非古禮也。」白虎通嫁娶篇：「或曰天子娶十二女，法天有十二月，萬物必生也。」後漢荀爽傳：「衆禮之中，昏禮爲首，故天子娶十二，天之數也。諸侯以下各有等差，事之降也。陽性純而能施，陰體順而能化，以禮濟樂，節宣其氣，故能豐子孫之祥，致老壽之福。」蓋亦本此爲説。獨斷云：「帝嚳有四妃，以象后妃四星，其一明者爲正妃，三者爲次妃也。九嬪，夏后氏增以三三而九，合十二人。春秋天子一娶十二，夏制也。」檀弓注云：「帝嚳而立四妃矣，象后妃四星，其一明者爲正妃，餘三小者爲次妃。帝堯因焉。至舜不告而娶，不立正妃，但三妃而已，謂之三夫人。夏后氏增以三三而九，合十二人。春秋説云天子娶十二，即夏制也。以虞、夏及周制差之，則殷人又增以三九二十七，合三十九人。周人上法帝嚳，立正妃，又三二十七爲八十一人，以增之，合百二十一人。」然則娶十二者，春秋監前代，以爲後王

〔一〕「歸」，原訛作「婦」，叢書本同，據春秋説校改。

法與？

○丙午，晉侯獳卒。【注】不書葬者，殺大夫趙同等。【疏】包氏慎言云：「五月書丙午，五月無丙午，四月之七日也。」○注「不書」至「同等」。○殺大夫趙同等，見上八年。舊疏云：「春秋之義，君殺無罪大夫，例不書其葬，見其合絶之。是以僖九年『晉侯詭諸卒』，何氏云：『不書葬者，殺世子也。』是也。」左傳：「晉侯夢大厲，被髮及地，搏膺而踊曰：『殺余孫，不義！』」注：「厲，鬼也，趙氏之先祖也。八年，晉侯殺趙同、趙括，故怒。」蓋趙同等無罪被殺，故或致妖厲爲祟與？

○秋，七月。

○公如晉。【注】如晉者，冬也。去冬者，惡成公，前既怨懟不免牲，今復如晉，過郊乃反，遂怨懟，無事天之意，當絶之。【疏】注「如晉」至「絶之」。○鄂本作「當詔之」，誤。舊疏云：「謂明年『三月，公至自晉』，是過郊乃反，是無事天之意。」包氏慎言云：「七年，『春，王正月，鼷鼠食郊牛角，改卜牛。鼷鼠又食其角』。注引京房易傳曰：『祭天不慎，鼷鼠食郊牛角，書又食者，重魯不覺悟，重有災也。』異義：『公羊說：鼷鼠初食牛角，咎在有司。又食，咎在人君。』成公七年，郊因鼷鼠食牛角而不郊，至十年卜郊，不從，不知罪己，思改更以奉天，以卜不從而不郊，又不免牲。何注：『坐以盗天牲。』五月，『公會晉侯、衛侯等伐鄭』，不書致伐，奪臣子喜君脱危而至之辭，則盗天牲者，宜坐誅責之罪。冬，公如晉，過郊時乃反，則怨懟無事天之意，故絶之，以爲君天下而不謹於奉天者戒。記曰：『逆天地者，罪及五世。』言禍至之無止時也。立君以奉祀，曠於祀事，即當從廢疾例黜退，重祭主也。」

○冬，十月。【疏】校勘記云：「此本、鄂本、閩、監、毛本皆脱，唯唐石經有之。嚴杰曰：『左、穀皆有此三字，與公羊經異。』錢大昕云：『何注云：去冬者，惡成公。然則，石經有此三字，非何義也。故知唐石經未必是，歷來版本未必非也。』」按：無者是也。紹熙本亦無此三字。唐陸淳春秋集傳纂例亦云無此三字。孫氏志祖讀書脞録續編云：「公羊成十年經『公如晉』，何休注云『如晉者，冬也。去冬者，惡成公』云云。按，『公如晉』與『秋七月』連文，蓋公以秋七月如晉也。左傳：『秋，公如晉。』可證。左、穀經文於此年未有『冬十月』三字，公羊經文偶脱爾，而何氏乃妄造爲去冬之説，以如晉爲冬時，惡成公而不書冬，謬戾甚矣。且謂成公以卜郊不從，遂怨懟而如晉，亦非理也。」按：左氏不可説公羊。孫氏膚淺之徒，無足辨也。浦鏜云：「中庸疏云『成十年不書冬十月』，公羊無此三字，今有者，後人妄增，當爲衍文。」是也。段氏玉裁經韻樓集：「今本左氏春秋經成公十年有『冬十月』，自唐石經已然。公羊唐石經經亦有之。穀梁唐石經已泐不可知。今按，凡有者皆謬也。禮記中庸注曰：『述天時，謂編年四時具也。』正義：『言春秋四時皆具。桓四年、七年不書秋七月、冬十月；成十年不書冬十月；桓十七年直云五月，不云夏；昭十年直云十二月，不云冬。如此不具者，賈、服之義：若登臺而不視朔，則書時不書月；若視朔而不登臺，則書月不書時；若雖無事視朔、登臺，則空書時月。若杜元凱之義：凡時月不具者，皆史闕文。』据正義，則成十年經左氏無『冬十月』矣。孔沖遠所見如此，唐石經乃妄增三字，不可從。今一切宋元以下本皆誤。其公羊唐石經亦誤增三字，而宋槧官本及明時注疏刊本皆無，此古本之流傳未泯者也。考是年經云：『秋，七月，公如晉。』何休云：『如晉者，冬也。去冬者，惡成公，當絶之。』何氏以下文無『冬十月』，故知公如晉在冬，而經去冬以惡之。秋七月，爲『無事，首時過，則書』之例。假令下有『冬十月』，則何豈得云爾？其不云去冬十月者，知公如晉在冬，而不定在何月也。若穀梁經今本皆有『冬十月』，亦必後人所增。倘穀梁有而左氏、公羊無之，陸氏釋文必注之曰：左、公羊二傳無。於其無此注，知穀梁亦決無此三字也。陸氏作釋文時，三經皆無此三字，故此三字之有無，不能證之於音義。桓四年、七年無秋、冬，成十年無冬十月，桓十七年五月無夏，昭十年十二月無冬，皆見中庸正義。又正義失引者，定十四年『城莒父及霄』之上無『冬』字，凡此，皆三經所同。何以爲貶絶，范則云未詳，杜則謂闕文。若賈、服之説，則又與三家異。但中庸疏所引賈、服説似未全，當有『雖無事〔一〕，既不視朔，又不登臺，則不書時月』十六字，乃爲桓、成不書『秋七月』、『冬十月』發例。」

〔一〕「事」，原訛作「有」，叢書本同，據經韻樓集校改。

○十有一年，春，王三月，公至自晉。

○晉侯使郤州來聘。己丑，及郤州盟。【疏】釋文：「『郤州』，本亦作『犨』。」九經古義云：「世本：『郤豹生義，義生步揚，步揚生州，州即犨也。』與公羊合。左氏傳魏武子犨，世本亦作『州』。司馬貞云：州、犨聲相近，字異耳。」按：惠氏所引世本見左傳正義。又閔元年左傳：「畢萬爲右。」注：「畢萬，魏犨祖父。」正義引世本：「畢萬生芒季，季生武仲州，州即犨也。」是也。司馬貞説見魏世家索隱。左疏引服虔云：「郤犨，郤克從祖昆弟。」按：左傳疏引世本又云：「郤豹生郤芮，芮生缺，缺生克。」克與州，皆豹之曾孫也，故爲從祖昆弟。包氏慎言云：「三月書己丑，月之二十五日也。」聘盟兼書者，舊疏云：「上三年『冬，晉侯使荀庚來聘。丙午，及荀庚盟』，傳云：『此聘也，其言盟何？聘而言盟者，尋舊盟也。』注云：『以不舉重，連聘而言之，知尋繹舊故約誓也，書者，惡之。二國既修禮相聘，不能相親信，反復相疑，故舉聘以非之。』今此亦然，而無傳注者，從彼可知，故省文。」又春秋王魯，故桓十四年「夏，鄭伯使其弟語來盟」，注：「時者，從内爲王義，明王者當以至信先天下。」故莅盟、來盟悉書時。此經及上三年「荀庚盟」之屬，悉書日，皆不與信辭也。

○夏，季孫行父如晉。

○秋，叔孫僑如如齊。

○冬，十月。

○十有二年，春，周公出奔晉。【疏】杜注左傳云：「周，采地。扶風雍縣東北有周城。」按：周自平王東遷，西都久爲秦有，周之采地不應仍存，當亦在東圻矣。魯世家索隱云：「周公次子留相王室，世爲周公。」汲郡古文云：「成王十一年，王命周平公治東都。」沈約案：「周平公即君陳，周公之子，伯禽之弟。」坊記注：「君陳，蓋周公之子。」然則，此及僖九年之宰周公，其皆君陳後與？

周公者何？天子之三公也。王者無外，此其言出何？自其私土而出也。【注】私土者，謂其國也。此起諸侯入爲天子三公也。周公驕蹇，不事天子，出居私土，不聽京師之政。天子召之而出走，明當并絶其國，故以出國録也。不月者，小國也。【疏】左傳曰：「凡自周無出，周公自出也。」與此少異。左傳疏引鄭答孫皓曰：「凡自周無出者，周無放臣之法，罪大者刑之，小則宥之。」白虎通諫諍篇：「或曰，天子之臣不得言放，天子以天下爲家也。」無可放，故不言出。故襄三十年，「王子瑕奔晉」，不言出也。○注「私土」至「公也」。○正以書出，故知自其私土出也。周公本西周圻内國，東遷後，不知在何地也。諸侯入爲三公者，詩衛風淇奥美武公云：「故能入相于周。」衛世家云：「武公將兵佐周平戎，甚有功。平王命爲公。」又鄭風緇衣序云：「美武公也。父子並爲周司徒，善於其職，國人宜之。」是皆入爲王朝之臣者也。以稱公，故知爲三公，其實亦即卿士。卿爲典事，公其兼官。詩疏引顧命鄭注云：「公兼官，以六卿爲正次。」是其義也。○注「周公」至「録也」。○左傳上十一年云：「周公楚惡惠、襄之偪也，且與伯與争政，不勝，怒而出。及陽樊，王使劉子復之，盟于鄄而入。三日，復出奔晉。」其驕蹇明矣。何氏義與左傳大同。杜云：「王既復之而復出，所以自絶于周。」驕蹇不奉王命，不臣，故當并絶其國書出也。通義云：「自其都邑而出，故使與外諸侯同文。因爲天子諱三公乖離出奔也。」○注「不月者，小國也」。○春秋之例，大國奔例月，桓十六年「十有一月，衛侯朔出奔齊」是也。小國時，昭三年，「北燕伯欵出奔齊」是也。此書時，明小國入爲三公者，自其私土而出，故從小國例。舊疏云：「天子三公之田視公侯，既視公侯，何言小國？小國者，據其私土之言也。周公本小國諸侯，於王圻之内，雖有采地，但從私土而去，故從小國例。」

○夏，公會晉侯、衛侯于沙澤。【疏】左氏、穀梁作「瑣澤」，定七年同。沙，古音莎，與瑣同部字。左氏定七年經「齊侯、衛侯盟于沙」，釋文：「沙，如字。又星和反。」傳曰「乃盟于瑣」，注：「瑣即沙也。」可證。杜云：「瑣澤地闕。」方輿紀要：「瑣侯亭在開封府新鄭縣宛陵城西，亦曰瑣澤。」

○秋，晉人敗狄于交剛。【疏】杜云：「交剛地闕。」大事表云：「按，是時赤狄之種盡絶，故中國直名白狄爲狄，不復別之，如赤狄之在閔、僖之世也。」又云：「或云交剛在今隰州境。」穀梁傳：「中國與夷狄不言戰，皆曰敗之。」注：「不使夷狄敵中國。」是也。

○冬，十月。

○十有三年，春，晉侯使郤錡來乞師。【疏】穀梁傳：「乞，重辭也。古之人重師，故以乞言之也。」

○三月，公如京師。【注】月者，善公尊天子。【疏】注「月者」至「天子」。○舊疏云：「正以朝聘時故也。」通義云：「趙汸曰：如京師特書月，明朝王爲正，與他如不同。」

○夏，五月，公自京師，【疏】舊疏云：「『公』下『自』上有『至』字者，衍文也。」穀梁石經「公」下有「至」字，「晉侯」下有「齊侯」二字，彼校勘記云：「余本無『至』字，有『齊侯』二字。何煌云：考石經三傳，左氏有

「至」字，公羊無。疏云：「『公』下『自』上有『至』字者，衍文也。」穀梁石經此年〔一〕係宋人補刻，疑「至」字或亦出肊增也。按，是年石經實非補刻，何蓋偶誤。公羊疏以「至」字爲衍文者，指公羊傳而言。穀梁自與公羊不同，何据彼疏疑〔二〕此經非是。又補刻石經係朱梁，謂宋人補刻，亦非是。」按：左傳亦無「至」字，彼校勘記云：「石經『公』下有『至』字，衍文也。」

遂會晉侯、齊侯、宋公、衛侯、鄭伯、曹伯、邾婁人、滕人伐秦。【疏】穀梁〔三〕閩、監、毛本、宋本穀梁傳無「齊侯」二字。

其言自京師何？【注】据僖公二十八年諸侯遂圍許，不言自王所。【疏】注「据僖」至「王所」。○僖二十八年，「冬，公會晉侯以下于温。天王狩于河陽。壬申，公朝于王所。諸侯遂圍許」是也。舊疏云：「彼亦朝天子，而往圍許，不言自王所，與此異，故難之。」通義云：「難何以不承公如京師，就言遂會伐秦意。」

公鑿行也。【注】以起公鑿行也。鑿，猶更造之意。【疏】注「鑿猶」至「之意」。○公羊問答云：「問：注：『鑿，猶更造之意。』其義未詳。曰：此如漢書張騫傳之『鑿空』也。師古注：『空，孔也。猶言始鑿其孔

〔一〕「年」字原脱，叢書本同，據穀梁傳阮元校勘記校補。
〔二〕「疑」，原訛作「引」，據阮元校勘記校改。
〔三〕此「穀梁」與下「穀梁傳」重複，其一爲衍文。

穴也。』西南夷傳：『騫因盛言大夏在漢西南，慕中國，患匈奴隔其道，誠通蜀〔一〕、身毒國道，便近又無害。』是鑿空之事也。空，孔也，穴，隙也。趁此空隙而行他事，故曰鑿行。」按：史記大宛列傳：「張騫鑿空。」集解引蘇林云：「鑿空，開道也。」説文金部：「鑿，穿木也。」釋名釋用器：「鑿，有所穿也。」廣雅釋詁：「鑿，穿也。」又淮南氾論：「喉中有病，無害於息，不可鑿也。」注：「鑿，穿也。」凡有所穿鑿，皆更造之象也。漢司隸楊厥碑：「鑒通石門。」鑒即鑿也，亦或作鑒，省體也。

公鑿行奈何？不敢過天子也。【注】時本欲直伐秦，塗過京師，不敢過天子而不朝，復生事，修朝禮而後行，故起時，善而褒成其意，使若故朝然後生事也。間無事，復出公者，善公鑿行。【疏】注「時本」至「事也」。○舊疏標注作「生事修朝禮而行」，解云：「『生事』之上亦有『復』字者，衍文。」則舊疏本無「復」字。杜云：「伐秦，道過京師，因朝王。」劉炫述義云：「魯朝聘皆言如，書其始發言往，而言公朝王所者，發國不爲朝王，至彼遇王朝之，朝訖乃書，故稱朝也。此過京師，亦宜稱朝，言如者，發雖主爲伐秦，即其朝王之意，書其初發，故言如也。」按：如何意，公本無朝王意，然猶有尊畏之心，不敢過京師而不朝。善善從長，即而褒成之，使若故朝，然後生事也。穀梁傳：「非如曰如，不叛京師也。」注：「因其過朝，故正其文，若使本自往。」是其義也。○注「間無」至「鑿行」。○昭十三年：「秋，公會劉子、晉侯以下于平丘。八月，甲戌，同盟于平丘。」注：「不言劉子及諸侯者，間無異事，可知矣。」彼以間無異事，故不復舉劉子及

〔一〕「蜀」，原訛作「屬」，公羊問答即誤，叢書本不誤，據改。

諸侯。此亦間無事，亦但書自京師，遂會晉侯伐秦矣。今復舉公，故解之，明其善也。

○曹伯盧卒于師。【疏】釋文：「『盧』，本亦作『盧』。」古盧盧字多通用。左氏桓十三年〔一〕傳：「羅與盧戎兩軍之。」釋文本作「盧戎」，云：「本亦作盧。」昭十三年經「蔡侯盧歸于蔡」，二十年書「蔡侯盧卒」，作「盧」。史記吴世家：「餘橋疑吾〔二〕卒，子柯盧立。」吴越春秋作「柯盧」。荀子富國篇：「君盧屋妾。」注：「盧當爲盧。」莊子讓王篇：「乃負石而自沈于盧水。」釋文云：「司馬本作『盧水』。」是也。穀梁傳曰：「閔之也。公大夫在師曰師，在會曰會。」

○秋，七月，公至自伐秦。【注】月者，危公幼而遠用兵。【疏】注「月者」至「用兵」。○舊疏云：「正以致例時故也。」通義云：「月致者，春出秋返，久也。」亦通。

○冬，葬曹宣公。【疏】小國君卒月葬時。故穀梁傳：「葬時，正也。」

〔一〕「十三年」，原誤記爲「十二年」，據左傳校改。
〔二〕「餘橋疑吾」，原訛作「餘橋夷吾」，據史記校改。

○十有四年，春，王正月，莒子朱卒。【注】莒大於邾婁，至此乃卒者，庶其見殺不得卒。至此始卒，又不得日。【疏】注「莒大」至「得卒」。○莊十六年書「邾婁子克卒」，是邾婁卒於所傳聞世。春秋序莒常在邾婁上，明莒大於邾婁，而不得書卒，故解之。按：彼注云：「小國未當卒而卒，爲慕伯者尊天子，行進也。」則書邾婁子卒，非常例矣。所聞世合卒，又以庶其被弒，故不得書卒也。庶其事在文十八年。○注「至此」至「得日」。○此決莊二十八年「夏，四月，丁未，邾婁子瑣卒」書日故也。彼注云：「日者，附從伯者朝天子，行進。」此莒始書卒，無進行，故略不日也。舊疏云：「所以書日者，非直行進，其邾子克往前已卒，是以春秋得詳録之也。」曹亦小國，桓十年「春，正月，庚申，曹伯終生卒」，書日者，彼注云：「始卒，與大國同例者，春秋敬老重恩也，故爲魯恩録之。」是也。通義引楊士勛曰：「莒子朱者，莒渠丘公。不書葬者，莒行夷禮，則是失德；又葬須稱謚，莒無謚，故不書葬也。」

○夏，衛孫林父自晉歸于衛。【疏】通義云：「左傳曰：『衛侯如晉，晉侯强見孫林父焉。定公不可。夏，衛侯既歸，晉侯使郤犨送孫林父而見之。故經加『自晉』，晉有力文焉。」

○秋，叔孫僑如如齊逆女。【注】凡娶，早晚皆不譏者，從紀履緰一譏而已。【疏】舊疏云：「隱二年注云：「不親迎例月，重録之。」今此不月者，蓋以成公即位十有四年始娶元妃，非重繼嗣之義，故略之。」通義云：「至是始娶者，公即位幼也。左傳曰：『國君十五而生子。』」按：孔説非是。成公二年已會楚嬰齊于蜀，則即位雖幼，必非襁褓，至小亦宜七八齡矣。即位至此年計已逾冠，故舊疏謂其「即位十四年始娶元妃，非重繼嗣之義」也。孔疏引左傳「國君十五生子」之文，甯成公時始十五六耶？○注「凡娶」至「而已」。○校勘記出「凡娶」，云：「鄂本同。此本疏標起訖亦作『娶』。閩、監、毛本改『取』，非。釋文作『凡取』，云：『又作娶。』閩、監、毛本蓋据此。」紹熙本亦作「娶」。紀履緰事，見隱二年，彼傳云：「外逆女不書，此何以書？譏。何譏爾？譏始不親迎也。」然則，春秋於公不親迎不譏，從可知例也。舊疏云：「宣元年，春，公子遂如齊逆女，喪服未除，是其太早也。成十四年，秋，始使僑如如齊逆女，非重繼嗣，是其太晚也。但略舉一二人，則桓三年娶于齊，文四年娶于齊，合在其間矣。」又引舊解云：「隱二年履緰之下注云：『内逆女常書，外逆女但疾始不常書，明當先自詳正，躬自厚而薄責於人，故略外也。』然則，外之娶妻，莫問早晚，其不親迎，皆不復書。而譏之者，悉從履緰之例一譏而已。所以此處注之者，正以内逆女常書之末，是以於此決之。」按：此注意謂皆不譏者，疑即指親迎言，非謂不譏其早晚也。文公娶太早，經書「公子遂納幣」，譏之；成公娶晚，經不月，以起之也。

○鄭公子喜率師伐許。【疏】毛本「率」改「帥」。

○九月，僑如以夫人婦姜氏至自齊。【疏】左傳：「舍族，尊夫人也。」彼疏引何氏膏肓云：「叔孫僑如舍族，爲尊夫人。按，襄二十七年，『豹及諸侯之大夫盟』，復何所尊而亦舍族？春秋之例，一事再見者，亦以省文耳。鄭箴之曰：『左氏以豹違命，故貶之而去族；今僑如無罪而亦去族，故以爲尊夫人也。春秋有事異文同者，則此類也。』」劉氏逢禄評曰：「一事再見不加氏者，見終奉君命。」按：此與宣元年「公子遂如齊逆女。三月，遂以夫人婦姜至自齊」同一文法，從彼傳，一事而再見者卒名，可知例也。

○冬，十月，庚寅，衛侯臧卒。【疏】包氏慎言云：「十月書庚寅，月之十七日。」

○秦伯卒。

公羊義疏五十四

南菁書院　句容陳立卓人著

成十五年盡十六年

〇十有五年，春，王二月，葬衛定公。

〇三月，乙巳，仲嬰齊卒。【疏】包氏慎言云：「三月書乙巳，月之四日。」

仲嬰齊者何？【注】疑仲遂後，故問之。【疏】注「疑仲」至「問之」。〇舊疏：「何氏欲解弟子問所不知之意，何者？欲言仲遂之子，宜稱公孫，今經稱仲，故執不知問。」

公孫嬰齊也。【注】未見於經，爲公孫嬰齊，今爲大夫死，見於經，爲仲嬰齊。【疏】注「未見」至「嬰齊」。〇舊疏云：「未見於經，謂未作大夫，不得見於經。當爾之時猶爲公子之子，故爲公孫嬰齊矣。今爲大夫而死，得見于經，更爲公子之孫，孫以王父字爲氏，故爲仲嬰齊矣。」顧氏炎武日知録云：「魯有二嬰齊，皆公孫也。仲嬰齊卒，其爲仲遂後者也。成〔一〕十七年『公孫嬰齊卒于貍軫』，則子叔聲伯也。此言〔二〕仲嬰齊，亦是公孫嬰齊，非謂子叔聲伯，故注云『未見於經，爲公孫嬰齊』，此漢人解經之善。若子叔聲伯，則戰鞌、如晉、如莒，已屢見於經矣。」蓋歸父奔後，魯人尚未立後，傳故云：「徐傷歸父之〔三〕無後也。」爲大夫未久即卒，又未有事，故不見經。

公孫嬰齊，則曷爲謂之仲嬰齊？爲兄後也。爲兄後，則曷爲謂之仲嬰齊？

【注】据本公孫。【疏】注「据本公孫」。○舊疏云：「言其本公孫，昭穆須正，雖代兄爲大夫，甯得更爲公孫之子乎？故難之。」

爲人後者，爲之子也。【注】更爲公孫之子，故不得復氏公孫。【疏】後漢書安帝紀云：「禮，昆弟之子，猶己子。春秋之義，爲人後者爲之子。」章懷注：「爲人後者，謂出繼於人也。」段氏玉裁經韻樓集云：「此謂嬰齊爲歸父後，即爲歸父之子。爲歸父之子，故以歸父父字仲爲氏，是爲以王父字爲氏。以王父字爲氏，真子之禮。如此，爲人後之禮亦如此。傳言『爲人後者爲之子』，非以爲之子釋爲人後，乃以明爲人後者之禮，一切必同於真子。喪服傳曰：『何以三年也？受重者，必以尊服服之。』此之謂爲之子也。傳

〔一〕「成」字原脱，據日知録校補。
〔二〕「言」，原訛作「文」，據日知録校改。
〔三〕「之」字原脱，據公羊傳注疏校補。

又曰：『爲所後者之祖父母、妻、妻之父母、昆弟、昆弟之子，若子。』此之謂爲之子也，喪服親疏遠近，一如真子。然則爲之子信矣，爲人後之禮，必如是。天子諸侯卿大夫之爲後者，皆如是。」○注「更爲」至「公孫」。○正以嬰齊實公孫，今爲公孫歸父後，故去其公孫之氏，同諸歸父子也。

爲人後者爲其子，則其稱仲何？【注】据氏非一。**孫以王父字爲氏也。**【注】謂諸侯子也。顧興滅、繼絶，故紀族明所出。【疏】注「謂諸」至「所出」。○禮喪服傳曰：「諸侯之子稱公子，公子不得禰先君。公子之子稱〔一〕公孫，公孫不得祖諸侯。」孫以王父字爲氏，故王父即謂諸侯子也。白虎通姓名云：「或氏王父字者何？所以別諸侯之後，爲興滅國、繼絶世也。王者之子稱王子，王者之孫稱王孫。諸侯之子稱公子，公子之子稱公孫，公孫之子各以其王父字爲氏。」故春秋有王子瑕，論語有王孫賈，又有衛公子荆、公孫朝，魯有仲孫、叔孫、季孫，楚有昭、屈、景，齊有高、國、崔，以知其爲子孫也。隱八年左傳曰：「天子建德〔二〕，因生以賜姓，胙之土而命之氏。諸侯以字爲謚〔三〕，因以爲族。」禮記大傳疏引：「鄭駁異義云：『炎帝姓姜，太昊之所賜也。黄帝姓姬，炎帝之所

〔一〕「稱」，原訛作「禰」，據儀禮注疏校改。
〔二〕「德」，原訛作「國」，叢書本同，據左傳校改。
〔三〕「謚」，原訛作「氏」，叢書本同，據左傳校改。杜注：「即先人之謚稱以爲族。」正義：「以謚爲族者，衛齊惡、宋戴惡之類是也。」

賜也。故堯賜伯夷姓曰姜，賜禹姓曰姒，賜契姓曰子，賜稷姓曰姬，著在書傳。』是天子賜姓也。諸侯賜卿大夫以氏，若同姓。公之子曰公子。公子之子曰公孫。公孫之子其親已遠，不得上連于公，故以王父字爲氏。若適夫人之子，則以五十字伯仲爲氏，若魯之仲孫、叔孫、季孫是也。若庶子妾子，則以二十字爲氏，則展氏、臧氏是也。若異姓〔一〕，則以父祖官及所食之邑爲氏。以官爲氏者，司馬、司城是也。以邑爲氏者，韓、魏、趙是也。」然則，孫以王父字爲氏，專斥天子、諸侯子孫言，而猶必賜之於君也。大傳疏又云：「若子孫，其君不賜族，子孫自以王父字爲族也。」亦所以明所自出故也。

然則嬰齊孰後？後歸父也。【疏】唐石經、鄂本、監、毛本同。此本、閩本脱一「後」字，今訂正。

按：紹熙本亦疊「後」字。

歸父使于晉而未反，【注】宣公十八年，自晉至檉奔齊，訖今未還。【疏】注「訖今未還」。○爾雅釋詁：「訖，至也。」至今未還也。與漢書成帝詔「訖今不改」之訖同。

何以後之？【注】据已絶也。

叔仲惠伯，傅子赤者也。【注】叔仲者，叔彭生氏也。文家字積於叔，叔仲有長幼，故連氏之。經云仲者，明春秋質家，當積於仲。惠，謚也。【疏】注「叔仲」至「氏也」。○舊疏云：「即文十一年叔彭生之

〔一〕「異姓」，禮記作「男女」。這段話出現在其他典籍中，「男女」二字多作「異姓」。似作「異姓」爲是，故不改。

氏族也。」○注「文家」至「氏之」。○白虎通姓名云：「質家所以積于仲何？質者親親，故積於仲；文家尊尊，故積於叔。」廣川書跋引含文嘉云：「文家稱叔，質家稱仲。」白虎通又云：「即如是，論語曰周有八士，伯達、伯适、仲突、仲忽、叔夜、叔夏、季隨、季騧。不積於叔何？蓋以爲兩兩俱生故也。不積於伯、季〔一〕，明其無二也。」按：史記管蔡世家：「武王同母兄弟十人，其長子曰伯邑考，其次即武王發〔二〕，次管叔鮮，次周公旦〔三〕，又其次爲蔡叔度、曹叔振鐸、郕叔武、霍叔處、康叔封，末爲冄季載。」是文家積于叔之證也。質家積于仲，古籍散亡，無可驗也。舊疏云：「經言文家字積于叔，欲道彭生之經所以不連仲之意也。言叔仲有長幼者，欲道彭生之傳所以連叔仲之意也。何者？彭生之祖生於叔氏，其父武仲又長幼當仲，是以彭生遠而言之，雖非正禮，要是當時之事，是以傳家述其私稱，連言仲矣。」按：叔仲云者，猶言叔氏之仲也。○注「經云」至「於仲」。○舊疏云：「注言此者，欲道嬰齊此經何故不連其父歸父之字而單言仲者，欲明春秋當質，正得積於仲，是以不得更以佗字連之。」○注「惠，謚也」。○周書謚法解：「愛人好與曰惠。又柔質慈民曰惠。」是也。

文公死，子幼。【注】子赤幼也。

〔一〕「季」，原誤作「仲」，叢書本同，據白虎通校改。
〔二〕「發」字原脱，叢書本同，據史記校補。
〔三〕「旦」字原脱，叢書本同，據史記校補。

公子遂謂叔仲惠伯曰：「君幼如之何？願與子慮之。」叔仲惠伯曰：「吾子相之，老夫抱之。【注】禮，大夫七十而致事。若不得謝，則必賜之几杖，行役以婦人從，適四方乘安車，自稱曰老夫。【疏】注「禮」至「老夫」。○禮記曲禮文。彼無「從」字，此較詳備。通義云：「禮，大夫七十已上，稱於異邦曰老夫，若衛石碏使告于陳曰『老夫耄矣』是也。於其國，猶當稱名。今惠伯自稱曰老夫，蓋藐慢遂之辭。」鄭注：「老夫，老人稱也。亦明君貪賢。」亦引春秋傳曰：「老夫耄矣。」是也。意老夫亦非卿大夫正稱。

何幼君之有？」公子遂知其不可與謀，退而殺叔仲惠伯，弑子赤，而立宣公。【注】殺叔仲惠伯不書者，舉弑君爲重。叔仲惠伯事與荀息相類，不得爲累者，有異也。叔仲惠伯直先見殺爾，不如荀息死之。【疏】釋文「弑」亦作「殺」，音試。文十八年左傳：「仲殺惡及視，而立宣公。仲以君命召惠伯，其宰公冉務人止之，曰：『入必死。』叔仲曰：『死君命可也。』公冉務人曰：『若君命，可死；非君命，何聽？』弗聽，乃入，殺而埋之馬矢之中。」與此敘少有先後耳。○注「殺叔」至「爲重」。○通義云：「殺叔仲惠伯不書者，書殺，則内大夫相殺，大惡，當諱；書卒，則與公子牙美惡相嫌，故不卒以起諱意也。」惠氏士奇春秋説云：「宋兩弑君，晉一弑君，凡三書及，所以旌死難之臣也。魯弑子赤，曷爲叔仲惠伯不書於春秋？」「春秋尊宗國，君弑則隱而不書，故叔仲惠伯亦不得牽連而書。説者謂死無補於君，故不書。則孔父、仇牧、荀息有何補於君，而書于册哉？然則曷爲不書卒？書卒則無以表其節也，且書卒，則嫌與公子牙同，故不書。然則曷爲不書刺？刺者，有罪乃刺之。雖無罪，必有説。則又何説而刺叔仲惠伯乎？此叔彭生死難之節，所以不著於春秋。」按：春秋不書殺叔仲惠伯，自爲舉重略輕，蓋亦内辭也。若欲書之，聖人自有書法以張義，不必如舊疏所云「宜言冬，十月，子赤及叔仲彭生卒」。夫「游、夏之徒且不能贊一辭」，後人何必强作解事乎？○注「叔仲」至「死之」。○僖十年：「晉里克弑其君卓，及其大夫荀息。」傳：「及者何？累也。」又云：「驪姬者，國色也，獻公愛之甚，欲立其子，於是殺世子申生。獻公病，將死，謂荀息曰：『士何如則可謂之信矣？』荀息對曰：『使死者反生，生者不愧乎其言，則可謂信矣。』獻公死，奚齊立。里克謂荀息曰：『君殺正而立不正，廢長而立幼，如之何？願與子慮之。』荀息曰：『君嘗訊臣矣。臣對曰：使死者反生，生者不愧乎其言。』里克知不可與謀，退，弑奚齊。荀息立卓子，里克弑卓子，荀息死之。」此叔仲惠伯亦曰「吾子相之，老夫抱之」，以郤仲遂。遂因殺叔仲惠伯，弑子赤。是與荀息事相類也。桓二年、莊十二年、僖十年皆有「舍此無累者乎？曰有」，均指叔仲惠伯。下皆云「有則此何以書？賢也」云云。然則，叔仲惠伯甯有不賢，而彼傳皆如此發？何邵公雖云「叔仲惠伯直先見殺爾〔一〕，不如荀息死之」，義亦未洽。何者？仲遂欲廢嫡立庶，先與惠伯謀，其必嚴憚惠伯，與孔父義形於色無所區别，故仲遂退而先殺惠伯，次弑子赤。左傳謂「以君命召惠伯」，應是殺惡及視先事。不然，遂重在弑君，子赤已死，則惠伯存否聽之可矣，何必矯命爲耶？當時所以不與三人並見累

〔一〕「先」，原訛作「雖」；「爾」字原脱，叢書本不誤，據改。

者，或仍爲内諱故與？

宣公死，成公幼。臧宣叔者，相也，【注】臧孫許，宣，謚。【疏】校勘記出「臧宣公」，云：「閩、監、毛本同，誤也。鄂本作『臧宣叔』。宣十八年疏引此傳同，當據正。唐石經缺。」按：紹熙本作「臧宣叔」。周氏柄中四書辨正云：「春秋之例，大夫名見於經者，皆卿也。魯臧宣叔爲司寇，而經書『臧孫許』，及晉侯盟，又書『臧孫許帥師』，其卒也，書『臧孫許卒』，則儼然卿矣，卿則非少司寇之謂。至於相，則當國執政之稱，執政必上卿。而孔子以司寇當國，故謂之攝。如齊有命卿國、高，而管仲以下卿執政；鄭有上卿子皮，而子産以介卿聽政是也。宣叔爲司寇，謂之爲相，此孔子攝行相事之證。」按：孔子之攝相，自謂攝政夾谷相禮之事，非執政之相，與此不同。臧孫之相，自謂當國者。蓋魯命卿不一，諸卿中又一執政者。如晉六卿，而别一有執政者也。周氏引管仲、子産事爲證是也。然晉執政者常將中軍，宋執政者常爲右師，魯叔孫穆子嘗執政，而於卿位居二，則又各國之殊也。○注「臧孫許，宣，謚」。○左傳宣十八年云：「季文子言於朝曰：『使我殺適立庶，以失大援者，仲也夫。』臧宣叔怒曰：『當其時不能治也，後之人何罪？子欲去之，許請去之。』」注：「宣叔，文仲子，武仲父；許，其名也。時爲司寇，主行刑。」是也。宣謚者，謚法解：「聖善周聞曰宣。」

君死不哭，聚諸大夫而問焉，曰：「昔者，叔仲惠伯之事，孰爲之？」諸大夫皆雜然曰：【疏】校勘記云：「唐石經、諸本同。宣十八年疏引作『雜言曰』。」

「仲氏也，其然乎！」【疏】校勘記云：「鄂本『氏』誤『如』。」

於是遣歸父之家，【注】時見君幼，欲以防示諸大夫。【疏】左傳又云：「遂逐東門氏。」逐與遣同。左傳僖二十三年：「姜氏與子犯謀，醉而遣之。」亦謂逐之也。漢書孔光傳：「遣婦故郡。」即逐婦故郡也。歸父在外，故先逐其家也。○注「時見」至「大夫」。○舊疏云：「時見君幼少，恐有禍變，欲以有防衛之義，示其諸大夫。」

然後哭君。歸父使乎晉，還自晉。至檉，聞君薨、家遣，墠帷，哭君成踊，反命于介，自是走之齊。【疏】自歸父使於晉下，又見宣十八年。

魯人徐傷歸父之無後也，【注】徐者，皆共之辭也，關東語。傷其先人爲惡，身見逐絶，不忿懟也。【疏】注「徐者」至「東語」。○説文彳部：「徐，安行也。」廣雅釋詁：「徐，遲也。」國策宋策：「臣請受邊城，徐其攻〔一〕而留其日。」注：「徐，緩也。」蓋魯人乍聽臧孫許言，皆知仲遂當絶，繼見歸父無罪見逐，不忿懟，故共傷歸父無後也。何氏以徐爲皆共者，廣雅釋詁：「餘，皆也。」呂覽辯土〔二〕：「亦無使有餘。」注：「餘猶多也。」餘、徐皆从余聲，徐其餘之借與？○注「傷其」至「懟也」。○即謂其「聞君薨、家遣，哭君成

〔一〕「攻」，原訛作「政」，叢書本同，據戰國策校改。
〔二〕「辯土」，原誤記爲「辨上」，據呂氏春秋校改。

然也。」

踊，反命乎介」事。宣十八年注亦云：「主書者，善其不以家見逐怨懟，成踊哭君，終臣子之道。起時莫能

於是使嬰齊後之也。【注】弟無後兄之義，爲亂昭穆之序，失父子之親，故不言仲孫，明不與子爲父孫。【疏】通義云：「久而更傷歸父無罪逐絶不廢臣禮，故爲立後。言仲遂大惡當絶，直以賢歸父，故存其世爾。」是也。○注「弟無」至「父孫」。○徐氏乾學讀禮通考云：「按禮，卿大夫以下繼世，與天子不同。天下不可一日無天子，國不可一日無君，是故繼嗣〔一〕不立，則取於旁支，以弟後兄可也，以兄後弟可也，甚至以叔後姪，古亦爲之。君之生存既已盡，臣其諸父昆弟，身歿而旁支入繼，必爲之服斬衰，既爲之服斬衰，即立祖禰事之可也。大夫則不然，以別子爲祖，亦不能臣其宗族，繼世相傳，以宗法齊之而已。春秋之法，大夫以罪廢逐，不得入宗廟，即思其先世而爲之立後，亦直以廢逐者之兄弟代主大宗之祀，世及相傳，而不及於廢逐者之子姪。正所以嚴昭穆之序也。魯於叔孫氏，嘗逐僑如，而立其弟豹矣。於臧氏，嘗逐紇，而立其兄爲矣。於東門氏，則逐歸父而立嬰齊。其事正同。不聞豹禰僑如，爲禰紇，而必以嬰齊禰歸父。此魯人之刱舉也，其意若謂吾逐歸父，以其父故，父之罪大，不可以後，甯後其子爾，乃不知其已悖典制〔二〕矣。」段氏玉裁經韻樓集云：「此千古爲後之禮經也，何邵公注甚明。而誤者失之，崑山徐氏爲

〔一〕「嗣」，原訛作「世」，叢書本同，據讀禮通考校改。
〔二〕「典制」，原訛作「典禮」，叢書本同，據讀禮通考校改。

尤甚。公子遂以仲遂書於經矣。仲其字也，故其孫曰仲嬰齊。嬰齊實遂子也，而後歸父，則遂孫矣，遂孫則可以稱仲孫。而仲之不孫之者，仲實非孫也。實非孫，則何以可後歸父也？凡古云後者，受其爵邑之重之謂。爵邑必有所託，受之是曰後。後不必倫序相當也。然則公羊曰『爲人後者，爲之子』，何也？爵邑受諸某，則於某之喪祭一如真子之禮，不必倫序相當也。然則，立嬰齊者何？不使後遂也，曰此爵邑受諸歸父，不可以中斬也。然則，何以不立歸父之子？遂實有罪而廢，其嫡歸父實無罪，而綿其爵邑，以嬰齊後歸父，可以明歸父之無罪。立歸父之子，則不可以明遂之有罪。然則，書仲者，仲其氏也。氏者爵邑所在也。不言孫者，不歿其實也，明其爲遂子也。」通義云：「禮，大夫世則有族。魯人立歸父之後，使世其位，故命之氏。氏姓自廟別者也。嬰齊既後歸父，則當祀歸父于禰，祀仲遂於祖，故得比孫以王父字爲氏之法而氏之云〔一〕爾。爲人後者爲之子，謂事其廟如禰廟，服其服如喪父者之服。持重於大宗，有子道焉，非實謂他人父也。何氏乃皆其亂昭穆之序，失父子之親。夫禮不有爲殤後者乎？爲祖母後者乎？爲祖庶母後者乎？而謂皆父母稱之乎可乎？楚世家曰：『帝嚳誅重黎，而以其弟吳回爲重黎後。』則弟兄之相後，由來舊矣。」按：孔氏直混天子諸侯與卿大夫爲一，故如此解。爲殤後之後，謂宗子爲殤死，族人承其宗者，與此後字別。爲祖母後，爲祖庶母後，皆論服制，本不必皆以父母稱之也。禮喪服不杖期章：「爲君之父母、妻、長子、祖父母。」傳：「父卒，然後爲祖後者服斬。」注：「此爲君矣，而有父若

〔一〕此上「之法」及「云」字原脱，據公羊通義校補。

祖之喪者，謂始封之君也。若是繼體，則其父若祖，有廢疾不立。父卒者，父爲君之孫，宜嗣位而早卒，今君受國於曾祖。」是爲諸侯有爲祖後者，有爲曾祖後者，皆服斬，亦不必以父母稱之也。重黎之事，亦不例諸大夫士。孔氏未免好辨矣。劉氏逢禄解詁箋云：「書仲孫，則嫌於仲孫氏；書公孫仲嬰齊，則嫌於嬰齊別有賢行，且嫌於僅以別嫌於貍軫之公孫嬰齊，爲人後之義不著。夫子既順魯人之公義，弟爲兄後，亦合質家之法，故無異文也。」然考舊疏引異義：「公羊説云：質家立世子弟，文家立世子子。而春秋從質，故得立其弟。」自謂天子諸侯之制，非謂大夫士亦得立其弟爲後也。劉説援据亦非。總之，諸侯奪宗，大夫不奪宗。奪宗，故得以弟爲兄後、叔爲姪後、兄爲弟後，俱無不可；不奪宗，則必取諸昭穆相當者爲後，不得混施。不明乎此，宜乎宗法廟制俱轇轕不通矣。歸父無罪被逐，魯人傷其無後，欲爲立後，此國人清議也。季文子等於遂之弒君，并不以爲可仇，唯歸父欲去三桓，故疾之尤甚，因坐以其父弒君之罪，其意仍在歸父，并非罪遂。而又迫於國人之言，不得不爲歸父立後。乃不立歸父之子，而立歸父之弟，名爲後歸父，仍是絶歸父以後遂。此季臧之奸巧也，所謂「亂昭穆之序，失父子之親」者，此也。聖人書之以仲，不言仲孫，正不與其子爲父孫，并所以絶遂，不與其有孫也。

○癸丑，公會晉侯、衛侯、鄭伯、曹伯、宋世子成、齊國佐、邾婁人同盟于戚。【疏】

校勘記出「宋世子成」，云：「鄂本、元本同。唐石經、閩、監、毛本『成』作『戌』。釋文：世子戌，音恤。本或作『成』。」蓋唐初本已有作「成」者矣。左氏、穀梁俱作「戌」。按：昭十年，「十有二月，甲子，宋公戌卒」，亦作「戌」。二傳作「成」。彼釋文云：「宋戌，讀左傳者音成。何云『向戌與君同名』，則宜音恤。」宋王復齋鐘鼎款識宋平公鐘銘：「宋公戌之諲鐘。」吴東發跋云：「左昭十年傳『宋公成』，公羊作『戌』，史記亦作『成』。今觀是銘，當以公羊爲正，是平公器也。頌壺銘、甲戌豐姑敦『丙戌』文皆作『成』，與此同。又按，左昭二十年傳『公子城』，杜云：『平公子成，與城音同。』若平公名成，其子不得名城也。」包氏慎言云：「三月書癸丑，月之十二日。」

○晉侯執曹伯歸之于京師。【注】爲篡喜時。【疏】校勘記云：「唐石經、諸本同。僖二十八年注作『歸于京師』，無『之』字。傳文方辨别『歸之于』、『歸于』二者之不同。然則，石經此處有『之』字，其誤甚矣。左氏、穀梁亦無之。」通義云：「僖二十八年傳曰：『歸于者，非執之於天子之側者也。』特爲此經發傳，而今板本『于』上仍有『之』字者誤。」按：彼云：「罪未定，則何以得爲伯討？」注云：「此難成十五年，『晉侯執曹伯歸于京師』。」据彼及注，則此經不得有「之」字矣，有者衍文。○注「爲篡喜時」。○事具昭二十年傳。通義云：「曹伯名負芻，宣公之庶子，殺世子而自立，故晉執之，爲伯討也。」按：左傳：「會于戚，討曹成公也。執而歸諸京師。」又十三年彼傳云：「曹人使公子負芻守，使公子欣時逆曹伯之喪。秋，負芻殺其太子而自立也。諸侯乃請討之。」又曰：「既葬，子臧將亡，國人皆將從之。成公乃懼，告罪，且請焉。乃反，而致其邑。」是年彼傳云：「諸侯將見子臧於王而立之。子臧辭，遂逃，奔宋。」子臧即此之喜時，係讓國，而非負芻所篡，與公羊異。孔氏乃取左氏爲説，何耶？

○**公至自會。**

○**夏，六月，宋公固卒。**【注】不日者，多取三國媵，非禮，故略之。【疏】注「不日」至「略之」。○正以大國君卒日葬月，此不日，故解之。多取三國媵者，即上九年，「伯姬歸于宋」，有衛人來媵、晉人來媵、齊人來媵。傳云：「三國來媵，非禮也。」是也。舊疏云：「雖於伯姬爲榮，而宋公有失，故死略之。」

○**楚子伐鄭。**

○**秋，八月，庚辰，葬宋共公。**【疏】包氏慎言云：「八月書庚辰，月之十一日。」通義云：「卒不日者，失德也。葬日者，爲國亂渴葬例也。葬卜柔日，而今用庚辰，亦渴之驗。」

○**宋華元出奔晉。**【疏】鄂本「奔」作「犇」。

○**宋華元自晉歸于宋。**【注】不省文，復出宋華元者，宋公卒，子幼，華元以憂國爲大夫山所譖，出奔晉。晉人理其罪，宋人反華元誅山，故繫文大之也。言歸者，明出入無惡。【疏】注「不省」至「之也」。○舊疏云：「襄三十年，『秋，鄭良霄出奔許，自許入于鄭』，彼則省文，不言鄭良霄自許入于鄭，今則不省文，故決之。必知不省文是大之者，正以孔子曰：『書之重，辭之複，嗚呼！其中必有美者焉，不可不察。』故知也。」通義云：「一事再見，不卒名者，善其出奔非畏難遠害，能假晉力以威蕩氏，卒拔强族，輯公室，智足以奠亂，功足以安國，故繁辭大之也。」言華元以憂國爲大夫山所譖，出奔晉者，舊疏以爲春秋説文。左傳云：「蕩澤弱公室，殺公子肥。華元曰：『我爲右師，君臣之訓，師所司也。今公室卑而不能正，吾罪大也。不能治官，敢賴寵乎？』乃出奔晉。」是亦以華元爲憂國出奔，但不以爲山所譖耳。宋世家謂：「司馬唐山攻殺太子肥，欲殺華元。華元犇晉。」又異。○注「言歸」至「無惡」。○舊疏云：「即桓十五年傳例云『復歸者，出惡歸無惡。復入者，出無惡入有惡。入者，出入惡。歸者，出入無惡』是也。」按：僖二十八年傳：「自者何？有力焉者也。」明晉人理其罪，宋人乃反華元，誅山也。史記、左傳皆言「魚石止，華元至河乃還，誅山」。然設非晉力，桓氏未必反順華元若是也。

○宋殺其大夫山。【注】不氏者，見殺在華元歸後，嫌直自見殺者，故貶之，明以譖華元故。【疏】通義云：「蕩山也，去氏者，爲其擅權弱公室，貶罪之。」本左氏言背其族也之義。○注「不〔一〕氏」至「元故」。

〔一〕「不」，原訛作「去」，據注文校改。

○舊疏云：「襄二十三年，『陳殺其大夫慶虎及慶寅。陳侯之弟光自楚歸于陳』，注云：『宋大夫山譖華元貶，此不貶者，殺二慶而光歸，譖光可知。』然則，此華元歸後，山見殺，故須貶山以見其義。」左傳：「華元反。使華喜、公孫師帥國人攻蕩氏，殺子山。」是山殺在華元歸後也。

○宋魚石出奔楚。【注】與山有親，恐見及也。後得言復入者，出無惡，知非君漏言，魚石不殺山。【疏】注「與山」至「及也」。○杜云：「公子目夷之曾孫。」左傳：「六官者，皆桓族也。」注：「魚石、蕩澤、向爲人、鱗朱、向帶、魚府，皆出桓公。」是與山有親也。舊疏以注有山者魚石之親語，因云：「若其不貶，宜言魚山矣。」疑山亦魚氏，非也。山即蕩澤，故世家作唐山，唐即左氏之蕩也。○注「後得」至「殺山」。○正以復入，爲出無惡，入有惡文也。魚石復入，見下十八年，云「知非君漏言，魚石不殺山」者。文六年：「晉殺其大夫陽處父。晉狐射姑出奔狄。」傳：「晉殺其大夫陽處父，則狐射姑曷爲出奔？射姑殺也。射姑殺，則其稱國以殺何？君漏言也。」然則，彼爲君漏言致射姑殺處父，故坐君殺。君書國，兼惡射姑可知。此文與彼同，亦似君漏言，致魚石殺山然，惟下有復入文，則魚石無惡，其非魚石殺山可知。

○冬，十有一月，叔孫僑如會晉士燮、齊高無咎、宋華元、衛孫林父、鄭公子鰌、邾婁人會吴于鍾離。【疏】杜云：「鍾離，楚邑，淮南縣。」大事表云：「昭四年，楚箴尹、宜咎城鍾離，以備吴。二十四年，楚子爲舟師〔一〕以略吴疆，師還，吴踵楚，遂滅巢及鍾離。南北朝時爲重鎮，今江南鳳陽府鳳陽縣東四里有鍾離舊城。」水經注淮水篇：「又東過鍾離縣北。」世本曰：「鍾離，嬴姓也。」應劭曰：「縣，故鍾離子國也。楚滅之，以爲縣，春秋左傳『吴公子光伐楚，拔鍾離』者也。」一統志：「故城在鳳陽府鳳陽縣東，舊有東西二城，濠水流於其中。」按：是時鍾離應尚爲國，若已屬楚，不得會其地矣。

曷爲殊會吴？【注】据楚不殊。【疏】注「据楚不殊」。○即僖二十一年，「宋公、楚子、陳侯、蔡侯、鄭伯、許男、曹伯會于霍」是也。

外吴也。【疏】繁露觀德云：「是故吴、魯同姓也。鍾離之會不得序而稱君，殊魯而會之，謂其有夷狄之行也。」穀梁傳曰：「會又會，外之也。」通義云：「世子殊會，吴亦殊會，貴賤不嫌，辭可同也。然同之中有異焉。鄭玉曰：首戴之會，書及書會，見公及諸侯同往會之，如臣朝君，使諸侯不得以干世子。鍾離之會，書會又書會，若諸侯外吴，不與同會，使夷狄不得以亂中國，此則聖人微意，不可不察。」

曷爲外也？【注】据襄五年不外之。【疏】注「据襄」至「外之」。○襄五年，「公會晉侯、宋公、陳侯、衛侯、鄭伯、曹伯、莒子、邾婁子、滕子、薛伯、齊世子光、吴人、鄫人于戚」是也。

春秋内其國而外諸夏，内諸夏而外夷狄。【注】内其國者，假魯以爲京師也。諸夏，外

〔一〕「舟師」，原訛作「吴師」，據左傳校改。

士[一]諸侯也。謂之夏者，大總下土言之辭也。不殊楚者，楚始見所傳聞世，尚外諸夏，未得殊也。至於所聞世可得殊，又卓然有君子之行。吴似夷狄差醇，而適見於可殊之時，故獨殊吴。【疏】舊疏云：「春秋内其國而外諸夏，即經云『叔孫僑如會晉士燮、齊高無咎以下』是也。云内諸夏而外夷狄，即經序諸大夫訖，乃言『會吴于鍾離』是也。」按：舊疏第就此經言之，其實傳凡言春秋，皆謂春秋通例也。内其國而外諸夏，所傳聞世也；内諸夏而外夷狄，謂所聞世也。至所見世，則著治太平，夷狄進至于爵，天下遠近大小若一矣。繁露竹林云：「故春秋之於偏戰也，猶其於諸夏也。引之魯，則謂之外；引之夷狄，則謂之内。」是也。漢書匈奴傳論：「是以春秋内諸夏而外夷狄。」明皆道春秋之法，非當時果外吴、外楚也。○注「内其」至「師也」。○即隱元年注云：「春秋託新王受命于魯。」故即假魯以爲京師也。是以儀父來盟則褒，滕、薛來朝則褒。外來盟者稱來，我往彼盟稱莅。齊侯獻捷亦稱來，見王義，尊内言如，不言朝聘，皆京師魯之義。故僖三年注：「春秋王魯，故言莅以見王義，使若王者遣使臨諸侯盟，飭以法度。」言來盟亦因魯，都以見王義，使若來之京師白事於王是也。○注「諸夏」至「侯也」。○校勘記云：「此本、閩、監本『土』誤『士』，鄂本、毛本不誤，今訂正。」魯亦諸夏，假魯爲京師，故以諸夏爲外土諸侯也。論語八佾：「不如諸夏之亡也。」注：「包曰：諸夏，中國。」○注「謂之」至「辭也」。○校勘記出「大總下上言之辭」，云：「閩、監、毛本同，誤也。鄂本『上』作『土』，當据正。」按：紹熙本亦作「下土」。夏者，大也。書康誥：「用肇

[一]「士」爲「土」之訛。説見下【疏】引阮元校勘記。

造我區夏。」孟子滕文公：「吾聞用夏變夷者。」閔元年左傳：「諸夏親暱。」襄四年左傳：「諸夷必叛華夏。」皆總下土言之。謂之大者，言有禮儀之大也。○注「不殊」至「殊也」。○即僖二十一年「宋公、楚子以下會于霍」之屬，是不殊也。通義云：「楚亦夷狄，未嘗殊者，始見稱州，已外之矣，攢函亦殊會。始發傳於此者，因此會諸夏夷狄悉在，内外之文最明。」○注「至於」至「之行」。○宣十一年：「夏，楚子、陳侯、鄭伯盟于辰陵。」注：「不日月者，莊王行伯，約諸侯，明王法，討徵舒。善其憂中國，故爲信辭也。」是卓然有君子之行，故又不得殊也。○注「吴似」至「殊吴」。○史記吴世家：「太史公曰：孔子言『太伯可謂至德矣，三以天下讓，民無得而稱焉』。余讀春秋古文，乃知中國之虞與荆蠻、句吴，兄弟也。延陵季子之仁心，慕義無窮，見微而知清濁。嗚乎！又何其閎覽博物君子也！」所謂似夷狄差醇也，而適見於可殊之時，決楚之始見時尚未合殊故也。

王者欲一乎天下，曷爲以外内之辭言之？【注】据大一統。【疏】注「据大一統」。○即隱元年傳云：「何言乎王正月？大一統也。」舊疏云：「王者施政，欲其遠近徧及，海内如一，而殊外内，故難之。」是也。

言自近者始也。【注】明當先正京師，乃正諸夏。諸夏正，乃正夷狄，以漸治之。葉公問政於孔子，孔子曰：「近者説，遠者來。」季康子問政於孔子，孔子曰：「政者，正也。子帥以正，孰敢不正？」是也。月者，危録之。諸侯既委任大夫，復命交接夷狄。【疏】注「明當」至「治之」。○襄二十三年：「邾婁鼻我來奔。」注云：「所傳聞世見治始起，外諸夏，録大略小。大國有大夫，小國略稱人。所聞之世内諸夏，治小如大，廪廪近升平，故小國有大夫，治之漸也。」隱元年注：「於所傳聞世，見治起於衰亂之中。先詳內而後治外，內小惡書，外小惡不書；內離會書，外離會不書是也。於所聞世，見治升平，書外離會。至所見世，用心尤深而詳。」明先正京師，乃正諸夏，乃正夷狄，以漸治之也。故隱二年，「會戎于潛」，書內離會以正內。僖二十六年，「楚人滅隗，以隗子歸」，不名，見責小國略。宣十一年，「晉侯會狄于攢函」，所聞世，內諸夏而詳録之。昭三年，「北燕伯款出奔齊」，名者，所見世責小國詳。三十年：「吴滅徐。徐子章禹奔楚。」注：「至此乃月者，所見世始録夷狄滅小國也。」是也。説苑指武篇云：「內治未得，不可以正外；本惠未襲，不可以制末。是以春秋先京師而後諸夏，先諸夏而後夷狄。」繁露王道云：「親近以來遠，故未有不先近而致遠者也。故內其國而外諸夏，內諸夏而外夷狄，言自近者始也。」通義云：「此春秋爲後王大法，建首善自京師始，而四海之內莫敢不正，若乃殊方別俗，被之聲教，羈縻弗絶而已，故所聞之世始內諸夏，所見之世始治夷狄，操之有本，推之有序。大學所謂『家齊而後國治，國治而後天下平』，其義然也。」繁露天地陰陽云：「近者詳，遠者略。」亦謂先近而後遠也。○注「葉公」至「者來」。○見論語子路篇，今本無「于孔子」，蓋以意足之也。韓非子難篇：「葉公子高問政于仲尼，仲尼曰：『政在悦近而來遠。』」孔子世家：「孔子曰：『政在來遠附邇。』」書傳略説：「葉公問政於夫子，子曰：政在附近而來遠。」皆以意增損，非有異文也。○注「季康[一]」至「是也」。○見論語顔淵篇。舊疏云：「帥，長也。言子爲諸侯之長

[一]「康」，原訛作「孫」，叢書本同，據【注】文校改。

而爲正，誰敢不爲正乎？亦是先正於近，乃始及遠之義，故引之。」按：大戴禮哀公問篇：「政者，正也。君爲正，則百姓從政矣。」史記平津侯主父列傳：「贊：夫三公者，百寮之率，萬民之表也。孔子不云乎：『子率而正，孰敢不正？』」皆謂正己以正物，即由近而及遠也。○注「月者」至「夷狄」。通義云：「會例時，此吴會中國之始，特危月之。」

○**許遷于葉。**【疏】杜云：「許畏鄭而南依楚，故以自遷爲文。葉，今南陽葉縣是也。」大事表云：「許畏鄭，請遷于楚。楚遷許于葉，而許之舊都盡歸于鄭，鄭人謂之舊許。襄十一年傳『諸侯伐鄭』，『東侵〔一〕舊許』，是也。」又云：「王子勝曰：葉在楚方城外之蔽也，楚子遷許于析，而更以葉封沈諸梁，號曰葉公。今河南南陽府葉縣南三十里有古葉城。」一統志：「故城在南陽府葉縣南三十里舊縣鎮。」

○**十有六年，春，王正月，雨木冰。**

雨木冰者何？雨而木冰也。何以書？記異也。【注】木者，少陽，幼君大臣之象。冰者，凝陰，兵之類也。冰脅木者，君臣將執於兵之徵也。【疏】穀梁傳：「雨而木冰也，志異也。」傳曰：「根枝

〔一〕「侵」，原訛作「遷」，據左傳校改。

折。」范云：「雨著木成冰。」杜云：「冰封著樹。」漢書劉向傳：「晝冥晦，雨木冰。」師古曰：「雨木冰者，氣著樹木，結爲冰也。今俗呼爲間樹，雨音于具反。」按：今時間有之，所謂樹稼是也。皆盛寒所致。舊唐書讓皇帝憲傳：「開元二十九年冬，京城寒甚，凝霜封樹，時學者以爲春秋『雨木冰』即此是，亦名樹介，言其象介胄也。憲見而歎曰：『此所謂樹稼也。諺曰：「樹稼，達官怕。」必有大臣當之。』」是也。○注「木者」至「徵也」。○五行志上：「雨木冰。劉歆以爲，上陽施不下通，下陰施不上達，故雨，而木爲之冰，雺氣寒，木〔一〕不曲直也。劉向以爲，冰者，陰之盛而水滯者也。木者，少陽，貴臣卿大夫之象也。此人將有害，則陰氣協木，木先寒，故得雨而冰也。是時叔孫僑如出奔，公子偃誅死。一曰，時晉執季孫行父，又執公，此執辱之異。或曰，今之長老名木冰爲木介。介者，甲；甲，兵象也。是歲晉有鄢陵之戰，楚王傷目而敗，屬常雨也。」經義雜記云：「『雨木冰』，杜注：『記寒過節，冰封著樹。』何注：『冰脅木者，君臣將執于兵之徵。』穀梁傳：『雨而木冰也。』范解：『雨木冰者，木介甲胄，兵之象。』『雨著木成冰。』疏引徐邈云：『五行以木爲介。介，甲也。木者，少陽之精，幼君大臣之象。冰者，兵之象。今冰脅木，君臣將見執之異。根枝折者，象禍害速至也。』與何邵公義同。五行志載劉歆、劉向及各説〔二〕。按，左氏無傳，當從劉子駿説。説文气部：『氛，祥〔三〕气也，从气分聲。雰，氛或从雨。』則氛、雰爲一字。釋名釋天：『氛，粉也。潤

〔一〕「木」，原訛作「冰」，據漢書校改。
〔二〕「載」至「説」，陳立以這種表述方式告知此處略去了臧琳原文摘引的漢書五行志中的各家之説。
〔三〕「祥」字原脱，叢書本同，據經義雜記及説文校補。

氣著草木，因寒凍凝，色白，若粉之形也。』劉説與釋名合，氛、雺字異也。穀梁當从劉子政説，言人將有害，則陰氣脇木，得雨而冰〔一〕，是不必以冰爲木介，取象於甲兵矣。何注公羊、徐注穀梁皆本劉子政義。范則專取甲兵之説，不知穀梁引傳曰『根枝折』，正與陰氣脇木之義合，明非取象於甲兵也。」古微書考異郵云：「天雨木冰，貴臣將死也。」專主大臣言。蓋震爲木震，爲長子大臣之象。陰氣脅木，木先寒，故得雨而冰，亦爲叔孫僑如出奔，刺公子偃之兆。而少陽象幼君，冰脅木象公爲晉所恥，行父被執，取應亦切。

○夏，四月，辛未，滕子卒。【注】滕始卒於宣公，日於成公，不名。邾婁始卒於文公，日於襄公，名。俱葬於昭公，是以知滕小。【疏】包氏慎言云：「四月書辛未，月之六日。」通義云：「滕文公也。」○注「滕始」至「不名」。○宣九年秋八月，是始卒於宣公也。此經書「辛未，滕子卒」，是日於成公也。二者皆不名，故云不名。若然，隱七年書「滕侯卒」，彼注云：「所傳聞世未可卒，所以稱侯而卒者，春秋王魯，託隱公以爲始受命王，滕子先朝隱公，春秋褒之以禮，嗣子得以其禮祭，故稱侯見其義故也。」○注「邾婁」至「公名」。○文十三年，「邾婁子籧篨卒」，是卒於文公也。襄十七年，「春，王二月，庚午，邾婁子瞷卒」，是日於襄公也。籧篨、瞷皆名，故曰名也。若然，莊十六年書「邾婁子克卒」，莊二十八年夏四月丁未書「邾婁子瑣卒」，已見於所傳聞世，而云始卒於文公。日於襄公者，莊十六年注云：「小國未嘗卒而卒者，爲慕

〔一〕「冰」，原譌作「水」，叢書本同，據經義雜記校改。

伯者，有尊天子之心，行進也。」莊二十八年注云：「日者，附從伯者朝天子，行進。」明皆以行進，與隱七年之書「滕侯卒」，皆非常例也。○注「俱葬於昭公」。○昭三年，「滕子泉卒」，又云「葬滕成公」；昭元年，「邾婁子華卒」，下云「葬邾婁悼公」，是俱葬於昭公也。○注「是以知滕小」。○舊疏云：「春秋於所聞之世，始録微國之卒，書日書名，明其大小。滕子卒葬皆在邾婁之後，邾婁之君名於所聞之世，於滕則未，是以知其小于邾婁也。何氏所以不於會序比之，而据其卒葬者，會是主會次之，其大小仍自難明，故如此解。」

○鄭公子喜帥師侵宋。

○六月，丙寅，朔，日有食之。【注】是後楚滅舒庸，晉厲公見餓殺尤重，故十七年復食。【疏】注「是後」至「尤重」。○校勘記出「晉厲公見餓殺尤重」，云：「閩、監、毛本『尤』誤『猶』。鄂本『餓』作『殺』，誤。尤字與此本同。」按：紹熙本不誤。楚滅舒庸見下十七年。晉厲公見餓殺者，下十八年，「晉弑其君州蒲」。舊疏引：「春秋説以爲厲公猥殺四大夫，臣下人人恐見及，正月幽〔一〕之，二月而死，故此注云『見餓殺』也。」五行志下之下：「成公十六年，六月，丙寅，朔，日有食之。董仲舒、劉向以爲，後晉敗楚、鄭于

〔一〕「幽」，原訛作「出」，叢書本同，據公羊注疏校改。

鄢陵，執魯侯。」與何氏義異。「劉歆以爲，四月二日，魯、衛分。」包氏慎言云：「六月書丙寅，劉歆以爲四月二日，是也。」○注「故十七年復食」。○即下十七年書「十有二月，丁巳，朔，日有食之」是也。

○晉侯使欒黶來乞師。

○甲午，晦。

晦者何？冥也。何以書？記異也。【注】此王公失道，臣代其治，故陰代陽。【疏】包氏慎言云：「六月又書甲午，甲午本六月之晦日。春秋不記晦，故特言記異以別之。」按：繁露王道述災異有「晝晦」，謂此。

○晉侯及楚子、鄭伯戰于鄢陵。【疏】杜云：「鄢陵，鄭地，今屬潁川郡。」水經注灣水篇：「沙水南與蔡澤陂水合，水出鄢陵城西北，春秋成公十六年晉、楚相遇于鄢陵處也。」史記注引服虔云：「鄢陵，鄭之東南地也。」紀要：「鄢陵舊城在開封府鄢陵縣西北四十里。」漢書地理志潁川郡傿陵，即杜所故〔一〕。

〔一〕「杜所故」，不辭。「故」，殆「云」之訛。「杜所云」，指上所引杜云云。

續志作「隔」，李奇曰：「六國曰安陵。」然地志陳留郡有「傿」，應劭曰：「鄭伯克段于傿，是也。」則克段之傿與潁川之傿陵有別。

楚子、鄭師敗績。

敗者稱師，楚何以不稱師？【注】据宋公戰于泓，敗績稱師。【疏】注「据宋」至「稱師」。○僖二十二年，「宋公及楚人戰于泓。宋師敗績」是也。通義云：「此晉侯伐鄭，楚子救之。鄭爲主人，而戰言晉侯及者，蓋以楚數陵諸夏，鄭附從僭夷，善晉之能敗之，故與使爲主，與甗同義。」

王痍也。王痍者何？傷乎矢也。【注】時爲飛矢所中。【疏】廣雅釋詁：「痍，傷也。」一切經音義引通俗文云：「體創曰痍。」釋名釋疾病：「痍，侈也。侈開皮膚爲創也。」説文疒部：「痍，傷也。」成十三年左傳：「芟痍我農功。」釋文：「『痍』本作『夷』。」故左傳云：「子反命軍吏察夷傷。」注：「夷亦傷也。」疏引服注云：「金創爲夷。」是也。説文刅部：「刅，傷也，从刃从一。」又「創」云：「或从刀倉聲〔一〕。」繫傳云：「按，史此正刀創字也。」金創爲痍，即通俗文之「體創爲痍」，是金創矣。故注云：「爲飛矢所中。」左傳：「史曰：『南國蹙，射其元王，中厥目。國蹙王傷，不敗何待？』及戰，射共王，中目。」楚世家：「共王救鄭，與晉兵戰鄢陵。晉敗楚，射中共王目。」是其事也。

〔一〕「或从刀倉聲」，原訛作「刅或從倉」，據説文解字校改。

然則何以不言師敗績？【注】据王痍。

末言爾。【注】末，無也。無所取於言師敗績也。凡舉師敗績，爲重衆。今親傷人君，當舉傷君爲重。以言戰，又言敗績，知非詐，當蒙上日也。【疏】注「末，無也」。○吕覽開春云：「吾末有以言之。」注：「末，猶無也。」禮記檀弓云：「末吾禁也。」注：「末，無也。」○注「凡舉」至「爲重」。○桓十三年注云：「燕戰稱人，敗績稱師者，重敗也。」又隱二年注：「内外淺深皆舉之者，因重兵害衆。」故敗績舉師也。穀梁傳曰：「楚不言師，君重於師也。」繁露對膠西王篇：「王痍君獲，不言師敗，重傷君也。」○注「以言」至「日也」。○舊疏云：「春秋之義，偏戰者日，詐戰月。令狐、鄢陵之經言戰，言敗績，知非詐，故當蒙上日甲午矣。」謂結日偏戰故也。

○楚殺其大夫公子側。

○秋，公會晉侯、衛侯、宋華元、邾婁人于沙隨。【疏】杜云：「沙隨，宋地。梁國甯陵縣北有沙隨亭。」大事表云：「今沙隨城在歸德府甯陵縣西六里。」水經注汳水篇：「汳水又東，逕甯陵縣之沙陽亭北，故沙隨國矣。春秋成十六年『會于沙隨』，謀伐鄭也。杜預釋地〔一〕曰：『在甯陵縣北沙陽亭，世以爲堂城。』非也。」

不見公，公至自會。

不見公者何？公不見見也。【注】不見見者，恚乞師不得，欲執之。【疏】通義云：「不得爲晉侯所見。」○注「不見」至「執之」。○下傳云：「前此者，晉人來乞師而不與。公會晉侯，將執公。」

公不見見，大夫執，何以致會？【注】据不得意。扈之會，公失序不致。【疏】注「据不得意」。○舊疏云：「莊六年傳云：『得意致會，不得意致伐。』注：『此謂公與二國以上也。公與二國以上出會盟，得意致會。』今會不得意而致會，故据以難。」○注「扈之」至「不致」。○即文七年，「公會諸侯、晉大夫，盟于扈」，傳：「諸侯何以不序，大夫何以不名？公失序也。公失序奈何？諸侯不可使與公盟，昳晉大夫與公盟也。」彼公不得意不書致，故据以難。通義云：「此兼問兩『公至自會』。公不見見者，是會也。大夫執者，謂下伐鄭之會也。何氏因誤以爲行父再執，與經不合。」

不恥也。曷爲不恥？【注】据扈之會，公失序恥。【疏】注「据扈」至「序恥」。○文七年注云：文公

〔一〕「釋地」，原訛作「釋注」，據水經注校改。

「爲諸侯所薄賤，不見序，故深諱爲不可知之辭」。明恥故諱也，故彼不曰「順諱爲善文」也，此反爲得意辭，故据以難。

公幼也。【注】因公幼殺恥，爲諱辭。不書行父執者，公不見見已重矣。【疏】注「因公」至「諱辭」。○舊疏云：「實不見，今而致會，若得意然，故言爲諱辭耳。」白虎通爵篇：「童子當受父[一]爵命者，使大夫就其國命之，明王者不與童子禮也。以春秋魯成公幼少，與諸侯會，不見公，經不以爲魯恥，明不與童子爲禮也。」是也。通義云：「公不見見，實以叔孫僑如淫通繆姜，而譖公于晉之故。時公尚幼，未能親政，凡有咎辱，責在大臣，故不以病公也。」按：孔氏牽涉左氏之説，果爾，則晉人信譖，何反責魯大臣，而爲公幼殺恥也？且左氏家以公衡爲成公子，則亦無公幼之説。白虎通正先師舊義，與何氏説合。○注「不書」至「重矣」。○舊疏云：「是時累代公執，而下經但舉其一，故此注不書行父執者，公不見見已重矣。」按：經書行父之執，在伐鄭後，與此致會無涉，傳何爲逆据以問？明沙隨已有執季孫事。孔氏謂行父止一執，蓋仍爲左傳所泥。

○公會尹子、晉侯、齊國佐、邾婁人伐鄭。【疏】通義云：「王之上大夫稱子。」杜云：「尹子，王

[一]「父」字原脱，叢書本同，據白虎通校補。

卿士，子爵。」沈氏欽韓云：「圻內國有封爵，如蘇子稱子者。若公卿大夫但有八命六命四命之差，而無公侯伯子男之次。且尹子爲卿士，若其出封，當加一等爲侯伯，不當爲子男也。蓋京師之王官，尊之則曰公，通稱則曰子，若單、劉者亦曰子，不曰公，不獨尹子爲然。」

○曹伯歸自京師。

執而歸者名，曹伯何以不名？而不言復歸于曹何？【注】据「曹伯襄復歸于曹」。【疏】注「据曹」至「于曹」。○見僖二十八年。

易也。【注】易，故末言之，不復舉國名。【疏】注「易故」至「國名」。○毛本「末」作「未」，誤。按：何意亦末，無也。無所取於舉國名也。

其易奈何？公子喜時在內也。公子喜時在內，則何以易？【注】据本篡喜時也。【疏】釋文：「喜時，左傳作『欣時』。」○注「据本篡喜時」。○上十五年：「晉侯執曹伯，歸之于京師。」注：「爲篡喜時。」故据以難。

公子喜時者，仁人也。內平其國而待之，【注】和平其臣民，令專心于負芻。【疏】通義云：「此釋不名之意。諸侯失地名，喜時內平其國以待君歸，若與未失國者同，故不名以起之。」

外治諸京師而免之。【注】訟治于京師，解免使來歸。【疏】通義云：「此釋不言復之意。復歸者，出有惡，喜時治免其罪，若與無惡者同，故緣賢者之心，而爲其君諱。不嫌實無惡者，前稱侯以執，罪已明矣。」是也。○注「訟治于京師」。○鄂本「訟」作「説」，誤。僖二十八年傳：「治反衛侯。」注亦云：「叔武訟治于晉文公。」

其言自京師何？【注】据僖二十八年，「晉人執衛侯，歸之于京師」，後復歸于衛，俱天子所歸，不言自京師。不連歸問者，嫌自京師天子有力文，言甚易，欲并問力文，與上説喜時錯。【疏】注「据僖」至「京師」。○即僖二十八年「冬，晉人執衛侯，歸之于京師」、三十年「秋，衛侯鄭歸于衛」是也。○注「不連」至「時錯」。○僖二十八年：「衛元咺自晉復歸于衛。」傳：「自者何？有力焉者也。」此若連歸問，云其言歸自京師何，即嫌天子有力，與上説喜時之内平其國，外治諸京師，爲喜時之力意違，故但問自京師與衛侯鄭不同之故也。舊疏云：「問者之意，欲道僖三十年『衛侯鄭歸于衛』，亦是天子所歸，不言自京師。今曹伯亦天子所歸，獨言自京師，文相違背也。」「上説言其所以易，正猶公子喜時之力，若此處并問天子有力之文，即與上説喜時之力自相違也。」

言甚易也，舍是無難矣。【注】言歸自京師者，與内据臣子致公同文，欲言甚易也。舍此所從還，無危難矣。主所以見曹伯歸，本据喜時平國反之書，非録京師有力也。執歸書者，賢喜時爲兄所篡，終無怨心，而復深推精誠，憂免其難，非至仁莫能行之，故書起其功也。【疏】注「言歸」至「同文」。○舊疏云：「與上十三年『公至自京師』相似。」○注「欲言」至「難矣」。○通義云：「天子有命歸之，則諸侯不得治其咎，國人不得易其位，故無難矣。因明喜時能知尊王請命，春秋乃以王命除負芻之罪也。」○注「主所」至「力也」。○通義云：「倒歸文在上者，若言自京師歸於曹，則嫌自者，京師有力辭，與歸功喜時意錯。」○注「執歸」至「功也」。○舊疏云：「以僖十九年『宋人執滕子嬰齊』、二十一年『執宋公』之屬，皆不書其歸也。若然，僖二十八年『晉侯執曹伯』，又云『晉人執衛侯』，下云『曹伯襄復歸于曹』，三十年『衛侯鄭歸〔一〕于衛』，皆是被執而書之者。曹伯下注云：『執歸不書。書者，名惡當見。』衛侯下注云：『執歸不書。主書者，名惡當見。』是也。」

○**九月，晉人執季孫行父，舍之于招丘。**【疏】左氏、穀梁作「苕丘」，史記管蔡世家云：「陳司徒招。」索隱：「招或作苕。」又陳杞世家：「乃殺陳使者。」索隱曰：「即陳司徒招，又名苕。」招、苕皆从召得聲，得通也。詩小雅苕之華釋文：「苕，徐音韶。」左氏襄二十九年傳：「見舞韶濩者。」釋文：「韶，本或作招。」獨斷：「舜曰大韶，一曰大招。」是也。杜云：「苕丘，晉地。」

執未有言舍之者，此其言舍之何？仁之也。【疏】禮記表記云：「仁者，人也。」注：「人也，謂施以人恩也。」引此傳曰：「執未有言舍之者，此其言舍之何？人也。」則鄭所見公羊本作「人也」。正

〔一〕「歸」上原衍一「復」字，據公羊傳校删。

義云：「施人以恩，謂意相愛偶人也。」「傳稱欲人愛此行父〔一〕，故特言舍之。引之者，證人偶相存愛之義也。」又中庸云：「仁者，人也。」注：「人也，讀如相人偶之人，以意相存問之言。」穀梁莊元年傳「接練時，録母之變，始人〔二〕之也」，即仁之也。古「人」與「仁」通。繫辭傳：「何以守位？曰人。」王肅本作「仁」。大戴禮曾子立事篇：「觀其所愛親，可以知其人矣。」謂知其仁也。墨子非命篇：「命者，非人者之言也。」謂非仁者之言也。吕覽論人篇：「哀之以驗其人。」韓勑造孔子廟碑「四方士仁」，謂士人也。「驗其人」，謂「驗其仁也」是也。九經古義：「按，公食大夫禮：『賓入，三揖。』注：『每曲揖，及當碑揖，相人偶。』蓋賓主揖讓，互相親偶，親親之意，亦如之也。（老子道德經曰：「如嬰兒之未孩。」河上公注：「如小兒未能答偶人時。」）」御覽引元命包云：「仁者情志好生愛人，故其爲人以仁，其立字二人爲仁。」注：「二人，言不專於己念，施與也，是則仁之義也。」

曰：在招丘悕矣！【注】悕，悲也。仁之者，若曰在招丘，可悲矣。閔録之辭。【疏】注「悕，悲也」。○昭九年傳：「存陳，悕矣。」釋文：「悕，悲也。」本此注爲義。説文無悕字，欠部云：「欷，歔也。」文選注引蒼頡篇：「欷，歔泣餘聲也，亦作唏。」史記十二諸侯年表：「紂爲象箸，而箕子唏。」索隱：「唏，歎聲。」蓋皆欷之借也。廣雅釋詁亦云：「欷，悲也。」楚辭九辯：「憯悽增欷。」離騷：「曾歔欷余鬱邑兮。」是也。方言：

〔一〕「行父」，原訛作「行人」，叢書本同，據禮記正義校改。
〔二〕「人」，原訛作「仁」，叢書本同，據穀梁傳校改。

「唏，痛也。凡哀而不泣曰唏。」淮南説山訓：「紂爲象箸，而箕子唏欷。」明通用也。

執未有言仁之者，此其言人之何？【疏】校勘記云：「唐石經、諸本作『仁之何』，此與表記注合。按，此誤字而有合於古者也。公羊本三云『人之』，後來皆改作『仁之』，則此作『人之』，爲誤字矣。」今按：紹熙本亦作「仁之何」，皆當如表記注所引作「人」字爲是。十行本不誤也。而人字又以作儿爲正。説文「人」下云：「天地之性最貴者也。」又「儿」云：「仁人也。古文奇字人也。」説文「仁」訓「親」，愛人。謂此儿字是親愛人也。凡禮記中庸之「仁者，人也」，表記之「仁者，人也」，此人也之人字，皆説文儿字，非人字也。詩衛風淇奥箋云「謂仁於施舍」，亦當作「儿[一]於施舍」，彼俗本作「人」，較勝於元本也。

代公執也。【疏】通義云：「善其以身衛君，故仁録之。」

其代公執奈何？前此者，晉人來乞師而不與。【注】不書者，不與無惡。【疏】即上「夏，六月，晉侯使欒黶來乞師」，下云「晉侯及楚子、鄭伯戰于鄢陵。楚子、鄭師敗績」，不見内君大夫會，知其不與也。○注「不書」至「無惡」。○僖二十六年：「公子遂如楚乞師。」傳：「乞者何？卑辭也。曷爲以外内同若辭？重師也。曷爲重師？師出不正反，戰不正勝也。」注：「兵，凶器；戰，危事，不得已而用之爾。

〔一〕「儿」，原訛作「几」，叢書本不誤，據改。

乃以假人，故重而不暇〔一〕別外內也。」故不與無惡也。按：左傳云：「戰之日，齊國佐、高无咎至于師。衛侯出于衛，公出于壞隤。」注：「壞隤，魯邑。」是魯師未出竟，故僑如告郤犨，有「魯侯待于壞隤，以待勝者」之語也。即上文孟獻子亦但曰「有勝矣」，亦不見有出師之文。

公會晉侯，【注】會沙隨也。【疏】注「會沙隨也」。○即上「秋，公會晉侯、齊侯、衛侯、宋華元、邾婁人于沙隨」是也。

將執公。季孫行父曰：「此臣之罪也。」於是執季孫行父。【疏】据何氏義，此執季孫，爲會沙隨時事。

成公將會晉厲公。【注】謂上伐鄭。言謚者，別嬰齊所請也。明言公會晉侯者，嬰齊所請事也，故下與嬰齊傳合同。【疏】校勘記出「成公將會厲公」，云：「唐石經作『晉厲公』，此脱『晉』字。」按：紹熙本有「晉」字，襄三年疏引此文亦有「晉」字。○注「謂上伐鄭」。○鄂本下有「也」字，紹熙本亦有。別於沙隨之會，即上「公會尹子、晉侯、齊國佐、邾婁人伐鄭」是也。○注「言謚」至「合同」。○謂此傳稱「成公將會厲公」，與上「公會晉侯」僅稱公殊也。嬰齊所請者，下十七年：「公孫嬰齊卒于貍軫。」傳云：「前此者，嬰齊走之晉。公會晉侯，將執公。嬰齊爲公請。公許之反爲大夫。」是上言「公會晉侯，將執公」，是上經沙隨

〔一〕「暇」字原脱，據公羊注疏校補。

之事，嬰齊爲公請者也。然則，沙隨之會，行父與嬰齊並請也，左傳亦有「子叔聲伯請季孫于晉」事，惟彼傳無嬰齊出奔事。又以執季孫，止此苕丘一次也。通義云：「此一事而再言之者，先凡而後目也。『前此者』以下，釋代公執之意。自『成公將會晉厲公』以下，乃申其事而詳敍之。蓋晉人緣乞師不與，恚公，而以會不當期爲罪名耳。傳本釋經，經唯一書執季孫行父，而邵公言再執，是不善讀傳矣。」按：孔氏以行父止執苕丘一次，仍本左氏立説。詳繹傳文，似是兩事，「公會晉侯」以下一事也，「成公將會晉厲公」又一事也，序事甚晰。

會不當期，將執公，季孫行父曰：「臣有罪，執其君；子有罪，執其父，此聽失之大者也。【疏】舊疏云：「言聽獄者失之大者矣。」鹽鐵論周秦云：「春秋曰：『子有罪，執其父；臣有罪，執其君，聽失之大者也。』今以子誅父，以弟誅兄，親戚相坐，什伍相連，若引根本之及華葉，傷小指之累四體也。如此，則以有罪誅及無罪，無罪者寡矣。」

今此臣之罪也，舍臣之身，而執臣之君，吾恐聽失之爲宗廟羞也。」於是執季孫行父。【注】善其過則稱己，美〔一〕則稱君，累代公執，在危殆之地。故地言舍而月之者，痛傷忠臣不得其所。

〔一〕「美」，原訛作「善」，叢書本同，據公羊注疏校改。

爲代公執不稱行人者，在君側，非出使。【疏】注「善其」至「稱君」。○説苑臣術云：「功成〔一〕事立，歸善于君，不敢獨伐其勞，如此者，良臣也。」禮記坊記云：「子云：善則稱君，過則稱己，則民作忠。」襄十九年穀梁傳〔二〕：「君不尸小事，臣不專大名〔三〕，善則稱君，過則稱己，則民作讓矣。」○注「累代」至「其所」。○正以沙隨之會代公執，伐鄭，會不當期，又代公執，是累代公執在危殆地也。左傳疏引賈云：「書執行父，舍于苕丘，言失其所。不書至者，刺晉聽讒執之，示己無罪也。」公羊禮説云：「問者曰：必痛之何？曰：雜記曰：『内亂不與焉，外患弗辟焉。』其行合禮焉，其志可哀也。」言月，爲傷痛文者。舊疏云：「正以凡執例時故也，即僖四年『夏，齊人執陳袁濤塗』、五年『冬，晉人執虞公』之屬是也。」通義云：「内大夫無罪被執例月。」義亦通。○注「爲代」至「出使」。○文十四年：「冬，齊人執單伯。」傳：「執者曷爲或稱行人，或不稱行人？」傳曰：「稱行人而執者，以其事執也。」注：「以其所銜奉國事執之，晉人執我行人叔孫舍，是也。」傳又曰：「不稱行人而執者，以己執也。」注：「己者，己大夫，自以大夫之罪執之。分别之者，罪惡各當歸其本。」此行父既非事執，亦非以己執，故解之。

〔一〕「成」，原訛作「臣」，叢書本同，據説苑校改。

〔二〕「穀梁傳」三字原脱，叢書本同。以下引文出自穀梁傳，據補。

〔三〕「專大名」，原訛作「尸大事」，據穀梁傳校改。

○冬，十月，乙亥，叔孫僑如出奔齊。【疏】包氏慎言云：「十月乙亥，月之十三日。」

○十有二月，乙丑，季孫行父及晉郤州盟于扈。【注】行父執釋不致者，舉公至爲重。【疏】注「行父」至「爲重」。○昭十三年，「晉人執季孫隱如以歸」，十四年書「隱如至自晉」；又二十三年，「晉人執我行人叔孫舍」，二十四年書「舍至自晉」，皆書其至。此不致，故解之。正以書「公至自會」，故行父致從省也。

○公至自會。

○乙酉，刺公子偃。【疏】舊疏云：「考諸舊本，此經之下，悉皆無注。若有注者，衍字耳。」又云：「僖二十八年注『内殺大夫例，有罪不日，無罪日』者，正謂此也。」穀梁傳：「先刺後名，殺無罪也。」

公羊義疏五十五

南菁書院　句容陳立卓人著

成十七年盡十八年

○十有七年，春，衛北宫結率師侵鄭。【疏】左氏、穀梁作「北宫括」。杜云：「括，成公曾孫。」

○夏，公會尹子、單子、晉侯、齊侯、宋公、衛侯、曹伯、邾婁人伐鄭。

○六月，乙酉，同盟于柯陵。【疏】包氏慎言云：「積閏分六月後已盈，宜置閏，而經書六月柯陵之盟日乙酉，月之二十七日。九月書用郊之日爲辛，若六月有閏，則辛丑爲八月之十四日，非九月日也。」杜云：「柯陵，鄭西地。」風俗通云：「國語周語：『周單子會晉厲公于加陵。』」引：「爾雅曰：『陵，莫大於加陵。』言其獨高厲也。」則柯陵即加陵，古柯、加同韻。按：爾雅釋地云：「陵莫大於加陵。」郭注：「今所在未聞。」韋昭注周語亦云：「柯陵，鄭西地名也。盟于柯陵，在成十七年。」與杜説合。淮南人間訓：「晉厲公合諸侯于嘉陵。」加、嘉同也。方輿紀要：「柯城在大名府内黄縣東北。」通義云：「不復言諸侯者，尹、單與〔一〕盟，與葵丘異。」穀梁傳：「柯陵之盟，同謀伐鄭也。」

○秋，公至自會。

○齊高無咎出奔莒。

○九月，辛丑，用郊。【疏】包氏慎言云：「九月書辛丑，用郊之日爲辛丑，若六月有閏，則辛丑爲八月之十四日，非九月日也。」

用者何？用者不宜用也。九月非所用郊也。【注】周之九月，夏之七月，天氣上升，地氣下降，又非郊時，故加用之。【疏】左傳疏引賈逵云：「諸言用者，皆不宜用，反於禮者也。」按：莊二十四年「用幣」，左傳曰：「非禮。」又二十五年「鼓，用牲于社」，又「鼓，用牲于社、于門」，僖十九年「邾婁人執鄫子，用之」，皆不宜用者也。○注「周之」至「用之」。○禮記月令孟冬之月：「命有司曰：天氣上騰，地氣下

〔一〕「與」，原訛作「同」，叢書本同，據公羊通義校改。

降。」此於七月已然者。彼正義云：「若以爻象言之，七月三陽在上，三陰在下，則天氣上騰，地氣下降。若氣應言之，則從五月地氣上騰，至十月六陰俱升，六陽並謝，天體在上，陽歸于虚無，故云『上騰』。地氣六陰用事，地體在下，陰氣下連于地，故云『下降』。」是則陰生于午，故於爻象爲姤，極於亥，於象爲坤，七月爲否，天上地下閉塞不交之始。故注据以言也。又非郊時者，穀梁傳曰：「夏之始可以承春。以秋之末承春之始，蓋不可矣。九月用郊，用者，不宜用也。宫室不設，不可以祭。衣服不脩，不可以祭。車馬器械不備，不可以祭。有司一人不備其職，不可以祭。祭者，薦其時也，薦其敬也，薦其美也，非享味也。」

然則郊曷用？郊用正月上辛。【注】魯郊博卜春三月，言正月者，因見百王正所當用也。三王之郊，一用夏正。言正月者，春秋之制也。正月者，歲首；上辛，猶始新，皆取其首先之意。日者，明用辛例，不郊則不日。【疏】禮記郊特牲云：「郊之用辛也。」鄭注：「用辛日者，凡爲人君，當齋戒自新耳。」○注「魯郊」至「用也」。○校勘記出「魯郊博卜春三月」，云：「鄂本、閩、監本同。此本疏標起訖亦作『博』。毛本誤作『傅』，疏同。按，博卜者，廣博卜三月也。浦校本作『轉卜』，非。」僖三十一年傳：「魯郊，非禮也。」注：「以魯郊非禮，故卜爾。昔武王既没，成王幼少，周公居攝，行天子〔一〕事，制禮作樂，致太平，有王功。周公薨，成王以王禮葬之，命魯使郊以彰周公之德，非正，故卜三卜，吉則用之，不吉則免牲。」是魯

〔一〕「天子」二字原脱，叢書本同，據公羊注疏校補。

郊博卜春三月事也。御覽引異義曰：「春秋公羊説：禮，郊及日，皆不卜，常以正月上丁〔一〕也。魯與天子並事變禮。今成王命魯使卜，從郊，不從即止，以下天子也。魯以上辛郊，不敢與天子同也。」舊疏云：「此傳止言正月者，因見其自今後百代之王正所當用之月也。」然則，公羊家以正月上辛者，魯制如是，異天子也。○注「三王」至「夏正」。○舊疏云：「易説文也。」按：郊特牲注亦云：「三王之郊，一用夏正。」類聚引白虎通云：「五帝三王祭天，一用夏正何？夏正得天之數也，天地交，萬物通，始終之正。故易乾鑿度云：『三王之郊，一用夏正也。』郊特牲云：『郊之祭也，迎長日之至也。』注：『易説曰：三王之郊，一用夏正。』夏正建寅之月也。此言迎長日者，建卯而晝夜分，而日長也。」○注「言正」至「制也」。○舊疏云：「既用夏正，而此傳特言用正月上辛者，但春秋之制也。春秋因魯以制法，令自今以後之郊，皆用周之正月故也。」按：郊特牲云：「周之始郊日以至。」鄭云：「言日以周郊天之月而至，陽氣新用事，順之而用辛日。此説非也。郊天之月而日至，魯禮也。魯以無冬至祭天於圜丘之事，是以建子之月郊天，示先有事也。周衰禮廢，儒者見周禮盡在魯，因推魯禮以言周事。」正義云：「王肅用董仲舒、劉向之説，以此爲周郊。上文云『郊之祭也，迎長日之至』，謂周之郊祭於建子之月，而迎此冬至長日之至也。而用辛者，以冬至陽氣新用事，故用辛也。『周之始郊日以至』者，對建寅之月，又祈穀郊祭。此言始者，對建寅爲始也。」然則，鄭注所駁，蓋即董仲舒、劉向之説也。郊特牲疏又云：「鄭康成則異於王肅。上文云『迎長日之

〔一〕「丁」，原訛作「下」，叢書本同，據太平御覽校改。

至』，自据周郊。此云『郊之用辛』，據魯禮也。郊用辛日者，取齋戒自新。『周之始郊日以至』者，謂魯之始郊日以冬至之月。云始者，對建寅之月天子郊祭。魯於冬至之月初始郊祭，示先有事也，故云始也。」按：何氏義與鄭同，皆以三王之郊用建寅之月，魯郊用正月。博卜三正者，以十二月下辛卜正月上辛，不從，則以正月下辛卜二月上辛，不從，則以二月下辛卜三月上辛，若不從，則止。是亦不定在子月。此傳特言正月，故何氏以爲春秋制也，則又異乎周、魯也。明堂位曰：「魯君孟春乘大路，載弧韣，旂十有二旒，日月之章，祀帝于郊。」又雜記云：「正月日至，可以有事於上帝。」皆魯於子月郊天之据。二記述其常，故只言子月。其實魯郊卜不定子丑寅三月也。郊特牲疏又引：「崔氏、皇氏用王肅之説，以魯冬至郊天，至建寅之月又郊以祈穀。故左傳曰『啟〔二〕蟄而郊』，又云『郊祀后稷，以祈農事』，是二郊也。若依鄭説，魯唯一郊，不與天子郊天同月，轉卜三正。」「故聖證論馬昭引穀梁『魯以十二月下辛卜正月上辛』云云之説，以答王肅之難，是魯一郊則止。或用建子之月郊，則此云『日以至』，及宣三年正月『郊牛之口傷』是也。或用建寅之月，則左傳云『郊祀后稷，以祈農事』是也。但春秋，魯禮，無建丑之月耳。若杜預不信禮記及公羊、穀梁，魯唯有建寅郊天，及龍見而雩。」則是周、魯不別矣。魯若子寅兩月並郊，則天子止一郊，魯反兩郊，理尤不通者也。魯轉卜三正，得一則止，則丑月郊，容或有之，特經傳偶未及耳。其左傳之

〔二〕「啟」，原訛作「祈」，叢書本同，據左傳及禮記正義校改。

「啟〔一〕蟄而郊」，及「郊祀后稷，以祈農事」，自指天子之禮，据郊之常月言也。郊特牲疏又云：「聖證論王肅與馬昭之徒，或云『祭天用冬至之日』，或云『用冬至之月』，据周禮似用冬至之日，据禮記郊日用辛，則冬至不恒在〔二〕辛，似用冬至之月。」按：冬至日係圜丘之祭，郊日宜用辛，止用冬至之月耳，各不相蒙。郊特牲疏又云：「張融謹案，郊與圜丘是一。又引韓詩説，三王各正其郊，與王肅同。又魯以轉卜三正，與鄭玄同。於禮，圜丘服大裘，此及家語服衮冕，家語又云：『臨燔柴，脱衮冕，著大裘，象天。』臨燔柴，輟祭，著大裘，象天，恭敬之義。既自不通〔三〕，是張融以家語及此經郊祭並爲魯禮，與鄭玄同。」按：郊祭感生帝，配以后稷；圜丘祭皇天，配以帝嚳。周禮大裘而冕，圜丘之祭也。被衮以象天，郊祭之禮也。魯不得用大裘而冕，明圜丘與郊是二祭。周既祭圜丘又郊，魯止一郊也。張融之説，名爲申鄭，反與鄭謬矣。家語，王肅僞書，不必引以相混也。○注「正月」至「之意」。○校勘記出「上辛尤始新」，云：「閩、監、毛本同。鄂本作『猶』，是也。」繁露郊義云：「春秋之法，王者歲一祭天於郊，四祭於宗廟。宗廟因於四時之易，郊因於新歲之初，聖人有以起之，其以祭不可不親也。天者，百神之君也，王者之所最尊也。以最尊天之故，故易時歲更紀，即以其初郊。郊必以正月上辛者，言以其所最尊，首一歲之事。每〔四〕更紀者以

〔一〕「啟」，原訛作「祈」，叢書本同，據左傳校改。

〔二〕「在」，原訛作「用」，叢書本不誤，據改。

〔三〕「通」，原訛作「同」，叢書本同，據禮記正義校改。

〔四〕「每」字原脱，叢書本同，據春秋繁露校補。

郊，郊祭首之，先貴之義，尊天之道也。」又郊祭云：「是故天子每至歲首，必先郊祭以享天，乃敢爲地，行子禮也。」又郊事對云：「古者天子之禮，莫重於郊。郊常以正月上辛者，所以先百神而最居前。」是亦以天子唯一郊，常於歲首。又曰春秋之法，則春秋之制，定在周正正月，蓋何氏亦本之公羊先師也。○注「日者明用辛例」。○正以經云「辛丑用郊」，故書日，以明用辛爲正也。○注「不郊則不日」。○即僖三十一年「夏，四月，四卜郊，不從，猶三望」、七年「春，王正月，鼷鼠食郊牛角，改卜牛」、「夏，五月，不郊，猶三望」之屬，是不郊故不日也。

或曰用然後郊。【注】或曰用者，先有事，存后稷神名也。晉人將有事於河，必先有事於惡池。齊人將有事於泰山，必先有事於蜚林。魯人將有事於天，必先有事於泮宮。九月郊尤悖禮，故言用，小大盡譏之，以不郊乃譏三望，知郊不得譏小也。又夕牲告牷后稷，當在日上，不當在日下。【疏】通義云：「或意未明，舊說以爲用事于頖宮，然後郊，要本非傳所取，闕疑殆焉。」讀書叢録云：「按，用當作卜。說文『用，从卜从中』，字形相似，又涉上文而譌爲用字。僖三十一年傳：『卜郊非禮也。』何注：『天子不卜郊。』疏：『欲道天子之郊，以其常事，故不須卜。魯郊非禮，是以卜之。』用郊者，不卜郊也。故傳以爲不宜用，或曰『卜然後郊』，是据魯禮以正之者也。」按：洪義亦迂曲。俞氏羣經平議云：「如此說，則分用與郊爲二事，義不可通。且有事泮宮，豈可但謂之用乎？何氏殆未得其解也。此承上文『郊用正月上辛』而言，蓋郊之必用正月上辛，固其正也。然哀元年穀梁傳曰：『郊三卜，禮也。』又曰：『郊自正月至于三月，郊之時也。我以十二月下辛卜正月上辛；如不從，則以正月下辛卜二月上辛；如不從，則以二月下辛卜三月上辛；如不從，則不郊矣。』此傳所載或説，蓋即穀梁子之説。用而後郊，謂卜中而後郊也。説文用部：『用，可施行也。從卜中。』會意，故其義即爲卜中。卜中而後郊，是不必正月上辛矣。故附載其説以廣異義也。此年書『九月辛丑用郊』者，疑魯人於春三月卜之不吉，又改於秋三月卜之，至九月上辛而吉，遂用以郊，故春秋即如其實書之以示譏耳。定十五年：『夏，五月，辛亥，郊。』傳曰：『曷爲以夏五月郊？三卜之運也。』解詁：『運，轉也。已卜春三正不吉，復轉卜夏三月。周五月得二吉，故五月郊也。』此年以九月郊，與彼年以五月郊，其事正同。此書用，而彼不書用者，於此一譏已足見義，其餘不悉譏也。莊四年傳曰：『不可勝譏，故將壹譏而已，其餘從同同。』」○注「或曰」至「名也」。○校勘記：「浦鏜云：『名』，衍字。從續通解校。」按：何意以或曰用者，爲將郊，先有事於后稷，存其神之祭名，則有名字是也。郊特牲曰：「存室神也。」注：「神依人也。」正義：「存安廟室之神。」此存義也。○注「晉人」至「泮宮」。○並禮器文。禮器「蜚林」作「配林」，「天」作「上帝」，「泮」作「頖」，「魯人」在首句。彼鄭注云：「惡，當爲呼，聲之誤也。呼池、嘔夷，并州川。」正義：「『有事於河』，謂祭河也，必先告惡池小川，從小而祭也。先告從祀者，然後祭河也。」鄭又云：「配林，林名。」公羊禮疏引盧植注云：「配林，小山林麓，配泰山者也。謂諸侯不郊天，泰山巡省所考，五岳之宗，故有事將祀之先，即其漸。天子則否矣。」釋文：「蜚，芳尾反，又音配。」惠棟曰：「古配字讀爲妃，故配林一作蜚林，音相近。」禮正義：「配林是泰山之從祀者也，故先告從祀，然後祭泰山，此皆積漸從小至大之義也。」鄭又云：「上帝，周所郊祀之帝，謂蒼帝靈威仰也。」「魯以周公之故，得郊祀上帝，與周同。先有事於頖宮，告后稷也。告之者，將以配天，先仁也。頖宮，郊之學也，詩所謂頖宮也。字或爲郊宮。」經義述聞云：「鄭注引詩所謂頖宮也，則正文必不作頖宮，而作郊宮。注：內先有事於頖宮，告后稷也。頖字亦當作郊。蓋經言郊宮，即魯頌之頖宮，故曰郊宮，郊之學也，詩所謂頖宮也。正釋郊宮二字。『字或爲郊宮』，當作『字或爲頖宮』。蓋郊宮即頖宮，故本亦有作頖宮者。後人多聞頖宮，罕聞郊宮，故改正文之〔二〕郊爲頖，又改注以從之。而『詩所謂頖宮』一語，遂以頖宮釋頖宮，重複而不可通矣。釋文、正義所見經、注文已經改竄。公羊傳疏所引亦與今本同，其誤久矣。」按：禮記之誤，或如王氏所説，而公羊注之作泮宮，安見非即王氏所改注中之『或作頖宮』之本與？禮器疏云：「魯人無后稷廟，今將祭天，而於頖宮告后稷也。」義或然也。按：王制云：「小學在公宮南之左，大學在郊。」爲鄭學者謂爲殷制，周人質文相變，則周人立太學於國，小學在郊，頖宮宜在郊，蓋皆小學也。○注「九月」至「小也」。○僖三十一年：「夏，四月，四卜郊，不從，乃免牲，猶三望。」傳云：「猶者何？通可以已也。譏不郊而望祭也。」注：「譏尊者不食，而卑者獨食也。」彼以不郊而望，故譏其望，明郊則不譏。此九月郊，据或云，失禮尤者，故大小皆譏也。尤悖禮者，蓋對定十五年之夏五月郊言也。○注「又夕」至「日下」。○舊疏云：「言古禮，郊之前日，午后陳其牲物，告牲之牷于后稷，則知此經宜云九月用辛丑郊矣。」按：周禮充人：「展牲，則告牷。」注：「鄭司農云：『展，具也。具牲，若今時選牲也。充人，主以牲牷告展牲者也。』玄

〔二〕「之」，原訛作「云」，叢書本同，據經義述聞校改。

謂展牲，若今夕牲也。特牲饋食之禮〔一〕曰：『宗人視牲告充，舉獸尾告備。』近之。」續漢志注引干寶云：「展牲，若今夕牲。」魏書禮志：「帝曰：『夕牲之禮，無可依準，近在代都，已立其議。殺牲裸神，誠是一日之事，終無夕而殺牲，待明而祭。』劉芳對曰：『臣謹按，周禮牧人職正〔二〕有夕展牲之禮，實無殺牲之事。』李彪曰：『夕不殺牲，誠如聖旨。未審告廟以否？臣聞魯人將有事於上帝，必先有事於頖宮，注曰先人。以此推之，應有告廟。』帝曰：『卿言有理〔三〕，但朕先以郊配，意欲廢告，而卿引證有据，當從卿議。』」公羊禮説云：「夕牲之禮，不獨郊有之，宗廟亦有之。郊之夕牲在郊，不在廟。何注告牷后稷，是祭后稷而告牷，非郊天而告牷于后稷之廟也。徐疏以爲古禮，郊之前日陳其牲物，告牷於后稷，此臆説也。傳曰：『用然後郊。』注：『用者，先有事，存后稷神也。』按，禮器注：『魯以周公之故，得郊上帝，與周同。先有事於頖宮，告后稷也。告之者，將以配天，先仁也。』喪服小記注：『祭天則以祖配之，自外至者，無主不止。』据此則知告后稷以配天，不聞郊前一日告牷於后稷也。郊特牲：『卜郊，受命於祖廟，作龜於禰宮，尊祖親考之義也。』注云：『受命，謂告之，退而卜。』此告卜郊于祖，亦不聞告牷也。孔、賈疏皆云卜在祭前十日，据此卜日告廟，夕牲又告廟，十日告廟二次，祭不欲數之謂何也？若云即以卜日之時告牷，則告牷當在祭前十日，不得謂郊之前一日也。周禮牛人：『凡祭祀，共其享牛、求牛。』鄭司農云：『享牛，前祭一日

〔一〕「饋食之禮」，原訛倒作「饋食禮之」，叢書本同，據周禮注疏校乙。
〔二〕「正」，原訛作「止」，叢書本同，據魏書校改。
〔三〕「理」，原訛作「禮」，叢書本同，據魏書校改。

之牛也。』疏：『以此爲祭前一日夕牲時而言。』据此言，凡祭祀則享牛，不獨郊有之，宗廟亦有之矣。然則，夕牲告牷何以不指類宮之祭，而必欲以爲郊天之牛，夕牲告牷于后稷乎？特牲饋食，是士〔一〕祭宗廟，何嘗不告牲，祭后稷而反不告牷耶？說文：『牷，牛純色也。』郊特牲：『毛、血，告幽全之物也。告幽全之物者，貴純之道也。』則正是灌而迎牲告牷，又安有告牷后稷之事？充人疏言漢法以況，則古禮已亡，故舉漢法以況也。漢法郊祭之夕牲告牷于壇，不於廟，尤其明證也。續漢志：『正月，天郊，夕牲。』注引干寶曰：『若今夕牲。』又郊儀，先郊日未晡，夕牲，公卿京尹衆官悉至壇東，大祝吏牽牲入，跪曰：請省牲。太史令酌毛血，一奠天神座前，一奠太祖座前，亦何嘗有郊牲必告廟之事？又晉書禮志：『武帝將親祠，車駕夕牲，儀注不拜。帝曰：非致敬宗廟之禮也。』此則宗廟夕牲之證也。魏書禮志：『帝曰：朕先以郊配，意欲廢告。』則郊是一事，告廟一事，設使郊特牲必告廟，魏主安得欲廢之耶？又此處用字，當指用九月，不當指用后稷以配天。九月用郊，失禮之大，郊既不可祭后稷，失禮之小者，故云小大盡譏之。僖不郊而望，故但譏其小；此已郊，知不獨譏小也。若以用爲告后稷，則經不當云『辛丑用郊』。蓋告后稷在祭前十日，夕牲告牷又在祭前一日，與郊不同日，故云當在日上不當在日下，凡辛丑以前皆得謂之日上。而徐疏遂舉郊前日午後以實之，近於鑿矣。何、鄭同時，鄭舉漢法曰『若今夕牲』，則何之云夕牲亦漢法可知矣。」今按：何義以用郊者，謂不宜用九月爲正解，自「或曰用者」以下，皆申明「或曰用然後郊」之

〔一〕「士」，原訛作「土」，叢書本不誤，據改。

説。以不郊下則何氏駁或説也。或曰以九月郊尤悖禮，故言「用」，小大盡譏。蓋讀用郊二字並列，以用亦祭名，謂辛丑日先用後郊，並行二禮也。何氏據僖公事駁之，謂不郊始譏望之小祭，此已郊矣，無爲譏用，明用亦小祭也。又夕牲告牷，不與郊同日，不得在辛丑下也。舊疏殊未了了，且告牷自與告殺異也。

○晉侯使荀罃來乞師。【疏】差繆略云：「罃，公羊作罌。唐石經公羊泐。今注疏本作罃。」

○冬，公會單子、晉侯、宋公、衛侯、曹伯、齊人、邾婁人伐鄭。

○十有一月，公至自伐鄭。【注】月者，方正下壬申，故月之。【疏】注「月者」至「月之」。○舊疏云：「正以凡致例時，故此解之。言正下壬申者，欲正壬申爲十月之日，是以不得不言十一月以來之。」

○壬申，公孫嬰齊卒于貍軫。【疏】杜云：「貍軫，地闕。」彼疏引：「杜又稱：舊説曰，壬申，十月十五日。貍脤，魯地也。傳曰『十月，庚午，圍鄭』，則二日未得及魯竟也。釋例又曰：『魯大夫卒其竟内，則不書地。』傳稱『季平子行東野〔一〕，卒于房』是也。以此益明貍軫非魯地矣。」舊疏云：「正本作『貍辰』字。」左傳作「貍脤」，穀梁作「貍蜃」。脤、蜃、軫、辰，音並相近，得通。釋文：「軫，之忍反。」是也。水經注、范解皆以爲魯地。

非此月日〔二〕**也，曷爲以此月日卒之？**【注】据下丁巳朔，知壬申在十月。【疏】注「据下」至「十月」。○舊疏云：「即下『十有二月丁巳，朔，日有食之』是也。十二月丁巳朔，逆而推之，則丁亥爲十一月朔日，又逆而推之，即丁卯爲十月十一日矣。即從丁卯數之，戊辰、己巳、庚午、辛未、壬申，然則，壬申乃〔三〕爲十月十六日。」左疏引長曆云：「公羊、穀梁傳及諸儒皆以爲十月十五日。十月庚午圍鄭，十三日也，推至壬申，誠在十五日。然據傳曰十一月諸侯還自鄭，壬申，至于貍脤而卒，此非十月，分明誤在日也。」蓋左氏不信「待公至，然後卒大夫」之説，故杜以爲日誤。包氏慎言云：「十一月經書壬申，壬申爲十月之十六日。」穀梁亦云：「十一月〔四〕無壬申，壬申乃十月也。致公而後録，臣子之義也。」六月有閏，則壬申又爲九月日矣。

〔一〕「東野」，原訛作「東歸」，叢書本同，據左傳正義校改。
〔二〕「月日」二字原誤倒，據公羊傳乙正。
〔三〕「然則壬申乃」五字原脱，叢書本同，據公羊注疏校補。
〔四〕「十一月」，原訛作「十月」，叢書本不誤，據改。

待君命，然後卒大夫。【疏】禮記王制云：「大夫廢其事，終身不仕，死以士禮葬之。」又雜記云：「大夫士死於道，則升其乘車之左轂，以其綏復。如於館死，則其復如於家。大夫以布爲輤而行，至於家而説輤，載以輲車，入自門，至於阼階下而説車，舉自阼階，升適所殯。士輤〔一〕，葦席以爲屋，蒲席以爲裳帷。」按：嬰齊以罪出，宜如士禮，書春秋則大夫矣，故必待君命乃可以大夫書卒。

曷爲待君命然後卒大夫？【注】据昭公出奔卒叔孫舍。【疏】注〔二〕「据昭」至「孫舍」。○即昭二十五年，「九月，己亥，公孫于齊。冬，十月，戊辰，叔孫舍卒」是也。

前此者，嬰齊走之晉。【注】不書者，以爲公請除出奔之罪也。【疏】注「不書」至「罪也」。○大夫出奔當絶，嬰齊有爲公請之功，功罪得以相除，故不書也。舊疏云：「其請公者，謂上沙隨時也。」與季文子之請同時。

公會晉侯，將執公，嬰齊爲公請。【疏】通義云：「上年行父代執，晉憾未平，故今因其來會伐鄭，復欲執之。」按：孔氏以行父止一執，故以嬰齊之請，爲伐鄭時事。然行父如執于沙隨之會，後未再執，經何爲退書招丘之文在伐鄭後？明沙隨之執不書，所書者伐鄭後一執也。孔以行父之代執在沙隨，故以

〔一〕「士輤」下原衍「車」字，叢書本同，據禮記校删。
〔二〕「注」字原脱，據全書體例校補。

嬰齊之請分屬伐鄭之會，意以後此之將執公而未執，别無爲請者，宜由於嬰齊。

公許之反爲大夫。歸，至于貍軫而卒。【注】十月壬申日。貍軫，魯地。【疏】注「十月壬申日」。○穀梁傳：「十一月無壬申，壬申乃十月也。」○注「貍軫，魯地」。○穀梁傳：「其地，未踰竟也。」

無君命，不敢卒大夫。【注】國人未被君命，不敢使從大夫禮。【疏】穀梁傳：「致公而後録，臣子之義也。」注：「嬰齊實以十月壬申日卒，而公以十一月還。先致公而後録其卒，故壬申在十一月下也。」嬰齊從公伐鄭，致公然後伐鄭之事畢，須公事畢然後書臣卒，先君後臣之義也。」穀梁之意以爲致公而後録其卒，與公羊義異。然則昭公孫齊，何爲書叔孫舍卒乎？○注「國人」至「夫禮」。○正以臣無自爵之義。大夫者，君之所命，公尚未反，故國人無君命，不敢以大夫禮待也。

公至，【注】十一月至是也。【疏】注「十一月至是也」。○即上「十有一月，公至自伐鄭」是也。舊疏云：「若以上傳言之，則嬰齊之請，魯侯許之，皆是沙隨時也。若在沙隨會時，即在伐鄭之上，何故待公伐鄭之還乃始卒之？正以成公許之實在沙隨，但嬰齊未還，公又伐鄭。伐鄭未歸，嬰齊已卒，國人不聞公命，未敢卒之。」按：沙隨會與伐鄭皆在秋，爲時必促，故得嬰齊未還，公又伐鄭也。

曰：「吾固許之反爲大夫。」【注】許反爲大夫，即受命矣。

然後卒之。【注】善其不敢自專，故引其死日下就公至月卒之，起其事，所以激當世之驕臣。

也。

○十有二月，丁巳，朔，日有食之。【疏】包氏慎言云：「十二月書丁巳朔，是時曆於歲終乃置閏也。元志姜岌云：『十二月戊子朔，無丁巳，似失閏。』大衍於十一月丁巳朔，交分入食限。」沈氏欽韓：「以今曆推之，是歲十一月丁巳朔，加時在晝，交分十四日二千八百九十七分，入食限。」與大衍同。五行志下之下：「十七年十二月丁巳朔，日有食之。董仲舒、劉向以爲，楚滅舒庸，晉弑其君，宋魚石因楚奪君邑，莒滅鄫，齊滅萊，鄭伯弑死。劉歆以爲，九月周，楚分。」臧氏壽恭云：「合辰在翼十二度，距張十一度，張爲周之分星，翼爲楚之分星，故曰周、楚分。」又云：「劉歆以爲九月朔，則上壬申，劉歆以爲七月十五日也。是年入甲申統一千六十九年，積月一萬三千二百二十一，閏餘十六，閏在六月前。積日三十九萬四百二十七，小餘四十五，大餘七，正月辛卯朔。大、小餘七，二月辛酉朔。小、小餘五十，三月庚寅朔。大、小餘十二，四月庚申朔。小、小餘五十五，五月己丑朔。大、小餘十七，閏月己未朔。小、小餘六十，六月戊子朔。大、小餘二十二，七月戊午朔。十五日壬申，是月小、小餘六十五，八月丁亥朔。大、小餘二十七，九月丁巳朔。説左氏者，以壬申爲十月十五。据魯曆言之也。」又云：「左氏先儒蓋兼取二傳。然二傳但言壬申在十月，不定爲十五日。定爲十五日者，左氏説也。長曆謂公羊、穀梁及諸儒皆以爲十月十五日者，亦未允。」

○邾婁子貜且卒。【疏】通義云：「蒙上日也，同日二事。日食在上者，先天道，次人事，與鄢陵同義。」

○晉殺其大夫郤錡、郤州、郤至。【疏】穀梁傳曰：「自禍於是起矣。」注云：「厲公見殺之禍。」下〔一〕十八年疏引春秋説云：「厲公猥殺四大夫，臣下人人恐見及，正月幽之，二月而死。」左傳：「欒書、中行偃遂執公焉。」亦以殺三郤故，蓋三傳義大同。

○楚人滅舒庸。【注】舒庸，東夷。道吴圍巢。【疏】注「舒庸」至「圍巢」。○左傳：「舒庸人以楚師之敗也，道吴人圍巢，伐駕，圍釐、虺。遂恃吴而不設備。楚公子橐師襲舒庸，滅之。」按：舊疏云「出左氏」，此也。又云：「考諸舊本，亦有無此注者。」按：舊本是也。何邵公向不用左傳説。公羊雖亦間有隱合，必係公羊舊傳，不得顯與左氏絶無殊間也，且舒庸當亦羣舒之一，當近今湖北鄖陽府地。

○十有八年，春，王正月，晉殺其大夫胥童。

○庚申，晉弑其君州蒲。【注】日者，二月庚申日，上繫於正月者，起正月見幽，二月庚申日死也。厲公猥殺四大夫，臣下人人恐見及，以致此禍，故日起其事，深爲有國者戒也。【疏】左傳疏引：「應劭作

〔一〕「下」，原訛作「上」，據公羊注疏校改。

舊名諱議云：昔者周穆王名滿，晉厲公名州滿，又有王孫滿，是同名不諱。」則晉厲名州滿矣。左傳十年，定本「蒲」作「滿」，彼釋文云：「州蒲，本或作州滿。」史記諸侯十二年表作「壽曼」。壽州、曼滿聲相通，當如正義說作滿。劉知幾史通雜駁篇亦以「蒲」爲誤。二傳釋文皆無說，知左氏之誤蒲久矣。○注「日者」至「申日」。○包氏慎言云：「正月書庚申，月之五日。」包氏以上年歲終宜置閏故也，與何氏義不合。舊疏云：「正以文十八年『冬，莒弑其君庶其』傳曰：『稱國以弑者，衆弑君之辭。』注云：『一人弑君，國中人人盡喜，故舉國，以明失衆，當坐絶也。例皆時者，略之也。』然則，稱國以弑者例皆時，而此書日，故解之。而昭二十七年：『夏，四月，吴弑其君僚。』彼注云：『月者，非失衆見弑，故不略也。』其不略之，故具於彼。注又云：『知庚申二月日者，亦以上十二月丁巳朔言之也。去年十二月丁巳朔，知今年二月丙辰朔也。何者？以長曆推之，今年正月小故也。二月丙辰朔數，丁巳、戊午、己未，庚申爲五日也。』」○注「上繫」至「死也」。○舊疏引：「春秋説云：『厲公猥殺四大夫，臣下人人恐見及，正月幽之，二月而死。』是也。」○注「厲公」至「戒也」。○厲公猥殺四大夫者，即去年殺三郤、今年殺胥童是也。左傳以胥童嬖於厲公，與夷羊五帥甲八百攻郤氏，後欒書、中行偃殺胥童。與緯説殊。按：如彼則大夫相殺，不得稱國以殺也。穀梁傳曰：「稱國以弑其君，君惡甚矣。」疏：「於此發傳者，以州蒲二年之間殺四大夫，故於此發惡例也。」新語至德云：「昔晉厲、齊莊、楚靈、宋襄秉大國之權，杖衆民之威，軍師横出，陵轢諸侯，外驕敵國，内克百姓。鄰國之仇結於外，臣下之怨積於内，而欲建金石之功，終傳不絶之世，豈不難哉！」繁露王道云：「晉厲公行暴道，殺無罪人，一朝而殺大臣三人。明年，臣下畏恐，晉國殺之。」又云：「觀乎晉厲之妄殺無罪，知行暴之報。」又服制云：「晉厲公之强，中國以寢尸流血不已。」中國即國中也，即謂殺四大夫事也。又俞序云：「故言楚靈王、晉厲公生弑於位，不仁之所致也。」淮南人間訓：「晉厲公南伐楚，東伐齊，西伐秦，北伐燕，兵横行天下而無所綣，威行四方而無所絀，遂合諸侯於嘉陵。氣充志驕，淫侈無度，暴虐萬民。内無輔拂之臣，外無諸侯之助，戮殺大臣，親近導諛。明年出遊匠麗氏，欒書、中行偃劫而幽之。諸侯莫之救，百姓莫之哀，三月而死。」惠氏士奇春秋説云：「春秋數稱晉欒書，一救鄭，一侵蔡，一伐鄭，明專國也。及厲公死，而書乃弑君之賊，其名絶不復見矣。」通義云：「實欒書弑，稱國者，罪厲公也。不去日者，舉衆弑詞，則失德已明。」

○齊殺其大夫國佐。

○公如晉。

○夏，楚子、鄭伯伐宋。

○宋魚石復入于彭城。【注】不書叛者，楚爲魚石伐取彭城以封之。本受于楚，非得于宋，故舉伐于上，起其意也。楚以封魚石，復本繫于宋。言復入者，不與楚專封，故從犯君録之。主書者，其專封。

【疏】杜云：「彭城，宋邑，今彭城縣。」大事表云：「舊爲大彭氏國，春秋時爲宋邑，今爲江南徐州府治銅山縣。項羽都此，爲西楚伯王時，號江陵爲南楚，陳爲東楚，彭城爲西楚。」水經注泲水篇：「又東至彭城縣北，城即殷大夫彭祖國也。於春秋爲宋地，楚伐宋，并之，以封魚石，崔季珪述初賦曰『想黄公於邳圯〔一〕，封〔二〕魚石於彭城』是也。孟康曰：『舊名江陵爲南楚，陳爲東楚，彭城爲西楚。』文穎曰：『彭城，故東楚也。』」○注「不書」至「意也」。○校勘記出「楚爲魚石伐」，云：「鄂本下有『宋』字，此脱。」按：紹熙本有「宋」字。舊疏云：「如上注者，決昭二十一年『宋華亥、向甯、華定自陳入于宋南里〔三〕以畔』之文故也。」按：左傳：「楚伐彭城，納宋魚石、向爲人、鱗朱、向帶〔四〕、魚府焉，以三百乘戍之而還。」「西鉏吾曰：今將崇諸侯之姦而披其地，以塞夷庚。逞姦而攜服，毒諸侯而懼吴、晉。吾庸多矣，非吾憂也。」是也。○注「楚以」至「録之」。○舊疏云：「桓十五年傳云：『復入者，出無惡，入有惡。』魚石出時直爲與山有親，更無實罪，故曰出無惡也。今犯君而入，故爲入惡，從犯君録之。」按：僖元年傳：「君則其稱師何？不與諸侯專封。」又曰：「諸侯之義，不得專封。」故仍繫之宋，以示不與楚封魚石也。○注「主書」至「專封」。○

〔一〕「邳圯」，原訛作「邳地」，據水經注校改。
〔二〕「封」，原訛作「勤」，據水經注校改。
〔三〕「南里」，原訛作「帶里」，叢書本不誤，據改。
〔四〕「向帶」，原訛作「向南」，叢書本不誤，據改。

校勘記出「主書者」，云：「鄂本『者』下有『起』，此脱〔一〕。解云：起其專封之義。」按：紹熙本「者」下有「起」字。舊疏云：「必起其專封者，正欲責之故也。」上言楚子伐宋，下即言宋魚石復入于彭城，是專封明矣。

○公至自晉。

○晉侯使士匄來聘。

○秋，杞伯來朝。

○八月，邾婁子來朝。

〔一〕「脱」，原訛作「説」，叢書本不誤，據改。

○築鹿囿。【疏】范云：「築墻爲鹿地之苑。」彼疏引：「徐邈、何休皆云地名。」今公羊無此注。疏又云：「范知非爲鹿築囿，而以鹿爲地名，郎囿既是地名，則此鹿當是地名。」

何以書？譏。何譏爾？有囿矣，又爲也。【注】刺奢泰妨民。天子囿方百里，公侯十里，伯七里，子、男五里，取一也。【疏】楊疏引徐、何説，又云：「魯先有囿，今復築之，故書以示譏。則郎及蛇泉，亦是譏也。」今何氏亦無此語。○注「刺奢泰妨民」。○穀梁傳：「築不志，此其志何也？山林藪澤之利，所以與民共也，虞之，非正也。」○注「天子」至「一也」。○舊疏云：「孟子文。司馬法亦云也。」今孟子無此語。詩大雅靈臺云：「王在靈囿。」毛傳：「囿，天子百里，諸侯四十里。」正義云：「天子百里，諸侯四十里，解正禮耳。其文王之囿則七十里，故孟子云：『齊宣王問於孟子曰：「文王之囿方七十里，有諸？」孟子曰：「書傳有之。」曰：「若是其大乎？」「民猶以爲小也。」曰：「寡人之囿方四十里，民猶以爲大，何也？」』是宣王自以爲諸侯而問，故云『諸侯四十里』。以宣王不舉天子而問，及文王之七十里，則以爲文王非天子之制，明天子不止七十里，故宜爲百里也。」按：穀梁傳疏引毛詩傳作「三十里」，蓋誤字。穀梁疏引徐邈説與何同，而今本穀梁疏引作「天子囿方十里，伯方七里，子、男方五里」，與何注不合，係刻本之誤，非楊氏所据有異本，故浦氏鏜公羊注校改也。經義雜記云：「穀梁成十八年疏云：『毛詩傳云：囿者天子百里，諸侯三十里。』詩傳蓋据孟子稱文王囿七十里，寡人囿三十里，故約之爲天子百里，諸侯三十里耳。琳案，袁、范漢書皆言文王囿百里，宣王十里。楊疏引毛詩傳『諸侯三十里』，三即五字之譌。古本孟子蓋作『文王之囿方百里，寡人之囿方五十里』，故毛公据之以分天子、諸侯之制。」按：周禮閽人疏引白虎通云：「天子百里，大國四十里，次國三十里，小國二十里。」成公十八年公羊注云：「天子囿方百里，公侯十里，伯七里，子男五里，皆取一也。」意者公羊傳所指爲離宮，毛詩傳、白虎通所指爲御苑與？凡天子則皆云百里，而白虎通自四十里以下析言之，無五十里者，則欒松五十里之説，未足爲三十里之證。公羊傳疏以天子囿方百里，爲孟子、司馬法文，今孟子固無此文也，是則臧氏亦未能自持其説。宣王之囿無論三十里、四十里、五十里，皆非諸侯正禮，不足爲訓。小國地方僅五十里，安得容此五十里之囿乎？當以此注爲正。皆取一者，據孟子王制「天子地方千里，大國百里，次國七十里，小國五十里」言也。

○己丑，公薨于路寢。【疏】包氏慎言云：「八月書己丑，月之八日。」穀梁傳：「路寢，正也。男子不絶婦人之手，以齊終也。」

○冬，楚人、鄭人侵宋。

○晉侯使士彭來乞師。【疏】左氏、穀梁作「士魴」，襄十二年經同。九經古義云：「古彭、旁通用。

旁與魴同音，故亦作彭，聲之誤也。（按，襄十二年疏：「考諸正〔一〕本，皆作『士魴』字。若作『士彭』者，誤也。」）按：古音彭與魴同部，得叚借也。

○十有二月，仲孫蔑會晉侯、宋公、衛侯、邾婁子、齊崔杼同盟于虚朾。【注】不日者，時欲行義，爲宋誅魚石，故善而爲信辭，或喪盟略。【疏】杜云：「虚朾，地闕。」或云即宋之虚也。元和郡縣志：「兗州泗水縣得卞縣之地，即春秋之虚朾也。」一統志云：「今泗水縣治也。」○注「不日」至「信辭」。○正以小信月，故也。○注「或喪盟略」。○謂我有喪也，從略不日。

○丁未，葬我君成公。【疏】包氏慎言云：「十二月書丁未，月之二十八日。」

〔一〕「正」，原訛作「舊」，叢書本同，據九經古義及公羊注疏校改。

公羊義疏五十六

南菁書院　句容陳立卓人著

襄元年盡六年

○**春秋公羊經傳解詁襄公第八**【疏】校勘記云：「唐石經襄公第九卷八。」左傳釋文：「襄公名午，成公子，母定姒。諡法：因事有功曰襄，辟土有德曰襄。」魯世家：「成公卒，子午立，是爲襄公。是時襄公三歲也。」杜云：「於是公年四歲。」左傳襄九年傳曰：「會于沙隨之歲，寡君以生。晉侯曰：『十二年矣。』」則即位時三歲，元年四歲也。

○**元年，春，王正月，公即位。**【疏】穀梁傳：「繼正即位，正也。」

○**仲孫蔑會晉欒黶、宋華元、衛甯殖、曹人、莒人、邾婁人、滕人、薛人圍宋彭城。**

宋華元曷爲與諸侯圍宋彭城？【注】据晉趙鞅以地正國，加叛文。今此無加叛文，故問之。

【疏】注「据晉」至「問之」。○即定十三年：「秋，晉趙鞅入于晉陽以叛。冬，晉荀寅、士吉射入于朝歌以叛。晉趙鞅歸于晉。」傳云：「此叛也，其言歸何？以地正國也。其以地正國奈何？晉趙鞅取晉陽之甲以逐荀寅與士吉射。荀寅與士吉射曷爲者也？君側之惡人也。此逐君側之惡人，曷爲以叛言之？無君命也。」注：「無君命者，操兵鄉國，故初謂之叛，後知其意欲逐君側之惡人，故録其釋兵，書歸赦之。」按：左傳，華元自晉反國，即「使華喜、公孫師帥國人攻蕩氏」。此又合諸侯圍彭城，與操兵鄉國相似，不加叛文，故据以難也。舊疏云：「宋華元曷爲與諸侯圍宋彭城而不加叛文？與趙鞅異乎？然則趙鞅以采地之兵逐君側之惡人，以正其國，其意實善，而春秋必加叛文者，正以人臣之義，本無自專之道，若其許之，恐惡逆之臣，外託興義之兵，内有覬覦之意，是以雖爲善，不得與之。」

爲宋誅也。【注】故華元無惡文。【疏】注「故華」至「惡文」。○正以華元有君命，誅叛人，故不加華元叛辭也。與趙鞅未稟君命異。人臣無自專之義，其意雖善，其事不醇，故春秋責之也。左傳：「於是爲宋討魚石，故稱宋，且不登叛人也。」舊疏云：「雖云操兵鄉國，但稟宋公之命，與諸侯之師逐去叛人，以衛社稷。春秋善之，故無惡文也。」

其爲宋誅奈何？魚石走之楚，楚爲之伐宋，取彭城，以封魚石。【疏】成十五年「宋魚石出奔楚」，十八年「楚子、鄭伯伐宋。宋魚石復入于彭城」是也。成十八年左傳云：「楚子辛、鄭皇辰侵城郜，取幽丘，同伐彭城，納宋魚石等焉。」「十一月，楚子重救彭城，伐宋。」

魚石之罪奈何？以入是爲罪也。【注】説在成十八年。書者，善諸侯爲宋誅。雖不能誅，猶有屈彊臣之助。【疏】注「説在」至「八年」。○即謂成十八年書「宋魚石復入于彭城」事也。復入者，出無惡，入有惡。其初出時，直與山有親，辟而去。其入彭城，則外託强楚，伐君取邑，失人臣之義，故書復入以罪之。通義云：「追釋書復入于彭城之意，就以其假大國之勢，犯君竊邑，故出無惡，入有惡也。」包氏慎言曰：「既出，復入居國邑，以犯君論。十八年注：『不書叛者，楚爲魚石伐宋，取彭城以封之。本受於楚，非得于宋，故舉伐於上，起其意。楚以封魚石，復本繫於宋。言復入者，不與楚專封，故從犯君録之。』」案：魚石出奔大國，結大國以取本國之邑，以受其封，是挾楚以脅宋。既六國大夫合圍，爲宋誅魚石，而不著魚石出奔文，又不著殺文，則諸侯未能取彭城也。傳云「以入爲罪」，則規圖彭城，非石之意，楚人乘閒所以封魚石，借以閒宋，明魚石之罪，罪在不當受楚封而入居之。原情不加以脅國之罪，故以犯君論誅。○注「書者」至「之助」。○校勘記出「猶有屈彊臣之助」，云：「閩、監、毛本同，誤也。鄂本『助』作『功』，解亦云：雖不能誅，猶有屈魚石之功。當據以訂正。」舊疏云：「傳云『爲宋誅』，而知不能誅者，正以助其君討叛臣，義之高者，若能誅之，理應有見，似若昭四年經書『執慶封，殺之』。今但言圍而無殺文，故知不能誅。雖不能誅，猶有屈魚石之〔一〕功，是以春秋書之，善其爲宋誅矣。」

楚已取之矣，曷爲繫之宋？【注】据莒人伐杞，取牟婁，後莒牟夷以牟婁來奔，不繫杞。【疏】注

〔一〕「屈魚石之」四字原脱，叢書本同，據公羊注疏校補。

「据莒」至「繫杞」。○取牟婁事，見隱二年。以牟婁來奔，見昭五年。校勘記出「后莒牟夷」，云：「閩、監、毛本同。鄂本『后』作『後』，當据正，下注同。疏中亦誤作『后』。」按：紹熙本作「後」。桓二年傳云：「器從名，地從主人。」注：「從後所屬主人。」楚已取彭城，宜屬之楚矣，故難之。

不與諸侯專封也。【注】故奪繫於宋，使若宋邑者。楚救不書者，從封内兵也。【疏】注「故奪」至「邑者」。○通義云：「欲言楚彭城，則本非楚自取；直言彭城，嫌與『通濫〔一〕』文同，故還繫之宋，奪正其義，明楚不得專以地封叛人，魚石不得專受封於楚。邑而言圍者，起實封也。」舊疏云：「僖二年城楚丘，傳云『不與諸侯專封也』。然則，不與諸侯專封，取事一也，所以或繫於宋，或不繫於衛者，彼以衛國已滅，故無所繫。不言桓公城之者，不與諸侯專封故也。今此魚石受楚之封，入邑而叛，是以奪而繫國，以示不成。然則，不與之言雖同，其不與之理實異。是以齊侯封衛，春秋實與；楚封魚石，繫宋以抑之。」左傳亦云：「非宋地，追書也。」杜云：「成十八年，楚取彭城以封魚石，故曰『非宋地』。夫子治春秋，追書繫之宋。」又曰：「且不登叛人也。」杜云：「登，成也。不與其專邑叛君，故使彭城還繫宋。」彼疏引「釋例云：『楚人棄君助臣，取宋彭城以封叛者，削正興僞，雖非復宋地，故追書繫宋，不與楚之所得。』是其義也」。左氏疏云：「既列爲國，非復宋地。傳言『追書』，是仲尼新意，故云『夫子治春秋，追書繫之宋』也。」「不與其專邑叛君，不與楚得取邑封人，故使封城還繫於宋也。」是亦奪繫於宋，使若宋邑之義也。○注「楚救」至「兵也」。

〔一〕「濫」，原訛作「鑑」，叢書本不誤，據改。

〇舊疏云：「經、傳無文，知楚救者，正以楚人封之故也。楚人并兵於魚石，魚石之叛，抑而不成。今華元討之，即宋國封内之兵。封内之兵，例所不録，是以楚救魚石不得書之〔一〕。」按：舊説非是。何意以彭城已爲楚所取以封魚石，故從封内兵，不書楚救也。春秋繫之宋者，所以抑楚，不與其專封；不書楚救者，起其實爲楚所取故也。舊疏又云：「封内之兵例所不録者，正以定八年傳云『公斂處父帥師而至』，經不書之是也。哀三年『衛石曼姑帥師圍戚』，亦是封内之兵而得書者，彼以國夏爲伯討，是以得書。然則，春秋不與蒯聵之直，故令國夏得討之。國夏得討之，則非封内之兵也。今此魚石不成叛，是以與彼異也。」

〇**夏，晉韓屈帥師伐鄭。**【疏】左氏、穀梁「屈」作「厥」。校勘記云：「唐石經、諸本同。」古屈、厥同部，得相叚借。

〇**仲孫蔑會齊崔杼、曹人、邾婁人、杞人次于合。**【注】刺欲救宋而後不能也。知不救鄭者，時鄭背中國，不能救不得刺。【疏】左氏、穀梁「合」作「鄫」。杜云：「鄫，鄭地，在陳留襄邑縣東南。」續漢志注引作「縣東南有鄫城」。范云：「鄫，鄭地。鄫或爲合。」趙氏坦異文箋云：「鄫，古或省作曾。曾、

〔一〕「救魚石不得書之」，原脱訛作「救不書也」，叢書本同，據公羊注疏校改。

合篆文相近，遂譌作合。攈古遺文曾作□，合作□，是也。」大事表云：「襄邑今爲歸德府睢州。」水經注淮水篇：「渙水又東，經鄫城北。春秋襄元年書『晉韓厥伐鄭。仲孫蔑會齊、曹、邾、杞次于鄫』。杜預曰：『陳留襄邑縣東南有鄫城。』」一統志：「鄫城在歸德府柘城北。」紀要：「睢州東南。」皆本杜注。差繆略云：「穀梁亦作合。又邾人在杞人下。」按：今注疏本及三傳石經皆杞在邾下。○注「刺欲」至「能也」。○莊三年：「公次于郎。」傳：「其言次于郎何？刺欲救紀而不能也。」此文與彼同，故如彼解之。○注「知不」至「得刺」。○正以上文有「仲孫蔑會晉欒黶、宋華元以下圍宋彭城」，爲宋討魚石等，内無鄭人。下有「楚公子壬夫侵宋」，又成十八年有「楚子、鄭伯伐宋」，明魯爲晉與國，鄭爲楚與國。鄭背諸夏，即蠻夷，晉韓屈伐之，魯必不救。果即救而不能，春秋決無刺文也。

○秋，楚公子壬夫帥師侵宋。【疏】唐石經「公子壬夫」磨改。匡謬正俗云：「楚公子王夫，字子辛。今之學者以其字子辛，遂改王夫爲壬夫，同是日辰名字相配也。故楚有公子午，字子庚。庚是十幹〔一〕，午是十二支，法有相配。辛、壬同在十干，此與庚午不相類，固當依本字讀爲王夫，不宜穿鑿改爲壬。」左傳校勘記云：「顏説非也。石經以下皆作壬。漢書古今人表亦作公子壬夫。陸氏穀梁音義：『壬音而林反。』」

〔一〕「十干」，古籍中常有寫作「十幹」者，依舊。

○九月，辛酉，天王崩。【疏】包氏慎言云：「九月書辛酉〔一〕，月之十六日。」

○邾婁子來朝。

○冬，衛侯使公孫剽來聘。

○晉侯使荀罃來聘。【疏】舊疏云：「諸侯爲天子服斬衰三年，是以曾子問云：『諸侯相見，揖讓而入門，不得終禮，廢者幾？孔子曰：六。請問之。曰：天子崩，大廟火，日食，后夫人之喪，雨霑服，失容，則廢。』然則，天王九月崩，而四國得行朝聘禮者，杜氏云『辛酉，九月十五』，『冬者，十月初也。天王崩，赴未至，皆未聞喪，故各得行朝聘之禮』是也。」按：舊説是也。惟又云：「四國行朝聘之時，王之赴告未至於魯。經書『天王崩』得在朝聘之上者，公羊之義据百二十國寶書，案而爲經，雖四國未知，何妨先書？」此義近贅。孔子作春秋，本不据赴告之文，乃左氏有此説，不必牽涉説公羊也。既云「据百二十國寶書」矣，何爲又設此一難乎？

〔一〕「辛酉」，原訛作「辛丑」，叢書本同，據春秋經文改。

○**二年，春，王正月，葬簡王。**【疏】隱三年傳云：「天子記崩不記葬，必其時也。」又文九年傳：「不及時書，過時書，我有往者則書。」此簡王於去年九月崩，今年正月即葬，始五月，不及時也。

○**鄭師伐宋。**

○**夏，五月，庚寅，夫人姜氏薨。**【疏】包氏慎言云：「五月書庚寅，月之十九日。」

○**六月，庚辰，鄭伯睔卒。**【注】不書葬者，諱伐喪。【疏】包氏慎言云：「六月無庚辰，五月之九日，七月之十日也。」九經古義云：「釋文：『睔，古困反。』古今人表：『鄭成公綸。』師古曰：『綸，音工頑反。』左傳作睔。按，古今人表又有『泠淪氏』，服虔曰：『淪音鯀。』鯀與昆同音，古昆字作𡾞。故毛詩敝笱云：『其魚魴鰥。』鄭箋云：『鰥，魚子也。』魯語云：『魚禁鯤鮞。』爾雅云：『鯤，魚子。』孔穎達云：『鯤、鰥，字異，蓋古字通用。』是鰥本音古魂反，故『泠淪』、『綸巾』諸字皆讀鰥。師古以鰥有關音，遂釋綸爲工頑反，非也〔一〕。」

〔一〕「非也」二字原脱，叢書本同，據九經古義校補。

（今人讀「綸巾」[一]爲關音，自謂合古音，失之甚者。）」○注「不書」至「伐喪」。○下「冬，仲孫蔑會晉荀罃、齊崔杼、宋華元、衛孫林父、曹人、邾婁人、滕人、薛人、小邾婁人于戚。遂城虎牢」，傳：「虎牢者何？鄭之邑也。其言城之何？取之也。取之則曷爲不言取之？爲中國諱也。曷爲爲中國諱？諱伐喪也。」此不書葬，故據下事解之。舊疏云：「春秋之内，諸侯之卒，不書其葬，非止一義而已：或諱背殯用兵，或譏其篡，或刺不討賊，或枉殺大夫。此鄭伯，襄公之子[二]，繼體爲君，復非篡立，從成十五年即位以來，未有罪惡之事，明其不書葬者，不爲[三]上事明也。」「而下又有『諱伐喪』之文，則知不書葬者，正爲諸侯諱其伐喪故也。」按：繁露竹林云：「春秋之書戰伐也，有惡有善也，惡詐擊而善偏戰，恥伐喪而榮復仇。」是也。恥之甚，是以諱之深也。通義云：「不葬者，棄夏附楚，與接同罪。」亦通。

○**晉師、宋師、衛甯殖侵鄭。**【疏】通義云：「晉、宋將卑師衆，衛將尊師少，故分别書之。」

[一]「綸巾」下原衍「字」字，叢書本同，據九經古義校删。

[二]「襄公之子」，公羊注疏作「襄公子之子」。據史記，鄭襄公卒，子悼公立；悼公卒，弟成公睔立。陳立或據此世系删「子」字。

[三]「爲」，原訛作「惟」，叢書本同，據公羊注疏校改。

○秋，七月，仲孫蔑會晉荀罃、宋華元、衛孫林父、曹人、邾婁人于戚。【疏】左傳：「謀鄭故也。」

○己丑，葬我小君齊姜。

齊姜者何？齊姜與繆姜，則未知其爲宣夫人與？成夫人與？【注】齊姜者，宣公夫人。九年繆姜者，成公夫人也。傳家依違者，襄公服繆姜喪，未踰年，親自伐鄭，有惡，故傳從内義，不正言也。【疏】包氏慎言云：「七月書己丑，月之十九日。」范云：「齊，謚。」按：謚法：「執心克莊曰齊。」穀梁釋文：「齊如字，一音側皆反。」○注「齊姜」至「人也」。○舊疏云：「左氏以齊姜，成公夫人；繆姜，宣公夫人。」通典引劉智喪服釋疑答問云：「高曾祖母與祖母〔一〕俱存，其卑者先亡，則當厭屈否？昔魯穆姜在，而成公夫人薨，春秋書曰：『葬我小君齊姜。』舊説云：妻隨夫而成尊，姑不厭婦，婦人不主祭，己承先君之正體，無疑於服重也。」劉氏用左氏義。舊疏云：「何氏不然者，正以齊姜先薨，多是姑；繆姜後卒，理宜爲婦。實無文据，以順言之也。且九年，襄公伐鄭，不書其至，若非親母，不應貶之至此，即下九年『五月，夫人姜氏薨。八月，葬我小君繆姜。冬，公會晉侯以下伐鄭』是也。」按：喪服小記云：「祖父卒，而后爲祖母

〔一〕「與祖母」三字原脱，叢書本同，據通典校補。

後者三年。」正義：「若祖卒時父在，己雖爲祖期，今父殁祖母亡時，己亦爲祖母三年也。」宣公之薨，襄公未生，不及爲服。齊姜薨時，成公已殁，襄宜爲之重服三年也。而後代有疑孫非承重於祖者，父卒後祖母殁不服重者，殊謬。通典爲高曾祖母及祖母持重服議：「後漢荆州牧劉表云：父亡在祖後，則不得爲祖母三年，以爲婦人之服，不可踰夫。孫爲祖服周，父亡之後，爲祖母不得踰祖也。晉或問曰：『若祖父先卒，父自爲之三年，己爲之服周矣。而父卒祖母後卒，當服三年否乎？』劉智答云：『適孫服祖三年，誠以父卒則己不敢不以子道盡孝於祖，爲是服三年也。謂之受重於祖者，父卒則祖當爲己服周，此則受重也。己雖不得受重於祖，然祖母今當服己周，己不得不爲祖母三年也。小記曰：「祖父卒而後爲祖母後三年。」特爲此發也。』侍中成粲云：『禮有適子問〔一〕無適孫，然則己受重於父，不受重於祖，不得爲祖母三年。禮，舅没則姑老，爲傳家事於長婦也。亦爲祖没，則己父受重於祖父，己不受之於祖父母，故無祖父母三年之禮也。』賀循又引小記，自釋爲祖母後者，服之如母，不爲祖父母後，不得爲祖母三年，未見其驗，但以父在無二適，父没祖存，己位則正，不得爲祖父後，乃爲祖母適也。宋崔凱云：『時人或有祖父亡，而後祖母亡，孫奉養祖母，祖母卒則爲之齊衰三年者。凱以爲祖母三年，自謂己父母早亡，受重於祖，故爲祖斬衰三年，祖母齊衰三年。今己父後亡，則受重於父，不受重於祖。孫雖奉養祖母，固自當如禮齊衰周爾。』」此皆謂不宜持重者也。庾蔚之謂：『劉景升以婦人不可踰夫，既已乖矣。成粲云己自受重於父，

〔一〕「問」，叢書本作「間」，均誤。通典作「則」，禮記喪服小記作「者」。

不受重於祖，爲祖母不應三年，可謂殊塗而同繆者矣。』」又：「吴商駁之云：嘗見表所作喪服後定，變除爲婦人之服不踰男子，孫爲祖父服周，父亡之後，爲祖母服周，云不得踰祖也。又見成侍中云，以爲己自受重於祖，祖母服不應三年。商按，假使子爲人後，爲本父服周，而所後者更自有子，己則還家，而母後亡，當可以不得踰父不三年乎？又從祖祖父先亡，己爲小功五月而已；後爲從父後，從父〔一〕又先亡，祖母後卒，可復以己先爲祖父小功，今爲祖母不踰祖父復服五月乎？諸如此比，婦服重於夫甚衆。不得踰夫之説，經傳無據。適行庶服，義又不通。粲又云：『己自受重於父，不受重於祖，今服祖〔二〕母亦當周。』又齊衰章臣爲君之父母、祖父母周。凡臣從君所服而降一等，臣從服周，則君爲三年也。据爲國君而有父若祖之喪者，謂始封君也。其繼體則父與祖，並有廢疾不立者也。有廢疾不立，則君受國於曾祖，不受國於祖也。不受國於祖，猶爲服三年。此則經之明例，非從傳記之説也。其義如此，則凡爲後者，皆應三年，何必受重然後服〔三〕斬？」按：吴氏之駁極爲明晰。○注「傳家」至「言也」。○下九年：「五月，夫人姜氏薨。冬，公會晉侯以下伐鄭。十有二月，己亥，同盟于戲。」注：「事連上伐，不致者，惡公服繆姜喪未踰年，而親伐鄭，故奪臣子辭。」是服繆姜喪未踰年伐鄭，不書致，明有惡也。舊疏云：「襄公母死未期，己爲兵首，無恩之甚，是故爲諱。若爲祖，差輕可言也。」又引舊云：「傳言惡襄公喪服用師，故以祖爲親母，所

〔一〕「從父」二字原脱，據通典校補。
〔二〕「今服祖」三字原脱，叢書本同，據通典校補。
〔三〕「服」字原脱，據通典校補。

以甚責内，是以何氏順傳文也者，非也。」云傳家依違者，舊疏云：「公羊口授相傳，五世後方著竹帛，是以傳家數云『無閒焉爾』。以此言之，容或未察。」而「傳序經意依違之者，正以文與桓九年曹世子射姑同故也。彼傳云：『春秋有譏父老子代從政者，則未知其在齊與？在曹與？』注：『在齊者，齊世子光也。時曹伯年老有疾，使世子行聘禮，恐卑，故使自代朝，雖非禮，有尊厚魯之心，傳見下卒葬詳録，故敘經意依違之也。』然則，彼刺曹世子，而傳序經意不正言之，此文與彼同，故知亦依違言之也」。

○叔孫豹如宋。

○冬，仲孫蔑會晉荀罃、齊崔杼、宋華元、衛孫林父、曹人、邾婁人、滕人、薛人、小邾婁人于戚，遂城虎牢。

虎牢者何？鄭之邑也。【注】以下戍繫鄭。【疏】大事表云：「虎牢在今河南開封府汜水縣南二里，本鄭地，後入晉。莊二十年左傳，惠王與鄭以虎牢〔一〕，注云：虎牢，河南成皋縣是也。」水經注河水篇

〔一〕「莊二十年」句，當爲「莊二十一年」，原文作：「王與之武公之略，自虎牢以東。」

「成皋縣之故城在伾上，縈帶伾〔一〕阜，絶岸峻周，高四十許丈，張翕險，崎而不平。春秋傳曰：『制，巖邑也，虢叔死焉。』即東虢也。魯襄公二年七月，晉成公與諸侯會于戚，遂城虎牢以逼鄭，求平也。蓋修故耳。穆天子傳曰：『天子射鳥獵獸於鄭圃，命虞人掠林，有虎在於葭中。天子將至，七萃之士高奔戎生捕虎而獻之。天子命之爲柙，畜之東虢〔二〕，是曰虎牢矣。』秦以爲關，漢乃縣之。西北隅有小城，周三里，北面列觀，臨河，岧岧孤上。」○注「以下戍繫鄭」。○即下十年「冬，戍鄭虎牢」，傳：「諸侯莫之主有，故反繫之鄭。」是也。

其言城之何？【注】据外城邑不書。【疏】注「据外」至「不書」。○僖元年「城邢」，又二年「城楚丘」，又十四年「諸侯城緣陵」，昭三十二年「城成周」，是外城國都有之，故注專据外城邑不書難之也。舊疏云：「正以春秋上下無外城邑之經故也。」

取之也。【疏】通義〔三〕云：「取其邑而城之，爲守固也。」

取之則曷爲不言取之？【注】据取牟婁。【疏】注「据取牟婁」。○即隱四年「二月，莒人伐杞，取牟婁」是也。

〔一〕「伾」，原訛作「坯」，叢書本同，據水經注校改。
〔二〕「東虢」，原訛作「東虞」，叢書本同，據水經注校改。
〔三〕「通義」，原訛作「道義」，叢書本不誤，據改。

爲中國諱也。【疏】校勘記云：「疏中標注有『諱伐喪也』四字。解云：考諸古本皆無此注，且與下傳文煩重。若有注者，是衍字。按，今本無此注，是也。」

曷爲爲中國諱？【注】据莒伐杞取牟婁不爲中國諱。【疏】注[一]「据莒」至「國諱」。○校勘記云：「按，此注當衍。釋文本有，此疏本無之，是也。釋文音義[二]『爲中』云：『于僞反，下及注并下文鄭爲皆同。』此陸本有注之證。解云：『正据莒人取牟婁不爲中國諱矣。而何氏不注之者，以上文已据取牟婁，是以不能重出。』此疏本無注之證。淺人襲疏語爲之，而未覺其與上複也。」

諱伐喪也。曷爲不繫乎鄭？爲中國諱也。【疏】通義云：「晉霸自文公，以後唯悼公足稱焉，故復諱其惡。不言爲晉諱者[三]，鄭背中國，甘心於楚，今方與楚争鄭而犯禮伐喪，所爲與夷狄無異，故傳順經意深責之，言中國也。」舊疏云「曷爲不繫乎鄭」者，正据下十年冬戍之時繫鄭也。若繫乎鄭，還有伐喪之義，故云爲中國諱也。

大夫無遂事，此其言遂何？歸惡乎大夫也。【注】使若大夫自生事取之者，即實遂，但當言取之。【疏】注「使若」至「之者」。○通義引：「左傳曰：『秋，七月，會于戚，謀鄭故也。孟獻子曰：請

[一]「注」字原脱，據全書體例補。

[二]「音義」，原訛作「音傳」，阮元校勘記如此，不辭。此當指經典釋文公羊音義之「爲中」注，據改。

[三]「者」，原訛作「也」，叢書本同，據公羊通義校改。

城虎牢以偪鄭。知武子曰：善！』『冬，復會于戚。遂城虎牢。鄭人乃成。』若然，取虎牢之事，本發于仲孫蔑，成于荀罃，故歸惡大夫，而以遂事責之也。」按：何氏不信左傳，意以取虎牢之謀發於諸侯，此歸惡乎大夫言遂爾。何者？若實大夫自生事取之，無勞爲諸侯諱取矣，故注又云「即實遂，但當言取之」也。

○楚殺其大夫公子申。

○三年，春，楚公子嬰齊帥師伐吳。

○公如晉。

○夏，四月，壬戌，公及晉侯盟于長樗。【注】盟地者，不于都也。【疏】包氏慎言云：「四月書壬戌，月之二十七日。」○注「盟地」至「都也」。○杜云：「晉侯出其國都，與公盟于外。」正義云：「此時晉侯出其國都，與公盟于長樗，蓋近城之地，盟訖，還入于晉，故公歸，書『至自晉』也。文〔一〕三年，盟於晉都。此盟出城外者，出與不出，皆由晉侯意耳，此或是〔二〕悼公謙以待人，不敢使國君〔三〕就己出盟於外，若似相就然。」范云：「晉侯出其國都，與公盟于外地。」舊疏云：「文三年『冬，公如晉。十有二月，己巳，公及晉侯盟』，彼不舉地者，以其在國都故也。今此舉長樗，故言不于都矣。」三傳之説皆無大異也。

○公至自晉。【注】盟地者，不于都也。以晉致者，上盟不于都，嫌如晉不得入，故以晉致起之。不別盟得意者，成公比失意如晉，公獨得容盟，得意亦可知。【疏】鄂本與上長樗合爲一節。按：紹熙本同。監、毛本皆以上注「盟地者，不于都也」系之此經下，蓋諸本皆合一節也。○注「以晉」至「起之」。○舊疏云：「昭二十八年『春，王三月，公如晉，次于乾侯』，二十九年『公至自乾侯，居于運』，何氏云：『不致以晉者，不見容于晉，未至晉』。然此經上言『盟于長樗』，今若又言至自長樗，即嫌似次于乾侯然，亦不得入晉都，故以晉致起其文也。」○注「不別」至「可知」。○校勘記出「失意如晉」，云：「鄂本『如』作『于』，此誤。疏云『言成公比失意于晉』者，『于』作『於』爲是，當據正。」按：紹熙本「如」亦作「于」。莊六年注云：「公與

〔一〕「文」，原訛作「又」，叢書本不誤，據改。
〔二〕「出與不出」至「此或是」十三字原脱，據左傳正義校補。
〔三〕「國君」，原訛作「中國」，據左傳正義校改。

一國出會盟，得意至地，不得意不至。」今此但書至自晉，本上如晉言之，是不別盟得意也，故解之。言成公比失意于晉者，即成十六年「公會晉侯以下于沙隨。不見公」，傳云：「公會晉侯，將執公。」又「公會尹子、晉侯以下伐鄭」，傳：「成公將會晉厲公，不當期，將執公。」是成公比失意，不容于晉事也。今此襄公如晉，即見與盟，是得容盟，其得意可知，不必更書盟地起之也。

○**六月，公會單子、晉侯、宋公、衛侯、鄭伯、莒子、邾婁子、齊世子光。己未，同盟于雞澤。**【注】盟下日者，信在世子光也。【疏】包氏慎言云：「己未，月之二十五日。」杜云：「雞澤在廣平曲梁縣西南。」大事表云：「今曲梁故城在今直隸廣平府治永年縣東北，即國語所謂雞丘。若今雞澤縣，乃隋析廣平縣所置，非春秋時雞澤也。」穀梁傳：「同者，有同也，同外楚也。」○注「盟下」至「光也」。○上二年左傳云：「孟獻子曰：『請城虎牢以偪鄭。』知武子曰：『善！鄫之會，吾子聞崔子之言，今不來矣。滕、薛、小邾之不至，皆齊故也。寡君之憂不唯鄭。罃將復於寡君，而請於齊。得請而告，吾子之功〔一〕也。若不得請，事將在齊。』」「冬，復會于戚。齊崔武子及滕、薛、小邾之大夫皆會，知武子之言故〔二〕也。」知當時之不服命者唯齊。上于戚有會無盟，此特盟于雞澤，故云：「信在世子光也。」舊疏

〔一〕「功」，原訛作「力」，叢書本同，據左傳校改。
〔二〕「言故」，原訛作「力」，叢書本同，據左傳校改。

云：「言信任在於世子光，若如盟日定否世子光制之然，是以下日以近之也。」是也。文十四年：「六月，公會宋公、陳侯、衛侯、鄭伯、許男、曹伯、晉趙盾。癸酉，同盟于新城。」注云：「盟下日者，刺諸侯微弱，信在趙盾。」此與彼同。故注亦云：「信在世子光也。」而通義云：「日在下者，齊侯始〔一〕使世子光亢諸侯之禮，春秋惡而責之，故獨以不信辭屬光也。」則新城之日又何説乎？舊疏云：「何氏何以數言信在？正以下十六年傳云『諸侯皆在是，其言大夫盟何？信在大夫也』。舊解云，齊光亢諸侯之禮，晉侯貴致大國，衆人畏之，故卻日以待之，非也。」

○陳侯使袁僑如會。

其言如會何？【注】据曹伯襄言會諸侯，鄫子言會盟。【疏】注「据曹」至「諸侯」。○僖二十八年，「冬，曹伯襄復歸于曹。遂會諸侯圍許」是也。○注「鄫子」至「會盟」。○僖十九年，「鄫子會盟于邾婁」是也。

後會也。【注】不直言會盟者，時諸侯不親與袁僑盟，又下方殊及之。【疏】穀梁傳：「如會，外乎會也。於會，受命也。」○注「不直」至「僑盟」。○舊疏云：「若其諸侯親與之盟，宜云『公會單子、晉侯以下盟于雞澤。陳侯使袁僑來會盟』。正由諸侯不親與之盟，故止得言如會矣。」按：下云叔孫及諸侯大夫及陳袁

〔一〕「始」字原脱，據公羊通義校補。

僑盟，明諸侯不親與矣。○注「又下」至「及之」。○即下文「及陳袁僑盟」言及是也。舊疏云：「言下方殊

文，道及袁僑盟，故此處未勞道會盟。」

○戊寅，叔孫豹及諸侯之大夫及陳袁僑盟。【疏】包氏慎言云：「六月下又有戊寅，七月之十四日也。」

曷爲殊及陳袁僑？【注】据俱諸侯之大夫也。言之大夫者，辟諸侯致大夫皆盟。【疏】注「据俱」至「皆盟」。○正以袁僑亦諸侯之大夫，故据以難。經若言諸侯大夫，嫌諸侯大夫皆在盟，故言之以絶之。穀梁傳：「諸侯以爲可與則與之，不可與則釋之。諸侯盟，又大夫相與私盟，是大夫張也。」亦以諸侯不與盟。

爲其與袁僑盟也。【注】陳、鄭、楚之與國。陳侯有慕中國之心，有疾，使大夫會，諸侯欲附疏，不復備責，遂與之盟，共結和親，故殊之，起主爲與袁僑盟也。復出陳者，喜得陳國也。不重出地，有諸侯在，臣繫君，故因上地。【疏】注「陳、鄭、楚之與國」。○舊疏云：「即宣十一年，『楚子、陳侯、鄭伯盟于辰陵』是也。」按：陳自晉文卒後，鮮與中國通矣。○注「陳侯」至「盟也」。○僖八年：「鄭伯乞盟。」注云：「時鄭伯欲與楚，不肯自來盟，處其國，遣使挹取其血而請與之約束，無汲汲慕中國之心，故抑之使若叩頭乞盟者也。不録使者，方抑鄭伯，使若自來也。」是則鄭無慕中國之心，故絶其使，書乞以惡之，與此袁僑書如會

異，知此及袁僑以殊之爲善辭也。陳侯亦使大夫，不親來而有善辭者，正以下四年陳侯午卒，明有疾不得自來，與鄭伯不肯殊。春秋原情不責也，起主爲與〔一〕袁僑盟者，杜云：「殊袁僑者，明諸侯大夫所以盟，盟袁僑也。」穀梁以爲「及以及，與之也」，與公羊異。禮，君不敵臣，使大夫與袁僑盟，正是得正，何爲反抑諸侯失正，而專與袁僑異之？此違義之大者也。○注「復出」至「國也」。○舊疏云：「欲決成二年『及國佐盟于袁婁』之經不重出齊也。是以僖四年傳：『曷爲再言盟？喜服楚也。』春秋意必如此者，正以楚人强盛，諸夏微弱，陳侯背楚，故喜得之，所以奪夷狄之勢，益諸夏之榮也。」蓋春秋繁而不殺者，正也。所謂書之重，辭之複，其中必有美者焉，不可不察也，職是故也。○注「不重」至「上地」。○舊疏云：「正以決襄二十七年『夏，叔孫豹會晉趙武、楚屈建以下于宋』，『秋，七月，辛巳，豹及諸侯之大夫盟于宋』，彼所以再出地者，正以上無君故也。今諸侯在，臣繫於君，故因上地矣。下十六年『公會晉侯以下于溴梁。戊寅，大夫盟』之下不重出地者，亦以諸侯在，臣繫於君，得因上地。」與此同也。通義云：「會盟同地例，諸侯盟，雖閒無事，必再舉地，首戴、葵丘、平丘是也；大夫盟，閒有事，乃再地，于宋是也。若此及溴梁之盟則不再地，君文繁，臣文殺。春秋之稱言，無非教也。」按：孔氏謂君繁臣殺，是也。然此及溴梁之盟，實皆臣統於君，故與宋異，非因其閒有事無事殊也。

〔一〕「與」字原脱，據公羊注疏校補。

○秋，公至自會。【疏】莊六年注所謂「公與二國以上出會盟，得意致會」是也。此會雞澤，得陳侯慕義，使人如會，强夏弱夷，得意明矣。

○冬，晉荀罃帥師伐許。

○四年，春，王三月，己酉，陳侯午卒。【疏】包氏慎言云：「三月書己酉，三月無己酉，二月之十七日也。」通義云：「胡康侯曰：午者，襄公名也。孔子作春秋，何以不諱乎？古者死而無謚，不以名爲諱。周人以謚易名，於是乎有諱禮。夫子兼〔一〕帝王之道，參文質之中，而作春秋以法萬世。如公薨不地、滅國書取、出奔書孫之類，所以放其文也。莊公名同而書『同盟』、僖公名申而書『戊申』、定公名宋而書『宋人』之類，所以從其質也。後世不明此義，則有以諱易人之名者，又有以諱易人之姓者，忌諱繁，名實亂，而春秋之法不行矣。」

○夏，叔孫豹如晉。

〔一〕「兼」，原訛作「益」，據公羊通義校改。

○秋，七月，戊子，夫人弋氏薨。【疏】左氏、穀梁作「姒氏」，下「定弋」同。杜云：「姒，杞姓。」范與杜同。釋文云：「莒女也。」用何注。按：姒、弋一聲之轉。顧氏炎武唐韻正云：「弋，與職切。上聲則音以。春秋襄四年『姒氏』，公羊作『弋』。『定姒』，公羊作『定弋』。定十五年『姒氏』，穀梁作『弋氏』。『葬定姒』，穀梁作『定弋』。」禮記月令：「田獵罝〔一〕罘、羅網、畢翳、餧獸之藥。」注：「今月令『翳』爲『弋』。」按：姒从以聲，以、弋同音也。包氏慎言云：「七月書戊子，月之三十日。」

○葬陳成公。

○八月，辛亥，葬我小君定弋。【疏】包氏慎言云：「八月書辛亥，月之二十三日。」

定弋者，襄公之母也。【注】定弋，莒女也。襄公者，成公之妾子。【疏】注「定弋」至「妾子」。○通義云：「謹按，弋氏，左氏經爲姒氏。姒姓之字或作弋，詩所稱『孟弋』是也。魯有兩定姒，公羊春秋一書弋，一書姒，蓋特別之。國語曰：『杞、鄫由太姒。』左傳衛成公欲祀夏后相，『甯武子曰：杞、鄫何事？』是鄫本夏後，故史記及潛夫五德志並以鄫爲姒姓。襄公之母其鄫女與？」劉氏逢禄解詁箋云：「此弋

〔一〕「罝」，原訛作「置」，叢書本同，據禮記正義校改。

氏，左〔一〕、穀皆作姒氏。定十五年「定姒」，穀梁作「弋氏」，疏以〔二〕弋、姒聲勢相同。國語：「杞、鄫由太姒。」夏本紀：「禹爲姒姓，其後分封，用國爲姓，有褒氏、杞氏、鄫氏。褒、杞、鄫皆姒姓也。」詩「孟弋」即「姒氏」也。莒爲己姓，左氏、世本甚明，定弋非莒女，蓋鄫世子巫之姊妹也。」錢氏大昕養新録云：「古人讀似姒二字皆如已。詩「於穆不已」，孟仲子作「於穆不似〔三〕」，是已似同音也。禹母吞薏苡而生，因姓姒氏。賈侍中説：已意，已實也；意已即薏苢。是已姒同音也。春秋「葬我小君定姒」，公羊作「弋」。弋姒聲相近，由於姒有以音，詩「美孟弋矣」，弋即姒。」按：文七年左傳：「穆伯娶于莒，曰戴己。」釋文：「己，音紀，一音祀。」祀音从已，已音以，則莒姓蓋音以之已，非音紀之己，以姒同音，故何氏以爲莒女也。國語又以莒，曹姓。又或以莒，嬴姓，出自少昊氏之後。武王封兹輿期於莒，則不定莒何姓矣。云成公妾子者，或十四年，「叔孫僑如如齊逆女」，是爲適夫人，則定姒蓋二媵矣。范云成公夫人者，非。楊疏亦知非適，故仍引妾子爲君禮律之也。

○冬，公如晉。

〔一〕「左」，原訛作「公」，據左傳、公羊傳及公羊何氏解詁箋校改。
〔二〕「以」字原脱，叢書本同，據公羊何氏解詁箋校補。
〔三〕「似」，原訛作「姒」，叢書本同，據十駕齋養新録校改。

○陳人圍頓。

○五年，春，公至自晉。

○夏，鄭伯使公子發來聘。

○叔孫豹、鄫世子巫如晉。

外相如不書，此何以書？【注】据晉郤克與臧孫許同時而聘于齊，不書。【疏】注「据晉」至「不書」。○校勘記出「莊孫許」，云：「閩、監、毛本同，誤也。鄂本『莊』作『臧』，當據正。疏中作『臧孫許』，不誤。」按：紹熙本亦作「臧」，不誤。事見成二年傳。彼注云：「不書，恥之。」自謂不書臧孫許如齊也。其晉郤克不書，自從外大夫相如不書之恒例也。舊疏云：「桓五年：『夏，齊侯、鄭伯如紀。』傳云：『外相如不書，此何以書？』何氏云：『据蔡侯東國卒于楚，不言如也。』何氏彼据蔡侯，此据郤克者，欲逐其相類故也。彼齊侯、鄭伯是君，事不干魯，故据蔡侯卒于楚不言如矣。此鄫世子巫事非君，且叔孫豹率之，故据晉大夫與臧孫許俱行者，所引譬類，得其象也。」義或然也。

爲叔孫豹率而與之俱也。【注】以不殊鄫世子，俱言如也。【疏】注「以不」至「如也」。○舊疏云：「正[一]以不言及鄫世子，與叔孫豹共作一文，知叔孫率之矣。」然則，臧孫許與郤克聘齊，蓋意起于晉，魯往隨之。此蓋鄫世子有求於晉，恐不能達，故使魯帥而往與？

叔孫豹則曷爲率而與之俱？【注】据非內大夫。

蓋舅出也。【注】巫者，鄫前夫人、襄公母姊妹之子也，俱莒外孫，故曰舅出。【疏】舊疏云：「言蓋者，公羊子不受于師，故疑，若下傳『蓋欲立其出也』之類。或言此蓋宜訓爲皆，若隱三年傳云『蓋通于下』，似蓋云歸哉之類。言襄公與巫皆是一舅姊妹之子也。」○注「巫者」至「舅出」。○舊疏云：「謂巫是襄公舅氏之所出。姊妹之子謂之出也。」通義云：「定弋，鄫女，蓋即世子巫之姊妹。故巫於襄公爲舅，襄公於巫爲出也。爾雅曰：男子謂姊妹之子爲出。」經義述聞云：「孔解『舅出』長於舊注，而以襄公與巫爲舅出則非也。襄公若爲巫之甥[二]，則傳當實之曰『蓋公與巫舅出也』，文義始明。今傳無一語及襄公，則所謂舅出者，非公與巫也。詳繹傳文，蓋『舅出也』之語上承『叔孫豹率而與之俱』，則豹之與巫，一爲舅，一爲出矣。言豹所以與巫俱如者，蓋與巫爲舅出故也。春秋之大夫，交政與中國，故與鄰國之君論婚媾。哀二

[一]「正」，原訛作「鄭」，叢書本同，據公羊注疏校改。

[二]「甥」，原作「外孫」，叢書本同。義雖相通，仍據經義述聞校改。

十三年〔一〕左傳宋景曹卒，季康子使冉有弔，且送葬，曰：『以肥之得備彌甥也，有不腆先人之産馬，使求薦諸夫人之宰。』杜注：『景曹，宋元公夫人，季桓子〔二〕外祖母也。』宋、魯匹〔三〕敵之國，而猶如是，况小國乎。」解詁箋云：「爾雅：『男子謂姊妹之子爲出。』巫者，襄公之舅也。何云：『俱莒外孫，故曰舅出。』徐謂『襄公與巫皆是一舅姊妹之子』，皆誤。左氏：『晉悼又新昏於杞。』杞、鄫同姓，故相與往殆于晉，情事最〔四〕合。」按：爾雅釋親云：「男子謂姊妹之子爲出。」郭引此傳語，不别舅出何人。如何義，則鄫前後夫人皆莒女，蓋其姪娣也。世子巫，前夫人所生，鄫子欲立爲後者。後夫人所生女之子襄公，與巫爲從母昆弟也，同一舅之所出。釋名釋親屬云：「姊妹之子曰出，出嫁於異姓而生之也。」孔、王、劉義甚新，亦未有的據，仍舊説亦無不可通。

莒將滅之，故相與往殆乎晉也。【注】殆，疑。凝讞于晉。齊人語。【疏】注「殆疑」至「人語」。

○校勘記云：「閩、監、毛本『凝』作『疑』，此誤。按，釋文：『疑，魚竭反。』如作凝，不得音魚竭反矣。此本載音義亦誤『凝』。」按：紹熙本注及音義皆作「疑」，不誤。通義云：「殆，危也，告危于晉也。」經義述聞云：「何訓殆爲疑，往疑于晉，則爲不辭，故加讞字以增成其義。然殆可訓爲疑，不可訓爲讞也。孔訓殆爲危，

〔一〕「二十三年」，原誤記爲「十三年」，據左傳校改。

〔二〕「季桓子」，原作「桓子」，脱一「季」字，叢書本同，據左傳正義校補。

〔三〕「匹」，原訛作「世」，據經義述聞校改。

〔四〕「最」，原訛作「相」，叢書本同，據公羊何氏解詁箋校改。

往危於晉，則尤爲不詞，故加告字以增成其義。然傳言殆于晉，不言告殆於晉也。今案，殆讀爲治，殆、治古音相近，故字亦相通。荀子彊國篇：『彊殆中國。』楊倞注：『殆或爲治。治，訟理也。』以鄫子欲立異姓爲後，故相與往訟理於晉也。僖二十八年公羊傳〔一〕：『叔武爲踐土之會，治反衛侯。』注曰：『叔武訟治于晉文公，令〔二〕白王者，反衛侯使還國也。』成十六年傳：『公子喜時外治諸京師而免之。』注曰：『訟治于京師，解免使來歸。』皆與此傳『往治于晉』同義。古謂訟理爲治訟，或曰辭訟。周官小宰曰『聽其治訟』，小司徒曰『聽其辭訟』，司市曰『聽大治大訟』、『小治小訟』，皆是也。大司徒曰：『凡萬民之有訟獄者，與有地治者聽而斷之。』有地治者，謂争地而訟理者也。訝士曰：『凡四方有治於士者，造焉。』亦謂有訟理於士者也。」按：王義明爽。何氏以殆訓疑，以疑讞申成其義，蓋當時方言有此語。往殆晉，猶言往讞于晉，與〔三〕王氏治字義亦合。故經義述聞又云：「何云殆，疑也。論語『學而不思則罔，思而不學則殆』，謂思而不學則事無徵驗，疑不能定也。又曰『多聞闕疑，多見闕殆』，殆猶疑也，謂所見之事若可疑，則闕而不敢行也。史記倉公傳：『良工〔四〕取之，拙者疑殆。』殆，亦〔五〕疑也。古人自有複語耳。字亦作怠。莊子

〔一〕「公羊傳」，原誤記爲「左傳」，據公羊傳及經義述聞校改。
〔二〕「令」，原訛作「會」，叢書本同，據公羊注疏校改。
〔三〕「與」下原衍「義」字，不辭，叢書本同，據上下文義徑删。
〔四〕「工」，原訛作「公」，叢書本同，據經義述聞及史記校改。
〔五〕「亦」，原訛作「猶」，叢書本同，據經義述聞校改。

山木篇：『侗乎其無識，儻乎其怠疑。』怠疑即疑殆也。文十二年公羊傳：『俾君子易怠。』怠，疑惑也，言使君子易爲其所疑惑也。後人但知殆訓爲危、爲近，而不知又訓爲疑，蓋古義之失傳久矣。」按：呂氏春秋去尤云：「以黄金投者殆。」莊子達生篇作「以金注者殙」。殙者，迷也。疑殆之殆亦迷惑意也。

莒將滅之，則曷爲相與往殆乎晉？【注】据當以兵救之。

取後乎莒也。其取後乎莒奈何？莒女有爲鄫夫人者，蓋欲立其出也。【注】時莒女嫁爲鄫後夫人，夫人無男有女，還嫁之于莒，有外孫。鄫子愛後夫人而無子，欲立其外孫，主書〔一〕者善之。得爲善者，雖揚父之惡救國之滅者可也。【疏】注「時莒」至「外孫」。○爾雅釋親云：「女子子之子爲外孫。」經義述聞云：「依傳，莒女爲鄫夫人，而欲立其出，則似所立者鄫夫人之子，而莒之外孫矣〔二〕。如此則與『取後乎莒』之文不合。故注曲爲之説曰：『夫人無男有女，還嫁之於莒，有外孫。鄫子愛後夫人而無子，欲立其外孫。』然無男有女，還嫁之于莒，皆傳文所無，蓋當時解傳者增益其説，不足据也。尋繹傳文，當作『鄫女有爲莒夫人者』，寫者上下有誤〔三〕耳。鄫女爲莒夫人，則莒夫人之子，鄫之外孫也。鄫子舍世子巫，而欲立其外孫，故曰『欲立其出』，又曰『取後于莒』也。何所見本已譌，故其説迂曲

〔一〕「書」字原脱，叢書本同，據公羊注疏校補。
〔二〕「矣」，原訛作「無」，叢書本同，據經義述聞校改。
〔三〕「有誤」，經義述聞原文作「互譌」。

而難通。」解詁箋云：「傳文莒、鄫二字互錯。穀梁傳『滅鄫』義曰：『立異姓以莅祭祀，滅亡之道也。』莒公子，鄫出也，鄫子黜巫而立之。巫來訴於魯，爲會于戚，卒不得反，正知非莒脅立者。戚之會，貶鄫人于吴人下，而莒子無貶文也。傳兩言出，姊妹之子，何云外孫，皆誤。」下滅鄫，解詁同。通義又云：「主書者，罪鄫子也。」俞氏樾云：「謹按，傳文但曰『莒女有爲鄫夫人者』，不言『夫人有女，還嫁莒』也。且古謂姊妹之子爲出，不謂外孫爲出。鄫子欲立外孫〔一〕，而曰『欲立其出』，更爲失之。今按，爾雅釋親：『男子謂姊妹之子爲出。』而釋名釋親屬但曰：『姊妹之子曰出。』是男女得通稱之，凡女子謂姊妹之子亦曰出矣。莒女爲鄫夫人，而欲立其出，蓋莒女無子，而其姊妹適莒大夫者有子，因欲立爲鄫子之後也。傳不曰鄫子欲立其出，則所謂其〔二〕出者，從夫人言也。」○注「主者」至「可也」。○校勘記云：「『主者善之』，監、毛本同。閩本作『書者善之』。鄂本作『主書者善之』。閩、監、毛本互脱一字。」按：紹熙本與鄂本同。舊疏云：「六年，『秋，莒人滅鄫』。然則，不能救滅而得善之者，雖不能〔三〕救，有言之功故也。」

○仲孫蔑、衛孫林父會吴于善稻。【注】不殊衛者，晉侯欲會吴于戚，使魯、衛先通好，見使畀故

〔一〕「外孫」二字原脱，據羣經平議校補。
〔二〕「其」字原脱，據羣經平議校補。
〔三〕「能」字原脱，叢書本同，據公羊注疏校補。

不殊，蓋起所恥。【疏】左傳作「善道」。古道、稻同音叚借字。穀梁傳：「吳謂善伊謂稻緩，號從中國，名從主人。」范云：「善稻，吳地。夷狄所號地形及物類，當從中國言之，以教殊俗，故不言伊緩，而言善稻。人名當從其本俗言。」讀書叢録云：「伊緩乃吳語善字之雙聲。子張姓申，史記云姓顓孫；吳子名乘，左氏云壽夢，皆雙聲字。」趙氏坦異文箋云：「九經字樣：『郎邪，郡名。郎，良也；邪，道也。』以地居鄒、魯，人有善道，故爲郡名。」按：善道之得名，或取此義。杜云：「善道，地闕。」大事表云：「阮勝之南兖州記曰：『盱眙，本吳善道地。秦置盱眙縣。項羽尊楚懷王爲義帝，都盱眙。許慎曰：『張目爲盱，舉目爲眙。』城居山上，可以矚遠，故曰盱眙。今屬江南泗州。」按：御覽引南兖州記：「盱眙，本春秋時善道。」○注「不殊」至「所恥」。○繁露觀德云：「衛俱諸夏也，善稻之會，獨見[一]內之，爲其與我同姓也。」意謂殊吳不殊衛，是獨見內也，與何氏義異。按：所聞世內諸夏，董義勝也。「見使畀，故不殊」，疑畀當作卑。通義云：「不殊孫林父，時晉侯將會吳于戚，使魯、衛先通好。言及衛孫林父，則非我欲之；言會衛孫林父，則非衛尸其事，又不可施。故不殊衛，以起晉志也。」解詁箋云：「何君約左氏文解之，非也。魯臣見使於大國，未足爲恥。此所聞世內諸夏之明文。董子曰『衛，諸夏也。善稻之會，獨元[二]內之』，得之，從會吳上見義者，明諸夏化則吳可漸化。故所見世，不復著魯、衛、晉、吳同會文也。」按：於吳見義者，繁露又云：「吳俱

[一]「見」，各本多作「先」，漢魏叢書、春秋繁露箋注等作「見」。
[二]「元」字誤，當作「見」或「先」。

夷狄也，獨先外之，爲其與我同姓也。」所聞世始外夷狄，故吴見於經，殊之以張義。則荆楚之見於所傳聞世者，尚不合外，非義所著也。

○**秋，大雩。**【注】先是襄公數用兵，圍彭城，城虎牢。三年再會，四年如晉，踰年乃反。又賦斂重，恩澤不施之所致。【疏】注「先是〔一〕至「所致」。○校勘記出「不施所致」，云：「鄂本『施』下有『之』，此脱。」舊疏云：「圍彭城，在元年，即經云『仲孫蔑會晉欒黶以下圍彭城』是也。其城虎牢，在上二年，『冬，遂城虎牢』是也。三年再會者，蓋謂三年，『六月，公會單子、晉侯以下同盟于雞澤』下云：『戊寅，叔孫豹及諸侯之大夫，及陳袁僑盟。』是也。雖是一出行，頻有二事，停軍費重而致旱，緣是之故，得作然解。云四年如晉，踰年乃反者，即上四年『冬，公如晉』、五年『春，公至自晉』是也。其元年，『仲孫蔑會齊崔杼以下次于合』；二年，『秋，叔孫豹如宋。冬，仲孫蔑會晉荀罃以下于戚』，於此諸事，豈不爲費？而注不言之者，正以元年舉『圍彭城』，二年舉『城虎牢』，三年舉『再會』，四年舉『如晉』，年舉一事，惣而言之，見其致旱而已。其餘不足舉者，文〔二〕略不悉耳。」五行志中之上：「庶徵之恒暘，劉向以爲春秋大旱也。其夏旱雩祀，謂之大雩。不傷二穀，謂之不雨。京房易傳曰：『欲德不用兹謂張，厥災荒。荒，旱也，其旱陰雲不雨，變爲赤，因而除。師出過時兹謂廣，其旱不生。上下皆蔽兹謂隔，其旱天赤三月，時有雹殺飛禽。上

〔一〕「是」，原訛作「君」，叢書本同，據【注】文改。
〔二〕「文」，原訛作「又」，叢書本同，據公羊注疏校改。

緣求妃兹謂僭，其旱三月大温亡雲。居高臺府兹謂犯陰侵陽，其旱萬物根死，數有火災。庶位踰節兹謂僭，其旱澤物枯，爲火所傷。』」「襄公五年秋，大雩。先是宋魚石犇楚。楚伐宋，圍彭城以封魚石。鄭畔於中國而附楚，襄與諸侯共圍彭城，城鄭虎牢以禦楚。是歲，鄭伯使公子發來聘，使大夫會吴于善道。外結二國，内得鄭聘，有炕陽動衆之應。」蓋劉歆説與何氏大同。

○**楚殺其大夫公子壬夫。**【疏】舊疏云：「春秋之内，君殺大夫，皆至葬時別有罪無罪。今吴、楚之君，例不書葬，不作他文以別之者，蓋以略夷狄之故也。」

○**公會晉侯、宋公、陳侯、衛侯、鄭伯、曹伯、莒子、邾婁子、滕子、薛伯、齊世子光、吴人、鄫人于戚。**

吴何以稱人？【注】据上善稻之會不稱人。【疏】注「据上」至「稱人」。○即上「仲孫蔑、衛孫林父會吴于善稻」是也。

吴、鄫人云則不辭。【注】孔子曰：「言不順，則事不成。」方以吴抑鄫，國列在稱人上，不以順辭，故進吴稱人。所以抑鄫者，經書「莒人滅鄫」，文與巫訴，巫當存，惡鄫文不見，見惡必以吴者，夷狄尚知父死子繼，故以甚鄫也。等不使鄫稱國者，鄫不如夷狄，故不得與夷狄同文。【疏】通義云：「不得先言鄫人而後殊會吴者，其序自主會者爲之也。若言吴、鄫人，則不成文，故使吴亦相隨稱人。不嫌進吴者，後會于柤，仍殊之，自明矣。鄫敘于會者，剌晉將平莒、鄫之難，卒弗能正也。」按：剌晉之文不見，鄫抑吴下，當仍何注爲長。鄫與會，自必書，無緣爲剌晉起也。○注「孔子」至「稱人」。○所引孔子曰，論語子路篇文。下又云：「言之必可行也。」注：「王曰：所言之事必可得而遵行。」是其義也。方欲抑鄫在吴下，若吴仍常例稱國，則必書「吴、鄫人」，是辭不順也，故亦使吴稱人，非進吴也。○注「所以」至「不見」。○校勘記：「『文與巫訴』，鄂本同。閩、監、毛本『文』誤『又』，疏同。」按：紹熙本亦作「又」，亦無不可通。下六年：「莒人滅鄫。」注：「莒稱人者，從莒無大夫也。言滅者，以異姓爲後，莒人當滅也。」是文爲惡莒也。上「叔孫豹、鄫世子巫如晉」，注：「主書者善之。得爲善者，雖揚父之惡救國之滅可也。」是文爲善巫，則巫當存也。是二經皆無惡鄫文也。○注「見惡」至「鄫也」。○論語八佾篇：「夷狄之有君，不如諸夏之亡也。」即此義。○注「等不」至「同文」。○解鄫不等吴稱國義也。范注云：「鄫以外甥爲子，曾夷狄之不若，故序吴下。」是也。鄫不得稱國，所以深抑之也。

○公至自會。

○冬，戍陳。

孰戍之？諸侯戍之。曷爲不言諸侯戍之？【注】据下救陳言諸侯。【疏】注「据下」至「諸侯」。○即下云：「公會晉侯、宋公、衛侯、鄭伯、曹伯、莒子、邾婁子、滕子、薛伯、齊世子光救陳。」歷敘諸侯也。

離至不可得而序，【注】離至，離別前後至也。陳坐欲與中國，被强楚之害，中國宜雜然同心救之，乃解怠前後至，故不序，以刺中國之無信。【疏】注「離至」至「至也」。○廣雅釋詁：「離，分也。」又云：「散也。」吕覽大樂云：「離則復合。」注：「離，散也。」各諸侯分散前後沓至，故曰離至也。○注「陳坐」至「無信」。○舊疏云：「其與中國者，謂欲得與中國，即上三年，『陳侯使袁僑如會』是也。其被强楚之害者，正見中國戍之故也。」按：下云「楚公子貞帥師伐陳」，是陳被楚害事。左傳：「楚子囊爲令尹。范宣子曰：『我喪陳矣。楚人討貳而立子囊，必改行，而疾討陳。陳近于楚，民朝夕急，能無往乎？有陳，非吾事也。無之而後可。』冬，諸侯戍陳。」是救陳不急起自晉，故諸侯亦前後至，不同心也，故書以刺中國無信。鹽鐵論備胡云：「春秋刺諸侯之後。」謂此。

故言我也。【注】言我者，以魯至時書，與魯微者同文。微者同文者，使若城楚丘，辟魯獨戍之。戍例時。【疏】下十年：「戍鄭虎牢。」傳云：「孰戍之？諸侯戍之。曷爲不言諸侯戍之？離至不可得而序，故言我也。」與此同，蓋皆以魯至〔一〕時書也。○注「與魯微者同文」。○舊疏云：「以不載名氏及國，直言

〔一〕「至」，原訛作「巫」，據【注】校改。

其事者，若莊公二十八年『冬，築微』之文，故云『與魯微者同文』矣。」是也。○注「微者」至「戍之」。○僖二年：「城楚丘。」傳：「孰城？城衛也。」舊疏云：「彼亦直言『城楚丘』，作魯微者之文。魯之微者，焉能獨城？明其更有餘國，故書月，以見非内城。今此戍陳，亦作魯微者之文。魯之微者，焉能獨戍？明更有餘國矣，故曰使若城楚丘，辟魯獨戍之。」○注「戍例時」。○正以此傳書「冬，戍陳」及下十年書「冬，戍鄭虎牢」故也。

○楚公子貞帥師伐陳。

○公會晉侯、宋公、衛侯、鄭伯、曹伯、莒子、邾婁子、滕子、薛伯、齊世子光救陳。

【疏】穀梁同，無「婁」字。左氏經無「莒子、邾婁子、滕子、薛伯」，蓋脱也。襄二年左傳：「知武子曰：『鄫之會，吾子聞崔子之言，今不來矣。滕、薛、小邾之不至，皆齊故也。』」蓋東諸侯皆唯齊是視，今齊世子光與會，知莒、邾、滕、薛無緣不來也。左傳：「會于城棣〔一〕以救之。」穀梁傳「善救陳也」是也。

〔一〕「棣」，原訛作「隸」，叢書本同，據左傳校改。

○**十有二月，公至自救陳。**【疏】莊六年傳「不得意致伐」，此書至自救，亦不得意文。以下七年「會于鄬」，陳侯逃歸，明不能終救事也。救例時，月者，舊疏云：「月，爲下卒〔一〕起其義也。」是也。

○**辛未，季孫行父卒。**

○**六年，春，王三月，壬午，杞伯姑容卒。**【注】始卒，更名日書葬者，新黜，未忍便略也。【疏】包氏慎言云：「三月書壬午，月之三日。」○注「始卒」至「略也」。○鄂本「更」作「便」。按：紹熙本亦作「便」，是也。所聞之世，小國始卒，故文十三年：「夏，五月，邾婁子籧篨卒。」宣九年：「秋，八月，滕子卒。」其名、日與葬皆未備書，今此詳録，故解之也。新黜未忍便略者，莊二十七年：「冬，杞伯來朝。」注：「杞，夏後，不稱公者，春秋黜杞、新周而故宋，以春秋當新王。」是也。若然，僖二十三年已書「杞子卒」，而此云「始卒」者，彼注云：「卒者，桓公存王者後，功尤美，故爲表異卒録之。」則傳聞之世，小國本不合卒，其書卒者，皆非春秋常例。亦如莊公之世，書「邾婁子克卒」、書「邾婁子瑣卒」之屬也。

〔一〕「卒」，原訛作「年」，叢書本同，據公羊注疏校改。

○夏，宋華弱來奔。【疏】差繆略云：「弱，公羊作溺。」按：弱、溺通。禹貢「弱水」，説文水部作「溺」是也。今注、疏各本及唐石經俱作「弱」。

○秋，葬杞桓公。【疏】桓十年注：「小國始卒，當卒月、葬時。」哀三年注：「小國卒葬，極於哀公，皆卒日、葬月。」是所聞世當葬時，上卒雖書日示詳，此仍依常也。

○滕子來朝。

○莒人滅鄫。【注】莒稱人者，莒公子，鄫外孫。稱人者，從莒無大夫也。言滅者，以異姓爲後，莒人當坐滅也。不月者，取後于莒，非兵滅。【疏】注「莒稱」至「夫也」。○莊二十七年：「莒慶來逆叔姬。」傳：「莒無大夫，此何以書？」故莒公子稱人，爲從莒無大夫之常例也。○注「言滅」至「滅也」。○繁露玉英云：「至於鄫取乎莒〔一〕，以之爲同居，目〔二〕曰莒人滅鄫。」按：繁露「莒」下「之」字衍。同居者，喪服小記

〔一〕「莒」下原衍一「之」字，據春秋繁露校删。

〔二〕「目」字原脱，叢書本同，據春秋繁露校補。

云：「同財而祭其祖禰爲同居。」是也。彼謂繼父皆無主後，明以之爲主後矣。故此鄫取莒公子爲主後，故曰同居也。通典禮二十九云：「後漢吴商異姓爲後議曰：或問：『以異姓爲後，然當還服本親。及其子，當又從其父而服耶？將以異姓而不服也？』答曰：『神不歆非族，明非異姓所應祭也。雖世人無後，並取異姓以自繼，然本親之服，骨肉之恩，無絶道也。異姓之義，可同於女子出適，還服本親，皆降一等。至於其子應從服者，亦當同於女子子，從於母而服其外親。今出爲異姓作後〔一〕，其子亦當從於父母而服之也。父爲所生父母周，子宜如外祖父母之加也。其昆弟之子，父雖服之大功，於子尤無尊可加。及其姊妹，爲父小功，則子皆宜降〔二〕於異姓之服，不得過緦麻也。』范甯與謝安書曰：『無子而養人子者，自謂同族之親，豈施於異姓？今世行之甚衆，是謂逆人倫亂昭穆之序，違經典紹繼之文也。』」晉書賈充傳：「及薨，槐輒以外孫韓謐爲黎氏子，奉充後。郎中韓咸、中尉曹軫諫槐曰：『禮，大宗無後，以小宗支子後之，無異姓爲後之文。無令先公懷腆后土，良史書過，豈不痛心？』槐不從。」又秦秀傳：「充薨，秀議曰：充舍宗族弗授，而以異姓爲後，悖禮溺情，以亂大倫。昔鄫養外孫莒公子爲後，春秋書『莒人滅鄫』。聖人豈不知外孫親耶？但以義推之，則無父子耳。」通義云：「謹按，五年傳曰『莒將滅之』，則立外孫者，實莒脅鄫人使然。故春秋不言鄫亡，而歸惡於『莒人滅鄫』也。己姓之子，以代弋姓宗廟，鬼神非族不享，不謂

〔一〕「後」下原衍「之子」二字，叢書本同，據通典校删。

〔二〕「降」，原訛作「從」，據通典校改。

之滅，得乎？穀梁傳曰：『家有既亡，國有既滅。滅而不自知，由別之而不別也。莒人滅鄫，非滅也，立異姓以莅祭〔一〕祀，滅亡之道也。』董仲舒曰：『諸侯父子兄弟，不宜立而立者，春秋視其國，與宜立之君無以異也，此皆在可以然之域也。至於鄫取後于莒，以之爲同居，目曰莒人滅鄫，此不在可以然之域也。』」盧氏文弨龍城札記云：「莒人滅鄫，鄫以外孫莒公子異姓爲後。何休云：『莒人當坐滅。』陸淳云：『鄫以莒公子爲後，罪在鄫子，不在莒人。春秋應以梁亡之例書鄫亡，不當但責莒人。』劉敞權衡深取陸說。文弨案，莒人苟無因以爲利之意，何不以大義〔二〕辭之，令其自擇宗姓爲後，於王者興滅繼絶之道豈不有合？而乃貪其土地，甘棄其子於異姓，罪安可赦？夫與爲人後，與賁軍之將、亡國之大夫一例，爲聖門所擯。則何氏謂『莒人當坐滅』，此語正得書法本指。陸、劉之説，吾所不取。」汪氏琬爲外祖後辨云：「廣之之嗣於毛也，殆與春秋『莒人滅鄫』類與？予則曰：不類。鄫人無後，故以莒公子爲後。今毛氏既後兄弟之子矣，而復後外孫，是亦不可以已乎！爲人後者爲之子，莒公子之後鄫也，爲之子者也。今毛氏獨撫廣之爲孫，使廣之無所後之禰，而有所後之祖，殆再亂其系也。是不可以已乎！吾故曰非莒、鄫類也。」徐氏乾學讀禮通考：「按，汪氏云：鄫無後，而以莒之子爲後，鄫未嘗無後也。公羊傳明言鄫世子巫，是鄫之前夫人莒女所生。鄫更娶後夫人于莒，而無子有女，還于莒爲夫人，生公子。鄫子愛後夫人，故立其外

〔一〕「祭」，原訛作「宗」，據穀梁傳注疏校改。

〔二〕「義」，原作「意」，叢書本同，據龍城札記校改。

孫。据此，則鄫已先立世子巫，後舍巫而立外孫也。知其先立巫者，襄五年經文稱『鄫世子巫』，而左氏謂之『大子巫』，是以知其立巫爲後，必告於大國者也。舍衆著之適長，而暱於牀第之情，迎異姓以爲後，其事蓋自古未聞。考之三傳注疏略有同異，意者其別有故，而傳之或譌與？今但以公、穀之辭推之，其罪實浮於賈充輩遠矣。先王之制禮也，宗無後者爲之置後，今鄫本有後也，而反立異姓以爲後，何爲而不滅亡與？案律，乞養異姓義子以亂宗族者，杖六十。若以子與異姓人爲嗣者，罪同，其子歸宗。此乞養異姓子，亦言無後者耳。若鄫、莒之事，又律文所不載，當從重科斷〔一〕者也。」按：陸、劉之説，不識春秋抑鄫吴下之義，故如彼解。○注「不月」至「兵滅」。○莊十年，「冬，十月，齊師滅譚」，又十三年，「夏，六月，齊人滅遂」，皆月，此不月，故解之。舊疏云：「以此言之，即知僖二年『晉滅下陽』、僖十年『狄滅温』之屬，皆蒙上月矣。僖十七年『夏，滅項』，彼注云：『不月者，桓公不坐滅，略小國。』僖二十六年『秋，楚人滅夔』，何氏云：『不月者，略夷狄滅微國也。』以此言之，則知僖十二年『夏，楚人滅黄』、文五年『秋，楚人滅六』之屬，亦是略之故也。其『衛侯燬滅邢』、『楚子滅蕭』、『蔡歸姓滅沈』之屬，皆當文自釋，不勞備説。」按：穀梁傳亦曰「非滅也」，注：「非以兵滅。」又曰：「莒人滅繒，非滅也，立異姓以莅祭祀，滅亡之道也。」與此同。

〔一〕「斷」字原脱，叢書本同，據讀禮通考校補。

○冬，叔孫豹如邾婁。

○季孫宿如晉。【疏】通義云：「宿，行父之子也。喪父未練，而有位於朝，奉使於國，衰世之事，不可勝譏，故從武氏子一見法而已。」國語作「夙」。鄭氏檀弓注引世本云：「行父生夙。」宿，古文夙字。

○十有二月，齊侯滅萊。【疏】杜云：「萊國，東萊黄縣。」大事表云：「今登州府黄縣東南二十里有萊子城。」元和郡縣志：「故黄城在登州黄縣東南二十五里，古萊子國。」史記封禪書齊之八祠，「六曰月主，祠之〔一〕萊山」。此萊國之所都也。

曷爲不言萊君出奔？【注】据譚子言奔。【疏】注「据譚子言奔」。○即莊十年「齊師滅譚。譚子奔莒」是也。通義云：「諸言奔者，皆責以不死位可知矣。曲禮曰：『國君死社稷，大夫死衆，士死制。』」按：凡書「以歸，殺之」，或書「以歸」，從可知也。

國滅，君死之，正也。【注】明國當存，不書殺萊君者，舉滅國爲重。【疏】禮記曲禮云：「國君死社稷。」注：「死其所受於天子也，謂見侵伐也。春秋傳曰：『國滅，君死之，正也。』」正義引異義：「公羊説：

〔一〕「之」字原脱，據史記校補。

『國滅，君死，正也。』故禮運曰『君死社稷，無去國之義』。左氏說：昔太王居邠，狄人攻之，乃踰梁山，邑於岐山。故知是有去國之義也。」許慎謹案，易曰：『係遯，有疾厲，畜臣妾，吉。』知諸侯無去國之義。」鄭不駁之，明從許君用公羊義也。繁露竹林云：「夫冒大辱以生，其情無樂，故賢人不爲也。而衆人疑焉。春秋以爲人之不知義而疑〔一〕也，故示之以義，曰：『國滅，君死之，正也。』正也者，正於天之爲人性命也。天之爲人性命，使行仁義而羞可恥，非若鳥獸，苟爲生、苟爲利而已。」按：孟子梁惠王下孟子告滕文公曰：「鑿斯池焉，築斯城焉，與民守之，效死而民弗去。」又云：「或曰：『世守也，非身之所能爲也。』效死勿去。」注：「土地乃先人之所受也，世世守之，非己所能專爲，至死不可去也。」章指言：「大王去邠，權也；效死而守業，義也；義權不並，故曰擇而去之也。」則公羊之説正，左氏之説權也。禮記禮運云：「故國有患，君死社稷，謂之義；大夫死宗廟，謂之變。」注：「變，當爲辯。辯，正也。君守社稷，臣衛君宗廟者。患，謂見圍入。」故詩緜〔二〕正義云：「曲禮下云『國君死社稷』，公羊傳曰『國滅，君死之，正也』，則諸侯爲人侵伐，當以死守之。而公劉、大王皆避難遷徙者，禮之所言爲國正法，公劉、太王則權時之宜。論語曰：『可與適道，未可與權。』公羊傳曰：『權者，反經合義。』權者，稱也，稱其輕重、度其利害而爲之。公劉遭夏人之亂，而被迫逐，若顧戀疆宇，或至滅亡，所以避諸夏而入戎狄也。大王爲狄所攻，必求土地，不得其地，

〔一〕該句中「人」下原脱「之」字，「疑」下原衍「之」字，據繁露校改。

〔二〕「緜」，原誤記爲「大明」，據毛詩正義校改。

則攻將不止。戰以求勝，則人多殺傷，故又棄戎狄而適岐陽，所以成三分之業，建七百之基。雖於禮爲非，而其義〔一〕則是。此乃賢者達節，不可以常禮格之。」按：春秋時國滅君逃，不可以公劉、太王律。公劉、太王居岐、居邠，雖云播遷，宗社仍存，是亡猶不亡也。春秋國既滅亡，宗祀即斬，徒爲寓公，全生忍辱，故示之以正，曰「國滅君死也」，舍此無他義也，亦無所爲權也。孟子告滕文公，以事齊事楚章語爲正，其引太王事，不過廣爲譬説，而終歸於效死勿去爾。戰國擾攘，滕文更向何處遷徙哉？○注「明國當存」。○正以「滅」者，亡國之善辭也。新王興滅國，故當存也。○注「不書」至「爲重」。○孟子盡心下：「民爲貴，社稷次之，君爲輕。」故以滅國爲重也。舊疏云：「欲決定四年『蔡公孫歸姓帥師滅沈，以沈子嘉歸，殺之』文也。彼注云：『舉國滅爲重，書以歸殺之者，責不死位也。』是也。」

〔一〕「義」，原訛作「實」，據毛詩正義校改。

公羊義疏五十七

南菁書院　句容陳立卓人著

襄七年盡十二年

○七年，春，郯子來朝。

○夏，四月，三卜郊，不從，乃免牲。

○小邾婁子來朝。

○城費。【疏】水經注沂水篇：「沂水又東南，流逕費縣故城南。地理志：『東海之屬縣也，爲魯季孫之邑。』」按：漢書地理志「東海費」下云：「故魯季氏邑。」

○秋，季孫宿如衛。

○八月，螺。【注】先是郯、小邾婁〔一〕來朝，有賓主之賦，加以城費，季孫宿如衛，煩擾之應。【疏】注「先是」至「之應」。○並見上「賓主之賦」者，禮聘禮、周禮掌客職、禮記聘義所載，禾米芻薪牢餼之屬是也。五行志中之下：「襄公七年八月，螽。劉向以爲，先是襄興師救陳，滕子、郯子、小邾子皆來朝。夏，城費。」

○冬，十月，衛侯使孫林父來聘。壬戌，及孫林父盟。【疏】包氏慎言云：「九年閏，七月後已盈，然經書冬十月壬戌，爲十月之廿二日。前有閏，則此爲九月日，非十月日也。」

○楚公子貞帥師圍陳。

〔一〕「小邾婁」下原衍「子」字，叢書本同，據公羊注疏校刪。

○十有二月，公會晉侯、宋公、陳侯、衛侯、曹伯、莒子、邾婁子于鄬。【疏】釋文：「鄬，字林九吹反。」説文阜部：「隝，鄭地，阪。」引春秋傳曰：「將會鄭伯于隝。」

○鄭伯髡原如會，【疏】唐石經作「髡原」，釋文「髡原」，左氏作「髡頑」。舊疏本作「髡頑」，解云：「正本作『頑』字。一本作『原』，非也。」校勘記云：「疏文所據之本，較之釋文多得其正。」按：頑从元聲，與原同部，叚借字。讀書叢録：「史記鄭世家索隱引左傳作『髡原』，是左氏作『髡原』。此傳作『髡頑』，故疏云：『一本作原字，非也。』今本是後人据釋文改之。然則，一本蓋据左氏以改公羊也。」

未見諸侯。丙戌，卒于操。【疏】包氏慎言云：「十二月有丙戌，月之十七日。」時蓋閏十月，故十二月有丙戌也。釋文云：「左氏作『鄵』。」按：説文無鄵字，古衹借用操字，後世去手加邑，此與穀梁作操，猶是古字也。釋文：「操，一音七南反。」盧云：「古喿與參往往易混，此音七南，必本有作摻字者。」

操者何？鄭之邑也。【疏】杜云：「鄵，鄭地。」穀梁傳：「其地，於外也；其日，未踰竟也。」亦以操爲鄭地。路史國名紀引盟會圖疏云：「鄵，侯國，在慈州，鄭伯卒處。」按：慈州，今山西吉州，疑迂遠。

諸侯卒其封内不地，此何以地？【注】据陳侯鮑卒不地。【疏】注「据陳」至「不地」。○即桓五年，「正月，甲戌、己丑，陳侯鮑卒」是也。彼傳云：「曷爲以二日卒之？怴也。甲戌之日亡，己丑之日死而得。君子疑焉，故以二日卒之。」明卒於封内也。彼不地，故据以難。宣九年：「晉侯黑臀卒于扈。」傳亦云：「諸侯卒其封内不地。」彼以卒于會，故地，與此殊。

隱之也。何隱爾？弑也。【疏】通義云：「隱公以不地見隱，此以地見隱者，内薨常地，則不地爲變；外諸侯卒常不地，則録地爲變。各從變例，以起問發微，不拘一轍也。」釋文作「殺也，音試」。

孰弑之？其大夫弑之。【疏】左傳云：「子駟使賊夜弑僖公，而以瘧疾赴于諸侯。」鄭世家云：「子駟使廚人藥殺釐公。」

曷爲不言其大夫弑之？【注】据鄭公子歸生弑其君夷書。【疏】注「据鄭」至「夷書」。○見宣四年。

爲中國諱也。【疏】繁露王道云：「『鄭伯髡原卒于會』，諱弑，痛強臣專君，君不得爲善也。」不書弑，蓋兼二義：一爲中國諱，一爲鄭伯棄蠻夷即中國而見弑。故深隱之也。

曷爲爲中國諱？【注】据歸生弑君不爲中國諱。【疏】注「据歸」至「國諱」。○仍本上据以難。

鄭伯將會諸侯于鄬，其大夫諫曰：「中國不足歸也，則不若與楚。」鄭伯曰：「不可。」【疏】唐石經、諸本同。昭十二年疏引作「鄭伯不可」，無「曰」字。

其大夫曰：「以中國爲義，則伐我喪；【注】据城虎牢事。【疏】昭十二年疏引此傳作「即伐我喪」。○注「据城虎牢事」。○上二年：「遂城虎牢。」傳云：「其言城之何？取之也。曷爲不言取之？爲中國諱也。曷爲爲中國諱？諱伐喪也。」是也。彼以二年六月鄭伯睔卒，冬即仲孫蔑會諸侯之大夫，取虎牢，伐喪明矣。

以中國爲彊，則不若楚。」【注】言楚屬圍陳，不能救。【疏】注「言楚」至「能救」。○即上「楚公子貞帥師圍陳」，不見諸侯救文是也。

於是弑之。【注】禍由中國無義，故深諱，使若自卒。【疏】穀梁傳：「鄭伯將會中國，其臣欲從楚，不勝其臣，弑而死。」説苑尊賢云：「鄭僖公富有千乘之國，貴爲諸侯，治義不順人心而取弑于臣者，不先得賢也。」與公、穀義皆異。

鄭伯髡原何以名？【注】据陳侯如會不名。【疏】注「据陳」至「不名」。○即僖二十八年「公會晉侯以下于踐土。陳侯如會」是也。

傷而反，未至乎舍而卒也。【注】舍，昨日所舍止處也。以操定〔一〕邑，知傷而反也。未見諸侯，尚往辭，知未至舍也。云爾者，古者保辜，諸侯卒名，故於如會名之，明如會時爲大夫所傷，以傷辜死也。君親無將，見辜者，辜内當以弑君論之，辜外當以傷君論之。【疏】穀梁傳：「禮，諸侯不生名，此其生名，何也？卒之名也。」是因卒故名，與陳侯異也。○注「舍昨」至「處也」。○正以傳云「傷而反」，故知昨日所舍止處也。通義云：「必知未至乎舍者，傳窮經義。名鄭伯于上，書卒于下，文連而辭急，明是尚在道辭。

〔一〕「定」當作「鄭」，見下【疏】文引阮元校勘記。

若至舍乃卒，辭閒既緩，即不得預名也。」○注「以操」至「反也」。○校勘記云：「鄂本『定』作『鄭』，此誤。」按：紹熙本亦作「鄭」。未出竟，故知傷而反也。○注「未見」至「舍也」。○穀梁傳：「未見諸侯，其曰如會，致其志〔一〕也。」故未見爲往辭。舊疏云：「凡言未見者，有欲見之理，知當往辭。若其迴還至舍，便絶未見之意，經不應得言未見，故如此解。」○注「古者保辜」。○九經古義云：「史游急就章：『疻痏保辜謕〔二〕呼號。』師古曰：『保辜者，各隨其狀輕重，令毆者以日數保之，限内致，則坐重辜也。』漢書功臣表云，昌武侯單德『元朔三年，坐傷人，二旬内死，棄市』。然則，保辜以二旬爲限歟？以平人言之，限内當以殺人論之，漢律所云『殺人者刑』是也。限外當以傷人論之，漢律所云『傷人抵罪』是也。服虔曰：『抵罪者，隨輕重制法。』李奇曰：『傷人有曲直，罪名不可豫定。』故漢律又云：『鬭以刃傷人，完爲城旦。其賊加罪一等。與謀者同罪。』是輕重制刑之義也。」按：唐律鬭訟篇：「諸保辜者，手足毆傷人，限十日。以他物傷人者，二十日。以刃及湯火傷人者，三十日。折跌支體及破骨者，五十日。」今律唯手足傷，亦二十日爲異。○注「諸侯」至「死也」。○穀梁傳：「禮，諸侯不生名，此其生名，何也？卒之名也。卒之名，則何爲加之如會之上？見其以如會卒也。」是其義也。○注「君親」至「論之」。○莊三十二年傳云：「君親無將，將而誅焉。」故据以難。舊疏云：「其弑君論之者，其身梟首，其家執之。其傷君論之，其身斬首而已，罪不累

〔一〕「志」，穀梁傳原文作「本意」。
〔二〕「謕」，原訛作「詎」，叢書本同，據九經古義及急就篇校改。

家。漢律有其事。然則，知古者保辜者亦依漢律，律文多依古事，故知然也。」解詁箋云：「保辜不得施于君親，傷君弒君，誅無輕重。穀梁子曰，取卒之名，加之如會之上，見以如會卒也，得之。」按：劉氏之説甚正，然古今律各少殊。唐律有毆詈祖父母父母條「毆者斬，傷者徒，無謀殺」文，蓋謀亦止斬矣。今律謀殺祖父母父母，已行者斬決，不問傷否；已殺者淩遲，皆無弒君、傷君律，應具於謀反大逆中矣。唐律：「謀反及大逆皆斬；父子年十六以下皆絞；十五以及母女妻妾祖孫兄弟姊妹，若部曲資財田宅並没官；伯叔父兄弟之子，皆流三千里。」蓋即何氏所謂其身梟首，其家被執也。無傷律，蓋傷亦同罪，此與漢律殊者也。疏議「人君者，與天地合德，與日月齊明，上祇寶命，下臨率土，而有狡豎凶徒，謀危社稷，始興狂計，其事未行，將而必誅」，即同真反，是也。何氏分别辜内外殺傷者，唐律云：「限内死者，各依殺人論。其在限外，及雖在限内以他故死者，各依本毆傷法。」後世保辜律止用於鬭殺，雖凡人謀，故亦不用此律，與唐律注「餘條毆傷及殺傷各準此」又不同矣。

未見諸侯，其言如會何？致其意也。【注】鄭伯欲與中國，意未達而見弒，故養遂而致之，所以達賢者之心。【疏】舊疏云：「上『陳侯如會』、『袁僑如會』之輩，皆是至會。今鄭伯既言未見諸侯，而言如會，故据未見而難之。」○注「鄭伯」至「之心」。○校勘記出「故養逐而致之」，云：「監、毛本同，誤也。鄂本、閩本『逐』作『遂』，當据正。」按：紹熙本亦作「養遂」。繁露觀德云：「鄭僖公方來會我，而道殺，春秋致其意，謂之如會。」穀梁傳曰：「未見諸侯，其曰如會，何也？致其志也。」又曰：「鄭伯將會中國，其臣欲從楚，不勝其臣，弒而死。其不言弒，何也？不使夷狄之民加乎中國之君也。」注引：「邵曰：以其臣欲從楚，故謂夷狄之民，不欲使夷狄之臣得弑中國之君，故去弑而言卒，使若正卒然。」是也。是即所以達賢者之心也，即不使小人加乎君子之義。

○陳侯逃歸。【注】起鄭伯欲與中國，卒逢其禍，諸侯莫有恩痛自疾之心，於是懼，然後逃歸，故書以刺中國之無義。加「逃」者，抑陳侯也。孔子曰：「夷狄之有君，不如諸夏之亡。」不當背也。【疏】注「起鄭伯」至〔一〕「無義」。○穀梁注云：「鄭伯欲從中國，而罹其凶禍，諸侯莫有討心，於是懼而去之。」蓋用何義，刺中國無義者。上傳云：「曷爲不言其大夫弑之？爲中國諱也。」注：「既由中國無義，故深諱。」是也。蓋與上五年書「戍陳」義同。○注「加逃」至「背也」。○繁露觀德云：「操之會，陳去我，謂之逃歸。」按：操當作鄬。穀梁傳曰：「以其去〔二〕諸侯，故逃之也。」注：「背華即夷，故書逃以抑之。」「孔子曰」，見論語八佾篇，今本有「也」字。論衡問孔篇、劉逵三都賦注、詩苕之華疏引論語皆無「也」字，與此同。論衡云：「夫中國且不行，安能行於夷狄？夷狄之有君，不如諸夏之亡〔三〕。言夷狄之難，諸夏之易也。」其說論語，義與何同。論語包注：「諸夏，中國。亡，無也。」亦言夷狄雖有君長，而無禮義，不若中國雖偶無

〔一〕「至」字原脱，叢書本同。此爲標注起訖，據本書體例補。
〔二〕「去」，原訛作「言」，叢書本同，據穀梁注疏校改。
〔三〕「亡」，原訛作「無」，叢書本同，據論衡及下引論語包注校改。

君，而禮義不廢也。故抑陳棄華即夷也。

○八年，春，王正月，公如晉。【注】月者，起鄬之會，鄭伯以弑，陳侯逃歸，公獨脩禮於大國，得自安之道，故善録之。【疏】注「月者」至「録之」。○正以朝例時故也。釋文「弑」作「殺」，音試。通義云：「月者，正月也。上鄬之會不致，疑公未返國，遂自役如晉與？」按：公修禮大國，書月，善之。與僖十年、十五年兩書「公如齊」之屬同。

○夏，葬鄭僖公。

賊未討，何以書葬？【疏】隱十一年：「春秋君弑賊不討不書葬，以爲無臣子也。」故据難之。

爲中國諱也。【注】探順事上，使若無賊然。不月者，本實當去葬責臣子，故不足也。【疏】注「探順」至「賊然」。○校勘記云：「『探順事上』，鄂本作『上事』。」按：紹熙本作「上事」。仍順不書大夫弑之義，故若無賊然也。通義云：「黄道周曰：鄭成公不葬，猶之蔡繆公也。蔡侯肸、鄭〔一〕伯睔皆以從楚不葬。鄭僖公之卒，弑也。子駟未討而書葬，何也？志正也。書弑而又不討賊，則不得書葬；書卒而又不書葬，

〔一〕「鄭」，原訛作「趙」，叢書本不誤，據改。

則無以異于鄭成公。父子異志而春秋異義，故春秋權也，量物之輕重而爲之衡者是也。」○注「不月」至「足也」。○舊疏云：「正以卒日、葬月，大國之例。今鄭爲大國，不月，故如此解。」本爲中國諱，故書葬，非正例也，故仍去月以起之。

○鄭人侵蔡，獲蔡公子燮。【疏】舊疏云：「穀梁作公子濕。」毛本「濕」作「溼」。彼釋文云：「公子濕，本又作『隰』，又音燮。」按：古燮、濕、溼音義通。

此侵也，其言獲何？【注】据宋師敗績，獲宋華元，戰乃言獲也。【疏】注「据宋」至「獲也」。○宣二年，「宋華元帥師及鄭公子歸生帥師戰于大棘。宋師敗績，獲宋華元」是也。舊疏云：「公羊之義，以爲『觕者曰侵』，故如此解。」

侵而言獲者，適得之也。【注】時適遇值其不備，獲得之易。不言取之者，封内兵不書，嫌如子糾取一人，故言獲，起有兵也。又將兵禦難，不明候伺，雖不戰鬭，當坐獲。【疏】穀梁傳：「人，微〔一〕者也。侵，淺事也。而獲公子，公子病矣。」疏引徐邈云：「公子病，不任爲將帥，故獲之。」與公羊義近。蓋因病故適得之也。○注「時適」至「之易」。○舊疏云：「春秋之義，取爲易辭。故隱十年，『鄭伯伐取之』，傳云

〔一〕「微」，原訛作「敬」，叢書本同，據穀梁注疏校改。

『其言伐取之何？易也』者。」是此傳言「適得之」，即是易之甚者。○注「不言」至「兵也」。○舊疏云：「所以不言取之者，其人是時將兵拒鄭，但未至鬬戰。封内之兵，例所不書，既不得書有蔡師，若言鄭人侵蔡，取公子燮，則嫌如莊九年『齊人取子糾，殺之』，然但取一人而已，故言獲起其文，是時亦將兵來也。」其封内兵不書，定八年傳「公斂處父帥師而至」，經不書之是也。齊人取子糺事，見莊九年。校勘記云：「糺，鄂本同。閩、監、毛本『糺』作『糾』。」按：紹熙本亦作「糺」。○注「又將」至「坐獲」。○校勘記云：「『不明伺候』，閩、監、毛本〔一〕作『候伺』，注及釋文同。」僖三年：「徐人取舒。其言取之何？易也。」注：「易者，猶無守禦之備。」〔二〕明公子燮之獲，實取也。昭二十三年：「獲陳夏齧。」傳：「大夫生死皆曰獲。」宣二年：「獲宋華元。」注：「復出宋者，非獨惡華元，明恥辱及宋國。」今蔡公子燮不明伺候，致令見獲，故書獲以坐罪，明守禦不足，恥及乎國。禮記射義所謂「賁軍之將」，又檀弓所謂「謀人之軍師，敗則死之」是也。

○季孫宿會晉侯、鄭伯、齊人、宋人、衛人、邾婁人于邢丘。【疏】穀梁傳：「見魯之失正

〔一〕「本」，原訛作「木」，叢書本不誤，據改。

〔二〕「徐人取舒」下，原文有「其言取之何？易也」句，此舍而未引，今據公羊傳補。彼注曰：「易者，猶無守禦之備。」此本原訛作「取者，猶無守禦之備」，今據原文校改。

也，公在而大夫會也。」時公在晉故。

○**公至自晉。**

○**莒人伐我東鄙。**

○**秋，九月，大雩。**【注】由城費，公比出會、如晉，莒人伐我，動擾不恤民之應。【疏】注「由城」至「之應」。○城費，見上七年。公比出會，謂五年「冬，公會晉侯以下救陳」、七年「冬，十二月，公會晉侯以下于鄬」是也。如晉者，即上「正月，公如晉」。莒人伐我，即上「莒人伐我東鄙」是也。五行志中之上：「八年九月，大雩。時作三軍，季氏盛。」蓋劉歆説。

○**冬，楚公子貞帥師伐鄭。**

○**晉侯使士匄來聘。**

○九年，春，宋火。【疏】釋文、二傳作「災」。

曷爲或言災或言火？【疏】襄三十年「宋災」之屬，是或言災也。或曰火者，此經是也。舊疏數莊二十年「齊大災」，按：彼傳云「大災者，大瘠也」，非火災也。

大者曰災，小者曰火。【注】大者謂正寢、社稷、宗廟、朝廷也，下此則小矣。災者，離本辭，故可以見火。【疏】左氏宣十六年傳以爲「人火曰火，天火曰災」。何意以春秋之義不記人火，火者皆是天害。但害及於大，則爲災；害及於小，則言火，以春秋重於天道，略於人事。人火之難無足記也，所謂畏天命是也。○注「大者」至「小矣」。○正以正寢者，路寢、夫人正寢皆是。故宋災，伯姬迨火死，書災也。社稷、宗廟者，宣十六年「成周宣榭災」，成三年「新宮災」，哀三年「桓宮、僖宮災」，又四年「蒲社災」是也。朝廷者，天子、諸侯皆三朝，在庫門外者爲外朝，在雉門内者曰治朝，在路門内曰燕朝。釋名釋宮室云：「廷，停也，人所廷集之處。」説文廴部：「廷，朝中也。」春秋不見朝廷災事，因亦物之大者，連述之耳。蓋非此者，皆小矣。○注「災者」至「見火」。○校勘記出「故可以見火」，云：「諸本同。浦鏜云：『大』誤『火』。按，解云：災者，害物之名，故可以見其大於火也。浦校是。」按：盧校本亦作「大」。舊疏云：「本實是火，而謂之災，離其本體，故曰『離本辭』。」

然則内何以不言火？【注】据西宮災不言火。【疏】注「据西」至「言火」。○僖二十年書「西宮災」是也。彼傳云：「西宮者何？小寢也。」彼注云：「西宮者，小寢内室，楚女所居也。」「以其非正寢、社稷、宗廟、朝廷，故謂之小。」而彼言災，故据以難。舊疏云：「桓十四年『御廩災』，亦應是小，所以不据之者，以其御用於宗廟之物，於小義不強，豈似西宮爲小寢内室乎？」是也。

内不言火者，甚之也。【注】春秋以内爲天下法，動作當先自克責，故小有火，如大有災。【疏】通義云：「甚痛内有災變，雖小有火，如大災也。檀弓稱『新宮火，三日哭』，蓋不脩春秋文如是。今經云『新宮災』，足知内不言火者，君子之新意矣。」○注「春秋」至「有災」。○何義以甚之者，「先自克責」，較孔義爲長，亦先正己、後正人之義，論語所謂「躬自厚，而薄責於人」是也。

何以書？記災也。【疏】五行志：「襄公九年『春，宋災』。劉向以爲，先是宋公聽讒，逐其大夫華弱，出奔魯。左氏傳曰：『宋災，樂喜爲司城，先使火所未至，徹小屋，塗大屋，陳畚𦥚〔一〕，具綆缶，備水器，畜水潦，積土塗，繕守備，表火道，儲正徒。郊保之民，使奔火所。』又飭衆官，各慎其職。晉侯聞之，問士弱曰：『宋災，於是乎知有天道，何故？』對曰：『古之火正，或食於心，或食於味，以出入火。是故味爲鶉火，心爲大火。陶唐氏之火正閼伯，居商丘，祀大火，而火紀時焉。相土因之，故商主大火。商人閱其既敗之釁必始於火，是以知有天道。』公曰：『可必乎？』對曰：『在道。國亂亡象，不可知也。』說曰：古之火正，謂火官也，掌祭火星，行火政。季春昏，心星出東方，而味、七星、鳥首正在南方，則用火；季秋星入，則止火，以順天時，救民疾。帝嚳則有祝融，堯時有閼伯，民賴其德，死則以爲火祖，配祭火星，故曰『或食於

〔一〕「𦥚」，原訛作「舉」，叢書本不誤，據改。

心，或食於味也』。相土，商祖契之曾孫，代閼伯後主火星。宋，其後也。世司其占，故先知火災。賢君見變，能修道以除凶；亂君亡象，天不譴告，故不可必也。」經義雜記云：「漢志所引『説曰』，蓋秦、漢相傳左氏舊義，可以補正後儒之説，學者寶之。」

外災不書，此何以書？爲王者之後記災也。【注】是時周樂已毁，先聖法度浸疏遠不用之應。【疏】莊十一年〔一〕：「秋，宋大水。」傳云：「外災不書，此何以書？」注：「据漷移不書。」此與彼同。舊疏又云：「春秋之義，詳〔二〕内而略外，是以外災例不録，而書者皆善文，又皆有傳釋，不勞備載也。」按：穀梁傳：「外災不志，此其志，何也？故宋也。」疏引：「徐邈説云：『春秋王魯，以周公爲後王，以宋爲故。』是亦以爲王者之後記災也。」經義雜記云：「公、穀以宋爲王者後，故志之。穀梁傳『故宋也』，謂以宋故志之也，即莊十一年『秋，宋大水』傳曰『此何以書？王者之後也』之例，以其爲聖人之後，先世嘗有天下，故特詳之，不與他國同。而范氏謂『孔子之先宋人，故志之』，是春秋之書，孔子爲一己作矣。徐仙民謂『春秋王魯，故以宋爲故』，此用何邵公舊説。皆非本傳旨也。」按：臧氏説穀梁故宋爲以宋故志之，亦未見然。穀梁「三統」之義，亦僅見此傳注。○注「是時」至「之應」。○宣十六年：「成周宣榭災。樂器藏焉爾。」注：「宣王中興所作樂器。天災中興之樂器，示周不復興。」是也。是周樂已毁也。此宋復災，故爲

〔一〕「十一年」，原誤記爲「十二年」，據公羊傳校改。
〔二〕「詳」，原訛作「詐」，叢書本不誤，據改。

先聖法度寖遠不用之應。

○夏，季孫宿如晉。

○五月，辛酉，夫人姜氏薨。【疏】包氏慎言云：「五月書辛酉，月之三十日。」

○秋，八月，癸未，葬我小君繆姜。【疏】包氏慎言云：「八月書癸未，月之二十三日。」左氏、穀梁「繆」作「穆」，音義同。

○冬，公會晉侯、宋公、衛侯、曹伯、莒子、邾婁子、滕子、薛伯、杞伯、小邾婁子、齊世子光伐鄭。十有二月，己亥，同盟于戲。【注】事連上伐，不致者，惡公服繆姜喪，未踰年而親伐鄭，故奪臣子辭。【疏】包氏慎言云：「十二月書己亥，十二月無己亥，十一月之十一日。」通義云：「伐而言同盟者，著鄭與盟也。同盟日者，著鄭叛盟。」杜云：「戲，鄭地。」范同。○注「事連」至「子辭」。○莊六年傳：「得意致會，不得意致伐。」此若止盟戲，可不致，既連伐言，無論得意與否，皆須致。此不致，故解之。然此書致者，皆臣子喜其君父脱危而至。今公母喪未除期，親自用兵，故不與臣子喜辭也。公羊以繆姜爲成公夫人，於襄公爲適母，服尤重，今背喪用兵，責之尤重，故奪臣子辭也。

○楚子伐鄭。

○十年，春，公會晉侯、宋公、衛侯、曹伯、莒子、邾婁子、滕子、薛伯、杞伯、小邾婁子、齊世子光會吴于柤。【疏】杜云：「柤，楚地。」左傳校勘記：「惠棟云：『柤是宋地，非楚地也。晉、楚方争，而與諸侯會於其地，必無是理也。』按，京相璠云：『柤，宋地。今彭城偪陽縣西北有柤水溝，去偪陽八十里，東南流逕偪陽故城東北，又南亂於沂，而注於沭，謂之柤〔一〕口城。』此云楚地，乃轉寫之誤。或以昭六年注『柤，鄭地』當之，其説更非。」齊氏召南云：「此時楚地恐尚不及淮北。若果係楚地，晉、宋諸國安得會于此？杜云『楚地』，由後溯前之稱也。後漢郡國志『彭城國傅陽有柤水』，即此柤也。前志『楚國傅陽，故偪陽國』，是柤即近偪陽之地。既會于柤，即滅偪陽耳。偪陽故城今在嶧縣南柤，即嶧縣泇口也。」大事表云：「今山東兖州府嶧縣東南有渣口城，即今泇河，入承水之泇口。又汪氏克寬曰：

〔一〕「柤」，原訛作「相」，叢書本不誤，據改。

『偪陽國及柤地，皆在沛縣。』蓋地相接云。」水經注沭水篇：「沭水故瀆，自下堰東南逕司吾城東，又東南歷柤口城中。柤水出於楚之柤也。春秋『公與晉及諸侯會吴于柤』，京相璠曰：宋地。今彭城偪陽縣西北有柤水溝，去偪陽八十里，東南流逕偪陽故城東北。」「郡國志曰：偪陽有柤水。柤水西南，亂〔一〕於沂而注於沭，謂之柤口城，得其名矣。」又淮水篇：「淮水〔二〕又東逕酇縣故城南。春秋襄十年『公會諸侯及齊世子光于鄫』，今其地鄫聚是也，王莽之酇治矣。」按：古文「柤」作「鄫」，應劭讀作「嵯」。漢地志：「沛郡酇縣。」注：「酇，本作鄫也。」釋例云：「柤，地闕。或曰彭城傅陽縣西北有柤水溝，魯國薛縣西南有柤亭。譙國酇縣治戲鄉，皆去鍾離五百餘里，非諸侯六日載會所至也。或曰汝南安城縣西南有鍾離亭，西北縣北有柤亭，去偪陽近千里，又非自會九日之所能滅國，皆非也。酈元曰，沭水又東南歷柤口城中，柤水出於楚之柤地，東南流逕傅陽縣故城東北。地理志曰，故偪陽國也。」按：釋例「或曰」，即京相璠土地名説也。繁露觀德云：「吴，俱夷狄也，柤之會，獨先外〔三〕之，爲其與我同姓也。」按：此書法與鍾離同，

〔一〕「亂」，原訛作「流」，叢書本同，據水經注校改。
〔二〕「淮水」，原訛作「漁水」，叢書本同，據水經注校改。
〔三〕「外」，原訛作「内」，叢書本同，據春秋繁露義證校改。

彼爲殊吴，此爲内之，未詳董君何義〔一〕。

○**夏，五月，甲午，遂滅偪陽。**【疏】包氏慎言云：「五月書甲午，月之九日。時於五月後方置閏也。」舊疏云：「左氏經作『偪』字，音夫目反，一音逼近之逼，而南州人云道仍有偪陽之類，如逼近之逼矣。」左氏音義：「偪陽，徐甫目反，又彼力反，本或作逼。」校勘記云：「唐石經、諸本同。」「按，左氏經當本作『福陽』，穀梁作『傅陽』。」按：此釋文偪音福，福傅一音之轉。九經古義云：「古今人表作福陽，知古音福从彼力反者，非也。」原注：「漢書地理志及續漢志皆作『傅陽』。棟按，古福字亦讀作副，豫州從事尹宙碑云『位不福德』是也。傅本古〔二〕敷字，今亦讀作副。」又地理志下：「楚國傅陽，故偪陽國。莽曰輔陽。」師古曰：「偪音福。左氏所云偪陽，妘姓者也。」後漢書陶謙傳：「曹操擊謙，破彭城傅陽。」注：「縣名，屬彭城國，本春秋時偪陽也。楚宣王滅宋，改曰傅陽。」續漢書郡國志：「彭城國傅陽有柤水。」注：「左傳襄十年滅偪陽。杜預曰：『即此縣也。』」水經注沭水篇引作「偪陽」，又作「傅陽」。左傳校勘記：「徐仙民音甫目反。惠云徐音是也。古今人表有『福陽子』，按，注云：妘姓。師古曰：『即偪陽也。』郡國志注引經文亦作福，並音之轉。」大事表云：「杜注：『彭城傅陽。』今江南徐州府沛縣北、山東兖州府嶧縣南五十里，吴、

〔一〕「此爲内之，未詳董君何義」句，陳立因上面引文失誤，導致提出此疑問。繁露觀德爲：「衛俱諸夏也，善稻之會，獨先内之，爲其與我同姓也；吴俱夷狄也，柤之會，獨先外之，爲其與我同姓也。」此經「公會晉侯以下會吴于柤」，與成十五年「鍾離之會」同爲殊會吴，均爲「外之」，非「内之」也。

〔二〕「本古」，原訛倒爲「古本」，叢書本同，據九經古義校乙。

晉往來之要道也。」水經注沭水篇：「（柤水）逕偪陽故城東北。地理志曰：『故偪陽國也。』春秋襄十年，會于柤。晉荀偃、士匄請伐偪陽。滅之。偪陽，妘姓也。漢以爲縣。」方輿紀要：「偪陽城在兖州府嶧縣南五十里，城西有柤水，渣口戍在縣東南。」柤、渣同音，側加反，蓋即今之泇口。

○**公至自會。**【注】滅日者，甚惡諸侯不崇禮義以相安，反遂爲不仁，開道彊夷滅中國。中國之禍連蔓日及，故疾録之。滅比于取邑，例不當書致。書致者，深諱，若公與上會，不與下滅。【疏】注「滅日」至「録之」。○正以滅例月，莊十年「冬，十月，齊師滅譚」、十三年「夏，六月，齊人滅遂」之屬是也。今書日，故解之。「開道强夷滅中國」者，舊疏以爲昭八年「楚師滅陳」、十一年「楚師滅蔡」、三十年「吴滅徐」、定十四年「楚公子結帥師滅頓」、十五年「楚子滅胡」之屬，皆是强夷迭害諸夏，故言「連蔓日及」，是以變例書日，「疾而録之」。按：楚滅中國已久，不必至此始禍，似當斥吴言也。通義云：「晉悼圖復文、襄之業，而不義，滅小國，故疾録之。」是也。○注「滅比」至「書致」。○校勘記出「不當書晉」，云：「鄂本『晉』作『致』，此誤。」僖三十三年：「公伐邾婁，取叢。」注：「取邑不致者，得意可知。」正以主書致者，别其得意與否，莊六年傳「得意致會，不得意致伐」是也。若取邑皆得意，無爲書致。滅國得意可知，亦不當書致矣。○注「書致」至「下滅」。○校勘記云：「鄂本『深諱』下有『使』字，此脱。」按，正義本有『使』字。」按：紹熙本亦有。正以致以會書，所以深諱公之與滅也。穀梁傳曰：「無善事則異之，存之也。」何意爲内諱，即此義也。

○楚公子貞、鄭公孫輒帥師伐宋。

○晉師伐秦。

○秋，莒人伐我東鄙。

○公會晉侯、宋公、衛侯、曹伯、莒子、邾婁子、齊世子光、滕子、薛伯、杞伯、小邾婁子伐鄭。

○冬，盜殺鄭公子斐、公子發、公孫輒。【注】不言其大夫者，降從盜，故與盜同文。【疏】釋文：「斐，左氏作騑。」上九年左傳「公子騑」，杜注：「子駟。」詩秦風小戎：「騧驪是驂。」箋云：「驂，兩騑也。」正義：「車駕四馬，在内兩馬謂之服，在外兩馬謂之騑，故云：中，中服；驂，兩騑也。春秋時，鄭有公子騑，字子駟，是有騑乃成駟也。」古名字必相配，騑爲正字，斐其叚借也。○注「不言」至「同文」。○文九年，「晉人殺其大夫先都」，是大夫相殺稱人，故下稱其大夫。此不然，故解之。君殺大夫則稱國，僖七年「鄭殺其大夫申侯」之屬是也。此爲士殺其大夫，故言盜。文十六年傳：「大夫弑君稱名氏，賤者窮諸人。」注云：「賤者，謂士也。士正自當稱人。」又云：「大夫相殺稱人，賤者窮諸盜。」注：「降大夫使稱人，降士使稱盜者，所以別死刑有輕重也。」是也。舊疏云：「士正自當稱人，宜言鄭人殺其大夫某甲，今不言其大夫者，正以士既降從盜，故與盜同文也。」蓋以士既降從盜文，則所殺者亦近盜，故絶去大夫稱矣，是以哀四年：「盜弒蔡侯申。」傳：「弒君賤者窮諸人，此其稱盜以弒何？賤乎賤者也。賤乎賤者，謂罪人也。」注：「罪人者，未加刑也。蔡侯近罪人，卒逢其禍，故爲人君深戒。不言其君者，方當刑放之，與刑人義同。」然則，「盜弒蔡侯申」不言其君，故此亦不得言其大夫。特彼不言其君者，爲刑人所止，不常厥居，故不繫國，君臣義盡，故去其君以見義。此不言其大夫，則與實盜同文故也。通義云：「斐，鄭大夫子駟；發，子國；輒，子耳也。不言殺鄭大夫者，斐弒僖公，本以不欲從晉故。而八年楚伐鄭，左傳言，時子駟、子國、子耳欲從楚。則發、輒與斐同謀，蓋亦與聞乎弒者也。前弒君未明，故於此特貶去大夫以罪之。」甚爲精洽。蓋至與盜同文，不僅絶去大夫，所以誅亂臣賊子者至矣。

○戍鄭虎牢。

孰戍之？諸侯戍之。曷爲不言諸侯戍之？離至不可得而序，故言我也。【注】刺諸侯既取虎牢以爲蕃蔽，不能雜然同心安附之。【疏】舊疏云：「五年戍陳之下已有傳，而復發者，蓋嫌國邑不同故也。」○注「刺諸」至「附之」。○取虎牢事，見上二年。彼經云：「遂城虎牢。」傳：「虎牢者何？鄭之邑也。其言城之何？取之也。」是也。五年「戍陳」，注云：陳坐欲與中國，被强楚之害，中國宜雜然同心救之，乃解怠前後至，故不序，以刺中國之無信。此爲刺中國不能同心安附之，與彼義同。

諸侯已取之矣，曷爲繫之鄭？【注】据莒牟夷以牟婁來奔，本杞之邑，不繫于杞。【疏】注「据莒」至「于杞」。○即昭五年「莒牟夷以牟婁及防兹來奔」是也。本杞之邑者，隱四年，「二月，莒人伐杞，取牟婁」是也。

諸侯莫之主有，故反繫之鄭。【注】諸侯本無利虎牢之心，欲共以拒楚爾。無主有之者，故不當坐取邑，故反繫之鄭，見其意也。所以見之者，上諱伐喪，不言取。今刺戍之舒緩，嫌於義反，故正之云爾。【疏】注「諸侯」至「意也」。○正以上二年傳云：「取之也，曷爲不言取之？爲中國諱也。」雖爲中國諱，亦宜坐取邑，惟諸侯皆不有，則無主名，仍宜繫鄭以見義，故此解之也。穀梁傳曰：「其曰鄭虎牢，決鄭乎虎牢也。」謂二年，鄭去楚從中國，故城虎牢。不言鄭，使與中國無異。自爾以來，數反覆，無從善之意，故繫之於鄭，決鄭而棄外。與公羊義異。其云二年去楚，諸侯始城虎牢，亦與左傳、公羊情事不合。○注「所以」至「云爾」。○上二年傳云：「取之，曷爲不言取之？爲中國諱也。曷爲爲中國諱？諱伐喪也。」是上諱伐喪，不言取事也。上既諱取，此復責戍之舒緩，則與義反，故特繫之鄭，明無主有，見上之取，本中國無利虎牢之心，特城以拒楚，故不當坐取邑，於義仍正也。

○楚公子貞帥師救鄭。

○公至自伐鄭。

○十有一年，春，王正月，作三軍。

三軍者何？三卿也。【注】爲軍置三卿官也。卿、大夫爵號，大同小異。方据上卿道中下，故總言三卿。【疏】通義云：「軍將皆命卿，故以三卿解之。」舊疏云：「公羊以爲王官之伯，宜半天子，乃有三軍。魯爲州牧，但合二軍，司徒、司空將之而已。今更益司馬之軍，添滿三軍，是以書而譏之，曰『作三軍』。是以隱五年注：『禮，天子六師，方伯二師，諸侯一師。』是其一隅也。何氏之意，以軍與師得爲通稱，而臨時名耳。是以或言軍，或言師，不必萬二千五百人爲軍也。」○注「爲軍」至「官也」。○舊疏云：「魯人前此止置司徒、司空以爲將，下各有小卿二人輔助其政。其司馬事省，蓋總監而已，故但有一小卿輔之。今更置中軍司馬將之，亦置二小卿輔助其政，故曰爲軍置三卿官也。」公羊禮説云：「周禮之制，王六軍，大國三軍，次國二軍，小國一軍。詩『整我六師，六師及之』，此周爲六軍之見於經者也。白虎通『次國二軍』，昭五年『舍中軍』，傳：『復古也。』是也。左氏曰『王使虢公命曲沃伯以一軍爲晉侯』，此小國一軍之見於傳者也。魯是次國，唯有三卿五大夫：司空、司徒之下各有二小卿；司馬之下一小卿，以其事省。蓋總監之而已。襄公委任强臣，乃作中卿，以益司馬，官踰王制矣。魯語：「季武子爲三軍，叔孫昭子曰：『不可。』又曰：『今我小侯也。』則魯本二軍可知。問者曰：魯頌『公徒三萬』，鄭箋曰：『萬二千五百人爲軍。大國三軍，合三萬七千五百人。言三萬者，舉成數也。』是魯僖本有三軍也。曰：非也，鄭以此頌美僖公，故以三萬爲三軍。若云舉大數，則三萬七千五百人，大數可爲四萬，又不當言三萬矣。言三萬者，其爲二萬五千人可知。故鄭答臨碩云：『魯頌公徒三萬，是二軍之大數也。』則魯本無三卿，有何疑焉？」按：鄭氏以萬二千五百人爲軍，係古周禮説。依何氏，則隱五年注云：「二千五百人以上也。禮，天子六師，方伯二師，諸侯一師。」劉氏逢禄公羊議禮制軍制云：「提封萬井，車賦千乘，其大數也。三分去一，定受田六萬夫，則六千井也。十井八十家，賦長轂一乘，則實賦六百乘。以魯頌、司馬法言之，每乘三十人，則徒萬八千人，不足二軍。故穀梁傳曰『古者諸侯一軍』，何休云『諸侯一師』。蓋調遣之卒五分而去其一也，其乘數則百有二十。」蓋亦以意言耳。○注「卿大」至「小異」。○舊疏云：「卿、大夫，皆是爵號，總而言之，皆曰卿大夫；别而異之，乃貴者曰卿，賤者曰大夫耳。如此注者，欲道一卿二大夫，所以總名三卿之意也。」○注「方据」至「三卿」。○舊疏云：「卿與大夫，析而言之其實有異，而皆謂之卿者，方据上卿言其中下者，遂得卿稱，故得通言三卿矣。其二小卿謂之中下者，蓋二者相對有尊卑，若似大司馬序官云『大司馬，卿一人；小司馬，中大夫二人[一]；軍司馬，下大夫四人[二]然。」公羊禮說云：「經何以言三軍，而傳云『三軍者何？三卿也』？曰：甘誓曰：『乃召六卿。』注云：『六卿者，六軍之將。古之軍將，皆命卿。今魯作三軍，必先添立司馬以下之卿。』故傳云三卿，足成經文，非故相左也。」是即中下亦謂卿之意也。禮說又云：「趙匡曰：魯卿素已有四五，不止三也。公羊此說適足令學者疑繆。按，趙說非也。三卿爲三軍之將。魯師素有四五，然則魯軍亦四五乎？昭十年經：『季孫意如、叔弓、仲孫貜帥師伐莒。』陳氏傅良曰：『舍中軍矣，曷爲書三卿帥師？四分公室，叔弓爲意如貳也。』陳氏此說足破趙匡之謬解，不得藉口於卿有四五矣。」

作三軍，何以書？【注】欲問作多書乎？作少書乎？故復全舉句以問之。【疏】注「欲問」至「問之」。○舊疏云：「欲道所以不直言何以書，而舉作三軍者，弟子之意，欲問春秋之義，書其作三軍者，爲是嫌其作軍大多而書乎？爲是嫌其大少而書乎？故復全舉經文一句軍之頭數問之。若直言何以書，但問主書，無以見其數，故言此也。」

譏。何譏爾？古者上卿下卿，上士下士。【注】說古制司馬官數。古者諸侯有司徒、司空，上卿各一，下卿各二；司馬事省，上下卿各一；上士相上卿，下士相下卿，足以爲治。襄公委任強臣，國家

[一]「二人」二字原脱，叢書本同。公羊注疏即脱，據周禮校補。
[二]「四人」二字原脱，叢書本同。公羊注疏即脱，據周禮校補。

內亂，兵革四起，軍職不共，不推其原，乃益司馬作中卿官，踰王制，故譏之。言軍者，本以軍數置之。月者，重録之。【疏】注「説古」至「官數」。○舊疏云：「言古者司馬一官但上卿一人，下卿一人；上士一人，下士一人而已。所以爾者，以其事省，不作軍將故也。」通義云：「座主姚大夫曰：『治國則謂之卿，在軍旅則謂之士，卿而有軍行者稱卿士，是也。諸侯之國，得有二卿二軍而已。上卿將上軍，則曰上士；下卿將下軍，則曰下士。』廣森謂：古者，言魯初時也。詩稱『天子六軍』，『其車三千』；魯頌則曰『公車千乘』，明五百乘爲軍，千乘者二軍之賦也。僖公之時，猶未有中軍，今始作之矣。」按：卿亦可稱士，其分在國在軍，別無所見。禮喪服「公士大夫之衆臣」，亦在軍旅者乎？軍五百乘，亦非何氏義。○注「古者」至「爲治」。○繁露爵國云：「春秋曰：『作三軍。』傳曰：『何以書？譏。何譏爾？古者上卿下卿、上士下士。』凡四等，小國之大夫與次國下卿同，次國大夫與大國下卿同，大國下大夫與天子下士同，二十四等，禄入有差，大功德者受大爵土，功德小者受小爵土，大材者執大官位，小材者受小官位，如其能宣，治之至也。故萬人者曰英，千人者曰俊，百人者曰傑，十人者曰豪，豪傑俊英不相陵，故治天下如視諸掌上。」是亦以上卿下卿、上士下士爲四等也。繁露又曰：「諸侯，大國四軍〔一〕，其一軍以奉公家也。」然諸經皆言三軍，無云四軍者。淩先生曙繁露注云：「小司徒注：『百里之國凡四都，一都之田，税入于王。』古者計夫出税，有税則有夫，以其奉公家也。故不言四軍而言三軍，其實暗中有一軍也。」義或然也。繁露又云：「以井

〔一〕「軍」，原訛作「年」，叢書本不誤，據改。

田准數之。方里而一井，一井而九百畝而立口。方里八家，一家〔一〕百畝，以食五口。上農夫耕百畝，食九口，次八人，次七人，次六人，次五人。多寡相補〔二〕，率百畝而三口，方里而二十四口。方里者十，得二百四十口。方十里爲方百里者百，得二千四百口。方百里爲方里者萬，得二十四萬口。法三分而除其一。城池〔三〕、郭邑、屋室、閭巷、街路市、官〔四〕府、園囿、萎圈、臺沼、椽采，得良田方十里者六十六，與方十里者六十六，定率得十六萬口。三分之，則各五萬三千三百三十三口，爲大國口軍三〔五〕，此公侯也。天子地方千里，爲方百里者百。亦三分除其一，定得田方百里者六十六，與方十里者六十六，定率得千六百萬口。九分之，各得百七十七萬七千七百七十七口，爲京口軍九。三京口軍以奉王家。」又云：「故公侯方百里，三分除一，定得田方十里者六十六，與方里六十六，定率得十六萬口。三分之，爲大國口軍三，而立大國。」又云：「三卿，九大夫，二十七上士，八十一下士，亦有五通大夫，立上下士。上卿位比天子之元士，今八百石。下卿六百石，上士四百石，下士三百石。」又云：「三卿，九大夫，上士史各五人，

〔一〕「一家」二字原脱，叢書本同，據春秋繁露校補。
〔二〕「補」，原訛作「稱」，叢書本同，據春秋繁露校改。
〔三〕「池」，原訛作「地」，據春秋繁露校改。
〔四〕「官」，原訛作「宫」，據春秋繁露校改。
〔五〕「爲大國口軍三」，原作「爲大口口軍三」。春秋繁露義證所據本作「爲大口軍三」，蘇輿曰：「大下缺一國字。」據此，上「口」當爲「國」字，據改。

下士史各五人；通大夫、士，上下史各五人；卿、臣二人。此公侯之制也。公侯賢者爲州方伯，錫斧鉞，置虎賁百人。故伯七十里，七七四十九，三分除其一，定得田方十里者二十八，與方十里者六十六，定率得十萬九千二百一十二口，爲次國口軍三，而立次國。」「三卿，九大夫，二十七上士，八十一下士，與五通大夫，五上士，十五下士。其上卿，位比大國之下卿，今六百石，下卿四百石，上士三百石，下士二百石。」「三卿，九大夫，上士史各五人，下士史五人；通大夫，上下史各五人，卿、臣二人。故子男方五十里，五五二十五，爲方十里者六十六，定率得四萬口，爲小國口軍三，而立小國。」按：四萬疑誤。又云：「三卿，九大夫，二十七上士，八十一下士，與五通大夫，五上士，十五下士。其上卿比次國之下卿，今四百石。下卿三百石，上士二百石，下士〔一〕一百石。」「三卿，九大夫，上下史各五人，士各五人，通大夫，上下史亦各五人，卿、臣三〔二〕人。」三人，亦疑誤。大國、次國止二人，小國不應轉多也。又云：「此周制也。」按：繁露文多錯誤，大率以天子諸侯，皆卿大夫上士下士四等。彼之卿即此之上卿，彼之大夫即此之下卿，與周官所載周制不合，蓋仍春秋家説，時古周禮説尚未盛行故也。何氏以此古者爲古制司馬官數，而下備詳司徒、司空之制，則司徒、司空亦止有上卿下卿、上士下士，第官數不同耳。白虎通封公侯云：「諸侯有三卿者，分三事也。五大夫者〔三〕，下天子。」禮記疏引：「三禮義宗云：『諸侯三卿，司徒兼冢宰，司馬兼宗伯，司空

〔一〕「士」，原訛作「土」，叢書本同，據春秋繁露義證校改。

〔二〕「三」，春秋繁露作「二」。

〔三〕「者」字原脱，叢書本同，據白虎通義校補。

兼司寇，三卿之下則五小卿，爲五大夫。』五大夫者，司徒之下立二人，小宰、小司徒也。司馬以下，以其事省，故立一人爲小司馬，兼宗伯之事。司空之下立二人，小司寇、小司空。」與何氏義合。明堂位疏亦云：「魯是諸侯，唯有三卿五大夫。」引公羊説司徒司空之下各有二小卿，司馬之下一小卿，是三卿五大夫也。亦與董生三卿九大夫義殊。師傳各異，不必強同也。何注統名卿，分上下。王制則統名大夫，亦分上大夫卿，下大夫。其士則王制有三等，彼云：「其有中士下士者，數各居其上之三分。」鄭注：「士之數，國皆二十七人，各三分之，上九、中九、下九，以位相當。」蓋漢儒雜采周、秦官制爲説，不能畫一也。○注「襄公至「譏之」。○舊疏云：「襄公委任強臣者，謂三家季孫宿之徒也。」國家内亂者，下十二年「遂入運」之屬是也。左氏傳云：「三分公室而各有其一。」正義引：「膏肓云：『「作三軍」，左氏説云「尊公室」，休以爲與「舍中軍」義同。於義左氏爲短。』鄭康成箴云：『左氏傳云「作三軍，三分公室各有其一」，謂三家卿專兵甲、卑公室。云左氏説者「尊公室」，失左氏意遠矣。』」劉氏評曰：「何氏所見左氏説，以舍中軍爲卑公室，出於季氏一人之私。杜洩以叔孫穆子之意折之，則作三軍必以尊國制爲名也。且左氏自記事實，春秋假以明侯國軍制耳。蓋襄公委任強臣，故季武有三軍之作，實爲卑弱公室，然不得不假尊國制爲名。」劉氏之説是也。王制云：「大國三卿，皆命於天子。次國三卿，二卿命於天子，一卿命於其君。小國二卿，皆命於其君。」注：「小國亦三卿，一卿命於天子，二卿命於其君。」與白虎通合。然則，諸侯正制，當大國三卿，次國二卿，小國一卿。魯於春秋不得爲大國，當止二命卿，故有司徒、司空耳。今襄公復立司馬，必與司徒、司空並職。司馬之下，小司馬之上，又增一中卿，亦與司徒、司空之屬等，是踰乎先王舊制矣。穀梁傳曰：「作三軍，非正也。」是以譏之也。鄂本「強」作「彊」，「共」作「恭」。紹熙本亦作「彊」。○注「言軍」至「置之」。○舊疏云：「言本所以置中卿官者，正欲令助司馬爲軍將，將三軍，故曰本以軍數置之。」按：魯於成襄之世，不止三卿，而軍仍二軍舊制，有事分將，此蓋三家欲各專一軍，增作三軍。因於司馬下增置官屬，與司徒、司空二卿埒，故經以「作三軍」書也。○注「月者，重録之」。○舊疏云：「此事無例，不可相決，但言重失禮，故詳言之。」

○夏，四月，四卜郊，不從，乃不郊。【注】成公下文不致此致者，襄公但不免牲爾。不怨懟，無所起。【疏】注「成公下文不致」。○即成十年：「夏，四月，五卜郊，不從，乃不郊。」下云：「五月，公會晉侯以下伐鄭。」注：「不致者，成公數卜郊不從，怨懟，故不免牲。不但不免牲而已，故奪臣子辭以起之。」是也。○注「此致」至「所起」。○此致者，即下文「公會晉侯以下伐鄭」，又云「公至自伐鄭」是也。按：等乃不郊，則等不免牲耳。何氏謂成公怨懟，或別有所見與？

○鄭公孫舍之帥師侵宋。

○公會晉侯、宋公、衛侯、曹伯、齊世子光、莒子、邾婁子、滕子、薛伯、杞伯、小邾婁子伐鄭。

○**秋，七月，己未，同盟于京城北。**【疏】包氏慎言云：「七月書己未，月之十一日。」舊疏云：「穀梁與此同。左氏經作『亳城北』，服氏之經亦作『京城北』。」九經古義云：「棟按，京，鄭地，在滎陽，隱元年傳『謂之京城大叔』是也。亳城，無考。此傳寫之訛，當從公、穀爲正。」春秋異文箋云：「亳是宋地，去鄭迂遠。經文上書伐鄭，下書同盟，同盟之地當屬鄭邑。公、穀及服氏皆作『京城北』，於義爲得。作『亳』者，字之訛。」按，説文：「亳，从高省，乇聲。」京亦从高省，象高形，篆文相似，故易混。大事表云：「當在今河南府偃師縣西二十里。」仍依違杜氏作亳之説耳。

○**公至自伐鄭。**

○**楚子、鄭伯伐宋。**

○**公會晉侯、宋公、衛侯、曹伯、齊世子光、莒子、邾婁子、滕子、薛伯、杞伯、小邾婁子伐鄭，會于蕭魚。**【疏】杜云：「蕭魚，鄭地。」

此伐鄭也，其言會于蕭魚何？【注】据伐鄭常難，今有詳録之文。【疏】注「据伐」至「之文」。○

舊疏云：「謂以上伐鄭，多以伐致，作不得意之文，故曰常難。言今有詳録之文者，謂録其會蕭魚，并下文『公至自會』之屬也，與前經異，故難之。」

蓋鄭與會爾。【注】中國以鄭故，三年之中五起兵，至是乃服。其後無干戈之患二十餘年，故喜而詳録其會，起得鄭爲重。【疏】左傳：「諸侯之師觀兵于鄭東門。鄭人使王子伯駢行成。甲戌，晉趙武入盟鄭伯。冬，十月，丁亥，鄭子展出盟晉侯。十二月，戊寅，會于蕭魚。庚辰，赦鄭囚。皆禮而歸之。」繁露隨本消息云：「先楚子審卒之三年，鄭服蕭魚。」謂此。○注「中國」至「爲重」。○舊疏云：「即上九年『公會晉侯以下伐鄭，同盟于戲』，一也；十年秋，『公會晉侯以下伐鄭』，二也；冬，『戍鄭虎牢』，三也；今年『公會晉侯以下伐鄭，同盟于京城北』，四也；通此則五矣，故曰三年之中五起兵耳。至是乃服者，非直鄭人與會，下文公以會致，亦是其服文矣。云其後無干戈之患二十餘年者，謂鄭之遂服，不復伐之。」至昭公之時，楚滅陳、蔡，蠻夷内侵，乃是諸夏之患也。上九年〔一〕左傳云：「晉侯歸，謀所以息民。」又曰：「行之期年，國乃有節。三駕而楚不能與争。」故無干戈之患也。注云：「三駕，謂十年，師於牛首；十一年，師於向；其秋，觀兵於鄭東門。自是鄭遂服。」范云：「鄭與會而服，中國喜之，故以會致。」亦得鄭爲重之意也。

〔一〕「九年」，原誤記爲「十年」，據左傳校改。

○**公至自會。**【疏】春秋之例，得意致會，故上注云：「鄭至是乃服，其後無干戈之患二十餘年也。」穀梁傳：「公至自會，伐而後會，不以伐鄭致，得鄭伯之辭也。」

○**楚人執鄭行人良霄。**【疏】穀梁作「良宵」。按：公羊、左傳釋文皆不云，穀梁作「宵」蓋誤字。穀梁傳曰：「行人者，挈國之辭也。」蓋言非其罪也。

○**冬，秦人伐晉。**【注】爲楚救鄭。【疏】注「爲楚救鄭」。○左傳云：「秦庶長鮑、庶長武帥師伐晉，以救鄭。」按：此不似何氏注。

○**十有二年，春，王三月，莒人伐我東鄙，圍台。**【疏】校勘記云：「三月，唐石經、鄂本、閩本同。監、毛本『三』誤『正』。」穀梁「台」作「邰」。杜云：「琅邪費縣南有台亭。」穀梁釋文：「『邰』，本作『台』。」詩生民「即有邰家室」，詩考引白虎通作「即有台家室」。吴越春秋吴太伯傳：「后稷其母，台氏之女姜嫄。」邰，正字；台，叚借也。大事表云：「在今沂州府費縣東南。」一統志：「台亭在沂州府費縣南。」差繆略云：「邰，左氏皆作台。」今公羊石經及注疏本亦作「台」。

邑不言圍，此其言圍何？伐而言圍者，取邑之辭也。伐而不言圍者，非取邑之辭也。【注】外取邑有嘉惡當書，不直言取邑者，深恥中國之無信也。前九年伐得鄭，同盟于戲。楚伐鄭不救，卒爲鄭所背，中國以弱，蠻荆以彊，兵革亟作。蕭魚之會，服鄭最難，不務長和親，復相貪犯，故諱而言圍以起之。月者，加責之。【疏】孔氏音義熹平石經云：「顏氏無『伐而不言圍者，非取邑之辭也』。」通義云：「凡以兵取内邑者，悉諱言圍也。」按：伐而言圍者，此及下十五年「齊侯伐我北鄙，圍成」、十七年「齊侯伐我北鄙，圍洮。齊高厚帥師伐我北鄙，圍防」之屬是也。○注「外取」至「信也」。○舊疏云：「凡外取魯邑，有所嘉，有所惡，皆當書。昭二十五年：『冬，齊人取運。』傳：『外取邑不書，此何以書？爲公取之也。』注：『爲公取運以居公，善其憂内故書之。』是其有嘉而書也。宣元年：『齊侯〔一〕取濟西田。』傳：『外取邑不書，此何以書？所以賂齊也。曷爲賂齊？爲弑子赤之賂也。』是其有惡而書也。今亦有所惡，所以不直言取邑而言圍者，深恥中國之無信故也。」意謂蕭魚同會曾不踰時，莒即犯魯，晉不能治，故書圍不書取，以深惡之也。○注「前九」至「亟作」。○鄂本「強」作「彊」。前九年書「公會晉侯以下伐鄭」，即書「同盟于戲」，明得鄭，故下書「楚子伐鄭」也。十年「夏，楚公子貞、鄭公孫輒伐宋」，明鄭又背中國即楚，然上無救鄭文，知楚子伐鄭，諸侯不救也。兵革亟作，即上十一年注「三年之中五起兵」是也。○注「蕭魚」至「最難」。○舊疏云：「正以三年之中五起兵，然後得之，直會于蕭魚。鄭人與會而已，經無同盟之文，故知服鄭最難矣。」○注「不務」至「起之」。○復相貪犯，謂此也。舊疏云：「不直言取而諱之言

〔一〕「侯」，原訛作「人」，據公羊傳校改。

圍，作無所嘉惡之文者，欲以起禍深，不可言故也。」是也。○「月者，加責之」。○欲決下十七年「圍洮」、「圍防」不書月故也。去年秋，會于蕭魚，始服鄭。今年春，莒即伐我圍台，故特月以加責，所以疾始也。故下十五年「圍成」亦不月也。

○季孫宿帥師救台，遂入運。【注】入運者，討叛也。封内兵書者，爲遂舉。討叛惡遂者，得而不取，與不討同，故言入起其事。【疏】左氏、穀梁「運」作「鄆」。穀梁「台」作「邰」。水經注：「十三州記曰：魯有兩鄆。昭公所居者爲西鄆，在東平；莒、魯所争爲東鄆。」按：東鄆在今沂水縣北。○注「入運者，討叛也」。○昭元年：「取運。」傳：「運者何？内之邑也。其言取之何？不聽也。」注：「不聽者，叛也。不言叛者，爲内諱，故書取以起之。」是運爲内邑，常叛者，蓋爲近莒之故。今季孫入之，故知討叛。○注「封内」至「遂舉」。○春秋之義，封内兵不書，定八年「公斂處父帥兵而至」不書是也。今書救台與入運者，爲惡季孫之遂也。穀梁傳曰：「遂，繼事也。受命而救邰，不受命而入鄆，惡季孫宿也。」是也。○注「討叛」至「其事」。○莊十九年：「公子結媵陳人之婦，遂及齊侯、宋公盟。」傳：「大夫出竟，有可以安國家利社稷者，專之可也。」則此討叛理不合惡，今書遂以惡，故解之。隱二年：「莒人入向。」傳：「入者何？得而不居也。」此亦書入，知亦得而不取。得而不取，與不討同，故惡之也。舊疏云：「下注云『季孫宿遂取運，以自益其邑』，然則，此言『得而不取』者，謂得運不取，以入國家耳，非謂全不取也。言故書入以起其事者，以起其不取運以入國家之事也。」申釋注意甚明。

大夫無遂事，此其言遂何？公不得爲政爾。【注】時公微弱，政教不行，故季孫宿遂取鄆而自益其邑。【疏】舊疏云：「大夫無遂事云云，莊十九年『公子結』之下已發此傳，今此復言之者，嫌討叛不惡遂，故明之。」通義云：「莒已取台，救之無及，故遂入莒邑以報之。」然何氏云「封内兵書」，則不以運爲莒邑矣。○注「時公」至「其邑」。○校勘記云：「鄂本『而』作『以』，正義正作『以』。」按：紹熙本亦作「以」。論語季氏篇：「孔子曰：『禄之去公室五世矣。』」文公時禄去公室，宣公後政歸季氏，故知公微弱，政教不行也。遂者，專事之辭，故知季孫取鄆自益，如入國家，則無爲書「遂」惡之矣。

○夏，晉侯使士彭來聘。【疏】左傳作「士魴」。舊疏云：「考諸正本，皆作『士魴』字。若作『士彭』者，誤也。」校勘記云：「按，疏中標經當本作『士魴』。唐石經、諸本同作『士彭』。」

○秋，九月，吴子乘卒。【注】至此卒者，與中國會同，本在楚後，賢季子，因始卒其父，是後亦欲見其迭爲君。卒皆不日，吴遠于楚。【疏】吴世家：「大凡從太伯至壽夢十九世。」「二十五年，王壽夢卒。」錢氏大昕養新録云：「服虔以壽夢爲發聲，壽夢一言也。經言乘，傳言壽夢，欲使學者知之也。予謂乘、壽皆齒音，壽當讀如疇，與乘爲雙聲。夢，古音莫登切，與乘疊韻，併〔一〕兩字爲一言。孫炎制反切，蓋萌芽於此。」按：十年左傳疏引「服云：壽夢，發聲。吴蠻夷，言多發聲，數語共成一言。壽夢，一言也」云云。李氏貽德賈服注輯述云：「壽夢，發聲者，言爲乘之發聲也。吴蠻夷，言多發聲者。長孫訥言曰：『吴、楚則傷輕淺，惟輕淺，故多發聲，數語合爲一言，猶今之三合聲四合聲。吴爲勾吴，謁爲諸樊，皆其徵也。壽夢一言也者，言長言之爲壽夢，疾呼之爲乘。壽夢於文爲二，吴人言之，如乘之一言而已。』爾雅釋器：『不律謂之筆。』郭注：『蜀人呼筆爲不律也。』詩疏引鄭駁異義云『齊、魯之間言韎爲茅蒐』，與此乘爲壽夢，在當時爲方言緩急之異，而後世翻切實權輿於此。古夢、乘音相近，詩『視天夢夢』與『林蒸勝強』相韻可證也。經言乘者，謂十二年經言『吴子乘卒』。服意經書爲『乘』，其國語則爲『壽夢』，傳故著之以曉學者。公羊定五年傳：『於越者，未能以其名通也。越者，能以其名通也。』注：『越人自名於越，君子名之曰越。』是其例也。」是也。沈氏欽韓云：「夢、乘同聲，今徽寧人語猶然。」○注「至此」至「楚後」。○舊疏云：「宣十八年『楚子旅卒』，而吴至是乃書卒者，正以與中國會同本在楚後。」又云：「僖十九年『冬，會陳人、蔡人、楚人、鄭人盟于齊』，二十一年『春，宋人、齊人、楚人盟于鹿上』，『秋，宋公、楚子、陳侯以下會于霍』，成十五年『冬，叔孫僑如會晉士燮以下會吴于鍾離』。然則，於傳聞之世，楚人數與中國會同。至所聞之世，吴人乃會，故云『與中國會同，本在楚後也』。」按：楚、吴書卒，皆在所聞世，似無先後別。注特因推明

〔一〕「併」，原訛作「借」，叢書本同，據十駕齋養新録校改。

賢季子，故順經文言之耳。○注「賢季」至「其父」。○校勘記云：「疏中『因』作『乃』。」舊疏云：「吳子乘不慕諸夏，會大晚，理宜略之。今得書卒，其間有因。二十九年：『吳子使札來聘。』傳：『吳無君、無大夫，此何以有君、有大夫〔一〕？賢季子也。何賢乎季子？讓國也。』『賢季子，則吳何以有君、有大夫？以季子爲臣，則國宜有君者也。札者何？吳季子之名也。春秋賢者不名，此何以名？許夷狄者，不壹而足也。季子者，所賢也，曷爲不足乎季子？許人臣者必使臣，許人子者必使子也。』注：『緣臣子尊榮，莫不欲與君父共之』，『故不足乎季子，所以隆父子之親也』。以此言之，則知由賢季子乃卒其父，故書卒也。」按：宣十四年：「夏，五月，壬申，曹伯壽卒。葬曹文公。」注：「日者，公子喜時父也，緣臣子尊榮，莫不欲與君父共之，故加録之，所以養孝子之志。許人子者，必使父也。」此卒吳子，蓋與彼同。○注「是後」至「爲君」。○下二十九年傳云：「其讓國奈何？謁也、餘祭也、夷昧也，與季子同母者四。季子弱而才，兄弟皆愛之，同欲立之以爲君。謁曰：『今若是迮而與季子國，季子猶不受也。請無與子而與弟，弟兄迭爲君，而致國乎季子。』皆曰：『諾。』故諸爲君者，皆輕死爲勇。飲食必祝曰：天苟有吳國，尚速有悔於予身。故謁也死，餘祭也立；餘祭也死，夷昧也立；夷昧也死，則國宜之季子者也。季子使而亡也。僚者，長庶也，即之。」是其迭爲君之事也。所以欲見之者，與二十九年賢季子讓國事相起。○注「卒皆」至「於楚」。○舊疏云：「言皆不日者，即此文書九月、下二十五年『冬，十有二月，吳子謁伐楚，門于巢卒』、昭十五年

〔一〕「大夫」，原訛作「大大」，叢書本不誤，據改。

『春，王正月，吴子夷昧卒』之屬，故云卒皆不日也。言吴遠於楚者，正以宣十八年『秋，七月，甲戌，楚子旅卒』、下十三年『秋，九月，庚辰，楚子審卒』之屬皆書日，故決之也。凡爲人宜道接而生恩，楚邇於諸夏，數會同，親而邇近之，故書其日；吴側海隅，而與諸夏罕接，故皆不日，以見其遠也。」通義云：「吴終春秋未嘗日卒，惡而略之，尤外於楚。」劉氏逢禄秦楚吴進黜表云：「吴通上國最後，而其強也最驟，故亡也忽焉。秦強於内治，敗殽之後，不勤遠略，故興焉勃焉。楚之長駕遠馭強於秦，而其内治亦強於吴，故秦滅六國，而終覆秦者楚。聖人以中外狎主，承天之運，而反之於禮義。所以財成輔相天地之道，而不過乎物。」按：詳略之旨，遠邇之義，同一夷也；先後輕重見焉，其即所以財成輔相與？

○冬，楚公子貞帥師侵宋。

○公如晉。

公羊義疏五十八

南菁書院　句容陳立卓人著

襄十三年盡十九年

〇十有三年，春，公至自晉。

〇夏，取詩。

詩者何？邿婁之邑也。【疏】葉鈔本釋文云：「『取詩』，二傳作『邿』。」舊疏云：「正本皆作『邿』字，有作『詩』者，誤。」校勘記云：「詩，唐石經、諸本同。」「齊氏召南云：公羊經傳作『詩』。漢地理志東平國：『亢父，詩亭，故詩國。』亦是同公羊，非誤也。」按：水經注濟水篇：「亢父縣有詩亭，春秋之詩國也。」與公羊同。説文邑部：「邿，附庸國，在東平亢父邿亭。从邑寺聲。」杜云：「邿，小國也。任城亢父縣有邿亭。」大事表云：「今亢父縣在濟甯州南五十里，邿城在州東南。」一統志：「邿城在濟甯州東南。」阮氏元鐘鼎款識有邿亭鼎。」

曷爲不繫乎邾婁？ 諱亟也。【注】諱背蕭魚之會亟。【疏】注「諱背」至「會亟」。○舊疏云：「正以上十一年蕭魚之會，邾婁在其間，故如此解。」

○秋，九月，庚辰，楚子審卒。

○冬，城防。

○十有四年，春，王正月，季孫宿、叔老會晉士匄、齊人、宋人、衛人、鄭公孫蠆、曹人、莒人、邾婁人、滕人、薛人、杞人、小邾婁人會吴于向。【注】月者，危，刺諸侯委任大夫交會彊夷，臣日以强，三年之後，君若贅旒然。【疏】杜云：「叔老，聲伯子。」齊人、宋人、衛人，左傳謂「齊崔杼、宋華閱、仲江、衛北宫結」。稱人者，杜云：「在會惰慢不攝，故貶稱人。」是也。蠆，釋文云：「二傳作蠆。」春秋異文箋云：「公孫蠆字子蟜。説文訓蟜爲蟲，即字思名，子蟜當名蠆，不名噧矣。公羊作公孫噧，蓋叚音字。說文噧，从口蠆省聲。公羊不省。」杜云：「向，鄭地。」沈氏欽韓云：「此當爲吴地。」方輿紀要：「向城在鳳陽府懷遠縣東北四十五里。」○注「月者」至「旒然」。○通義云：「内未有並使以會者，今一會而二大夫出，專恣益甚，故特危月之。」穀梁疏云：「范雖不注，或以二卿遠會蠻夷，危之，故月。」兼從何氏説也。三年之後，君若贅旒然者，即下十六年「大夫盟」傳：「諸侯皆在是，其言大夫盟何？信在大夫也。何言乎信在大夫？偏刺天下之大夫也。曷爲偏刺天下之大夫？君若贅旒然。」是也。釋文作「綴流」，「一本作贅旒」。校勘記云：「穀梁疏引此亦作『贅』。浦鏜云：『二』誤『三』，從穀梁疏校。」按：綴，正字；贅，叚借也。

〇二月，乙未，朔，日有食之。【注】是後衛侯爲彊臣所逐，出奔。溴梁之盟，信在大夫。【疏】包氏慎言云：「春二月其朔日經爲乙未，書日食，据曆則月之二日。」〇注「是後」至「大夫」。〇舊疏云：「彊臣，謂孫、甯矣。」案：衛侯出奔，見下。溴梁之盟，見下十六年。五行志下之下：「襄公十四年二月乙未朔，日有食之。董仲舒、劉向以爲，後衛大夫孫、甯共逐獻公，立孫剽。劉歆以爲，前年十二月二日，宋、燕分。」董、劉説與何大同，惟未及溴梁盟。

〇夏，四月，叔孫豹會晉荀偃、齊人、宋人、衛北宫結、鄭公孫蠆、曹人、莒人、邾婁人、滕人、薛人、杞人、小邾婁人伐秦。【疏】舊疏云：「舊本作『荀偃』。若作『荀罃』者，誤。」校勘記云：「諸本同。唐石經缺。」

○**己未，衛侯衎出奔齊。**【注】日者，爲孫氏、甯氏所逐。後甯氏復納之，出納之〔一〕者同，當相起，故獨日也。不書孫、甯逐君者，舉君絶爲重。見逐説在二十七年。【疏】包氏慎言云：「四月書己未，月之二十七日。」左氏、穀梁作「衛侯出奔齊」。杜注：「不書名，從告。」此舊疏云：「舉君絶爲重者，謂書衎之名，見其〔二〕當絶，不合爲諸侯。」知公羊本有「衎」字矣。春秋異文箋云：「謹案，禮記曰：『諸侯失地名。』左氏傳曰，定姜曰『告亡而已，無告無罪』。則諸侯之策，當書衛侯名爲得。左、穀或脱名字。」差繆略云：「左氏無衎字。則陸氏所見，穀梁與公羊同也。」惠氏棟左傳補注云：「不修春秋曰：『孫林父、甯殖出其君。』仲尼修之曰：『衛侯衎出奔齊。』臣逐君不可以訓，猶召君也。杜注繆。諸侯失國名，公、穀皆有『衎』字，左傳脱也。」按：左疏引釋例云：「諸侯奔亡，皆迫逐而苟免〔三〕，非自出也。」正義又云：「曲禮云：『諸侯失地名。』失地書名，傳無其事。禮記之文，或據公羊之義，不可通於左氏，故杜不爲説。」臧氏壽恭左氏古義云：「據釋例及正義説，則左氏先儒皆取諸侯失地名之例，故凡諸侯奔亡皆書名。此不名者，爲孫、甯所逐，故不名。左傳具有明文，杜預滅棄古義，造爲『從告』之説，顯與傳違。正義回護杜説，駮難先儒，即其説而細繹傳文，則古義猶可得也。」然此經以書名爲得。○注「日者」至「日也」。○校勘記云：「鄂本

〔一〕「出納之」三字原脱，叢書本同，據公羊注疏及下【疏】文校補。
〔二〕「其」，原訛作「齊」，據公羊注疏校改。
〔三〕「免」，原訛作「危」，叢書本同，據左傳正義校改。

『復納』之下有『出納之』三字，此脱。疏中引注亦有，當据以補入。」按：紹熙本亦有「出納之」三字也。諸侯出奔之例，大國書月，重乖離之禍；小國時。此日，故解之。下二十六年「衛侯衎復歸于衛」，書「二月，甲午」，書日，故此亦書日，明相起爲一事也。然者，下二十七年傳：「衛甯殖與孫林父逐衛侯，而立公孫剽。甯殖病，將死，謂喜曰：『黜公者，非吾意也，孫氏爲之。我即死，汝能固納公乎？』喜曰：『諾！』甯殖死。喜立爲大夫，使人謂獻公曰：『黜公者，非甯氏也，孫氏爲之。吾欲納公，何如？』獻公曰：『子苟欲納我，吾請與子盟。』」是出者孫、甯，納者甯氏。出納者同，故皆書日，以相起也。通義云：「前後奔者多矣，或以犯王命，畏大國，兄弟相篡，未有臣逐其君者。今衛侯衎見逐于孫、甯，名理之大變，以臣出君則言不順，故仍自奔爲文，而變例加日以異之。不嫌没孫、甯之罪者，後弒君入戚已顯。」○注「不書」至「爲重」。○桓十六年：「衛侯朔出奔齊。」傳：「衛侯朔何以名？絶。」此與彼同，故舊疏云：「舉君絶爲重者，謂書衎之名，見其當絶，不合爲諸侯也。」包氏慎言云：「没孫、甯出君之文，而以君自出奔録，著其失衆，不能自安居民上，爲後世守土無與者戒也。」錢氏大昕答問云：「衛孫、甯出其君，而以出奔爲文，衎有失國之道也。貶衎則嫌於奬剽，故先書公孫剽來聘以見義。公孫而干正統，其罪不可掩也。」義皆嚴正。杜云：「諸侯之策，書『孫、甯逐衛侯』」，春秋以其自取奔亡之禍。故諸侯失國者，皆不書逐君之賊也。」按：春秋非輕孫、甯之罪，惟君臨一國，率土皆所制馭，不能撫有其衆，預討亂賊於未萌，因書出奔見絶，以國爲重故也。○注「見逐」至「七年」。○即彼經「衛侯之弟鱄出奔晉」，傳云：「甯殖與孫林父逐衛侯而立公孫剽也。」孫、甯逐君事，詳左傳，史記大率相同。因孫、甯强恣亦多衛侯失衆所致也。

○莒人侵我東鄙。

○秋，楚公子貞帥師伐吴。

○冬，季孫宿會晉士匄、宋華閲、衛孫林父、鄭公孫蠆、莒人、邾婁人于戚。

○十有五年，春，宋公使向戌來聘。二月，己亥，及向戌盟于劉。【疏】包氏慎言云：「二月書己亥，月之十二日。」左疏引釋例云：「劉，地闕。」蓋魯城外之近地也。

○劉夏逆王后于齊。

劉夏者何？天子之大夫也。【疏】孫氏志祖讀書脞録云：「穀梁疏云：『公羊以劉夏爲天子下大夫。』據此，則大夫之上疑脱『下』字。」

劉者何？邑也。【疏】詩王風丘中有麻云：「彼留子嗟。」毛傳：「留，大夫氏。」惠氏周惕詩説云：「説文留从畱，户開爲丣，丣爲秋門。户闔爲丣，丣爲秋門〔一〕。則留自从丣，丣爲酉之省文。董逌据此謂不从卯。漢人言卯金刀者，緯書之附會也。許氏以劉爲鎦，其轉爲劉，以田易刀也。董氏又謂漢姓自當爲鎦，或爲留，豈古文从省，留與鎦通耶？後世留異文，謂系出留侯何耶？左傳士會歸晉，其處者爲劉氏。然周大夫有食采於劉者，豈又其別系耶？周故有劉氏〔二〕，而詩言留子。則許氏、董氏之説未爲據也。」按：周大夫劉氏，王季子之後。宣十五年左傳注：「劉康公，王季子。」是也。劉夏即劉定公，爲康公之子。則王風之食采于劉者，別是一氏，其處秦者，則范氏之後，與此二者又別也。方輿紀要：「劉聚在河南府偃師縣，故緱氏城南十五里。」

其稱劉何？【注】据宰渠伯糾繫官。【疏】注「据宰」至「繫官」。○即桓四年，「天王使宰渠伯糾來聘」是也。

以邑氏也。【注】諸侯入爲天子大夫，不得氏國稱本爵，故以所受采邑氏，稱子。所謂采者，不得有其土地、人民，采取其租税爾。禮記王制曰：「天子三公之田視公侯，卿視伯，大夫視子男，元士視附庸。」稱子者，參見義。顧爲天子大夫，亦可以見諸侯不生名，亦可以見爵，亦可以見大夫稱，傳曰「天子大夫」是也。不稱劉子而名者，禮，逆王后當使三公，故貶去大夫，明非禮也。【疏】注「諸侯」至「稱子」。○舊疏云：

〔一〕「丣爲秋門」句，説文作「酉爲秋門」，「丣，古文酉」。
〔二〕「然周大夫」至「周故有劉氏」原脱，叢書本同，據惠周惕詩説校補。

「知劉夏是諸侯，入爲天子大夫者，正以卒葬並書，即定四年『秋，七月，劉卷卒』，『葬劉文公』是也。若直爲大夫者，假令書卒，不録其葬，即〔一〕文三年『夏，五月，王子虎卒』，經無葬文是也。」通義云：「王季子始受采于劉，是爲康公。其子定公，則夏也。」本之左傳。按：如彼傳，則似非外諸侯矣。或者王季子别封於外，食采於劉與？舊疏云：「其本國本爵，今史文無記，不可以指知也。」按：衛武公、鄭武公、莊公皆以諸侯入爲大夫，未識當時何稱也。○注「所謂」至「税爾」。○禮記禮運云：「大夫有采，以處其子孫。」又曲禮：「有宰食力。」鄭注：「宰，邑士也。食力，謂民之賦税。」經義述聞云：「宰，當讀〔二〕爲采，謂有采地也。」「采地之租税，民力所共，而有采者食之，故曰有采食力。與上文之數地以對，義相近也。正義曰：『宰，邑宰也。』有宰明有采地，不知宰即采之叚借也。古字采與宰通。爾雅『尸，宰也』，即主宰〔三〕之宰。『寀，官也』，即官宰之宰。寀，亦宰也。」按：禮記疏引鄭注易訟云：「小國之下大夫采地方一成，其定税三百家，故三百户也。」「一成所以三百家者，一成九百夫，宫室涂巷山澤三分去一，餘有六百夫。地又不易再易，通率一家而受二夫之地，是定税三百家也。」論語憲問篇：「奪伯氏駢邑三百。」是大國下大夫亦三百户。天子大夫，無文以言也。王制云：「天子之縣内諸侯，禄也。」注：「選賢置之於位，其國之禄如諸侯，不得世。」名之曰采，采取其賦税，不得有其地也，非始封之采可比。若禮運之采，始封之采也，則書大

〔一〕「即」，原訛作「卒」，叢書本同，據公羊注疏校改。
〔二〕「讀」字原脱，叢書本同，據經義述聞校補。
〔三〕「宰」，原訛作「事」，叢書本同，據經義述聞校改。

傳所謂「百里諸侯以三十里，七十里諸侯以二十里，五十里諸侯以十五里。子孫雖有罪黜，其采地不黜，使其子弟賢者守之，謂之興滅國、繼絶世」。紀季之酅，即紀之采，國滅而采不滅者也。入爲天子大夫所受之采，即鄭風緇衣詩所云「還予授子之餐〔一〕兮」，傳：「諸侯入爲天子大夫，受采禄〔二〕。」及此經之劉是也。沈氏彤周官禄田考云：「天子之公食四都，孤卿食都，中下大夫食縣。何以知之？曰：載師：『以家邑之田任稍地，以小都之田任縣地，以大都之田任畺地。』家邑即縣，注云『大夫之采地』，包乎中下。小都即都，注云『卿之采地』，兼乎孤。大都即四都，注云『公之采地』。夫公孤卿大夫之采地如是，則未封者之所食，可例推矣。所以例推者何？曰：小宰『聽禄位以禮命』，明制禄之多寡，本以爵等而兼命數也。典命云：『王之三公八命，其卿六命，其大夫四命。及其出封，皆加一等。』是出封之前，不以采地有無殊其命數矣。命數同者，雖爵異而禄亦同。故孤卿皆六命，則皆食都。中下大夫皆四命，則皆食縣也。邑者，其公田之所入，有貢於王，然兼有山澤林麓之利，且子孫世守之。若未封者，固無地貢，而禄僅公田之入，亦及身而止，則所食雖同，而多寡久近，未嘗不稍殊也。」則此劉夏始受采地，爲下大夫而食縣者與？○注「禮記」至「附庸」。○孟子萬章篇：「天子之卿受地視侯，大夫受地視伯，元士受地視子、男。」與王制不同。沈氏彤周官禄田考云：「王制蓋别有所据，要非周所定也。其曰田者，即孟子之地。篇末云方百

〔一〕「餐」，詩作「粲」，鄭箋曰：「粲，餐也。」

〔二〕「采禄」，原訛作「爵禄」，叢書本同，據毛詩正義校改。

里者，爲田九十億畝，則未去三之一而已稱田矣。或謂皆實田，誤也。周公於圻內外之國，既各別差其里數，而尚存夏、殷之制。何也？曰：周制初定，豈得盡行？苟前代諸國無故增減，其地勢必煩擾不安，故且因之。即武王分土惟三之義也。周以別差諸國之里數，圻內視夏、商則減，圻外則大增。何也？曰：圻外諸國，夏、殷以來，漸相吞併，廓地已大。周公因更定其制，以安其無辜者，而又以待封大功德之臣。俾錯處其間，以藩衛王室，故大增。若圻內諸國，本無權力，又象賢而世守者少，周公因稍〔一〕更焉，以就井田，以爲上下之差，故減也。」按：周禮大司徒一則云：公之地方五百里，侯四百里，伯三百里，子二百里，男一百里。一則云：其食者半，其食者參之一，食者四之一。鄭司農謂公侯等所食租稅則田也，田之多者至地之半。若圻內諸侯視之，恐不足給。蓋王制、孟子所説，均不可通諸周禮也。舊疏云：「公羊之義，天子圻內不封諸侯，故如此解，即引王制以證之，與左氏、穀梁之義異。」又云：「按，王制下云：『天子之縣內，方百里之國九，七十里之國二十有一，五十里之國六十有三，凡九十三國。名山大澤不以朌，其餘以禄士，以爲閒田。』鄭云：『大國九者，三公之田三，爲有致仕者副之爲六也。其餘三，待封王之子弟。次國二十一者，卿之田六，亦爲有致仕者副之爲十二。又三爲三孤之田，其餘六，亦待封王之子弟。小國六十三，大夫之田二十七，亦爲有致仕者副之爲五十四。其餘九，亦以待封王之子弟。三孤之田不副者，以其無職，佐公論道爾，雖其致仕，猶可即而謀焉。』以此言之，天子圻內九十三國。言天子圻內不

〔一〕「稍」，原譌作「措」，據周官禄田考校改。

封諸侯者，謂采地以爲國，比圻外諸侯田，自采取其租税而已，不得取即有其人民，身没之後，子孫不世，不得以諸侯難之。」義或然也。○注「稱子」至「是也」。○舊疏云：「參讀爲二三之三也。言凡諸侯入爲天子大夫所以稱子者，三種見義，何者？正欲顧其爲天子大夫。其稱子所以得三見義者：一則可以見諸侯不生名，故曰子；一則可以見其本爵，何者？是圻外諸侯容其稱爵，雖不得正稱其本爵，亦得稱子以見之；一則可以見大夫稱，故曰參見義也。」按：王制注云：「春秋變周之文，從殷之質，合伯、子、男爲一。則殷爵三等者，公、侯、伯也。異畿内謂之子。」又云：「周公攝政致太平。唯天子畿内不增，以禄羣臣，不主爲治民。」正義云：「爵雖爲子，若作三公，則受百里之地。若作卿，則受七十里之地。若作大夫，則受五十里之地。殷家雖因於夏，畿内之制與夏不同。夏之畿内皆方五十里，故鄭注尚書萬國之數云『四百國，在畿内』，是皆五十里也。」又引：「張逸問：殷爵三等，公、侯、伯。尚書有微子、箕子何？鄭答云：微子、箕子，實是畿内采地之爵，非畿外治民之君。」是也。正義又云：「外土諸侯本爲治民，須便民利國，故須增益其封。周之圻内有百里之國，有五十里之國，有二十五里之國。鄭注小司徒云：『百里之國凡四都，五十里之國凡四縣，二十五里之國凡四甸。』故崔氏云：『圻内有百里之國，有五十里之國，有二十五里之國也。』」注言傳曰「天子大夫」者，即上傳云「劉夏者何？天子之大夫也」是。按：詩小雅鴻雁云：「之子于征。」傳：「之子，侯伯卿士也。」即諸侯爲天子大夫者，是皆稱子也。又衛風淇奧傳云：「重較，卿士之車。」鄭風緇衣傳云：「緇衣，卿士聽朝之服。」鄭、衛兩武公，皆以侯伯入爲天子卿士者也。宣王時，樊侯、申伯亦卿士，大雅烝民云：「仲山甫出祖。」傳：「述職也。」又崧高云：「生甫及申。」傳云：「堯之時，姜氏爲四伯，掌四岳之祀，述諸侯之職。於周則有甫[一]、有申、有齊、有許也。」時召穆公亦以上公作二伯，兼卿士。韋昭國語注：「召公，康公之後，卿士也。」是也。○注「不稱」至「禮也」。○桓八年：「祭公來，遂逆王后于紀。」傳云：「祭公者何？天子之三公也。」注：「婚禮成於五：先納采、問名、納吉、納徵、請期，然後親迎。時王者遣祭公來，使魯爲媒，可則因用魯往迎之，不復成禮。疾王者不重妃匹，逆天下之母若逆婢妾，將謂海内何哉？故譏之。」則何氏謂天子親迎，故詩疏引異義：「公羊説：天子至庶人皆親迎，所以重婚禮也。」而此注又云「禮，逆王后當使三公」，與彼注及異義所載公羊家説皆不同，未知何義。劉氏逢禄解詁箋云：「禮曰昏禮下達，春秋譏不親迎，公羊、禮戴[二]、鄭君之説正也。何君祭公逆后之解大義亦同。此乃同左氏。許君説猶爲漢制作諸文，使人不辨自明也。左氏説諸侯有上大夫，復有上卿，非也。」按：異義：「左氏説：王者至尊，無敵體之義，故不親迎，使上卿迎之。諸侯有故若疾病，則使上大夫迎之，上卿臨之。許慎謹按，高祖時皇太子納妃，叔孫通制禮，以爲天子無親迎，從左氏義。」故劉氏如此駁也。舊疏云「蓋謂有故之時」，或者何氏之義，以爲不親迎與？又以異義公羊説爲章句家説，非何氏意，皆勉强也。又云：「子是大夫之稱。今貶而去之，故曰貶去大夫。去其正稱，明非禮矣。」通義云：「天子大夫例字。夏，名者；文連王后，君前臣名之義。」亦通。

[一]「有甫」二字原脱，據毛詩正義校補。

[二]「戴」，原訛作「載」，叢書本同，據劉逢禄公羊何氏解詁箋校改。

外逆女不書，【疏】通義云：「見於左傳者，莊十八年『原莊〔一〕公逆王后于陳』，宣六年『召桓公逆王后于齊』，經並不書是也。」

此何以書？ 過我也。【注】明魯當共送迎之禮。【疏】注「明魯」至「之禮」。○鄂本「迎」作「逆」。

穀梁傳曰：「過我，故志之也。」通義云：「齊姜歸京師，不書者，我不爲媒故。」

○夏，齊侯伐我北鄙，圍成。【注】俱犯蕭魚，此不月。十二年月者，疾始可知。【疏】一統志：「成城在兗州府甯陽縣東北九十里。」○注「俱犯」至「可知」。○即上十二年「三月，莒人伐我東鄙，圍台」，傳：「邑不言圍，此其言圍何？伐而言圍者，取邑之辭也。」注：「不直言取邑者，深恥中國之無信也。前九年伐得鄭，同盟于戲。楚伐鄭不救，卒爲鄭所背，中國以弱，蠻荆以强，兵革亟作。蕭魚之會，服鄭最難，不務長和親，復相貪犯，故諱而言圍〔二〕以起之。月者，加責之。」然則，此與彼同而不月者，從上十二年疾始故也。舊疏云：「齊侯圍成，亦是取邑之辭。但深恥諸夏之無信，故言圍以起之。」蓋齊侯不務長和親，復相貪犯，背蕭魚約，不月，故解之也。

〔一〕「莊」，原訛作「注」，叢書本不誤，據改。
〔二〕「圍」，原訛作「因」，據公羊注疏校改。

公救成，至遇。【疏】杜云：「遇，魯地。」

其言至遇何？【注】据季孫宿救台不言所至。【疏】注「据季」至「所至」。○即上十二年「季孫宿帥師救台。遂入運」是也。

不敢進也。【注】兵不敵，不敢進也。不言止次，如公次于郎以刺之者，量力不責重民也，故與至攜同文。封内兵書者，爲不進張本。【疏】注「兵不」至「進也」。○杜云：「公畏齊，不敢至成。」通義云：「著畏齊之甚。」○注「不言」至「同文」。○校勘記云：「攜，鄂本同。閩、監、毛本『攜』改『巂』。按，釋文作『至攜』，此本載音義同。此疏及僖二十六年經傳釋文皆作『至巂』。」按：紹熙本亦作「攜」。釋文考證云：「『舊『巂』作『攜』。又似兗反，作因兗。」今据僖二十六年考證「『巂』本或作『雋』」，故有似兗一音。云不言止次，如公次于郎者，莊三年「公次于郎」，傳：「其言次于郎何？刺欲救紀，而後不能也。」注：「惡公既救人，辟難道還，故書其止次以起之。」是也。蓋彼爲力能救而不救，故書次。此爲齊强魯弱量力不責，故但書其至遇，使與至攜同文也。至攜文見僖二十六年，彼云：「公追齊師至巂，弗及。」注：「國内兵不書而舉地者，善公齊師去則止，不遠勞百姓，過復取勝，得用兵之節，故詳録之。」是也。繁露竹林云：「莊王之舍鄭〔一〕，有可貴之美。晉人不知其善，而欲擊之，所救已解，而挑與之戰，此無善善之心，而輕救〔二〕民之

〔一〕「鄭」下原衍一「伯」字，據春秋繁露校删。
〔二〕「救」，原訛作「用」，據春秋繁露校改。

意也，是以賤之。是故戰攻侵伐，雖數百起，必一二書，傷其害所重也。」春秋惡晉，故此不言止次，爲恕辭也。○注「封內」至「張本」。○決定八年「公斂處父帥師而至」經不書日故也。

○**季孫宿、叔孫豹帥師城成郛。**【疏】差繆略云：「『成』，公羊作『郕』。」春秋異文箋云：「唐石經公羊泐下『圍成』作成，則此亦當作成。」通義云：「齊已取成矣，復得城其郛者，著宿、豹之復成也。」

○**秋，八月，丁巳，日有食之。**【注】是後溴梁之盟，信在大夫。齊、蔡、莒、吴、衛之禍，徧滿天下。

【疏】包氏慎言云：「八月書丁巳，据曆爲七月之二日。劉歆以爲五月二日。劉孝孫以爲八月朔日。長曆以爲八月丙戌朔。」沈氏欽韓云：「按，隋志劉孝孫推合丁巳朔。元志姜岌云：七月丁巳朔，食失閏。大衍同。今曆推之，是歲七月丁巳朔，加時在晝，去交分二十六日三千三百九十四分，入食限。」○注「是後」至「天下」。○溴梁盟信在大夫，見下十六年傳。又二十五年「齊崔杼弑其君光」，又「吴子謁伐楚，門于巢卒」，又二十六年「衛甯喜弑其君剽」，二十九年「閽弑吴子餘祭」，三十年「蔡世子般弑其君固」，三十一年「莒人[一]弑其君密州」，是齊、蔡、莒、吴、衛之禍徧天下也。五行志下之下：「十五年八月丁巳，日有食

〔一〕「人」字原脱，據公羊注疏校補。

之。董仲舒、劉向以爲，先是雞澤之會，諸侯盟，又大夫盟。後爲溴梁之會，諸侯在，而大夫獨相與盟。君若綴斿，不得舉手。劉歆以爲，五月二日，魯、趙分。」

〇邾婁人伐我南鄙。

〇冬，十有一月，癸亥，晉侯周卒。【疏】包氏慎言云：「十一月書癸亥，九月無閏，則爲月之十日。」釋文：「侯周，一本作雕。」

〇十有六年，春，王正月，葬晉悼公。

〇三月，公會晉侯、宋公、衛侯、鄭伯、曹伯、莒子、邾婁子、薛伯、杞伯、小邾婁子于溴梁。【疏】毛本「溴」作「湨」，誤。釋文作「狊」，云：「本又作溴。」杜云：「溴水出河内軹縣東南，至温入河。」大事表云：「爾雅：『梁莫大于溴梁。』溴梁，水隄也。溴水源出懷慶府濟源縣西北，至温縣入河。」

按：郭彼注：「湨，水名。梁，隄也。」水經濟水注：「湨水出原城〔一〕西北，原山勳掌谷，俗謂之白澗水。」引爾雅而云：「梁，水隄也。湨水又南注於河。」一統志：「湨水自懷慶府濟源縣西南，東流經孟縣北，又東南入河。」此舊疏引孫炎注云：「梁，水橋也。」釋宫云：「隄謂之梁。」故云水隄也。舊疏又引郭氏音義云：「湨水出河内軹縣東南，至温入河。」與杜同。

○**戊寅，大夫盟。**

諸侯皆在是，其言大夫盟何？【注】据葵丘之盟諸侯皆在，有大夫，不言大夫盟。【疏】注「据葵」至「夫盟」。○葵丘之盟，見僖九年。舊疏云：「按，彼經傳云不見有大夫之盟文，唯僖十五年『三月，公會齊侯、宋公以下盟于牡丘，遂次于匡。公孫敖帥師及諸侯之大夫救徐』。然則牡丘之盟，即有大夫可知。此注云『葵丘之盟』者，誤也，宜爲『牡丘』字矣。」

信在大夫也。【注】故書大夫盟，不言諸侯之大夫者，起信在大夫。【疏】穀梁傳：「諸侯會，而曰大夫盟，正在大夫也。」○注「故書」至「大夫」。○決上三年雞澤之會，經云：「及諸侯之大夫也。」舊疏云：「信在大夫也者，言其信任在于大夫。」按：信在大夫者，謂諸侯無權，不能約信，唯大夫始信也。禮樂征伐自

〔一〕「城」，原譌作「武」，據水經注校改。

大夫出，故信在大夫矣。

何言乎信在大夫？【注】据上三年戊寅不起。【疏】注「据上」至「不起」。○舊疏云：「即上三年雞澤之會，經云『戊寅，叔孫豹及諸侯之大夫，及陳袁僑盟』，連言諸侯，是其不起之文。」

偏刺天下之大夫也。【疏】繁露竹林云：「溴梁之盟，信在大夫，而春秋刺之，爲其奪君尊也。」後漢書馮衍傳顯志賦云「執趙武於溴梁〔一〕」，以晉爲盟主，文子，晉卿，而爲不臣之行，春秋書刺之，如執然也。据左傳，時荀偃將中軍也，此盟亦荀偃主之也。

曷爲偏刺天下之大夫？【注】据戊寅不刺之。【疏】注「据戊」至「刺之」。○道上三年戊寅文也。舊疏云：「不復言上戊寅者，上已言之，從可知省文。」

君若贅旒然。【注】旒，旂旒。贅，繫屬之辭，若今俗名就壻爲贅壻矣。以旂旒喻者，爲下所執持東西。旒者，其數名。禮記玉藻曰：「天子旂十有二旒，諸侯九，卿大夫七，士五。」不言諸侯之大夫者，明所刺者非但會上大夫，并偏刺天下之大夫。不殊内大夫者，欲一其文，見惡同也。至此所以偏刺之者，蕭魚之會，服鄭最難，諸侯勞倦，莫肯復出，而大夫常行，三委于臣而君遂失權，大夫故得信在，故孔子曰「唯器與名，不可以假人」。不重出地者，與三年雞澤大夫盟同義。【疏】釋文：「『贅』，本又作『綴』。『旒』，本又

〔一〕「溴梁」下原衍一「兮」字，叢書本同。顯志賦無此「兮」字，據删。

作『流』。」孔氏音義云：「文選西都賦注引公羊傳曰：『贅猶綴也。』疑別本此文之下，傳有自釋贅旒之義，與僖九年傳『震而矜之』下復出『震之者何』云云相似。」按：文選劉越石勸進表「有若贅旒」，注：「贅猶綴也。」又褚淵碑：「文康國祚於綴旒。」注：「贅猶綴也。」皆不以爲公羊傳語。蓋西都賦注有衍文，或公羊傳下有脱文也。陸德明與李善同時，陸氏所見本有作綴，則傳文不得有是語矣。文選注引感精符云：「禍賊蜂起，君若贅旒。」本此傳也。○注「旒，旂旒」。○説文㫃部：「游，旌旗之流也。从㫃汓聲。」旗之游如水之流，故得稱流。經傳作「旒」，俗字也。旗之正幅爲縿，旒則屬也。周禮節服氏：「六人維王之大常。」注：「王旌十二旒，兩兩以縷綴連，兩旁三人持之。」然則，旒屬於旗之兩旁，十二旒者，每旁六旒。九旒則兩旁一四一五。已下推可知也。旒亦曰旓，亦作髾，見司馬相如大人賦。○注「贅繫」至「壻矣」。○漢書賈誼傳云：「故秦人家富子壯則出分，家貧子壯則出贅。」注：「應劭曰：『出作贅壻也。』師古曰：『謂之贅壻，言其不當出在妻家，亦猶人身體之有疣贅，非應所有也。』」史記秦本紀云：「贅壻、賈人。」臣瓚曰：「贅謂居窮有子，使就其婦家爲贅壻。」正何氏所謂就壻也。又滑稽傳：「淳于髡者，齊之贅壻也。」索隱曰：「贅壻，女之夫也。比於子，如人疣贅，是餘剩之物也。」是也。謂之繫屬者，説文貝部：「贅，以物質錢也，从敖貝。」則與質義同。以物繫屬于錢謂之贅，因凡繫屬之物皆名贅。詩大雅桑柔云：「具贅卒荒。」傳：「贅，屬也。」廣雅釋言：「贅，屬也。」釋名釋疾病云：「贅，屬也，横生一肉，屬著體也。」廣雅釋言又云：「贅肬，亦以肬屬於肉，故亦稱贅。」孟子梁惠王篇「乃屬其耆老」，書大傳作「贅其耆老」。説苑奉使云「梁王贅其羣臣」，即屬其羣臣也。是贅屬互通。釋文本又作綴者，魏志太祖紀：「建安十八年詔曰：當此之時若綴旒然。」是也。鄂本「名」誤「民」。○注「以旂」至「數名」。○詩商頌長發云：「爲下國綴旒。」箋云：「綴，猶結也。旒，旌旗之垂者也。」正義引：「此傳云『君若贅旒然』，言諸侯反繫屬於大夫也。」旒爲旌旗之垂。秋官大行人及考工記説旌旗之事，皆云九旒、七旒。爾雅説旌旗云：「練旒九。」是旌旗垂者名爲旒也。阮氏元揅經室集云：「詩：『受小球大球，爲下國綴旒。』禮：『及郵表畷。』注：『郵表畷，謂田畯所以督約百姓于井田之處也。』引齊、魯、韓三家詩作『爲下國畷郵』。按，球，玉磬也，以其直懸求然而名之。裘，古文但作求，加衣爲裘，猶衺之加衣于毛也。立一木爲標志，綴毛物於其上，即球也。詩之球，即裘之叚借，故以裘爲標志，即以表爲標志。表者，裘衣也，柱也，標也，志也，準也，明也。旗之旒，冕之旒，皆以物相聯綴爲名。詩之球乃表裘之裘。詩之綴旒，是言受地於天子，爲諸侯之封疆，樹之聯綴之裘，以定四界也。公羊『君若贅旒然』，言臣專政，君不與國事，但若委裘於朝宁之上而已。故賈誼傳：『植遺腹，朝委裘，而天下不亂。』言遺腹之主甚幼，不能立朝，但委綴裘衣于朝，而天下不亂。即公羊贅旒之義也。贅綴音近義相叚。」按：何氏意以旒屬於旗，爲人所執持，猶君屬於臣，爲下所執持，猶言太阿倒持之謂。阮氏之説非何義也，姑存之。○注「禮記」至「士五」。○今玉藻無此文。舊疏引稽命徵及含文嘉皆云：「天子旗九刃，十二旒曳地。諸侯七刃，九旒齊軫。卿大夫五刃，七旒齊較。士三刃，五旒齊首。」御覽引禮緯注云：「旗者，旌旗也。所以別尊卑，敘貴賤也。」廣雅釋天云：「天子十二斿至地，諸侯九斿至軫，卿大夫七斿至軹，士三斿至肩。」按：降殺以兩，則士當五斿也。凡曳地、齊軫、齊較之屬，皆謂旒之長數。其正幅，則爾雅釋天惟云旐長尋，餘未聞也。周禮巾車職：「王建太常，十有二旒。」則諸侯建旂，上公當九旒，侯伯七斿，子男五斿，孤卿建旜，大夫士建物，其斿各視其命之數，與此及緯文不同，蓋周制也。○注「不言」至「大夫」。○舊疏云：「不言諸侯之大夫，有兩種之義，非但起信在大夫，明徧刺天下之大夫也。」左傳：「荀偃怒，且曰：『諸侯有異志矣。』使諸大夫盟高厚。」時諸侯咸在，偃擅使諸大夫盟，盟高厚。如彼文，使者荀偃使也，諸大夫聽荀偃命，其君雖在，蔑視如無，故列敘諸侯會於上，又書大夫盟於下。見時君自失其權，天下大夫皆不臣也。穀梁傳：「溴梁之會，諸侯失正矣。諸侯會而曰大夫盟，正在大夫也。諸侯在而不曰諸侯之大夫，大夫不臣也。」左傳疏引賈、服説亦云：「惡大夫專，而君失權也。」即本公、穀爲説。漢書五行志云：「至於襄公，晉爲溴梁之會，天下大夫皆奪君政。」亦主徧刺天下大夫，並見君失權也。孔疏：「謂君使之盟，非自專也。」左傳並無「君使」之文，孔臆説也。○注「不殊」至「同也」。○決上三年，「叔孫豹及諸侯之大夫，及陳袁僑盟」，殊叔孫豹也。蓋春秋多爲内諱，或責内深，見先自詳正，此不別，明内外同惡也。○注「至此」至「信在」。○校勘記出「三委于臣」，云：「浦鏜云：『正』誤『三』，從六經正誤校。按，此本疏引注云『而君遂失實權』，閩、監、毛本疏無『實』字。又『大夫故得信在』，鄂本『在』作『任』，此誤。」蕭魚之會，見上十一年。大夫常行，則上十四年「季孫宿、叔老會晉士匄以下于向」、「夏，叔孫豹會晉荀偃以下伐秦」、「冬，季孫宿會晉士匄以下于戚」之屬是也。○注「故孔」至「假人」。○成二年左傳云：「唯器與名不可以假人。」杜云：「器，車服；名，爵號。」史記魯世家：「史墨對趙簡子曰：政在季氏，於今四世矣。民不知君，何以得國！是以爲君慎器與名，不可以假人。」後漢書丁鴻傳：「夫威柄不以放下，利器不以假人。」舊疏以爲家語文。家語乃王肅僞書，非何所据也。○注「不重」至「同義」。○上三年注云：「不重出地，有諸侯在，臣繫君，故因上地。」是也。春秋書大夫盟，紀其實，不書地，正大義也。

○**晉人執莒子、邾婁子以歸。**【注】録以歸者，甚惡晉。有罪無罪皆當歸京師，不得自治之。

【疏】注「録以」至「治之」。○正以僖二十八年「晉人執衛侯歸之于京師」、成十五年「晉侯執曹伯歸之〔一〕于京師」之屬，皆言「歸之于京師」。又僖十九年「宋人執滕子嬰齊」之屬不言所歸，此言「以歸」，故解之。舊疏云：「稱人以執，非伯討，已是晉之惡矣。復言以歸，不決於天子，又是其惡，故其録『以歸』者，甚惡晉也。」僖二十八年注云：「但欲明諸侯尊貴，不得自相治，當斷之于天子爾。」是有無罪皆當歸京師也。杜亦云：「不以歸京師，非禮也。」穀梁疏：「諸侯不得私相治。執人以歸，非禮明矣。」

○**齊侯伐我北鄙。**

○**夏，公至自會。**

〔一〕「之」字原脱，叢書本同，據公羊傳校補。

○**五月，甲子，地震。**【注】是時，溴梁之盟政在臣下，其後叛臣二，弑君五，楚滅舒鳩，齊侯襲莒，乖離出奔，兵事最甚。【疏】包氏慎言云：「經三月有戊寅，五月有甲子，据曆戊寅爲二月之二十八日，甲子爲四月之十五日。」○注「是時」至「最甚」。○其後叛臣二者，下二十三年「晉欒盈復入于晉，入于曲沃」，二十六年「衛孫林父入于戚以叛」是也。弑君五者，二十五年「齊崔杼弑其君光」，二十六年「衛甯喜弑其君剽」，二十九年「閽弑吴子餘祭」，三十年「蔡世子般弑其君固」，三十一年「莒人弑其君密州」是也。楚滅舒鳩者，見下二十五年。齊侯襲莒者，見下二十三年。乖離出奔者，見下十七年「宋華臣奔陳」、二十年「蔡公子履奔楚」、「陳侯之弟光奔楚」、「邾婁庶其來奔」是也。兵事最甚者，下「齊侯伐我」，十七年「宋伐陳」、「衛伐曹」、「齊侯伐我，圍洮」、「齊高厚伐我，圍防」，十八年「齊侯伐我」、「公會晉侯以下圍齊」、「楚伐鄭」，十九年〔一〕「衛孫林父伐齊」、「晉士匄侵齊」之屬是也。五行志下之上：「襄公十六年，五月甲子，地震。劉向以爲，先是雞澤之會，諸侯盟，大夫又盟。是歲三月，諸侯爲溴梁之會，而大夫獨相與盟。五月地震矣。其後崔氏專齊，欒盈亂晉，良霄傾鄭，閽殺吴子，專强之象。」按：占經引潛潭巴云：「地震，下謀上。」又云：「地動摇，臣子謀上。」故何氏、劉氏取應大同。孔説亦通。

〔一〕「十九年」，原誤記爲「十八年」，據公羊傳校改。

○**叔老會鄭伯、晉荀偃、衛甯殖、宋人伐許。**【疏】舊疏云：「正本作荀偃。若有作荀罃者，誤矣。」校勘記云：「唐石經、諸本同。」

○**秋，齊侯伐我北鄙，圍成。**【疏】差繆略云：「成，公羊作『郕』。」按：今本左傳作「郕」。彼校勘記云：「宋本、岳本『郕』作『成』，與石經合。」通義云：「前爲宿、豹所復，今又伐取之。」

○**大雩。**【注】先是伐許，齊侯圍成，動民之應。

○**冬，叔孫豹如晉。**

○**十有七年，春，王二月，庚午，邾婁子瞷卒。**【疏】校勘記云：「唐石經原刻『三』，磨改『二』。按，左氏、穀梁皆二月。」包氏慎言云：「二月書庚午，月之十五日。」校勘記又云：「釋文、唐石經『瞷』作『瞯』。左氏作『邾子牼卒』。九經古義云：考工梓人云：『數目顧脰。』注云：『故書顧或作牼。』鄭司農云：

『牼讀爲鬝頭無髮之鬝〔一〕。』是牼有瞯音，故或作瞯。」劉昌宗周禮音云：「『牼音苦顏反。』今左傳音苦耕反，非也。」通義云：「宣公也。」

○宋人伐陳。

○夏，衛石買帥師伐曹。

○秋，齊侯伐我北鄙，圍洮。【疏】左氏、穀梁「洮」作「桃」。杜云：「弁縣東南有桃墟。」穀梁莊二十七年：「公會杞伯姬于洮。」注：「洮，魯地。」釋文：「『洮』，本或作『桃』。」水經注瓠子河篇：「瓠子故瀆又東逕桃城南。春秋傳曰：分曹地，自洮以南，東傅於濟，盡曹地也。今鄄城西南五十里有桃城〔二〕，或謂之洮也。」應別一地。泗水篇：「泗水出弁縣〔三〕故城東南，桃墟西北。左傳昭七年，以孟氏成邑與晉，而遷

〔一〕「鬝頭無髮之鬝」，原訛作「簡頭無髮之簡」，叢書本同，據九經古義校改。
〔二〕「桃城南」，原訛作「姚城」，叢書本同，據水經注校改。
〔三〕「弁縣」，今本水經注作「卞縣」，釋文：「本又作『卞』。」

于桃。杜注：『魯國卞縣東南有桃虚也。』墟有澤，方十五里。澤西際阜，俗謂之嫣亭山。西北連岡四十餘里，岡之西際，便得泗水之源。博物志：泗水陪尾，蓋斯阜者矣。」此桃正在魯北竟，與齊接壤，地有岡巒之險，故圍之也。方輿紀要：「桃鄉城在濟甯州東北六十里，魯邑，『齊師伐我，圍桃』是也。漢置桃鄉縣。」沈氏欽韓云：「經云北鄙，則此乃桃鄉，非卞縣之桃墟，杜預誤也。滕縣東又有桃山故城，亦非此桃。」按：當以在弁者爲是。

○齊高厚帥師伐我北鄙，圍防。【疏】左氏脱「齊」字。春秋異文箋云：「此經接『齊侯伐我北鄙，圍桃』下，則高厚爲齊侯分遣之師，故不須復繫齊。公、穀作『齊高厚』，或衍『齊』字。」按：此自是左氏脱文，趙説非也。

○九月，大雩。【注】比年仍見圍，不暇恤民之應。【疏】注「比年」至「之應」。○即上齊侯、齊高厚圍成、圍洮、圍防諸役也。

○宋華臣出奔陳。

○冬，邾婁人伐我南鄙。

○十有八年，春，白狄來。

白狄者何？夷狄之君也。何以不言朝？不能朝也。【疏】杜云：「不言朝，不能行朝禮。」范同，皆取此傳爲説。

○夏，晉人執衛行人石買。【疏】穀梁傳：「稱行人，怨接於上也。」注：「怨其君而執其使。稱行人，明使人爾，罪在上也。」按：稱人以執，是執無罪。

○秋，齊師伐我北鄙。【疏】穀梁作「齊侯」。異文箋云：「左氏傳明云『齊侯伐我北鄙』，則經宜書『齊侯』。左氏及公羊經作『齊師』，或字之譌。」

○冬，十月，公會晉侯、宋公、衛侯、鄭伯、曹伯、莒子、邾婁子、滕子、薛伯、杞伯、小邾婁子同圍齊。【疏】通義云：「特言同者，深著齊無道，諸侯同心欲圍之。」錢氏大昕答問云：「同圍齊，此當指齊都城而言。杜据傳『禦諸平陰，塹防門而守之』，遂謂所圍者平陰城耳。則當書圍齊平陰，如圍宋彭城之例矣。」按：左疏引沈氏云：「君在故稱圍。劉炫云：按下傳『門于雍門』，又『門于揚門』，州綽『門于東閭』，既圍其三門，即是圍事。」孔疏駁之，謂：「上〔一〕九年諸侯伐鄭，傳稱門〔二〕其三門，而經不稱圍，則攻門非圍也。」是杜氏亦不以爲實圍齊也。杜經注〔三〕云：「齊數行不義，諸侯同心俱圍之。」此通義所本。

〇曹伯負芻卒于師。【疏】穀梁傳：「閔之也。」

〇楚公子午帥師伐鄭。

〇十有九年，春，王正月，諸侯盟于祝阿。【注】下有執，不日者，善同伐齊，故襃與信辭。

〔一〕「上」，原訛作「十」，據左傳正義校改。
〔二〕「門」，原訛作「圍」，據左傳正義校改。
〔三〕「杜經注」，指杜預春秋經傳集解。

【疏】左氏、穀梁作「祝柯」。杜云：「祝柯縣，今屬濟南郡。」釋例：「土地名：齊地。祝柯，濟南郡祝阿縣也。」左氏莊十三年：「公會齊侯盟于柯。」杜注：「此柯，今濟北東阿，齊之阿邑，猶祝柯，今爲祝阿。」是古柯、阿通也。史記高祖功臣年表「祝阿侯」索隱曰：縣名，屬平原。水經注河水篇：「河水右歷柯澤。春秋左傳襄二十四年，衛孫文子敗公徒于阿澤是也。又東北，逕東阿縣故城西，而東北出。」濟水篇：「玉水又西北，枕祝阿縣故城東。春秋襄十九年，諸侯盟于祝阿，左傳所謂督揚是也。漢興，改之曰阿矣。」晏子春秋内篇雜上：「景公使晏子爲東阿宰。」音義：「左傳莊十三年：『公會齊侯，盟于柯。』杜云：『齊之阿邑。』齊威王烹阿大夫，即此。」元和郡縣志：「東阿縣，漢舊縣也。春秋時齊之柯地。」此已名東阿，則漢縣承古名。又本草經有「阿膠」，阿柯通也。按：祝阿與東阿不一地。東阿即春秋之柯，又名阿，漢屬東郡，今爲陽穀縣地。祝柯，漢屬平原，今爲長清、濟河二縣地。大事表云：「今濟南府長清縣豐齊鎮北二里，有故祝阿縣是也。」杜、范皆云前年圍齊之諸侯也。通義云：「必復舉諸侯者，已異年文，無所承也。」是也。○注「下有」至「信辭」。○下有執，即下書「晉人執邾婁子」是也。方同盟，即執人，嫌不信，宜書日，故解之。此云善同伐齊，即杜所云：「齊數行不義，諸侯同心圍之也。」通義云：「下有執，不日者，不信在邾婁，不在諸侯。」義亦相足。

○晉人執邾婁子。

○公至自伐齊。

此同圍齊也，何以致伐？【注】据諸侯圍許，致圍。【疏】注「据諸」至「致圍」。○即僖二十八年「諸侯遂圍許」、二十九年「公至自圍許」是也。

未圍齊也。【注】故致伐起。

未圍齊，則其言圍齊何？抑齊也。【疏】穀梁傳曰：「非圍而曰圍，齊有大焉，亦有病焉。」注：「齊若無罪，諸侯豈得同病之乎？」又曰：「非大而足同焉？」注：「齊非大國，諸侯豈足同共圍之與？」通義云：「諸侯會時，本謀圍齊，故得言圍，以抑齊之驕暴。」左疏引賈云：「圍齊而致伐，以策伐勳也。」蓋以左傳有圍其三門事，故以爲實圍也。

曷爲抑齊？【注】据侵蔡伐楚猶不抑。【疏】注「据侵」至「不抑」。○即僖四年，「公會齊侯以下侵蔡。蔡潰。遂伐楚」是也。舊疏云：「正以楚爲彊夷，數害諸侯，論深淺甚於齊矣，猶不抑之，故以爲難也。」

爲其亟伐也。【疏】上十五年「齊侯伐我北鄙，圍成」，十六年「春，齊侯伐北鄙，圍洮」，又「齊高厚伐我北鄙，圍防」，十八年「齊師伐我北鄙」是也。亟伐所以抑之者，宣九年「取根牟」，傳：「根牟者何？邾婁之邑也。曷爲不繫乎邾婁？諱亟也。」注：「亟，疾也。」内既諱亟，知亟非善辭矣。

或曰，爲其驕蹇，使其世子處乎諸侯之上也。【注】以下葬略，或説是也。亟伐者，并數爾。加圍者，明當從滅死二等，奪其爵土。【疏】即上十一年「公會晉侯以下伐鄭」，時齊世子光在莒子之上也。按：會盟，則主會者爲之。此罪齊者，蓋世子驕蹇，齊又强大，晉不得不序之諸侯之上與？釋文作「憍」：「本或作『驕』。」○注「以下」至「是也」。○即下文「冬，葬齊靈公」，注云：「不月者，抑其父，嫌子可得無過，故奪臣子恩，明光代父從政，處諸侯之上，不孝也。」是也。舊疏云：「葬是生者之事，故略其父葬，得惡其子。則知或説近其義也。」通義云：「此二者皆齊罪，蓋並惡之。春秋抑强扶弱，王者之心也。無道而强，不若有道而弱，是以進宋襄抑齊靈。」按：孔説是也。○注「亟伐者，并數爾」。○舊疏云：「即上圍成、圍洮、圍防之屬，故言并數爾。必如此解者，正以宣九年『取根牟』，傳：『諱亟也。』注：『亟，疾也。屬有小君之喪，邾婁子來加禮，未期而取其邑，故諱不繫邾婁。』然則彼言亟者，背信大疾，故云亟。今此直是[一]頻擊伐魯，故云亟，故解，以别彼文。」据疏中注義，則宣九年之亟訓爲疾，此亟訓爲數，較彼似從末減矣。○注「加圍」至「爵土」。○舊疏云：「『莊十年傳：『戰不言伐，圍不言戰，入不言圍，滅不言入，書其重者。』然則用兵之道，滅爲最甚，入次之，圍次之。今加言圍，輕於滅入二等，明不合死，但合黜爵土耳。」包氏慎言云：「疏以齊侯之亟伐，爲上年之圍成、圍洮、圍防等，比之滅、入爲輕。然則，滅人國者絶，罪合死，圍從死罪減二等，故奪爵土。入減一等，猶當放逐矣。」

○取邾婁田自漷水。

【疏】杜云：「漷水出東海合鄉縣，西南經魯國至高平湖陸縣入泗。」説文水部：

[一]「是」，原訛作「者」，據公羊注疏校改。

「漷水在魯。」水經注泗水篇：「漷水出東海合鄉縣，西南流入邾。」「又逕魯國鄒山東南，而西南流，左傳所謂繹山，詩所謂『保有鳧繹』〔一〕是也。」「又西南逕蕃縣故城南。又西逕薛縣故城北，夏車正奚仲之國也。」又「西至湖陸縣，入于泗」。段云：「合鄉、蕃、薛故城皆在今山東滕縣，不云在魯、邾婁之間，徑云水在魯者，邾婁，魯附庸，非敵，故立文如是。一統志：『漷水源出滕縣東北百里述山，西流會諸泉水，逕縣南，又西會南梁河，入運河，舊名爲南沙河。西南流入泗，不與南梁會。自漕河東徙，遏其南流，乃北出趙溝，會南梁以入運河也。』」方輿紀要：「漷水南流，至三河口，合於薛河。」「北沙河在縣北十五里，西南流，合于漷水。」「京相璠云：薛縣漷水，首受蕃縣，西注山陽湖陸。」薛、蕃，皆今滕縣地，下流今入運河矣。

其言自漷水何〔二〕？【注】据齊人取濟西田，不言自濟水。【疏】通義云：「据取漷東田，不言自漷水。」○注「据齊」至「濟水」。○即宣元年「齊人取濟西田」，是不言自濟水也。

以漷爲竟也。何言乎以漷爲竟？【注】据取邑未嘗道竟界。

漷移也。【注】魯本與邾婁以漷爲竟，漷移入邾婁界，魯隨而有之。諸侯土地，本有度數，不得隨水。隨水有之，當坐取邑，故云爾。【疏】注「魯本」至「有之」。○穀梁傳曰：「軋辭也。」范云：「軋，委曲隨漷水，言取邾田之多。」即此移入邾界，魯隨有之義也。左傳疏引賈、服亦取公羊爲説，曰：「刺晉偏而魯貪。」孔

〔一〕「繹」，今水經注作「嶧」。鄭玄箋：「繹，字又作嶧，同，山名也。」

〔二〕「何」，原訛作「河」，叢書本同，據公羊注疏校改。

疏以傳有晉「命歸侵田」，此田邾先侵，魯追令反本，何晉偏而魯貪？馬氏宗槤左傳補注云：「左傳正義駮公羊傳，非是。説文云：『漷水在魯。』言魯分邾田以漷水爲竟。」是也。舊疏云：「漷移，而經不書者，外異故也。然〔一〕則傳每言外異不書者，亦据此文也。」然則，漷移爲外異，更明漷移入邾婁竟内，故不得書於春秋矣。」○注「諸侯」至「云爾」。○即賈、服所謂魯貪也。

○季孫宿如晉。

○葬曹成公。【疏】通義云：「葬者，篡明。」

○夏，衛孫林父帥師伐齊。

○秋，七月，辛卯，齊侯瑗卒。【疏】包氏慎言云：「七月書辛卯，月之朔日也。」釋文：「瑗，于眷〔二〕

〔一〕「然」字原脱，據公羊注疏校補。

〔二〕「眷」，原訛作「春」，叢書本同，據經典釋文校改。

反，一音環。二傳作環。」史記齊世家亦作環。説文玉部：「瑗，大孔璧，从玉爰聲。」「環，璧也，从玉睘聲。」音義並通。

○晉士匄帥師侵齊。至穀，聞齊侯卒，乃還。

還者何？ 善辭也。何善爾？ 大其不伐喪也。【疏】左傳亦云：「禮也。」杜云：「詳録所至及〔一〕還者，善得禮。」禮記曲禮云：「禮從宜。」注：「事不可常也。晉士匄帥師侵齊，聞齊侯卒，乃還。春秋善之。」正義引：「皇氏云：『下二事，謂大夫爲君出使之法。』義或然也。『禮從宜』者，謂人臣奉命出使征伐之禮，雖奉命出征，梱外之事，將軍裁之，知可而進，知難而退，前事不可準定，貴從當〔二〕時之宜也。」然則曲禮之禮，即左傳之禮也。杜云：「禮之常，不必待君命。」是也。穀梁説少異，彼傳云：「還者，事未畢之辭。」「不伐喪，善之也。善之，則何爲未畢也？ 君不尸小事，臣不專大名。善則稱君，過則稱己，則民作讓矣。士匄外專君命，故非之也。然則爲士匄者宜奈何？ 宜墠帷而歸命于介。」彼疏引：「廢疾難此云：『君子不求備於一人，士匄不伐喪，純善矣。何以復責其專大功也？』鄭釋之曰：『士匄不伐喪則善矣。然於善内則稱君，禮仍未備，故言乃還，不言乃復，作未畢之辭。還者，致辭；復者，反命。』」劉

〔一〕「及」，原訛作「乃」，據左傳正義校改。
〔二〕「從當」二字原誤倒，據禮記正義乙正。

氏難曰：「士匄不伐喪而還，若夙承君命者然。其爲善則稱君，不益著乎？若侯歸命乎介，則處其君於非禮，而專大名矣。傳之所云不已傎乎？」按：穀梁之義甚迂。軍之所處，荆棘生焉，禮之所以不伐喪者，正爲不忍驚擾孝子，亂其哀戚。若仍駐師其竟，奉命之後始引師去，彼國君民能得安乎？鄭氏注禮正取公羊之説。釋廢疾語，特故與何爲難耳。

此受命乎君而伐齊，則何大乎其不伐喪？【注】据公子買戍衛，不卒戍。言戍衛，遂公意。

【疏】注「据公」至「公意」。○即僖二十八年：「公子買戍衛，不卒戍，刺之。」傳：「不卒戍者何？不卒戍者，内辭也，不可使往也。不可使往，則其言戍衛何？遂公意也。」注：「使臣子不可使，恥深，故諱使若往不卒竟事者，明臣不得壅塞君命。」是也。公子買不可使往，猶書戍衛，遂公意，見不得壅塞君命。今士匄奉命而出，聞喪而反，與壅塞同，而經大之，故据以難。

大夫以君命出，進退在大夫也。【注】禮，兵不從中御外，臨事制宜，當敵爲師，唯義所在。士匄聞齊侯卒，引師而去，恩動孝子之心，服諸侯之君，是後兵寢數年，故起時善之。言乃者，士匄有難重廢君命之心，故見之。言至穀者，未侵齊也。言聞者，在竟外。舉侵者，張本。【疏】禮聘禮記：「辭無常，孫而説。」經：「大夫受命不受辭。」用公羊莊十九傳文。故彼傳下云：「出竟有可以安社稷、利國家者，專之可也。」即進退在大夫義也。繁露精華云：「夫既曰無遂事矣，又曰專之可也；既曰進退在大夫矣，又曰徐行而不反也。若相悖然，是何謂也？曰：四者各有所處，得其處，則皆是也；失其處，則皆非也。春秋固有常義，又有應變。無遂事者，謂平生安甯也；專之可也者，謂救危除患也。進退在大夫者，謂將帥用兵也；徐行不反者，謂不以親害尊、以私妨公也。」○注「兵不」至「所在」。○白虎通三軍篇云：「大夫將兵出，必不御者，欲盛其威，使士卒一意繫心也。故但聞〔一〕軍令，不聞君命也。明進退在大夫也。」又王者不臣篇：「不臣將帥用兵者，重士衆爲敵國，國不可從外治，兵不可從内御，欲成其威，一其令。春秋之義，兵不稱使，明不可臣也。」淮南子兵略訓云：「凡國有難，君自宫召將，詔之曰：『社稷之命在將軍，即今國有難，願請子將而應之。』將軍受命，乃令祝史、太卜齋宿三日，之太廟，鑽靈龜，卜吉日，以受鼓旗。君入廟門，西面而立。將入廟門，趨至堂下，北面而立。主親操鉞，持頭，受將軍其柄，曰：『從此上〔二〕至天者，將軍制之。』復操斧，持頭，授將軍其柄，曰：『從此下至淵者，將軍制之。』將已受斧鉞，荅曰：『國不可從外治也，軍不可從中御也。二心不可以事君，疑志不可以應敵。臣既以受制於前矣，鼓旗斧鉞之威，臣無還請，願君亦以垂一言之命於臣也。君若不許，臣不敢將。君若許之，臣辭而行。』乃爪鬋，設明衣也，鑿凶門而出。乘將軍車，載旌旗斧鉞。」説苑指武云：「將帥受命者，將帥入，軍吏畢入，皆北面再拜稽首受命，天子南面而授之鉞，東行西面而揖之，示弗御也。」孔叢子問軍禮云：「故天子命將，親潔齊、盛服、

〔一〕「聞」下原衍一「將」字，據白虎通校删。
〔二〕「上」，原訛作「土」，叢書本不誤，據改。

設奠于祖以詔之。大將先入，軍吏畢〔一〕從，皆北面再拜稽首而受。天子當階〔二〕南面命授之節鉞。大將受。天子乃東向西面揖之，示弗御也。」舊疏引司馬法云：「閫外之事，將軍裁之。」皆兵不從中御外義也。臨事制宜，即傳之專進退也，唯義所在而已。○注「士匄」至「善之」。○校勘記出「恩動」二句，云：「閩、監本同。鄂本、毛本『心』下有『義』字。是疏本有『義』字，當據補。」按，解云：哀痛其喪是其恩，故曰〔三〕恩動孝子之心。依禮而行，是其義，故曰義服諸侯之君也。漢書蕭望之傳：「春秋晉士匄帥師侵齊，聞齊侯卒，引師而還。君子大其不伐喪，以爲恩足以服孝子，誼足以動諸侯。」白虎通誅伐云：「諸侯有三年之喪，有罪且不誅何？君子恕己，哀孝子之思慕，不忍加刑罰。春秋曰：晉士匄帥師侵齊，至穀，聞齊侯卒乃旋。傳曰：『大其不伐喪也。』」繁露竹林云：「春秋之書戰伐也，有惡有善也，恥伐喪而榮復仇。」又云：「春秋曰：鄭伐許，奚惡於鄭，而夷狄之也？曰：衛侯速卒，鄭師侵之，是伐喪也。伐喪無義，故大惡之。」上二年：「遂城虎牢。」傳：「曷爲不言取之？爲中國諱也。曷爲爲中國諱？諱伐喪也。」是其義也。云兵寢數年者，正以入襄之世，無歲無兵，此後，二十、二十一、二十二，三年內不書侵伐，至二十三年「齊侯伐衛，遂伐晉」，是見兵事故也。舊疏云：「明年，仲孫遫伐邾婁，亦是兵。而言數年者，正以魯與邾婁數相冒犯，非齊、晉之事。」義或然也。云起時善之者，舊疏云：「士匄此事實依古禮，時莫能然，特以爲

〔一〕「畢」字原脱，據孔叢子校補。
〔二〕「階」，原訛作「陽」，叢書本同，據孔叢子校改。
〔三〕「曰」，原訛作「心」，叢書本作「曰心」，衍一「心」字，據阮元校勘記校改。

善，故云起時善之。」○注「言乃」至「見之」。○宣八年傳：「乃者何？難也。」今此亦言乃，故爲士匄有難重廢命之心也。通義云：「蘇轍曰：『將在軍，君命有所不受，有善而專之，君與〔一〕有焉，必君命而後可，則安用將也？』劉敞曰：穀者，齊地也。其曰『至穀而復』，稱其義也，非齊地則勿復乎？曰：止師而請之，君曰可而後止，不可則復之，期可而後止。臣之事君也，凡在國無專焉；子之事父也，凡在家無專焉，臣子之大節也。」此仍穀梁爲義。蓋不伐喪之義，時久不知，士匄遵行古禮，合春秋之義。然未得君命，故少遲疑。經書乃美士匄之臣也。○注「言至」至「齊也」。○上十五年：「公救成至遇。」傳：「其言至遇何？不敢進也。」彼至遇，爲未敢進；此至穀，爲不進。義各有主，故言未侵齊也。○注「言聞者在竟外」。○舊疏云：「古禮，庶人爲君齊衰三月，若其入竟，即舉而知之，何道聞乎？故如此解。」按：穀爲齊地，似非竟外。蓋士匄侵齊，即在齊侯瑗卒之月，庶人之服，恐尚未徧，容得諸聞也。○注「舉侵者張本」。○以既聞齊侯卒，即還，無有侵事。書侵者，道出師所由張本，非侵齊無所謂乃還矣。

○八月，丙辰，仲孫蔑卒。【疏】包氏慎言云：「辛卯爲七月朔日，月之二十六日爲丙辰，而經書『八月，丙辰，仲孫蔑卒』，則辛卯必爲望後之日方可。長曆以爲二十九日。」

○齊殺其大夫高厚。

〔一〕「與」，原訛作「上」，據公羊通義校改。

○鄭殺其大夫公子喜。【疏】釋文：「『喜』，二傳作『嘉』。」洪氏頤煊讀書叢録云：「按，禮記祭義『父母愛之，喜而勿忘』，唐石經『喜』作『嘉』，喜即嘉字之省。古人名字相配，嘉字子孔，宋有孔父嘉，則作嘉字爲是。」

○冬，葬齊靈公。【注】不月者，抑其父，嫌子可得無過，故奪臣子恩，明光代父從政，處諸侯之上，不孝也。【疏】注「不月」至「孝也」。○卒日葬月，大國常例。今不月，故解之。抑其父，即上十八年傳：「未圍齊，則其言圍齊何？抑齊也。曷爲抑齊？爲其亟伐也。」是也。彼傳又曰：「或曰：爲其驕蹇，使其世子處乎諸侯之上也。」然則，使其子處諸侯之上亦合抑。然子亦不能無過，故去其月，以奪臣子恩，明其子亦不合從父驕蹇，致父被惡名，爲不孝也。不月所以奪恩者，以葬，生者之事，略其父葬，不孝著明。桓九年傳曰：「春秋有譏父老子代從政者，則未知其在齊與？曹與？」謂此世子光也。

○城西郛。【注】言西郛者，据都城録道東西。【疏】杜云：「魯西郭。」大事表云：「汪克寬曰：郛乃外城。此云西郛，實國都外城之西郭。而中城，爲魯國都之内城可知矣。」

○叔孫豹會晉士匄于柯。【疏】杜云：「魏郡内黄縣東北有柯城。」大事表云：「後漢志内黄縣有柯城，在今河南彰德府内黄縣境。莊十三年，『公會齊侯，盟于柯』，乃齊阿邑，在今山東兖州府陽穀縣東北五十里，曰阿城鎮。本兩國地，高氏地名考混爲一，謂地相接者，非。」一統志：「柯城在彰德府内黄縣東北。」

○城武城。【疏】杜云：「泰山南武城縣。」大事表云：「子游爲武城宰，即此，在今沂州府費縣西南九十里。」京相璠云：「今泰山南武城縣有澹臺子羽冢，縣人也。」周氏柄中四書辨正云：「史記仲尼列傳：『曾參，南武城人；澹臺滅明，武城人。』後人遂疑魯有兩武城，而謂子羽爲今費縣之武城，曾子則别一武城，在今之嘉祥縣。按，嘉祥縣有南武山，上有阿城，亦名南武城，後人因南山之城，遂附會爲曾子所居，此大謬也。新序魯人攻鄪，曾子辭於鄪君。戰國策甘茂亦言曾子處鄪，是曾子所居即鄪縣之武城，非有二地。而史記言南武城者，因清河之東武城在魯之北，故加南以别之，據漢人之稱耳。武城，漢志作南成，後漢志作南城，至晉始爲南武城。今故城在費縣西南九十里，屬兖州府。」又云：「漢志越王句踐嘗治琅邪，起館臺。考春秋時琅邪爲今山東沂州府。魯費在沂州府費縣西南七十里，武城在縣西南九十里。哀八年，吴伐魯，從武城。初，武城人或有因於吴境田焉，則沂州之地，久已爲吴之錯壤。越滅吴而有其地，且徙治琅邪，則與武城密邇。閻潛丘謂『吴未滅，與吴鄰；吴既滅，與越鄰』是也。」一統志：「南武城故城在沂州府費縣西南九十里。」

公羊義疏五十九

南菁書院　句容陳立卓人著

襄二十年盡二十六年

○二十年，春，王正月，辛亥，仲孫遬會莒人，盟于向。【疏】包氏慎言云：「正月書辛亥，月之二十六日。」遬，唐石經、閩本、宋本、葉鈔本、釋文遬字並如是。毛本作「遫[一]」，非。左氏、穀梁作「速」。紹熙本亦作「遫」。

○夏，六月，庚申，公會晉侯、齊侯、宋公、衛侯、鄭伯、曹伯、莒子、邾婁子、滕子、薛伯、杞伯、小邾婁子盟于澶淵。【疏】包氏慎言云：「六月書庚申，月之五日。」杜云：「澶淵在頓丘縣南，今名繁汙，此衛地，又近戚田。」水經注河水篇：「左會浮水故瀆，故瀆上承大河，於頓丘縣西北

〔一〕「遫」，殆爲「遬」。

出，東逕繁陽故城南。故應劭曰：縣在繁水之陽。張晏曰：縣有繁淵。春秋襄二十年，公與晉侯、齊侯盟于澶淵。杜預曰：『在頓丘縣南，今名繁淵。』澶淵即繁淵也，亦謂之浮水。魏徙大梁，趙以中牟易魏，故志曰：趙南至浮水繁陽，即是瀆焉。」大事表云：「水經注發明杜氏之説，最有根据。而後漢書郡國志乃云：『杼秋故屬梁國，有澶淵聚。』劉昭引『左傳襄二十年，盟于澶淵』，以實之。南圻志云：『杼秋故城在今蕭縣西七十里。』按，江南徐州府蕭縣去直隸大名府開州千有餘里。後漢志誤也。」彙纂云：「繁陽故城在内黄縣東北二十七里。古頓丘約略在濬縣之南。漢元光三年，河水徙頓丘東南流，既而決瓠子河，今瓠子故城在開州西南三十五里。則澶淵當在内黄之南、開州之西北也。」段氏玉裁説文注云：「頓丘，今直隸大名府清豐縣縣西南二十五里，頓丘故城是也。澶淵即緐水，在彰德府内黄縣縣東二十六里。史記廉頗拔〔一〕魏繁陽，漢置縣，屬魏郡。應劭曰：『在緐水之陽也。』張晏曰：『其界爲緐淵。』按，『緐』與『澶』疊韻，『汙』與『淵』雙聲。緐陽故城在今内黄縣東北二十七里，實衛地，而云在宋者，蓋以春秋書宋災故而然，然未爲宷也。」趙一清曰：「春秋有兩澶淵，襄二十年、二十六年，皆衛之澶淵也。三十年會于澶淵，宋災故。許氏説文澶淵水在宋，是爲宋地。劉昭所引者，誤宋爲衛矣。」一統志：「澶水在大名府開州西南，大河分流也。一名繁水，一名浮水。」方輿紀要云：「德勝城在開州東南五里，古澶淵也。其後爲德勝渡，黄河津要也。」

〔一〕「拔」，原訛作「据」，叢書本同，據説文段注校改。

○秋，公至自會。

○仲孫遬帥師伐邾婁。

○蔡殺其大夫公子燮。【疏】穀梁作「公子濕」。

○蔡公子履出奔楚。【疏】通義云：「燮之弟，懼及故也。」

○陳侯之弟光出奔楚。【注】爲二慶所譖，還在二十三年。【疏】釋文：「光，左傳作黄。」九經古義云：「説文：『炗，古文光。』『𡕛，古文黄。』字相似。」原注：「白虎通云：『璜之爲言光也。』風俗通云：『黄，光也。』」皇霸引書大傳云：「黄者，光也。」漢書天文志：「中道者，黄道，一曰光道。」穀梁傳：「諸侯之尊[一]，弟兄不得以屬通。其弟云者，親之也。親而奔之，惡也。」注：「惡陳侯也。」○注「爲二」至「三年」。○即

〔一〕「尊」字原脱，叢書本同，據穀梁傳注疏校補。

下二十三年經云：「陳殺其大夫慶虎及慶寅。陳侯之弟光自楚歸于陳。」注：「前爲二慶所譖，出奔楚〔一〕，楚人治其罪，陳人誅二慶，反光，故言歸。」與此注相足。左傳：「陳慶虎、慶寅畏公子黄之偪，愬諸楚，曰：『與蔡司馬同謀。』楚人以爲討。公子黄出奔楚。」下二十三年左傳：「公子黄愬二慶於楚，楚人召之。使慶樂往，殺之。慶氏以陳叛。屈建從陳侯圍陳，遂殺慶虎、慶寅。楚人納公子黄。君子謂：『慶氏不義，不可肆也。』」是其事也。

○叔老如齊。

○冬，十月，丙辰，朔，日有食之。【注】自溴梁之盟，臣恣日甚，故比年日食。【疏】包氏慎言云：「冬十月書丙辰朔，据曆爲月之三日。八九兩月連大，亦爲月之二日丙辰，係六月朔，非十月也。」五行志：「劉歆以爲，八月秦、周分。」臧氏壽恭以三統術推，是年入甲申統一千九十年，正月己丑朔，大；二月己未朔，小；三月戊子朔，大；四月戊午朔，小；五月丁亥朔，大；六月丁巳朔，小；七月丙戌朔，大；八月丙辰朔，小也。○注「自溴」至「日食」。○五行志下之下：「二十年十月丙戌，朔，日有食之。董仲舒以

〔一〕「楚」字原脱，叢書本不誤，據補。

爲，陳慶虎、慶寅蔽君之明，邾庶其有叛心，後庶其以漆、閭丘來奔，陳殺二慶。」與何異。何以爲溴梁盟後，臣恣日甚所致。言比年日食者，即下二十一年「秋，九月，庚戌，朔，日有食之」、「冬，十月，庚辰，朔，日有食之」、二十三年「十有二月〔一〕，癸酉，朔，日有食之」是也。按：比年日食，曆法之常。此以爲異者，春秋重義不重事，凡書日食，俱以爲異，以示戒，比年見則異之甚也。不然，春秋二百四十年，僅三十餘日食哉！

○季孫宿如宋。

○二十有一年，春，王正月，公如晉。【注】月者，溴梁之盟後，中國方乖離，善公獨能與大國。【疏】注「月者」至「大國」。○舊疏云：「正月朝聘例時，故如此解。」按：此與上八年「公如晉」書正月義同。

○邾婁庶其以漆、閭丘來奔。【疏】杜云：「二邑在高平南，平陽縣東北有漆鄉，西北有顯閭亭。」大

〔一〕「十有二月」四字原脱，叢書本同，據春秋經校補。

事表云：「俱在今兗州府鄒縣。定十五年〔一〕『城漆』，即此。」水經注泗水篇：「又東〔二〕過平陽縣西。縣即山陽郡之南平陽縣也。」「世謂之漆鄉。應劭十三州記曰：『漆鄉，邾邑也。』杜預曰：『平陽東北有漆鄉。』」是也。又洙水篇〔三〕：「洙水又西南，逕南平陽之顯閭亭西，邾邑也。春秋襄二十一年，『邾庶其以漆、閭丘來奔』者。十三州記曰：『山陽南平陽縣又有閭丘鄉。』從征記曰：『杜謂顯閭丘也。』今按，漆鄉在縣東北，漆鄉東北十里，見有閭丘鄉，顯閭非也。然則，顯閭自是別亭。」馬氏宗槤左傳補注云：「史記正義云：『南平陽縣城，今兗州鄒縣，在兗州東南六十二里。』按，郡國志：『山陽南平陽有閭丘亭。』酈元與元凱皆誤以顯閭亭爲閭丘亭，可以續漢志證之。漢書地理志山陽郡南平陽下云：『孟康曰：邾庶其以漆來奔。又城漆，今漆鄉是。』」續志亦云：「南平陽有漆亭、閭丘亭。」一統志：「漆城在兗州府鄒縣西北。」方輿紀要：「閭丘在鄒縣南。」左傳釋文：「『漆』，一本作『涞』。」涞與漆形似，蓋誤。

邾婁庶其者何？邾婁大夫也。邾婁無大夫，此何以書？【注】据快無氏。【疏】通義云：「据盟會恒言邾婁人。」亦通。○注「据快無氏」。○即昭二十七年「邾婁快來奔」是也。舊疏云：「其無氏即不合書見之義。問者，見快不書氏，知邾婁無大夫。既無大夫，何以特書庶其？故難之。」

〔一〕「十五年」，原誤記爲「五十年」，據公羊注疏校改。

〔二〕「東」，原訛作「南」，叢書本同，據水經注校改。

〔三〕「洙水篇」，原誤記爲「沂水篇」，叢書本同，據水經注校改。

重地也。【注】惡受叛臣邑，故重而書之。不言叛者，舉地言奔，則魯坐受與庶其叛兩明，故省文也。

【疏】注「惡受」至「書之」。○鄂本「受」下有「人」字。紹熙本亦有，當据補。通義云：「惡叛臣竊邑，故録名以見其罪。」左傳：「庶其非卿也，以地來，雖賤必書，重地也。」杜云：「重地，故書其人。其人書，則惡名彰，以懲不義。」○注「不言」至「文也」。○正以昭二十一年「宋華亥、向甯、華定自陳入于宋南里以畔」之屬言叛，故解之，爲魯受叛臣邑，與受同科，魯坐罪也。穀梁傳曰：「以者，不以者也。」注：「凱曰：人臣無專禄以邑叛之道。」

○夏，公至自晉。

○秋，晉欒盈出奔楚。【疏】晉世家作「欒逞」。

○九月，庚戌，朔，日有食之。【疏】包氏愼言云：「九月書庚戌朔，十月書庚辰朔，据曆十月朔爲己卯，庚辰其二日也。蓋小六月，則庚戌爲七月朔矣。依曆大九月，十月朔亦爲庚辰，與經所書悉合。十月後三月頻小，古曆有三月頻大，或亦有三月頻小者。」五行志下之下：「二十一年九月庚戌朔，日有食之。

董仲舒以爲，晉欒盈將犯君，後〔一〕入于曲沃。劉歆以爲，七〔二〕月秦、晉分。」

○冬，十月，庚辰，朔，日有食之。【疏】五行志又云：「十月庚辰朔，日有食之。董仲舒以爲，宿在軫角，楚大國象也。後楚屈氏譖殺公子追舒，齊慶封脅君亂國。劉歆以爲，八月秦、周分。」通義云：「日月同行，而有揜食，固可以推步得者，至於頻月日食，古今曆算，都無其法。而襄公之篇四年再見，躔離乖錯，謂之記異，不亦宜矣。」元志：「姜岌云：『比月而食，宜在誤〔三〕條。』大衍亦以爲然。」沈氏欽韓以今曆推之，十月已過交限，不應頻食。姜説是。臧氏壽恭左氏古義云：「比月日食，二十四年正義及是年穀梁疏疑其與今曆不合。然据史記十二諸侯年表及漢書五行志所引諸儒舊説，是漢儒皆依經立説，別無疑詞。後儒据今曆疑之，傎矣。」萬充宗黄梨洲問答云：「問曰：春秋日食三十六，而頻食者二。先儒皆謂曰〔四〕：無頻食法。王伯厚云：衛朴推驗春秋合者三十五，惟莊十八年三月，古今算不入食限，豈二頻食亦入限乎？抑史官怠慢，當時失記，從後追憶，疑莫能定，遂兩存之，春秋因而不削乎？答曰：襄公二

〔一〕「後」字原脱，據漢書校補。
〔二〕「七」，原訛作「六」，據漢書校改。
〔三〕「誤」，原訛作「駁」，叢書本同，據元史校改。
〔四〕「曰」，原訛作「日」，據黄梨洲問答校改。

十一、二十四兩年，俱頻食。曆家如姜岌、一行皆言無比月頻食之理。授時曆亦言其已過交限。西曆則言日食之後越五月越六月皆能再食，是一年兩食者有之，比月而食則斷無是也。襄二十一年己酉九月朔，交周〇宫〇三度一九三五，入食限。至十一月朔，一宫一十度三一四二，不入食限矣。二十四年壬子七月朔，交周〇宫〇三度一九三五，入食限。至八月朔，交周一宫三度五九四九，不入食限矣。乃知衛朴得三十五者，欺也。」顧氏棟高書後云：「西曆以越九月即能再食者，即高閎所稱曆家推步之法，一百七十三日日月始一交，交則月掩日，而爲之食，是也。時西法未入中國，則爲此説者，亦不自西曆始矣。頻食既斷無此法，而春秋所以書何也？是時周曆算法已不準，推步常遲一月，頒曆云某月朔應日食，到前一月之朔而日食。襄二十四年七月朔食之既，人所共見，魯史既據實書之。至後一月，不見有食，則以周保章氏所頒，未敢輕削魯史。非精曆算者，不能考正是月之不入食限也。則疑食之微，或食于夜，而人不見，因并存之。孔子因而不革。漢書本紀所載高祖即位三年，及文帝前三年俱於十月、十一月晦頻食，亦是漢初襲用秦曆法未講，致有此誤，武帝太初定曆以後，則斷無此矣。」皆据曆法之正，斷爲無頻食法者。然春秋記異示戒，理之所無，事之所有，仍依孔子〔一〕、臧氏説可也。

〇曹伯來朝。

〔一〕「孔子」，疑當爲「孔氏」，指公羊通義作者孔廣森。

○公會晉侯、齊侯、宋公、衛侯、鄭伯、曹伯、莒子、邾婁子于商任。【疏】杜云：「商任，地闕。」大事表云：「今彰德府安陽縣有衛商任地。」方輿紀要：「古任城在順德府任縣東南，地近商墟，故謂之商任。」按：安陽與任縣地不相屬，未知孰是。

十有一月，庚子，孔子生。【注】時歲在己卯。【疏】舊疏云：「左氏經無此言，則公羊師從後記之。」校勘記云：「唐石經、諸本同。釋文作『庚子，孔子生』，云：『傳文上有十月庚辰，此亦十月也。一本作十一月庚子。又本無此句。』按，穀梁傳作『庚子，孔子生』與陸氏本合。疏本作『十有一月庚子』，與唐石經同。」又云：「按，作十月者是也。考杜氏長曆，十月庚辰小，十一月己酉大，十一月無庚子。庚子乃十月二十一日也。齊召南説。」錢氏大昕養新録云：「左氏傳於哀十六年書『孔子卒』，而不書生年。公羊云襄公『二十一年十一月庚子』生。穀梁云『二十年十月庚子』生。史記則云『二十二年孔子生』，而無月日。考賈逵注左傳於襄二十一年云：『此年仲尼生。』又昭二十四年服注引賈説云：『仲尼時年三十五。』是漢儒皆以孔子生在襄二十一年也。是年經書『十月庚辰，朔』，則十一月無庚子日，予〔一〕以三統術推，襄公二十一年十月己卯朔，其月二十二日庚子，是爲宣尼生之日。年從公羊，月從穀梁，與賈、服注左傳亦合。自襄二十一年至哀十六年，實七十四算，而賈云年七十三者，古人以周歲始增年也。史記謂生於襄二十二年，年七十三，則以相距之歲計之。杜氏於哀十六年注云：『魯襄二十二年生，至今七十三也。』則用史

〔一〕「予」，原訛作「子」，叢書本不誤，據改。

記說。」按：今穀梁亦繫「庚子，孔子生」於二十一年，未知錢氏所据何本。穀梁疏云：「仲尼以此年生，故傳因而録之。世家云二十二年生者，馬遷之言，與經典不同者非一，故與此傳異年耳。」不及公羊，明與公羊同也。通義云：「陸德明曰『「庚子，孔子生」傳文上有十月庚辰〔一〕，此亦十月也，一本作十有一月庚子』，今以十月庚辰朔校之，舊有十有一月字者，誤。故定從釋文本，傳記此者，分别自後爲所見之世故也。」包氏愼言公羊曆譜云：「公羊傳於十一月記孔子生。据曆，庚子，十月之二十二日、十二月之二十三日，凡十一月也。」段氏玉裁經韻樓集云：「公羊襄二十一年『十有一月庚子，孔子生』。穀梁曰襄二十一年『十月庚辰』云云下即云『庚子，孔子生』。穀謂生於十月，公謂生於十一月，互異。据釋文，公羊與穀梁同，上文十月庚辰，此亦十月也。一本作十一月庚子，是公羊有異本。今唐石經板本均從異本耳。又按，徐彦解云：『左氏無此言，則公羊師從後記之。』玉裁謂公、穀識孔子之生，猶左氏記孔子之卒。然左大書孔子名，以記其卒，儼然賡經也。公、穀曰孔子生，不敢書名，則此當爲傳文無疑。陸氏云：『庚子，孔子生，傳文也。』又一本無此句，可證唐初公羊尚有無此條者。自公、穀經不别爲書，唐石經每年經傳掍合之，盡一年乃跳起，於是經、傳不可分。經、傳不可〔二〕分，而『庚子，孔子生』之文儼然經矣。故馬端臨謂公、穀二經有孔子生，而不知固傳也，非經也。今世板本冠之以傳字，較唐石經爲易明。蓋左氏記卒者，

〔一〕「辰」下原衍一「朔」字，據公羊通義校删。
〔二〕「可」字原脱，據經韻樓集校補。

用魯史之成文，公、穀記生者，見尊聖之微意，皆非敢曰真經也。」宋書符瑞志引推度災〔一〕曰：「庚者，更也。子者，滋也。聖人制法天下治〔二〕。」趙氏在翰：「按，春〔三〕秋者謹誌聖人生卒年月，傳詩謹推生日之意應理之理，其文殊，其指一也。」讀書脞録云：「公羊襄二十一年，『十有一月庚子，孔子生』。按，經文云『十月庚辰，朔』，則庚子爲十月二十一日，十一月不得有庚子也。釋文云：『「庚子，孔子生」傳文上有十月庚辰。』此亦十月也，据此則古本公羊無『十有一月』四字，有者後人妄增。穀梁亦作『十月』，蓋孔子以周之十月，夏之正月二十一日生。左疏引公羊傳亦有『十有一月』四字，則穎達所据本已誤。」按：陸氏所謂一本，即舊疏本。陸又云：「又本無此句。」謂無「十有一月」句也。陸氏本明只有「庚子，孔子生」五字，故推上十月庚辰以釋之。又本無「十有一月」句，與陸本同。段氏謂陸氏此句謂又本無「庚子，孔子生」句，誤矣。臧氏壽恭云：「魯史書十月庚辰朔，三統以爲八月。然則，二傳所謂十月庚子，三統以爲八月二十一日。魯史後三統兩月。錢氏以三統之十月，當魯史之十月，誤。」○注「時歲在己卯」。○舊疏云：「何氏自有長曆，不得以左氏難之。」校勘記云：「疏及鄂本、閩本同。監、毛本作『乙卯』，非〔四〕。」錢大昕云：「於三統術，是年歲在乙巳。乙卯當爲乙巳之訛。疏作己卯，亦非。」錢氏養新録又云：「魏晉以來，推

〔一〕「推度災」，宋書作「詩推度災」，即漢詩緯之推度災。
〔二〕「治」下原衍一「平」字，叢書本同，據宋書校删。
〔三〕「春」字原誤疊，叢書本同，徑删。
〔四〕「非」字原脱，據阮元校勘記校補。

襄公二十一年，皆云己酉，而何氏乃云乙卯。故疏家依違其詞，謂何氏别有長曆，亦無明文可證。今以三統歲術超辰之法計之，襄二十一年歲在實沈，太歲當在乙巳，則何注乙卯必乙巳之譌也。自襄二十一年孔子生，距漢元年三百四十六歲，又自漢興距光武建武元年二百三十歲，合五百七十六算，正當超四辰，故知何所据者，超辰古術，非别有長曆也。左氏襄二十八年歲在星紀，歲星與太歲常相應，星在星紀，則歲當在子。而今人以爲丙辰，亦差四算。然則孔子生年，必爲乙巳，非乙卯，無疑矣。」又云：「襄二十八年，歲在星紀，而淫于玄枵〔一〕。正義云：『三統之曆，以庚戌爲上元，積十四萬二千六百八十六歲。置此歲數，以歲星歲數一千七百二十八除之，得積終八十二，去之，歲餘九百九十；以一百四十五乘歲餘，得十四萬三千五百五十；以一百四十四除之，得九百九十六，爲積次；不盡一百二十六，爲次餘；以十二除之，得八十三，去之，盡。是爲此年更發初在星紀也。』按：古法太歲與歲星當相應，三統本以丙子爲上元。今欲知太歲所在，即以六十去積次，不盡三十六，爲大餘。數起丙子，是爲襄二十八年太歲在壬子也。以是上推，孔子生襄二十一年，正當爲乙巳。孔冲遠不知古法太歲亦有超辰，乃用後漢太史虞恭説，謂三統以庚戌爲上元，失之甚矣。由襄二十一太歲乙巳，上溯隱元年，計一百七十算，太歲當在乙卯。而正義云『隱元年歲在豕韋』，則是太歲在甲寅也。因莊公二十三年，太歲、歲星皆在超辰之限，歲星既超實沈入鶉首，則太歲亦當超乙巳而至丙午。故正義云『閔元年歲在大梁』，知太歲在丙辰矣。後漢人引緯

〔一〕「玄枵」，原作「元枵」，錢大昕避康熙皇帝玄曄名諱，改玄爲元，兹恢復本字。

書，以庚申爲西狩獲麟之歲，又以隱公元年爲己未之歲，與今人所推同。緯書出于東漢，其時太歲超辰之法已廢，自何劭公、鄭康成諸大儒外，知之者尠矣。徐廣注史記，以共和元年爲庚申，非太史公本文。包氏慎言何氏公羊注春秋年紀異同考云：「公羊於襄公二十一年冬十一月記『庚子，孔子生』，何氏注云：『時歲在己卯。』東漢以後曆，皆以襄之二十一年歲在己酉，或疑何氏誤記。又或疑丣丣篆文相近，傳寫誤酉爲卯。考後漢曆志，漢安二年，尚書邊韶奏言：太初曆百四十四歲歲星一超次，治曆者不知處之，以致不效。其時太史令虞恭駁其議云：太初元年，歲在丁丑，上極其元，當作庚戌。而曰丙子云云，是東漢治曆者不取三統超辰之説，以太初起元於庚戌也。前漢志記太初積年，上元至元狩七年，即太初元年〔一〕，四千六百一十七歲。自元狩七年上溯獲麟，凡三百七十八歲，以除上積年，不盡四千二百四十一年。從庚戌起算，以六十除之，不盡四十一。獲麟歲爲庚寅，隱公元年歲爲己丑，以下尋襄公二十一年，適值己卯。然則，何氏所据者太初曆，與東漢術家異，非誤也。又考黄帝術以辛卯起元，如以乾鑿度之積年爲其術之積年，從辛卯下尋隱公元年爲庚寅，襄公二十一年爲庚辰。庚辰之與己卯，亦止一算之差耳。何氏精於圖讖，斷非妄造。姑援二端，以解通經者之疑。」經義述聞云：「勵氏滋大曰：『是年歲在己酉，古文卯作丣，酉作丣，字形相類，故何氏誤以己酉爲卯耳。』錢氏曉徵以三統術超辰之法推之，謂是年歲在乙巳。

〔一〕「上元至元狩七年，即太初元年」句有誤。元狩與太初不相接，元狩七年以獲寶鼎改爲元鼎元年，元封七年即太初元年。另，在前漢志中，找不到此段文字的相關記載。

謹案，杜氏長曆是年歲在己酉，與三統術同。（大雅文王正義引三統之術，魯隱公元年歲在己未，與長曆同。則襄公二十一年，歲在己酉，亦同矣。）然何氏何至不識古文酉字，而以爲己卯？勵説似是而非。若以爲乙巳之譌，則丣巳二字，形體聲音俱不相近，無緣巳字誤卯。何氏精於讖緯，讖緯多用殷曆甲寅元，（續漢志論曰：殷曆元用甲寅。大衍律議曰：緯所据者殷曆也。）不得以三統術説之也。錢説亦未得其實。今按，漢世説春秋獲麟至漢興年數，多寡各異。有謂獲麟至漢興二百七十五歲者，後漢虞恭等所謂歲在乙未，則漢興元年又上二百七十五歲，歲在庚申，則孔子獲麟是也。有謂獲麟至漢興百六十二歲者，後漢馮光、陳晃之説，見續漢志者也。今由哀公十四年獲麟，歲在庚申，上推之七十一年，而至襄公二十一年，歲在己酉。据太初元年丙子，殷曆以爲甲寅，則歲在己酉，殷曆當爲丁亥，與此注不合矣。由獲麟至漢興百六十二歲，推之漢興元年，漢志以爲甲午，殷曆當爲壬申。由甲申上推百六十二歲至獲麟，歲在庚寅，又上推七十一歲至襄公二十一年，則歲在己卯，故此注曰歲在己卯也。蔡邕曆議曰：『馮光、陳晃所据則殷曆元也。』又曰：『光、晃以考靈曜爲本。』亦見續漢志。然則此注謂襄公二十一年歲在己卯，殆用考靈曜紀年之法。續漢志曰：『考靈曜有甲寅元。』按，甲寅元，殷曆也。則考靈曜又本於殷曆與？」通義云：「周十月，夏八月，日在壽星之次，與斗柄同位。先儒言夫子生時，帝車南指，此日加午之驗也。占之金匱，式曰：六陽罡爲六合臨時之方。青龍繫日，具神勝光，天乙登車，朱雀翺翔，始以龍見，終以蛇藏，是有德而章無位而王者與？解詁曰：『時歲在己卯。』於今禄命術得己卯、癸酉、庚子、壬午，應四極之位也。漢四分曆是歲己酉，與何氏不合。但四分依命曆序以爲庚申歲獲麟，而感精符則云獲麟之歲在單閼。單閼，卯也。四分上推太初元年丁丑，漢元年乙未。三統曆引漢志曰：高帝元年，歲在大棣，名曰敦牂；元封七年，歲名困敦。並與四分較差一年。太史公曆書曰：『太初元年歲名閼逢攝提格。』又寅甲寅，非丁丑矣。萬祺：『遂古七曆〔一〕殊元，同異得失無以辨之。』今以公羊家學既從何氏，仍其舊注，存師說焉。」

○**二十有二年，春，王正月，公至自會。**【注】月者，危公。前彊隨滌有邾婁地，又受其叛臣邑，而今與魯〔二〕，不於上會月者，與日食同月，不得復見。【疏】注「月者」至「與魯」。○正以致例時，此月，故解之。校勘記云：「前彊隨滌有邾婁地，鄂本同。閩、監、毛本『彊』作『疆』，疏同。」紹熙本亦作「彊」。按：彊、疆皆通。即上十九年「取邾婁田，自滌水」是也。又受其叛臣邑者，即上二十一年「邾婁庶其以漆、閭丘來奔」是也。而今與魯，校勘記云：「鄂本『魯』作『會』，此誤。」按：紹熙本亦作「會」。○注「不於」至「復見」。○校勘記云：「毛本『於』誤『與』。鄂本、閩、監本及疏皆不誤。」按：紹熙本亦作「於」。舊疏云：「言所以不於上商任會時書月以〔三〕見危者，正以與上『冬，十月，庚辰，朔，日有食之』同在十月，不得

〔一〕「七曆」，指古代黄帝曆、顓頊曆、夏曆、殷曆、周曆、魯曆、三統曆七種曆法。
〔二〕「魯」爲「會」之訛，叢書本同。説見下【疏】文引阮元校勘記。
〔三〕「以」字原脱，叢書本同，據公羊注疏校補。

見此義，是以於此危。」

○夏，四月。

○秋，七月，辛酉，叔老卒。【疏】包氏慎言云：「七月書辛酉，月之十八日。」

○冬，公會晉侯、齊侯、宋公、衛侯、鄭伯、曹伯、莒子、邾婁子、滕子、薛伯、杞伯、小邾婁子于沙隨。【疏】左氏經無「滕子」，或闕文。此經，唐石經、諸本同。

○公至自會。

○楚殺其大夫公子追舒。

○二十有三年，春，王二月，癸酉，朔，日有食之。【疏】包氏慎言云：「二月書癸酉朔，据曆爲月之三日。」五行志下之下云：「二〔一〕十三年二月癸酉朔，日有食之。董仲舒以爲，後衞侯入陳儀，甯喜弑其君剽。劉歆以爲，前年十二月二日，宋、燕分。」臧氏壽恭以三統術推前年正月丁未朔，大；二月丁丑朔，小；三月丙午朔，大；四月丙子朔，小；五月乙巳朔，大；六月乙亥朔，大；七月乙巳朔，小；八月甲戌朔，大；九月甲辰朔，小；十月癸酉朔，大；十一月癸卯朔，小；十二月壬申朔，二日癸酉。

○三月，己巳，杞伯匄卒。【疏】包氏慎言云：「三月書己巳，月之三十日。」

○夏，邾婁鼻我來奔。【疏】釋文云：「『鼻我』，二傳作『畀我』。」唐左氏石經作「卑我」。九經古義云：「古鼻畀同音。」穀梁昭二十七年傳注「邾畀我」，釋文：「畀，必二反，本或作鼻。」漢書武五子傳：「舜封象於有鼻。」鄒陽傳：「封之于有卑。」服虔曰：「音畀予之畀也。」左傳校勘記：「宋本『畀我』作『卑我』。石經亦作『卑我』。按，釋文凡畀字，皆云必利反。以音理言之，畀在五支，卑在六脂，卑字不可代畀，音必利反。石經始譌，而宋本仍之，非也。」按：昭二十年左傳：「曹公孫會自鄸出奔。」疏兩引作「卑」。漢校官碑「卑」作「畀」，是隸書「畀」即「卑」也。二字形近易譌，以音訂之，斷爲二字，唐初蓋已混，故孔疏引作

〔一〕「二」，原訛作「三」，叢書本同，據漢書及公羊傳校改。

「卑」也。

邾婁鼻我者何？邾婁大夫也。邾婁無大夫，此何以書？以近書也。【注】以奔無他義，知以治近升平書也。所傳聞世，見治始起，外諸夏，録大略小，大國有大夫，小國略稱人；所聞之世，内諸夏，治小如大，廩廩近升平，故小國有大夫，治之漸也。見於邾婁者，自近始也。獨舉一國者，時亂實未有大夫，治亂不失其實，故取足張法而已。【疏】注「以奔」至「書也」。○舊疏云：「莊二十四年，『曹羈出奔』之下，傳云：『曹無大夫，此何以書？賢也。何賢乎曹羈？三諫不從，遂去之，故君子以爲得君臣之義也。』然則，曹羈得諫義，是以書之。上二十一年，邾庶其之奔，傳云：『邾婁無大夫，此何以書？重地也。』昭五年，『夏，莒牟夷以牟婁及防、兹來奔』。傳云：『此何以書？重地也。』然則，庶其、牟夷皆以重地故書，悉非常例。今此鼻我無三諫之善，無盜上之惡，直奔而已，更無它義，而得書見，知以治近升平之故也。」繁露奉本云：「邾婁庶其、鼻我，邾婁大夫，其於我無以親，以近之故，乃得顯明。」按：「以親」之「以」疑衍。庶其之書，傳以爲重地，非以近書。昭二十七年：「邾婁快來奔。」傳云：「邾婁無大夫，此何〔一〕以書？以近書也。」「庶其」或「快」之誤。○注「所傳」至「稱人」。○隱元年：「公子益師卒。」注：「於所傳聞之世，見治起於衰亂之中，用心尚麤觕。故内其國而外諸夏，先詳内而後治外，録大略小。内小惡書，外小惡不書。大國有大夫，小國略稱人。内離會書，外離會不書。」是也。此爲書小國大夫，注故

〔一〕「此何」，原誤倒作「何此」，叢書本不誤，據乙。

止舉外諸夏、略小國、略稱人三事也。○注「所聞」至「漸也」。○隱元年注云：「於所聞之世，見治升平，内諸夏而外夷狄，書外離會，小國有大夫。」正以治小如大，故小國有大夫也。廩廩者，公羊問答云：「漢書循吏傳：『此廩廩庶幾德讓君子之遺風矣。』注：『師古曰：廩廩，言有丰采也。』」孝文本紀：「太史公曰：廩廩鄉改正服封禪矣。」按：廩廩，蓋猶漸漸耳。兩漢時有此語。○注「見於」至「始也」。○校勘記云：「諸本同。昭二十七年疏引作『以近治也』，『始』爲『治』之訛，當據正。按，解云：『正以地接于魯，故先治之也。』是疏本作『治』。」通義云：「近者，所見之世也。入所見世，治法大備，將使遠近大小若一，小國始合有大夫。但盟會之等，載記闕略不得周知，故還録其接我者以見法。必取法于邾婁者，亦取治自近者始也。」按〔一〕：孔氏斷自孔子生後爲所見之世，與何氏不同。按：傳聞之世，小國略稱人，大國有大夫。直至所見世，小國始有大夫，非三世之次。孔義恐未然。○注「獨舉」至「而已」。○舊疏云：「孔子作春秋，欲以撥亂世，多舉小國悉有大夫，則恐文害其理，故曰治亂不失其實也。今鼻我更無他義而得書見，明其張三世之法，故曰取足張法而已。」謂張治小國大夫法也。凡書奔者，重乖離之禍故也。

○葬杞孝公。

〔一〕「按」，原訛作「接」，叢書本同。通義文結在「始也」，「接」字固不當屬上。依全書體例及下文爲評論孔氏之説，故當爲「按」字，據改。

○陳殺其大夫慶虎及慶寅。

○陳侯之弟光自楚歸于陳。【注】前爲二慶所譖，出奔楚，楚人治其罪，陳人誅二慶，反光，故言歸。宋大夫山譖華元貶，此不貶者，殺二慶而光歸，譖光可知。【疏】注「前爲」至「言歸」。○事見上二十年。「歸」者，出入無惡之文也。二十年左傳云：「陳侯之弟黄出奔楚。言非其罪也。」穀梁注：「光反，稱弟，言歸，無罪明矣。」又彼二十年傳云：「親而奔之，惡也。」注：「所以惡陳侯。」○注「宋大」至「可知」。○即成十五年：「宋華元出奔晉。」「宋華元自晉歸于宋。」「宋殺其大夫山。」注：「不氏者，見殺在華元歸後，嫌直自見殺者，故貶之，明以譖華元故。」今此殺二慶後光乃歸，歸無惡，知譖光明矣。

○晉欒盈復入于晉。入于曲沃。

曲沃者何？晉之邑也。【疏】隱五年左傳注云：「曲沃，晉别封成師之邑，在河東聞喜縣。」漢書地理志：「河東聞喜縣，故曲沃。武帝元鼎六年行過，改名。」應劭曰：「武帝於此聞南越破，改曰聞喜。」今曲沃爲漢彘縣地。詩唐風揚之水序「昭公分國以封沃」，即此。

其言入于晉，入于曲沃何？【注】据當舉重。【疏】通義云：「据魚石直言復入于彭城。」○注「据當舉重」。○正以當直書入于晉也。

欒盈將入晉，晉人不納，由乎曲沃而入也。【注】欒盈本欲入晉篡大夫位，晉人不納，更入於曲沃，得其士衆以入晉國。曲沃大夫當坐，故復言入。篡大夫位例時。【疏】通義云：「左傳曰：齊侯以藩載欒盈及其士，納諸曲沃。欒盈帥曲沃之甲，因魏獻子以晝入絳，故曰由乎曲沃而入也。傳以此解上者，明與魚石但據彭城不入宋者異也。」○注「欒盈」至「夫位」。○正以「復入」者，出無惡、入有惡之文，故知欒盈入晉爲篡也。舊疏云：「不直言入，又無叛文，故知不篡君位也。其惡文不繫於篡君，知止欲篡大夫也。」○注「晉人」至「晉國」。○晉世家：「齊莊公微遣欒逞於曲沃，以兵隨之。齊兵上太行，欒逞從曲沃中反，襲入絳。」與左傳同，皆無入晉不納事。蓋事勢宜然，史、左或未備也。○注「曲沃」至「言入」。○解經所以不舉重之義也。舊疏云：「曲沃大夫受納有罪之人，故云當坐。」按：左傳：「欒盈夜見胥午而告之。」注：「胥午，守曲沃大夫。」又曰：「伏之。而觴曲沃人，樂作，午言曰：『今也得欒孺子何如？』對曰：『得主而爲之死，猶不死也！』皆歎，有泣者。爵行，又言。皆曰：『得主，何貳之有！』盈出，徧拜之。」是受納有罪事也。然曲沃大夫不能固守城邑，致令欒盈得入，亦當坐失地罪，禮記曲禮云「大夫死衆，士死制」是也。欒盈因曲沃甲以襲晉，故復書「入于曲沃」，見曲沃大夫罪明也。○注「篡大夫位例時」。○舊疏云：「正以經書『夏』，故知例時，昭二十一年『夏，宋華亥、向甯、華定自陳入于宋南里以畔』、定十一年『秋，宋樂世心自曹入于蕭』之屬皆是也。」

〇秋，齊侯伐衛。遂伐晉。

〇八月，叔孫豹帥師救晉，次于雍榆。【疏】釋文「渝」，左氏作「榆」。水經注淇水篇：「淇水又東北流，謂之白溝，逕雍榆城南。春秋襄公二十三年，『叔孫豹救晉，次于雍榆』是也。」國語周語云：「定王饗之。」注：「定王，榆也。舊音榆，本或爲渝。」是渝、榆通也。杜云：「晉地。汲郡朝歌縣東有雍城。」大事表云：「郡邑志：黎陽縣有雍城，即古雍榆也。故城在今河南衛輝府濬縣西南十八里。」明一統志：「雍榆城在大名府濬縣西南四十八里。」差繆略云：「俞，左氏作榆，穀梁作渝。」按：今注疏本及石經公羊亦作「渝」。

曷爲先言救而後言次？【注】據「次于聶北，救邢」。【疏】注「據次」至「救邢」。〇即僖元年：「齊師、宋師、曹師次于聶北，救邢。」先言次，後言救也。

先通君命也。【注】惡其不遂君命而專止次，故先通君命言救。【疏】注「惡其」至「言救」。〇通義云：「救晉者，君命也。次者，進退在豹也。先書君命而後録臣事，春秋之教也。然救不言次，本書次者，刺不及事之義，因而分别先後，又隨事設義云爾。」穀梁傳：「言救後次，非救也。」注：「惡其不遂君命而專止次，故先通君命，而後言次，尊君抑臣之義。」鄭嗣曰：「『次，止也。凡先書救而後言次，皆非救也。』僖元年，『齊師、宋師、曹師次于聶北，救邢』，此師本欲止聶北，遥爲之援爾，隨其本意而書，故先言次而後言救〔一〕。豹本受君命救晉，中道不能，故先言救而后〔二〕言次。若鄭伯未見諸侯，而曰如會，致其本意。」與何氏義合。莊三年左疏引：「左氏先儒言：齊桓，君也，進止自由，故先次後救。叔孫，臣也，先通君命，故先救後次。」按：左傳曰：「禮也。」疏引：「賈云：禮者，言其先救後〔三〕次爲得禮也。」止謂先通君命爲得禮耳，其次而不遂，故譏也。

○己卯，仲孫遨卒。【疏】包云：「八月書己卯，月之十二日。」

○冬，十月，乙亥，臧孫紇出奔邾婁。【疏】包氏慎言云：「十月書乙亥，月之九日。」閔二年：「公子慶父出奔莒。」注：「内大夫奔例，無罪者日，有罪者月。」按：左傳：「臧武仲告曰：『紇之罪不及不祀。』臧賈曰：『是家之禍也，非子之過也。』」如彼傳文，臧孫爲季氏事出奔，非得罪於國，故爲無罪。通義云：「日者，有罪也。子曰：『臧武仲以防求爲後於魯，雖曰不要君，吾不信也。』」然彼是出奔後事，聖人不必於其出奔時遂罪之。穀梁傳：「其日，正臧孫紇之出也。」則孔氏蓋涉穀梁家説。

〔一〕「救」，原訛作「家」，叢書本不誤，據改。
〔二〕「后」，通「後」。以下多用「后」爲先後字，一仍其舊。
〔三〕「後」，原訛作「渝」，叢書本同，據左傳正義校改。

○晉人殺欒盈。

曷爲不言殺其大夫？【注】据簒得大夫之位。【疏】注「据簒」至「之位」。○舊疏云：「正以夏已入晉，冬乃殺之。傳又云：『曷爲不言殺其大夫？』故知簒得大夫之位矣。」

非其大夫也。【注】明非君所置，不得爲大夫。無大夫文而殺之稱人者，從討賊辭，大其除亂也。

【疏】注「明非」至「大夫」。○通義云：「前得罪出奔，位已絶。惟以道去國者，雖不在位，猶從大夫之秩。今盈入晉作亂，罪重不得復稱故大夫也。」按：何意，前出奔，大夫已絶。今簒大夫位，非君所置，故不得爲大夫。義自直捷。穀梁傳：「晉人殺欒盈。惡之，弗有也。」○注「無大」至「亂也」。○舊疏云：「公羊之例，大夫自相殺稱人，即文九年『晉人殺其大夫先都』之屬是。今無大夫之文稱人者，欲從『衛人殺州吁』、『齊人殺無知』之屬，是討賊之辭也。實非簒而作討賊辭者，大其除亂也。」惠氏士奇春秋説云：「欒、范交惡而欒盈亡，駟、良交争而良霄死，亦與討賊同辭，不亦甚乎？凡大夫出奔，非有君命不得反。非君命而〔一〕自外入者，皆從討賊辭。且大夫出奔，非大夫矣，不得從殺大夫之例。雖非弑君賊，而欒盈兵乘公門，良霄介于襄庫，是亦賊也，故皆從討賊辭也。」是也。

〔一〕「而」下原衍「反」字，叢書本同，據春秋説校删。

○齊侯襲莒。

○二十有四年，春，叔孫豹如晉。

○仲孫羯帥師侵齊。【疏】校勘記云：「唐石經、諸本同。釋文作『仲孫偈』，云：『本又作褐，亦作羯，同。』」

○夏，楚子伐吴。

○秋，七月，甲子，朔，日有食之，既。【注】是後楚滅舒鳩，齊崔杼、衛甯喜弒其君。【疏】五行志下之下：「二十四年七月甲子，朔，日有食之，既。劉歆以爲，五月魯、趙分。」臧壽恭推是年正月丙寅朔，小；二月乙未朔，大；三月乙丑朔，小；四月甲午朔，大；五月甲子朔，六月癸巳朔。○注「是後」至「其君」。○舊疏云：「即下二十五[一]年『楚屈建帥師滅舒鳩』、二十五年『齊崔杼弑其君光』、二十六年『衛甯喜弑其君剽』是也。」

○**齊崔杼帥師伐莒。**

○**大水。**【注】前此叔孫豹救晉，仲孫羯侵齊，此興師衆，民怨之所生也。【疏】注「前此」至「生也」。○校勘記云：「元本同。監、毛本『此』作『北』，皆誤。鄂本、閩本作『比』，又鄂本無『也』，當據以訂正。」按：紹熙本亦無「也」字。五行志上：「襄公二十四年秋，大水。董仲舒以爲，先是一年，齊伐晉，襄使大夫帥師救晉，後又侵齊，國小兵弱，數敵彊大，百姓愁怨，陰氣盛。劉向以爲，先是襄慢鄰國，是以邾伐其南，齊伐其北，莒伐其東，百姓騷動，後又仍犯彊齊也。大水，饑，穀不成，其災甚也。」

○**八月，癸巳，朔，日有食之。**【注】與甲子同。【疏】注「與甲子同」。○五行志下之下：「八月癸

[一]「五」上原衍「弑」字，叢書本不誤，據删。

巳，朔，日有食之。董仲舒以爲，比食又既，象陽將絶，夷狄主中〔一〕國之象也。後六君弑，楚子梁〔二〕從諸侯伐鄭，滅舒鳩，魯往朝之，卒主中國，伐吴討慶封。劉歆以爲，六月晉、趙分。」元志：「大衍云：不應頻食，在誤條。」沈氏欽韓以今曆推之，「立分不叶，不應食，大衍説是」。

○公會晉侯、宋公、衛侯、鄭伯、曹伯、莒子、邾婁子、滕子、薛伯、杞伯、小邾婁子于陳儀。【疏】釋文：「『陳儀』，二傳作『夷儀』。二十五年同。」校勘記云：「閩、監、毛本皆誤以此釋文爲注。鄂本無之。此本加圈以别之，是也。」紹熙本同。二十五年穀梁傳注：「夷儀，本邢地。衛滅邢，而爲衛地。」

○冬，楚子、蔡侯、陳侯、許男伐鄭。

〔一〕「中」，原訛作「上」，據漢書校改。

〔二〕「楚子梁」，叢書本同，漢書作「果」，疑均有誤。當此時是楚康王，名昭，史記作招。楚君似未有名「梁」或「果」者。

○公至自會。

○陳鍼宜咎出奔楚。【疏】釋文本作「咸宜咎」，云：「咸，本又作鍼[一]，其廉反。」

○叔孫豹如京師。

○大饑。【注】有死傷曰大饑，無死傷曰饑。【疏】注「有死」至「曰饑」。○穀梁傳：「五穀不升爲大饑。一穀不升謂之嗛，二穀不升謂之饑，三穀不升謂之饉，四穀不升謂之康，五穀不升謂之大侵[二]。」注：「侵，傷。」大侵[三]，即有死傷義也。彼疏引徐邈云：「有死者曰大饑，無死者曰大餓。」然經無大餓文也。繁露隨本消息云：「魯大饑，中國之行，亡國之跡也。」舊疏云：「正以諸經直言饑，此加大故也。」

[一]「咸，本又作鍼」，原作「云本又鍼」，叢書本同，據經典釋文校改。
[二]「侵」，原訛作「饑」，叢書本不誤，據改。
[三]「侵」，原訛作「傷」，叢書本同。此據上引【注】「侵，傷」，進而解「大侵」之意，故據上下文義校改。

○二十有五年，春，齊崔杼帥師伐我北鄙。

○夏，五月，乙亥，齊崔杼弑其君光。【疏】包氏慎言云：「五月書乙亥，月之十八日。」穀梁傳：「莊公失言，淫于崔氏。」

○公會晉侯、宋公、衛侯、鄭伯、曹伯、莒子、邾婁子、滕子、薛伯、杞伯、小邾婁子于陳儀。【疏】繁露隨本消息云：「諸夏再會陳儀，齊不肯往。」謂此及上二十四年會陳儀也。

○六月，壬子，鄭公孫舍之帥師入陳。【注】日者，陳、鄭俱楚之與國，今鄭背楚入陳，明中國當憂助鄭以離楚弱陳，故爲中國憂録之。【疏】注「日〔一〕者」至「録之」。○舊疏云：「正以公羊之義，入例書時，傷害多者乃始書月，即成七年『秋，吴入州來』、隱二年『夏，五月，莒人入向』之屬是。今此書日〔二〕，故解之。」包氏慎言云：「六月書壬子，月之二十五日也。」通義云：「左傳曰：『初，陳侯會楚子伐

〔一〕「日」，原訛作「曰」，叢書本不誤，據改。
〔二〕「日」，原訛作「曰」，叢書本不誤，據改。

鄭，當陳隧者，井堙木刊。鄭人怨之。六月，鄭子展、子産伐陳，宵突陳城，遂入之。』『子展命師無入公宮，與子産親御諸門。陳侯免，擁社。使其衆男女別而纍，以待于朝。子展執縶而見，再拜稽首，承飲而進獻。子美入，數俘而出。祝祓社，司徒致民，司馬致節，司空致地，乃還。』由此言之，鄭人之師以直報怨，卒定以禮，而不加暴焉，入〔一〕國之善者也，故曰春秋之例，日入者善也。」孔氏牽涉左氏以駁何氏。按：春秋日〔二〕入者，何氏解各異。隱十年：「冬，十月，壬午，齊人、鄭人入盛。」注：「日者，明當憂録之。」十一年：「秋，七月，壬午，公及齊人入許。」注：「日者，危録隱公。」僖二十七年：「乙〔三〕巳，公子遂帥師〔四〕入杞。」注：「日者，杞屬修禮朝魯，不當乃入之，故録責之。」二十八年「晉侯入曹」書「丙午」。注：「日者，喜〔五〕義兵得時入。」若概以日入爲善，則「入盛」、「入許」之屬何善之有？蓋凡入言日者，在例時與傷害多月外，故分別解之也。

○**秋，八月，己巳，諸侯同盟于重丘。**【注】會盟再出，不舉重者，起諸侯欲誅崔杼，故詳録之。

〔一〕「入」，原訛作「大」，叢書本同，據公羊通義校改。
〔二〕「日」，原訛作「曰」，叢書本、南菁書院刻清經解本不誤，據改。
〔三〕「乙」，原訛作「己」，據公羊傳校改。
〔四〕「帥師」二字原脱，據公羊傳校補。
〔五〕「喜」，原訛作「善」，叢書本同，據公羊注疏校改。

【疏】包氏慎言云：「八月無己巳，七月之十三日也。」杜云：「重丘，齊地。」大事表云：「今東昌府聊城縣東北，跨茌平縣界，有古重丘。爲諸侯盟會處。彙纂云：『濟南府德州亦有重丘城，或云會盟處。』以經文考之，公會諸侯于夷儀，同盟于重丘。夷儀爲今北直順德府地，去東昌爲近。自夷儀涉齊竟，當在聊城。」水經注河水篇：「又東逕重丘縣故城西。春秋襄二十五年秋，同盟重丘。應劭曰：『安德縣北〔一〕五十里有重丘鄉，故縣〔二〕也。』」按：安德在今之陵縣，恐非其地。漢志平原郡有重丘縣，爲今之霑化，則更遠矣。方輿紀要：「重丘城在東昌府東南五十里，跨茌平縣界，襄二十五年『同盟于重丘』是也。又重丘城在濟南府陵縣北五十里。」按：以前説爲是，後説則水經所次也。○注「會盟」至「録之」。○舊疏云：「正以文十四年『夏，公會宋公以下同盟于新城』，舉盟以爲重，不言會于某。今會盟並舉，故解之。僖九年『公會宰周公以下于葵丘』之下注云：『會盟一事，不舉重者，時宰周公不與盟也。』昭十三年『平丘』之下注云：『不舉重者，起諸侯討棄疾，故詳録之。』與此同。」通義云：「會盟一事，不舉重者，以異地也。重言諸侯者，間有異事，與祝阿同例。」据左傳，是會晉本合諸侯伐齊，以報二十三年之役。齊人以莊公説，且賂晉侯，晉侯〔三〕許之，同盟于重丘，齊成故也。遂亂受賂〔四〕，黨弑君之賊，中國之大恥，公與有惡焉。春秋

〔一〕「北」，原訛作「此」，叢書本不誤，據改。
〔二〕「縣」，原訛作「城」，叢書本同，據水經注校改。
〔三〕「晉侯」二字原脱，叢書本同，據公羊通義校補。
〔四〕「遂亂受賂」，原訛倒作「遂受亂賂」，叢書本同，據公羊通義校改。

不言伐齊，所以深爲内諱而存中國也。重丘之盟，稷之會，其迹正同，於彼目言之，於此諱，所謂遠世、近世異辭。」解詁箋云：「諸侯不誅崔杼，故重録之。日者，徧刺諸侯之不討賊也。」按：孔氏所据左氏説，不得以駮何氏，欲誅崔杼，何氏或別有據。蓋誅不成，故書日以刺之也。

○公至自會。

○衛侯入于陳儀。

陳儀者何？衛之邑也。【疏】大事表云：「杜注：『本邢地，衛滅邢，而爲衛邑。』晉愍、衛衍失國，使衛分之一邑。又定九年，齊伐晉夷儀，爲衛討也，則又爲晉地。蓋實衛之邊邑，與齊、晉皆連壤。今直隸順德府西南四十里有夷儀城。」

曷爲不言入于衛？【注】据與鄭突入櫟同。【疏】注「据與」至「櫟同」。○即桓十五年：「鄭伯突入于櫟。」傳：「櫟者何？鄭之邑也。曷爲不言入于〔一〕鄭？」注：「据齊陽生立陳乞家，言入于齊。今此亦据陽生事爲難，故云据與彼同也。」陽生事見哀六年。

〔一〕「入于」二字原脱，據公羊傳校補。

諼君以弑也。【注】以先言入，后言弑也。時衛侯爲剽所簒逐，不能以義自復，詐願居是邑爲剽臣，然后候間伺便，使甯喜弑之。君子恥其所爲，故就爲臣以諼君惡之。未得國言入者，起詐簒從此始。【疏】釋文作「以殺，音試」，注同。後年放此。○注「以先」至「弑也」。○鄂本「后」作「後」，下及疏並同。先言入，謂此後言弑，謂下二十六年「衛甯喜弑其君剽」是也。○注「時衛」至「惡之」。○衛侯見簒逐，事見上十四年。詐願居是邑爲剽臣，何蓋以時情事言之也。『伺便候間〔一〕，使甯喜弑之』者，即下二十六年，衛獻公自夷儀使與甯喜言，甯喜許之，即使甯喜弑剽事也。繁露隨本消息云：「衛衎據陳儀而爲諼，林父據戚而以畔。」下云：「中國之行，亡國之跡也。」故書入以惡之。説文言部：「諼，詐也。」文三年傳：「此伐楚也，其言救江何？爲諼也。」漢書息夫躬傳：「虚造詐諼之策。」○注「未得」至「此始」。○舊疏云：「欲言小白、陽生之屬，得國乃言入。」通義云：「衎在陳儀，蒯聵在戚，其未得衛甚明。而傳輒以不言入于衛爲難者，蓋以衎與蒯聵若〔二〕有君衛之道，雖偏安一邑，春秋皆得以〔三〕『入于衛』言之。何則？四境之内，尺土莫非衛也。昭公之在鄆，猶在魯也；敬王之居狄泉，敬王有周，子朝不得有周也。是故以戚與陳儀舉者，即不與使有衛之辭也。若衎者，有國不能自保，去國不能自復，而謀爲諼於逐我者之子，甚足賤惡，

〔一〕「伺便候間」，原文作「候間伺便」，此顛倒之，意同，不改。又「便」，原訛作「使」，據【注】校改。
〔二〕「若」，原訛作「皆」，據公羊通義校改。
〔三〕「以」字原脱，據公羊通義校補。

故從出入有惡之例，使與叛臣入邑者同文也。何以不名？其奔名，其歸名，則於此可省文，因别見，罪輕于朔矣。」義或然也。

○**楚屈建帥師滅舒鳩。**

○**鄭公孫囆帥師伐陳。**【疏】舊疏云：「公孫囆云云，亦有本作『公孫萬』字者。」校勘記云：「諸本同。唐石經本作『公孫蠆』，口旁後加。舊疏云云，何焯云：『萬當蠆字誤。』按，閩、監、毛本皆脱此疏。」左氏、穀梁作「公孫夏」，夏與蠆音義俱遠，定有一譌也。

○**十有二月，吴子謁伐楚，門于巢，卒。**【疏】釋文：「『謁』，左氏作『遏』。」校勘記云：「唐石經、諸本同。釋文云：『謁，左氏作遏。』按，疏本作『遏』〔一〕，云：『亦有一本作謁字者。』作遏則與〔二〕左氏合，而陸氏乃區别之義，疏所据之本，往往勝於釋文。公羊疏非唐人所爲也。」按：謁、遏皆曷聲，俱無不可，

〔一〕「釋文云：『謁，左氏作遏。』按，疏本作『遏』」句，原作「唐謁作遏」，脱誤嚴重，叢書本同，據阮元校勘記校補。
〔二〕「與」，原訛作「于」，叢書本同，據阮元校勘記校改。

不必疏本即勝於陸本。詩大雅文王云：「無遏爾躬。」釋文：「遏或作謁。」易大有象云：「君子以遏惡揚善。」釋文：「遏，徐又音謁。」是音義同也。繁露隨本消息云：「吴在其南，而二君殺〔一〕。」謂此及二十九年「閽弑吴子餘祭」也。彼殺當作弑。

門于巢卒者何？入門乎巢而卒也。入門乎巢而卒者何？入巢之門而卒也。

【注】以先言門，後言于巢。吴子欲伐楚過巢，不假塗，卒暴入巢門，門者以爲欲犯巢而射殺之。君子不怨所不知，故與巢得殺之，使若吴爲自死文，所以彊守禦也。書伐者，明持兵入門，乃得殺之。【疏】傳言「入巢之門而卒也」者，以解入門乎巢而卒也。○注「以先」至「于巢」。○舊疏云：「正以先入其門，巢人乃殺，故言門于巢卒。」○注「吴子」至「禦也」。○穀梁傳曰：「以伐楚之事，門于巢，卒也。門于巢，乃伐楚也。諸侯不生名，取卒之名，加之伐楚之上者，見以伐楚卒也。其見以伐楚卒何也？古者，大國過小邑，小邑必飾城而請罪，禮也。吴子謁伐楚，至巢，入其門，門人射吴子。有矢創，反舍而卒。古者雖有文事，必有武備，非巢之不飾城而請罪，非吴子之自輕也。」何義與彼同。左傳云：「吴子諸樊伐楚，以報舟師之役，門于巢。」杜云：「攻巢門也。」以爲吴子攻巢，巢牛臣所殺，與此少異。穀梁疏引：「舊解：巢，楚竟上之小國，有表裏之援，故先攻之，然後楚可得伐。以爲楚邑，非也。徐邈亦云『巢，偃姓之國』是也。」

〔一〕「二君殺」，原訛作「二言入」，叢書本同，據春秋繁露校改。

按：何氏[一]責吴不假塗，蓋亦以巢爲國。易繫辭傳云：「重門擊柝，以待暴客。」春秋彊守禦，猶此義也。○注「書伐」至「殺之」。○周禮朝士職：「凡盜賊軍鄉邑及家人，殺之無罪。」注：「鄭司農云：謂盜賊羣輩若軍共攻盜鄉邑及家人者，殺之無罪。若今時無故入人室宅廬舍，上人車舡，牽引人欲犯法者，其時格殺之，無罪。」惠氏士奇周禮説云：「軍謂持兵者也。」明持兵者，可格殺之勿論也。漢書龔遂傳，渤海盜賊起，遂移書：「屬縣諸持鉏鉤器者皆良民，持兵者乃盜賊。」則漢律亦不持兵者不爲盜也。按：今律夜無故入人家内，主家登時殺死者勿論。唐律亦然。疏議答曰：「律開聽殺之文，本防侵犯之輩。設令舊知姦穢，終是法所不容。但夜入人家，理或難辨，縱令知犯，亦爲罪人，若其殺即加罪，便恐長其侵暴，登時許殺，理用無疑。」故此與巢得殺也。

吴子謁何以名？【注】据諸侯伐人不名。【疏】注「据諸」至「不名」。○穀梁傳曰：「諸侯不生名。」

疏：「重發傳者，與失國生名異故也。」

傷而反，未至乎舍而卒也。【注】以名卒，間無事，知以傷辜死，還就張本文伐名，知傷而反，卒繫巢，知未還至舍。巢不坐殺，復見辜者，辜内當以弑君論之，辜外當以傷君論之。【疏】唐石經、鄂本、閩、監本同。毛本「反未」誤倒。上七年傳：「鄭伯髡原何以名？傷而反，未至乎舍而卒也。」通義云：「與鄭伯髡原同義。」舊疏云：「彼是臣傷其君，此異國，故復發之。」○注「以名」至「伐名」。○舊疏「伐名」屬下

〔一〕「氏」，原訛作「氐」，叢書本不誤，據改。

讀。惠棟云：「『伐名』二字屬上句，蓋名于伐而不名于卒，故謂知以傷辜死爲伐名張本。疏云『伐名知傷而反卒』，誤讀。」按：穀梁傳云：「取卒之名加之伐楚之上者，見其以伐楚卒。」穀梁無保辜義，亦以經名卒，間無事，故如此解。○注「知傷」至「至舍」。○舊疏云：「名者，卒爵之稱，今于伐已名，知其見傷而反。其卒仍繫巢，故知被傷反，未至於舍止之處而卒也。」○注「巢不」至「論之」。○巢不坐殺，即上注云：「君子不怨所不知，故與巢得殺之也。」「復〔一〕見辜者」，對上七年言之，故言復也。辜內云云者，舊疏云：「正以過國假塗，賓客之謙謹，重門設守，主人之恒備。今吴人無禮，淩暴巢國，若不與殺，開衰世諸侯得使縱横。巢無禦備而殺人之君，若令舍之，又脱漏其罪，是以何氏進退月〔二〕之。若以殺論，巢君合絶；若以傷論，貶黜而已。」按：此即穀梁之非巢不飾城而請罪義也。然巢君無坐殺傷理，殺吴子者亦非巢君。舊疏誤。

○二十有六年，春，王二月，辛卯，衛甯喜弑其君剽。【注】甯喜爲衛侯衎弑剽。不舉衎弑剽者，諼成于喜。【疏】包氏慎言云：「二月書辛卯，月之八日。」史記世家〔三〕「剽」作「秋」。繁露隨本消

〔一〕「復」，原訛作「後」，據【注】文校改。
〔二〕「月」，原訛作「目」，叢書本同，據公羊注疏校改。
〔三〕史記世家，當爲史記衛康叔世家。

息云：「中國在其北，而齊、衛殺其君。」謂此及上二十五年「齊崔杼弑其君光」也。殺亦弑之誤。彼下云：「中國之行，亡國之跡也。」○注「甯喜」至「于喜」。○甯喜爲衎弑剽，事見下二十七年傳。舊疏云：「喜若爲衎弑剽，春秋舉重，宜書衎弑。今書喜者，正由諼成于喜故也。是以下二十七年傳：『甯殖死，喜立爲大夫，使人謂獻公：黜公者，非甯氏也，孫氏爲之。吾欲納公，何如？』是諼成于喜文也。」按：左傳：「甯子出，舍于郊。伯國死，孫氏夜哭。國人召甯子，甯子復攻孫氏，克之。辛卯，殺子叔及太子角。書曰：『甯喜弑其君剽。』言罪之在甯氏也。」世家謂：「殤公使甯喜攻孫林父。林父奔晉，復求入故衛獻公。獻公在齊，如晉，晉爲伐衛，誘與盟。衛殤公會晉平公，平公執殤公與甯喜，而復入衛獻公。」與公羊、左氏義皆不合。

○**衛孫林父入于戚以叛。**【注】衎盜國，林父未君事衎。言叛者，林父本逐衎，衎入故叛。衎得誅之，猶定公得誅季氏，故正之云爾。【疏】注「衎盜」至「誅之」。○舊疏云：「正以凡言叛者，臣盜土之辭，故如此解。林父逐衎者，在十四年。」左傳：「書曰：『入于戚以叛。』罪孫氏也。臣之禄，君實有之，義則進，否則奉身而退，專禄以周旋，戮也。」衎出奔已絶，故復入爲盜國，下書衛侯衎名是也。○注「猶定」至「云爾」。○舊疏云：「昔林父逐衎，衎得誅之。季氏不逐定公，而定公得誅季氏者，正以昭公是父，父子一體，榮辱同之。季氏逐昭公，故與定公得誅之也。知如此者，正以定元年『隕霜，殺菽』，何氏云：『周十月，夏八月，微霜用事，未可殺菽。菽者，少類，爲稼强，季氏象也。是時定公喜於得位，而不念父黜逐之恥，反爲淫祀立煬宫，故天示以當早誅季氏。』是也。」

○甲午，衛侯衎復歸于衛。【疏】包氏慎言云：「二月又有甲午，月之十一日。」

此諼君以弑也，其言復歸何？【注】据齊陽生至陳乞家，時書「入于齊」，不書「復歸」。復歸〔一〕者，入無惡文。【疏】注「据齊」至「復歸」。○即哀六年：「齊陽生入于齊。」傳：「景公死，而舍立。陳乞使人迎陽生于諸其家。」「大夫不得已，皆再拜稽首而君之爾。」是也。彼書入，故据以難。○注「復歸」至「惡文」。○桓十五年傳：「復歸者，出惡歸無惡。」是也。

惡剽也。【注】主惡剽。衛侯入無惡，則剽惡明矣。【疏】注「主惡」至「明矣」。○正以剽簒不見，故於衛侯之入不書入見之，非與衎主惡剽也。

曷爲惡剽？【注】据齊陽生不書歸惡舍。【疏】注「据齊」至「惡舍」。○哀六年傳：「景公謂陳乞曰：『吾欲立舍，何如？』陳乞曰：『所樂乎爲君者，欲立之則立之，不欲立則不立。君如欲立之，則臣請立之。』」下又曰：「陳乞曰：『夫千乘之主，將廢正而立不正，必殺正者。』」明舍立不正，嫌陽生之簒無罪，宜書復歸惡舍，故据以難。

〔一〕「復歸」二字原脱，叢書本不誤，據補。

剽之立，於是未有説也。【注】凡篡立，皆緣親親也。剽以公孫立於是位，尤非其次，故衛人未有説，喜由此得成諼禍，故惡以爲戒也。篡重不書，反惡此者，因重不得書，故得惡輕，亦欲以見重。【疏】注「凡篡」至「戒也」。○舊〔一〕疏云：「正以有繼及舊道故也。」剽以公孫立於是位，若以昭穆言之，遠於公子，故曰〔二〕尤非其次也。昭穆既遠，又無〔三〕賢德，是以衛人未有説之者〔四〕。按：衛世家云：「共立定公弟秋爲衛君，是爲殤公。」諸侯之子稱公子，公子之子稱公孫，以服屬至近推之，亦當成公之孫，故尤非其次也。俞氏樾公羊平議云：「『未』當作『末』。隸書未末二字溷。蒼頡廟碑『以化未造』，未造即末造也，是其證。『説』當讀如本字，乃言説之説，非喜説之説也。末，無也。末有説也，謂無説也。蓋使剽以次當立，則其立於是也尤爲有説，乃剽則公孫也，於昭穆遠矣。故曰剽之立於是，末有説也。」俞義亦通。○注「篡重」至「見重」。○即謂不書剽立義也，重不得書義，具見下傳。

然則，曷爲不言剽之立？【注】据衛人立晉。【疏】注「据衛人立晉」。○見隱四年。通義云：「据晉繼弒而立，剽逐君而立，其事異，知非蒙託始省文，故問其義。」

〔一〕「舊」字原脱，叢書本不誤，此爲徐彦疏，依全書體例當稱作「舊疏」，據補。
〔二〕「曰」，原訛作「之」，叢書本不誤，據改。
〔三〕「無」，原訛作「是」，叢書本不誤，據改。
〔四〕「者」下原衍「曰」字，叢書本無，據删。

不言剽之立者，以惡衛侯也。【注】欲起衛侯失衆出奔，故不書剽立。剽立無惡，則衛侯惡明矣。日者，起甯氏復納之，故出入同文也。甯喜弒君而衛侯歸，則甯氏納之明矣。以歸出奔俱日，知出納之者同，衛侯歸而孫氏叛，孫氏本與甯氏共逐之，亦可知也。名者，起盜國；盜國明，則復歸爲惡剽出見矣。

【疏】注「欲起」至「明矣」。○正以衛侯失衆出奔，故惡之，書名見絶也。通義云：「春秋之於衎、剽兩無所與，故曰『衛侯入于陳儀』，又正甯喜之弒，而衎之失德見。曰『衛侯衎復歸于衛』，又正孫林父之叛，而剽之竊國亦見。古者貴戚之卿，君有大故，反復諫而不聽，則易位。向使孫、甯之謀果以義動，爲社稷之大計，剽次當立，又有令德，君子且醇乎惡衎矣。明於惡剽之説，則爲臣者儆。明於惡衎之説，則爲君者懼。范武子曰：『衎實與弒，故録日以見之。書日所以知其與弒者，言辛卯弒君，甲午便歸，是待弒而入，故得速也。』」○注「日者」至「知之」。○上十四年書「己未，衛侯衎出奔齊〔一〕」，注：「日者，爲孫氏、甯氏所逐，甯氏復納之。出納之者同，當相起，故獨日也。」此亦日，是出入同文，明相起也。春秋之例，歸與復歸例時，此出納日，故解之。甯喜弒而衛侯歸，衛侯歸而孫氏叛。亦出納皆由甯，孫則與出不與納明矣。○注「名者」至「見矣」。○正以諸侯不生名，書名皆絶。莊六年：「衛侯朔入于衛。」傳：「何以名？絶。」二十五年：「衛侯朔卒。」注：「不得書葬，與盜國同〔二〕。」失衆出奔合絶，土地非所有，今復入据，故坐以盜國罪

〔一〕「齊」字原脱，據公羊傳校補。
〔二〕「同」下原衍一「義」字，據公羊注疏校删。

也。書名，盜國已明，更書復歸，見無惡，知非爲惡剽出矣。

○夏，晉侯使荀吴來聘。

○公會晉人、鄭良霄、宋人、曹人于澶淵。【疏】通義云：「獨鄭見名氏者，起本當言晉趙武也。左傳〔一〕曰：『趙武不書，尊公也。』此著明大夫不敵君之義也。晉之貴卿，猶不得敵公，則良霄不嫌矣。」左傳本有作晉侯者，左傳校勘記：「宋本、宋殘本、淳熙本、岳本、足利本『侯』作『人』，不誤。石經此處刓缺，今依訂正。」

○秋，宋公殺其世子痤。【注】痤有罪，故平公書葬。【疏】穀梁作「世子座」，同音叚借也。吕覽長見篇：「魏公叔座疾，惠王往問之。」畢氏沅云：「『座』舊作『痤』，與魏策同。据御覽四百四十四又六百三十二兩引皆作『座』，與史記商君傳合，今從之。」○注「痤有」至「書葬」。○春秋之例，君殺無罪大夫，及枉殺世子者，皆不書葬，以明其合絶。是以申生無罪，不書獻公之葬。至昭十一年經云「葬宋平公」者，正以

〔一〕「傳」字原脱，叢書本同，據公羊通義校補。

痓有罪故也。按：繁露隨本消息云「宋公殺其世子」，下云「中國之行，亡國之跡也」，似不以痓有罪。蓋痓罪克，故其罪尚微，故不去世子也。舊疏又云：「鄭伯克段于鄢，有惡逆，去弟[一]。痓今若有罪，仍言世子者，正以段有當國之罪重，故如其意，貶去其弟，仍如國君，氏上鄭，所以見段之惡逆。今痓罪微，不足去世子，但是合罪之科，故得存其葬矣。」然則痓罪微，平公殺之已甚，故董生如彼云也。

○晉人執衛甯喜。

此執有罪，何以不得爲伯討？【注】据甯喜弒君者，稱人而執，非伯討。【疏】注「据甯」至「伯討」。○正以僖四年傳云：「稱人而執者，非伯討也。」甯喜弒君賊，合執，今晉稱人，故据以難。

不以其罪執之也。【注】明不得以爲功，當坐執人。【疏】通義云：「孫林父以戚叛，如晉。晉黨於孫氏，而爲之執喜，故曰不以其罪。」○注「明不」至「執人」。○正以執不當罪，故坐專執也。此與宣十一年「楚人殺陳夏徵舒」，文同義異。甯喜、夏徵舒皆弒君賊，法所必討，執之皆不合稱人。晉執甯喜不以罪，則不與其執，楚則實與文不與也。

〔一〕「有惡逆，去弟」句，公羊注疏原作「以其有罪，故去弟」。

○八月，壬午，許男甯卒于楚。【疏】包氏慎言云：「八月書壬午，月之二日。」

○冬，楚子、蔡侯、陳侯伐鄭。【疏】繁露隨本消息云：「先楚子昭卒之二年，與陳、蔡伐鄭，而大克。」經傳皆無「大克」文，董生蓋以意言也。

○葬許靈公。

公羊義疏六十

南菁書院　句容陳立卓人著

襄二十七年盡三十一年

○二十有七年，春，齊侯使慶封來聘。

○夏，叔孫豹會晉趙武、楚屈建、蔡公孫歸生、衛石惡、陳孔瑗、鄭良霄、許人、曹人于宋。【疏】左氏、穀梁「孔瑗」作「孔奐」，奐、瑗聲相近。繁露隨本消息云：「其明年，楚屈建會諸侯〔一〕，而張中國。」謂伐鄭之明年也。彼下云「楚子昭，蓋諸侯可者也」。

〔一〕「侯」，原作「夏」，叢書本同，據春秋繁露校改。

○**衛殺其大夫甯喜。衛侯之弟鱄出奔晉。**【疏】穀梁「鱄」作「專」，省文也。鱄，字子鮮，當作「專」爲正。左氏昭二十年傳「乃見鱄設諸焉」。此二十九年傳云：「於是使專諸刺僚。」史記吳世家、伍子胥傳、刺客傳、漢書古今人表、吳越春秋、新書淮難篇、鹽鐵論勇篇並作「專諸」。

衛殺其大夫甯喜，則衛侯之弟鱄曷爲出奔晉？【注】据與射姑同。【疏】注「据與射姑同」。○文六年：「晉殺其大夫陽處父。狐射姑出奔狄。」傳：「晉殺其大夫陽處父，則狐射姑曷爲出奔？」注：「据蔡殺其大夫公子燮。蔡公子履出奔楚。此非同姓，恐見及。」此据與彼同也。

爲殺甯喜出奔也。曷爲爲殺甯喜出奔？【注】据非同姓。【疏】注「据非同姓」。○承上注「据與射姑同」問也。

衛甯殖與孫林父逐衛侯，而立公孫剽。甯殖病，將死，謂喜曰：「黜公者非吾意也，孫氏爲之。【注】黜猶出逐。【疏】衛世家云：「獻公戒孫文子、甯惠子食，皆往。日旰不召，而去射鴻於囿。二子從之，公不釋射服與之言。二子怒，如宿。孫文子子數侍公飲，使師曹歌巧言之卒章。師曹又怒公之嘗笞三百，乃歌之，以怒孫文子，報獻公。文子遂攻出獻公。」是甯殖雖怨獻公，而攻出獻公則孫氏也。○注「黜猶出逐」。○廣雅釋詁：「黜，去也。」國語周語：「王黜翟后。」注：「黜，廢也。」説文黑部：「黜，貶下也。」是年左傳：「何以黜朱於朝？」注：「黜，退也。」

我即死，【疏】校勘記云：「唐石經、諸本同。鄂本『即』作『則』。」按：即，猶若也。莊三十二年傳「寡人即不起此病」，言若不起此病也。僖三十三年傳「爾即死」，言爾若死也。漢書西南夷傳注：「即，猶若也。」是也。即，則，亦通，王莽傳「則時成創」，注：「則時，即時。」是也。

女能固納公乎？」【注】固，猶必也。喜者，殖子。殖本與孫氏共立剽，而孫氏獨得其權，故有此言。

【疏】注「固，猶必也」。○國策秦策：「王固不能。」高注：「固，必也。」又齊策：「固不求生也。」注：「固，必也。」吕覽本味：「固不獨。」又任數云：「其説固不行。」高注皆云：「固，猶必也。」左傳桓五年：「蔡、衛不枝，固將先奔。」亦謂必將先奔也。○注「喜者」至「此言」。○衛世家云：「孫文子、甯惠子共立定公弟秋爲衛君。」是殖與孫氏共立剽也。彼又云：「殤公秋立，封孫文子林父於宿。」又云：「甯喜與孫林父争權。」明孫氏獨得其權，故甯與争也。

喜曰：「諾。」【疏】上二十年左傳：「衛甯惠子疾，召悼子曰：『吾得罪於君，悔而無及也。名藏在諸侯之策，曰：「孫林父、甯殖出其君。」君入則掩之。若能掩之，則吾子也。若不能，猶有鬼神，吾有餒而已，不來食矣。』悼子許諾。」是年左傳又曰：「右宰穀曰：『得罪於兩君，天下誰畜之？』悼子曰：『吾受命於先人，不可以貳。』」

甯殖死，喜立爲大夫，使人謂獻公曰：「黜公者，非甯氏也，孫氏爲之。吾欲納公，何如？」獻公曰：「子苟納我，【疏】校勘記云：「唐石經作『子苟欲納我』。諸本脱『欲』字。石經考文提要云：宋景德本、鄂泮官書本春秋集傳釋義皆作『子苟欲納我』。」

吾請與子盟。」【注】盟者，欲堅固喜意。【疏】二十六年左傳：「子鮮不獲命於敬姒，以公命與甯喜言曰：『苟反，政由甯氏，祭則寡人。』」蓋即所欲盟辭也，故注謂「欲堅〔一〕固喜意」。

喜曰：「無所用盟，【注】時喜見獻公多詐，欲使公子鱄保之，故辭不肯盟，曰：「臣納君，義也，無用爲盟矣。」【疏】經傳釋詞云：「所，語助也。無所用盟，無用爲盟也。昭二十五年傳『君無所辱大禮』，言君無辱大禮也。」禮記檀弓「君無所辱命」，成二年左傳「君無所辱命」，義皆同。○注「時喜」至「盟矣」。○左傳又云：「衛獻公使子鮮爲復，辭。敬姒强命之，對曰：『君無信，臣懼不免。』」明獻公多詐也。辭曰「臣納君，義也」云云，蓋何氏以意言之。

請使公子鱄約之。」【注】喜素信鱄，以爲鱄能保獻公。【疏】注「喜素」至「獻公」。○左傳又云：「初，獻公使與甯喜言，甯喜曰：『必子鮮在，不然必敗。』故公使子鮮。」

獻公謂公子鱄曰：「甯氏將納我，吾欲與之盟，其言曰：『無所用盟，請使公子鱄約之。』子固爲我與之約矣。」【疏】即左傳所謂「使子鮮爲復」也。

公子鱄辭曰：「夫負羈縶，【注】縶，馬絆也。【疏】注「縶，馬絆也」。○釋文：「羈縶，本又作羇〔二〕。」成

〔一〕「堅」，原訛作「盟」，叢書本不誤，據改。

〔二〕「羇」，原訛作「靮」，叢書本同，據經典釋文校改。

二年左傳：「韓厥執縶馬前。」注：「縶，馬絆也。」廣雅釋器：「縶，絆也。」莊子釋文引三蒼云：「縶，絆也。」詩小雅白駒：「縶之維之。」傳：「縶，絆也。」周頌有客：「言授之縶。」箋：「縶，絆也。」説文馬部：「馽〔一〕，絆馬。从馬，口其足。」引：「左傳：『韓厥執馽〔二〕馬前。』或从糸，執聲。作縶」。莊子馬蹄云：「連之以羈馽〔三〕。」釋文：「馽〔四〕，司馬、向、崔本並作縶。崔云：『絆前兩足也。』」羈者，廣雅云：「羈，勒也。」説文：「𦌴，馬絡頭也。」或作羈。經、傳省作「羈」。釋名釋車：「羈〔五〕，檢也，所以檢持制之也。」

執鈇鑕，【疏】史記范雎傳：「臣之胸不足當椹質，而要不足以待斧鉞。」斧鉞即鈇椹，質即鑕。彼注云：「椹，莝椹也。質，莝刀也。」分爲二，失之。禮記中庸：「不怒而民威於鈇鉞。」王制：「賜鈇鉞，然後殺。」鈇者，有刃之物；鑕，則所用以藉者也。周禮圉人職：「射則充椹質。」杜子春讀爲「齊人言〔六〕鈇椹」之椹。圉人所習，故使充之。言圉人養馬，以鈇斬芻，乃其職也。漢掌畜官斫莝，即此。爾雅釋宮〔七〕：「椹謂之

〔一〕「馽」，原訛作「𩡧」，叢書本同，據説文解字校改。
〔二〕「馽」，原訛作「𩡧」。又説文引作「馽」，今左傳作「縶」。
〔三〕「馽」，原訛作「𩡧」，叢書本同，據莊子校改。
〔四〕「馽」，原訛作「𩡧」，叢書本同，據莊子釋文校改。
〔五〕「羈」，今各本均作「羇」，「羈」、「羇」同。
〔六〕「言」字原脱，叢書本同。周禮疏、周禮正義、續方言疏證、困學紀聞等書所引均有「言」字，據補。
〔七〕「釋宮」，原誤記爲「釋器」，叢書本同。引文實出自釋宮，據改。

棖。」孫炎曰：「椹，斫木質也。」詩大雅公劉箋：「鍛石，所以爲鍛質。」蓋質也、椹也、鑕也，一物也。其質或以石，或以金，或以木。詩箋云：「質以石爲之。」後世之砧即其遺制，故爾雅釋文：「椹，本或作砧。」謝惠連詩：「櫚高砧響發。」擣衣所用，古詩〔一〕「藁砧今何在」是也。或作「碪」，說文「柱下石」是也。爾雅之椹，當以木爲之。詩殷武：「方斲是虔。」箋引雅訓解之云「正斲于椹上」是也。若鈇鑕連稱者，當以金爲之，史記張蒼傳：「蒼坐法當斬，解衣伏質。」注：「質，椹也。」漢書項籍傳：「身伏斧質。」皆是。蓋凡藉物者，皆可得質名，爲取其體堅固，乃克受斧斤之施，故引申之，雖木趺柱足，皆得此名也。玉篇：「鈇，鑕砧也。」

從君東西南北，則是臣僕庶孽之事也。【注】僕，從者；庶孽，衆賤子，猶樹之有孽生。【疏】注「僕，從者」。○廣雅釋詁：「僕，使也。」詩小雅正月：「并其臣僕。」箋：「人之尊卑有十等，僕第九，臺第十。」賈子服疑：「僕，亦臣禮也。」文選注引廣雅云：「僕，謂附著於人。」○注「庶孽」至「孽生」。○說文子部：「孽，庶子也。」漢書吴王濞傳：「故孽〔二〕子悼惠王。」注：「孽亦庶也。」史記呂不韋傳：「子楚，秦諸庶孽孫〔三〕。」索隱：「非嫡正之子曰孽。」漢書賈誼傳：「庶人孽妾。」注：「孽，庶賤者。」禮記玉藻：「公子曰：

〔一〕古詩，指古樂府。

〔二〕「孽」，原訛作「庶」，叢書本同。漢書作「孽」，下師古亦是爲「孽」作注，以作「孽」爲是，據改。

〔三〕「秦諸庶孽孫」，原脱倒作「秦諸孫孽」，叢書本同，據史記改。

「臣孽。」」注：「孽，當爲枿，聲之誤。」枿即蘖。廣雅釋詁：「孽，餘也。」後漢書虞延傳注：「孽，伐木更生者也。」書盤庚：「若顛木之有由孽。」是也。

若夫約言爲信，則非臣僕庶孽之所敢與也。」【注】鱄見獻公多詐不敢保。【疏】注「鱄見」至「敢保」。○上二十六年左傳：「子鮮對敬姒曰：君無信，臣懼不免。」又：「右宰穀曰：『我請使焉而觀之。』遂見公於夷儀。反，曰：『君淹恤在外十二年矣，而無憂色，亦無寬言，猶夫人也。若不已，死無日矣。』」亦謂其多詐不可保也。故又曰：「子鮮在，何益？」

獻公怒曰：「黜我者非甯氏與孫氏，凡在爾！」【注】欲以此語迫從，令必約之。【疏】校勘記云：「『非甯氏與孫氏』，唐石經原刻下有『也』字，後磨改重刻删去，故次行九字。」按：紹熙本亦無「也」字。此獻公激之辭也。

公子鱄不得已而與之約。【疏】通義云：「左氏述其約言曰：『苟反，政由甯氏，祭則寡人。』」

已約，歸至，殺甯喜。【注】獻公歸，至國，背約殺甯喜。【疏】左傳：「衛甯喜專，公患之。公孫免餘請殺之。公曰：『微甯子，不及此，吾與之言矣。事未可知，衹成惡名，止也。』對曰：『臣殺之，君勿與知。』乃與公孫無地、公孫臣謀，使攻甯氏，弗克，皆死。」「夏，免餘復攻甯氏，殺甯喜。」是獻公但恐不克爾，其患之時已背約矣，故何氏云然。通義云：「殺甯喜，不以討賊之辭者，獻公之大夫與里克同義。」

公子鱄挈其妻子而去之。【注】慙恚不能保獻公。【疏】注「慙恚」至「獻公」。○說文心部：「慙，愧也。」又：「恚，恨也。」玉篇：「恨，怨〔一〕也。」左傳曰：「子鮮曰：『逐我者出，納我者死，賞罰無章，何以沮勸？君失其信，而國無刑，不亦難乎？且鱄實使之。』遂出奔晉。」通義云：「既愧負甯氏，又以獻公淫刑、無信，見幾而去。」

將濟于河，攜其妻子，【注】攜，猶提也。【疏】校勘記云：「攜，鄂本、閩、監本同。唐石經『攜』作『擕』，毛本作『挈』，注同。係臆改。」按：紹熙本亦作「攜」。○注「攜，猶提也」。○廣雅釋詁云：「攜，提也。」淮南覽冥訓：「相攜于道。」注：「攜，引也。」説文手部：「攜，提也。」

而與之盟，【注】恐乘舟有風波之害，己意不得展，故將濟，豫與之盟。

曰：「苟有履衛地、食衛粟者，昧雉彼視。」【注】昧，割也。時割雉以爲盟。猶曰：「視彼割雉，負此盟則如彼矣！」傳極道此者，見獻公無信，刺鱄兄爲彊臣所逐，既不能救，又移心事剽，背〔二〕爲姦約。獻公雖復因喜得反，誅之，小負未爲大惡，而深以自絶，所謂守小信而忘大義，拘小介而失大忠。不爲君漏言者，即漏言，當坐殺大夫，不得以正葬，正葬明喜有罪。【疏】左傳：「公使止之，不可。及河，又使止之，止使者而盟于河，託於木門，不鄉衛國而坐。」注：「怨之深也。」穀梁傳：「專，喜之徒也。專之爲喜之徒，何也？己雖急納其兄，與人之臣謀弑其君，是亦弑君者也。專其曰弟，何也？專有是信者。君

〔一〕「怨」，原訛作「怒」，叢書本同，據玉篇校改。
〔二〕「背」，原訛作「皆」，據公羊注疏校改。

賂不入乎喜而殺喜，是君不直乎喜也，故出奔晉。織約邯鄲，終身不言衛。」○注「昧，割也」。○釋文：「昧，舊音刎，亡粉反。一音末〔一〕，又音蔑。割也。」按：昧無割義。釋文音刎，當作昧从末得聲，末勿同音。荀子彊國云：「是猶欲壽而刎頸也。」一切經音義：「刎，古文歾，同。」音義又引字略：「斷首曰刎。刎，割也。」今人猶謂自刎爲自抹，蓋即歾也。亦作伆，方言：「伆，离也。吴、越曰伆。」陸音亡粉反，不知昧有刎義，不必有刎音也。又「音未」，未當作末。又音蔑。二音皆是也。集韻引字林：「抹，摋，滅也。」莊十二年傳：「側首曰摋。」抹、昧同音，亦得有割義。○注「時割」至「彼矣」。○戰國策齊策云：「齊、衛先君刑馬壓羊，盟曰：『後世有相攻伐者，令其命如此。』〔二〕說苑奉使篇，齊、魯之先君「相與刳羊而約曰：『後世子孫敢有相攻者，令其皋若此』」。皆與此同。是盟也，而兼詛矣。隱十一年左傳：「鄭伯使卒出豭，行出犬雞，以詛射潁考叔者。」又詩小雅何人斯〔三〕：「出此三物，以詛爾斯。」傳：「三物，君以豕，臣以犬，民以雞。」蓋詛牲不定，惟便所宜。孔疏謂詛「用一牲」，故此用雉也。○注「傳極」至「大忠」。○正以獻公出奔，終爲甯納，知鱄不能救也。「移心事剽，背爲姦約」，未知何指。甯氏得罪二君，殺不爲過，特獻非殺甯之人，故爲小負，鱄棄絕大倫，硜守小信，春秋所不與也。新語十一云：「是以明者可以致遠，鄙者可以□

〔一〕「末」，原訛作「未」，叢書本同，據經典釋文校改。
〔二〕「後世」句，原上半句脱「伐」字，下半句脱「令其命」三字，叢書本同，據戰國策校補。
〔三〕「何人斯」，原誤記爲「巷伯」，據詩經校改。

近。故春秋書衛侯之弟鱄出奔晉。書鱄絶骨肉之親，棄大夫之位〔一〕，越先人之境，附他人之域，窮涉寒饑，織屨而食，不明之效也。」而穀梁傳謂「專之去，合乎春秋」，彼注引：「何君廢疾云：『甯喜本弒君之家，獻公過而殺之，小負也。專以君之小負自絶，非大義也。何以合乎春秋？』鄭釋之曰：『甯喜雖弒君之家，本專與約納獻公爾。公由喜得入，已與喜以君臣從事矣。春秋撥亂重盟約，今獻公背之，而殺忠于己者，是獻公惡而難親也。獻公既惡而難親，專又與喜爲黨，懼禍將及，君子見幾而作，不俟終日。微子去紂，孔子以爲上〔二〕仁。專之去衛，其心若此，合于春秋，不亦宜乎？』」劉氏逢禄難曰：「甯喜之殺，不去大夫，與里克同文，惡獻公之盜國，非惡其背約也。專於獻之未出，既不能維持其君臣；及其入也，又與喜約共弒剽；至喜執殺，乃徒執其硜硜之信以暴君兄之過。經書出奔，以爲是喜之黨而已矣。詩曰：『君子屢盟，亂是用長。』穀梁子亦云：『盟詛不及三王。』春秋繼三王而撥亂，豈其重盟約乎？既云專爲喜黨，又以微子去紂例之，儗不於倫，莫此爲甚。」○注「不爲」至「有罪」。○文六年傳：「射姑殺，則其稱國以殺何？君漏言也。」君漏言當坐殺無罪大夫，故去葬。而晉襄書葬者，以殺在葬後故也。此獻公書葬，明甯喜非無罪見殺矣。

〔一〕「位」，原訛作「信」，叢書本同，據新語校改。

〔二〕「上」，原訛作「三」，叢書本同，據穀梁注疏校改。

○秋，七月，辛巳，豹及諸侯之大夫盟于宋。【疏】包氏慎言云：「七月書辛巳，月之六日。」

曷爲再言豹？【注】据盟于首戴不再出公。【疏】注「据盟」至「出公」。○舊疏云：「僖五年『夏，公及齊侯、宋公以下會王世子于首戴』，『秋，八月，諸侯盟于首戴』是也。」

殆諸侯也。【注】殆，危也。危諸侯，故再出豹，懼録之。【疏】注「殆，危也」。○禮記大學：「亦曰殆哉。」注：「殆，危也。」論語爲政：「多見闕殆。」包曰：「殆，危也。」説文歺部：「殆，危也。」

曷爲殆諸侯？【注】据首戴不殆。

爲衛石惡在是也，曰惡人之徒在是矣。【注】衛侯衎不信，而使惡臣石惡來，故深爲諸侯危，懼其將負約爲禍原。先見此者，衎負鱄殺喜得書葬，嫌於義絶可，欲起其小負。會盟再出，不舉重者，方再出豹也。石惡惡者，下出奔是也。【疏】左傳：「殺甯喜及右宰穀，尸諸朝。石惡將會宋之盟，受命而出。衣其尸，枕之股而哭之。欲斂以亡〔一〕，懼不免，且曰：『受命矣。』乃行。」是石惡爲甯喜黨與？故曰惡人之徒也。繁露隨本消息云：「石惡之徒，聚而成羣。」則不止石惡一人。劉氏解詁箋云：「何以殆諸侯？自是晉弱楚强，諸侯奔走夷狄也。日者，惡楚詐也。惡人之徒，如蔡公孫歸姓、陳孔瑗、鄭良霄皆叛臣，非止石惡也。」○注「衛侯」至「禍原」。○通義云：「殆者，不信之辭。獻公無信，又使其惡臣甯喜之黨來。

〔一〕「亡」，原譌作「往」，叢書本同，據左傳校改。

良霄、孔瑗後亦皆弑君者，而諸侯之大夫雜夷楚之使，相與結盟，反覆無信，故爲内危録之，而再言豹也。」義較備足。○注「先見」至「小負」。○獻公書葬，見下二十九年。再書豹殆諸侯，以起獻公小負故也。○注「會盟」至「豹也」。○即文十四年，「夏，公會宋公以下同盟于新城」，舉盟以爲重，不言會于某。今此會盟並舉，以再書豹故也。解詁箋云：「豹一事而再見者，卒名也。曰諸侯之大夫先目而後凡也。會盟再出，不舉重者，殆諸侯也。」通義云：「會盟一地，不舉重者，此楚與中國争伯之始，亦危録之意。」亦通。○注「石惡」至「是也」。○即下二十八年「衛石惡出奔晉」是也。出奔，故知爲甯黨也。

○**冬，十有二月，乙亥，朔，日有食之。**【注】是后閽殺吴子餘祭、蔡世子般弑其君、莒人弑其君之應。【疏】包氏慎言云：「十二月書乙亥朔，据曆爲十一月。左氏傳作十一月，是也。傳云：『辰在申，司曆過也，再失閏矣。』此則左氏之誣閏在前年，故此年申戌之月皆乙亥朔，若如左氏删去前閏，則爲未酉月之朔，非辰在申也。姚秦時姜岌作三紀甲子曆，亦謂考交分交會應在此月，而不爲再失閏，譏傳爲違謬，長曆曲附左氏，而於此年十一月後頓置兩閏，更爲無稽。竊意古曆經歲皆三百六十五日四分日之一，其小餘成日，至四年而增爲六十六者，爲閏年。二十六年，小餘已成日，至二十七年，小餘不滿日，法九月朔爲乙亥，不應三月頻大，十一月仍爲乙亥，故傳以爲再失閏。所謂閏者，即新法之閏年，别於整年而言也。三統誤會傳文，而以魯曆爲失閏月于前，故以傳之十一月爲九月耳。即謂時曆失閏，則此年之十一月爲十二月，如經所書，不得係乙亥朔爲十一月，既係十一月，是傳已增閏於前，以正時曆之失。杜氏又胡緣於左氏所增之外更增一閏乎？又按，律曆志劉歆説云：「魯曆不正，以閏餘一之歲爲蔀首。故春秋刺『十一月乙亥朔，日有食之』。於是辰在申，而司曆以爲在建戌，史書建亥。」又曰：「襄公二十七年，距辛亥百九歲。九月乙亥朔，是建申之月也。魯史書『十二月乙亥朔，日有食之』。傳曰：『冬，十一月乙亥朔，日有食之。於是辰在申，司曆過也，再失閏矣。』言時實行以爲十一月也，不察其建，不考之於天也。」劉以傳作十一月，故云「司曆以爲在建戌」。經作十二月，故云「史書建亥」。辛亥，僖公五年，爲孟統五十三章首，故曰「距辛亥百九歲」也。○注「是後[一]至「之應」。○即下二十九年「閽弒吳子餘祭」、三十年「蔡世子般弒其君固」、三十一年「莒人弒其君密州」是也。鄂本「后」作「後」，紹熙本同，當据正。校勘記云：「釋文：『閽殺，下音弒[二]。』此二弒字亦當作殺，音弒[三]。因上有釋文故作殺，此無釋文故作弒也。」五行志下之下：「二十七年十二月乙亥朔，日有食之。董仲舒以爲，禮義將大絶滅之象也。時吳子好勇，使刑人守門；蔡侯通於世子之妻；莒不早立嗣。後閽弒吳子，蔡世子般弒其君[四]，莒人亦弒其君，而庶子爭。劉向以爲，自二十年至此歲，八年閒日食七作，禍亂將重起，故天仍見戒也。後齊崔杼弒君，宋殺

〔一〕「後」，【注】文作「后」。下【疏】曰：「鄂本『后』作『後』，紹熙本同，當據正。」實則「后」通「後」，禮記大學「知止而后有定」、馬王堆漢墓帛書道原「知虛之實，后能大虛」是也。

〔二〕「弒」，原訛作「試」，叢書本同，據阮元校勘記校改。

〔三〕同上注。

〔四〕「君」，漢書原文作「父」，公羊注疏作「君固」。

世子，北燕伯出奔，鄭大夫自外入而篡位。指略如董仲舒。」

○二十有八年，春，無冰。【注】豹、羯爲政之所致。【疏】成元年無冰，注云：「尚書：『曰豫〔一〕，恒燠若。』易京房傳曰：『當寒而温，倒賞也。』」此與彼同。○注「豹羯」至「所致」。○舊疏云：「偏指豹、羯者，正以數年以來，專見豹、羯之事。明是時豹、羯用事也。即上二十三年『叔孫豹救晉』、二十四年『叔孫豹如晉』、『仲孫羯侵齊』，二十七年『叔孫豹會晉趙武以下于宋』，下文『秋，仲孫羯如晉』，二十九年『仲孫羯會晉荀盈以下城杞』之屬是也。」按：成元年，指季孫行父專權所致，此時不見季孫用事，故斥叔仲也。五行志中之下：「襄二十八年，『春，無冰』。劉向以爲，先是公作三軍，有侵陵用武之意。於是鄰國不和，伐其三鄙，被兵十餘年。因之以饑饉，百姓怨望，臣下心離，公懼而弛緩，不敢行誅罰。楚有夷狄行，公有從楚心，不明善惡之應。董仲舒指略同。一曰，水旱之災，寒暑之變，天下皆同，故曰『無冰』，天下異也。」「襄公時，天下諸侯之大夫皆執國權，君不能制，漸將日甚，善惡不明，誅罰不行。周失之舒，秦失之急，故周衰無寒歲，秦滅無奧年〔二〕。」

〔一〕「豫」，原訛作「舒」，此公羊注即訛，據尚書校改。

〔二〕「無寒歲」「無奧年」之「無」，原文作「亡」，通。

○夏，衛石惡出奔晉。【疏】通義云：「甯喜之黨。」

○邾婁子來朝。

○秋，八月，大雩。【注】公方久如楚，先是豫賦于民之所致。【疏】注「公方」至「所致」。○校勘記云：「鄂本『久』作『欲』，此誤。」舊疏云：「即下十一月『公如楚』、二十九年『夏，五月，公至自楚』是也。」按：如疏義，似舊注[一]本作「久」也。五行志中之上：「二十八年，大雩。先是，比年晉使荀吳，齊使慶封來聘。是夏，邾子來朝。襄有炕陽自大之應。」與何義微別。

○仲孫羯如晉。

○冬，齊慶封來奔。

〔一〕「注」，原誤作「疏」，叢書本同。此句爲駁校勘記指説注中之「久」當作「欲」，故依上下文義校改。

○十有一月，公如楚。【注】如楚皆月者，危公朝夷狄也。【疏】注「如楚」至「狄也」。○即此及昭七年「三月，公如楚」是也。論語八佾云：「夷狄之有君，不如諸夏之亡也。」故危之。

○十有二月，甲寅，天王崩。【注】靈王。【疏】包氏慎言云：「十二月有甲寅，月之二十六日。」

○乙未，楚子昭卒。【注】乙未與甲寅相去四十二日，蓋閏月也。葬以閏數。卒不書閏者，正取朞月。明朞三年之喪，始死得以閏數，非死月不得數閏。【疏】繁露隨本消息云：「先楚子昭卒之二年，陳、蔡伐鄭而大克。其明年，楚屈建會諸侯而張中國。卒之三〔一〕年，諸夏之君朝于楚。楚子卷繼之，四年而卒。其國不爲侵奪，而顧〔二〕隆盛强大。中國不出年餘〔三〕。何也？楚子昭蓋諸侯可者也，天下之疾其君者，皆赴愬而乘之，兵四五出，常以衆擊少，以專擊散，義之盡也。先卒四五年，中國内乖，齊、晉、魯、衛之兵分守，大國襲小，諸夏再會陳儀，齊不肯往。吴在其南，而二君弒。中國在其北，而齊、衛殺其君，慶封

〔一〕「三」，原訛作「明」，叢書本同，據繁露校改。
〔二〕「顧」，原訛作「願」，叢書本不誤，據改。
〔三〕「中國不出年餘」，春秋繁露義證曰：「下當有脱文。」是。

劫君亂國，石惡之徒聚而成羣，衛衎據陳儀而爲諼，林父據戚而以畔，宋公殺其世子，魯大饑。中國之行，亡國之跡也。」何氏無與楚子昭義，蓋嚴、顔之異也。○注「乙未」至「月也」。○通義云：「閏者，積月之餘日而附於前月，故不更繫月，與壬申同例。」經義述聞云：「謹按，杜氏春秋長曆：明年閏八月，則是年不當有閏月。且長曆是年十二月甲寅爲十二月十七日，明年二月癸卯爲二月七日。若十二月後有閏月，則癸卯當在明年正月，不得在二月矣。何説非也。乙未當爲己未，甲寅爲十〔一〕二月十七日，則己未當爲二十二日。己與乙，字形相似，故己誤作乙。左氏經莊三十二年『冬，十月，己未，子般卒』，公羊、穀梁並作『乙未』。乙亦己之誤也。」按：杜氏之曆，不可通於何氏，若皆改經遷就，則無不可通之書矣。○注「葬以」至「數閏」。○釋文「朞」作「期」，云：「本又作朞。」哀五年：「閏月，葬齊景公。」傳：「閏不書，此何以書？喪以閏數也。喪曷爲以閏數？喪數略也。」注：「謂喪服大功以下諸喪，當以閏月爲數。」略猶殺也。以月數，恩殺，故并閏數。」大功以下以月計，則數閏，故葬亦數月，亦計閏也。其卒不書閏者，三年問云：「至親以期斷。故取朞也。朞三年皆以年計，故不數閏也。白虎通喪服云：「三年之喪不以閏月數何？以其言期也。期者，復其時也。大功以下月數，故以閏月除。」卒在閏者，閏爲前月之餘，即繼前月計之，非此不數也。通典禮云：「晉簡文帝崩，再周而遇閏，博士謝攸、孔粲議：『按左氏春秋經，魯襄二十八年，十二月甲寅，天王崩。乙未，楚子昭卒。其閒相去四十二日，是則乙未閏月之日也。經不書閏月，

〔一〕「十」字原脱，據經義述聞校補。

而書十二月，明閏非正，宜附正之文。其不曰二十九年正月，是附前月之證。又禮記曰：「喪事先遠日。」則祥除應在閏月。』尚書左丞劉遵議：『喪紀之制，歲數者没閏，而三年之喪，閏在始末者，用舍之論，時有不同，惟當本乎閏之所繫，可以明折衷。經傳具四時以編年，一時無事，經書首月，及其有事，隨月而載，初不書閏者，以閏附正月，不應時見也。唯魯文六年，書閏月不告朔，指見告朔之餘無事也。又文公元年閏三月後，故傳曰於是閏三月，欲審所附，此明證。設此閏遭喪者，取其周忌，應用來年三月，既合喪期大數，得周忌定日。何休亦以爲然。朝論同之不嫌。原其所由，在乎閏附前月而不屬後故也。始喪在閏月，以附前，祥除遇之，豈得屬後？立閏有定所，而施用有彼此，求之理例，殊不經通。且喪宜從重，不貳之道，祥用遠日，禮之正典。愚謂周忌故當七月二十八日，大祥應用閏月晦，既得周忌之正，不失遠日之義。禮之遠日，誠非出月遇閏而然，蓋隨時之變耳。』劉遵用閏月祥。散騎常侍鄭襲議云：『中宗、肅祖〔一〕皆以閏崩，祥除之變皆用閏之後月。先朝尚爾，閏附七月，用之何疑？荀司徒亦以閏薨，荀家祥亦用閏之後月。諸荀名德相繼，習於禮學，故號爲名宗。議者引周官、左氏而非公羊、穀梁。今按，周官、左氏傳而書，自書〔二〕閏月中事。閏月長三十日，三十日中何得無事？不明閏月非附月之理也。議者稱，三年之喪二十五月，遇閏之年，便二十六月。三年之喪，不應以閏爲月。議者稱，禮傳終

〔一〕「肅祖」，原訛作「肅宗」，據通典校改。
〔二〕此上「而書」原誤作「所書」，「自書」誤作「自是」，據通典校改。

身之哀，忌日之謂，不惟周年子卯之謂。代不用子卯。閏月及大月三十日亡，至於無閏之年及與小盡，都是無忌，所以古人用子卯也。簡文皇帝七月二十八日崩，己未之日。今年己未在閏月十日。時不用子卯，而用二十八日久矣。若己未在他月，今者不能變改。閏附七月，己未在閏，今者用閏，益合〔一〕遠日之情也。』吏部郎中劉耽議以爲：『喪禮之制，周年没閏者，議者以閏非正月，故略而不數。是以邱明謂之閏三月，公羊則曰「天無是月」。由此言之，閏無定所，隨節而立，其名稱則在上月。是以卒于閏者，則以所附之月爲周。至於祥變，理不得異。豈有始喪則附之於前，祥變則别之於後？以例推之，情所未安。且夫禮雖制情，亦復因情制禮，若情因事伸，則古人順而不奪。是以每於祥葬，咸用遠日，斯所以即順人情，因可伸之。故〔二〕數年則没閏，喪禮所不嫌，附於前月，春秋之明義。愚謂國祥用閏月晦，既合經傳附前之義，又得遠日伸情之旨。且喪宜從重，古今所同，詳尋禮例，謂此爲允。』太常丞殷合議謂：『忌不可遷，存終月也。祥不必本月，尚遠日也。謂宜以七月二十八日爲忌，閏月晦而祥。』尚書右丞戴謐議：『尋博士所上祥事，是專用吴商議也。商之所言，依公羊何氏注及禮之遠日也。禮稱三年之喪，十三月而小祥，二十五月而畢。春秋傳曰：「三年之喪，其實二十五月。」此喪服之大數，周月之正文也。又云「喪以月者數閏，以歲者不數閏」，是爲有閏則十四月而祥，二十六月而除，不用喪月之常數，所以重周忌之正

〔一〕「益」，原訛作「蓋」，「合」字脱漏，叢書本同，據通典改補。
〔二〕「故」上原衍「愚」字，叢書本同，據通典校删。

也。夫練除〔一〕之節，喪禮之大；終身之哀，忌日之謂。喪中遇閏，禮不可略，周忌之月，不可以移，故緣情以立制，變文而示義也。至閏在喪表三年之限已全，周忌之正已得，何故於此又復延月耶？議者据左氏之閏三月，公羊無是月，穀梁附月餘日，以明閏非月數，皆應屬前之證。按，推考分度，隨以置閏，閏月之所在，年中無常，要當有繫，以明其所在。三月後謂之閏三月，非三月也。天無是月，非常月也。非無此月，所在無常也。穀梁亦云「積分以成月」。經傳之文，先儒舊説，並不謂閏是餘日，不別月數，而以六十日爲一月也。三年之喪，禮之所重，其爲節文，不專一制。亡在於閏，喪者之變，祥除之事，無復本月，應有所附，以正所周。閏在三月後，附在三月，喪紀無違，順序有節，合三傳、三禮意也。若閏非月數，皆屬以前，功服葬月，何以數之？於葬則數，於祥則否，用舍二義，未安也。凶事遠日，言月中之遠爾。若遷一月，當是遠，月豈遠日之義耶？卜葬之遠，不出於月，卜祥之遠，而乃包閏，卜同遠異，復非所宜也。按，何休云「閏死者數閏以正周月」，非死月不得數，大較羸同。但其年無閏，而以乙未爲閏之日，考較經傳，未之詳耳。吴〔二〕商採尋，便爲正義，不亦謬乎！閏在喪中，略而不計，祥除值閏，外而不取，重周忌也。閏亡無正，推以附前，喪期不闕，順序不悖，合禮變也。』」按：此議極爲平允。宋書禮志：「庾蔚之議：禮，正月存親，故有忌日之感。四時既已變，人情亦已衰，故有二祥之殺。是則祥忌皆以同月爲議，而閏

〔一〕「除」，原訛作「祥」，據通典校改。

〔二〕「吴」字原脱，叢書本同，據通典校補。

亡者，明年必無其月，不可無其月而不祥忌，故必用閏所附之月。閏月附正，公羊明義，故班固以閏九月爲後九月，月名既不殊，天時亦不異。若用閏之後月，則春夏永革，節候亦舛。設有人以閏臘月亡者，若用閏後月爲祥忌，則祥忌應在後年正月。祥涉三載，既失周期之義，冬亡而春忌，又乖致感之本。譬今〔一〕年末三十日亡，明年末月小，若以去年二十九日親尚存，則應用後年正朝爲忌，此必不然。則閏亡可知也。」是也。通典又引：「鄭襲難范甯曰：『以閏三月五日死者，當以來年何月祥？何月爲忌日？』答曰：『謂之閏月者，以餘分之日閏益月耳，非正月也。非正月，則吉凶大事皆不可用，故天子不以告朔，而喪者不數〔二〕以閏月死。既不數之，禮十三月小祥，二十五月大祥，自當以來年四月小祥，明年四月大祥也。所謂忌日者，死者之日月耳。今以閏月，來年無閏月，安得有忌日邪？當以後歲閏月五日爲忌，是五年再有忌日也。』難者曰：『忌日之感，終身之感，罔極之恩，不離一日。今須後閏，則三年之忌，不亦遠乎！傳稱子卯不樂，謂之疾日。先儒以爲甲子、乙卯，誠如是，自宜以日辰爲忌，遇之而感耳。』御史中丞譙王臣恬議：『夫閏非正數，故附前月爲稱。至於月也，豈得爲一？臣清〔三〕以宿度論之，閏所附月盡之夕，甯猶見乎？又閏之初，豈不始魄？以兹言之，可不謂兩月耶！天無是月正數耳，非無此月也。若用閏祥，則虧二十五月之大斷，失周忌之正典，出於祥月，非卜遠日之謂。正周而除，於禮爲允。』會稽内

〔一〕「今」，原訛作「人」，叢書本同，據宋書校改。
〔二〕「數」，原訛作「敢」，據通典校改。
〔三〕「臣清」二字原脱，據通典校補。

史郄愔書云：『省别書并諸議具，三禮證據，誠所未詳，恐祥忌異月，於理即爲〔一〕不安，十三月祥，二十五月畢，明文焕然。而閏在周内，合而不數者，則閏正月遭艱，便當以十二月祥，於時則未及周年，於忌則時尚平吉。若由天無是月，故略而不計，則凡在五服，皆應包閏，具如足下所論。若云情重則宜包，情輕則宜數，是爲制之由情，而未〔二〕本於曆數。苟本乎曆數，必天無是月，則雖情有輕重，而含閏宜一。且齊衰之制，遇閏而包，降爲大功，則數而除，天性攸同，而包數異制。以月爲斷者數閏，以年爲斷者除閏，推此而言，則除數所由，蓋以所遇爲分斷，非本情之所以。以後月爲周者，故是上之所論，以吉爲忌，於理不通故耳。云閏在周後者，將非其喻。至於凶事尚遠，蓋施於卜日祥葬，制無定期，故不得即申物情，務從其遠。若理例坦然，豈得不循成制，以過限爲重？或謂閏者蓋年中餘分，故宜計其正限，以補不足。今再周無閏，則不補小月之限。閏在周後，便欲以六十日爲一月者，當以既已遇閏，便宜在盡其月節故也。月節之難，足下釋之。且節必在閏月之中，則合月從節，即復進退致闕。』尚書僕射謝安等參詳：『宜準經典。三年之喪，十三月而練，二十五月而畢，禮之明文。祥除必正周月。請依禮用七月晦，至尊釋除縞素，俯就即吉。』」按：譙王恬、郄愔論，皆正范説謬妄。謝攸、孔粲、劉遵、鄭襲、劉耽、殷合，皆似理而非

〔一〕「即爲」二字原脱，據通典校補。
〔二〕「未」，原訛作「非」，叢書本同，據通典校改。

也。隋書禮儀志，牛弘[一]撰儀禮，定制：「三[二]年及期喪，不數閏。大功以下數之。以閏月亡者，祥及忌日，皆以閏所附之月爲正。」得其宜矣。

○二十有九年，春，王正月，公在楚。

何言乎公在楚？【注】据成十一年正月公在晉，不書。【疏】注「据成」至「不書」。○即成十年「秋，七月，公如晉」，十一年「春，王三月，公至自晉」，知正月時公在晉明矣。

正月以存君也。【注】正月歲終而復始，臣子喜其君父與歲終而復始，執贄存之，故言在。在晉不書在楚書者，惡襄公久在夷狄，爲臣子危録之。【疏】鹽鐵論和親篇：「春秋存君在楚。」繁露王道云：「正月公在楚，臣子思君，無一日無君之義也。」又云：「觀乎在楚，知臣子之恩。」穀梁以爲閔公，非其義。○注「正月」至「存之」。○御覽[三]引白虎通云：「書曰：五玉、三帛、二生、一死，贄。至正月朔日，乃執贄[四]而朝賀其君。」朝賀，以正月何？歲首意氣致新，欲長相保，重本正始也，故羣臣執贄而朝賀其君。續漢志注

〔一〕「牛弘」，原作「牛宏」，爲避乾隆皇帝諱改字，茲據隋書恢復本字。

〔二〕「三」，原訛作「之」，叢書本不誤，據改。

〔三〕「御覽」，原誤記爲「類聚」，叢書本同。以下引文實出自太平御覽，藝文類聚無之，據改。

〔四〕「贄」字原脱，叢書本同，據太平御覽校補。

引決疑要注云：「古者朝會皆執贄，侯、伯執圭，子、男執璧，孤執皮帛，卿執羔，大夫執雁，士執雉。漢、魏粗〔一〕依其制，正旦大會，諸侯執玉璧，薦以鹿皮，公卿以下所執如古禮。古者衣皮，故用皮帛爲幣。玉以象德，璧以稱事。不以貨没禮，庶羞不踰牲，宴衣不踰祭服，輕重之宜也。」○注「在晉」至「録之」。○御覽引考異郵云：「襄公朝于荆，士卒度歲，愁悲失時，泥雨著溼，多霍亂之病。」蓋亦在危限也。成十一年在晉不書，昭三十年、三十一年、三十三年書「公在乾侯」者，彼注云：「閔公運潰，無尺土〔二〕之居，遠在乾侯，故以存君，明臣子當憂納之。」是也。

○夏，五月，公至自楚。【疏】穀梁傳：「公至自楚，喜之也。」注：「凱曰：遠之蠻國，喜得全歸。」

○庚午，衛侯衎卒。

○閽弒吴子餘祭。【疏】此及左傳釋文作「閽殺」。左氏唐石經亦作「殺」。公羊石經及板本作「弒」。

〔一〕「粗」，原訛作「朝」，叢書本同，據後漢書李賢注校改。
〔二〕「土」，原訛作「寸」，叢書本同，據公羊注疏校改。

穀梁音義亦作「弑」。曲禮正義引左傳亦作「殺」，與石經同。段氏玉裁經韻樓集云：「『閽弑吴子餘祭』、『盜弑蔡侯申』，陸氏皆譌爲〔一〕『殺』吴子也、蔡侯也。不曰其君者，閽者刑人也，盜者賤人也，刑人、賤人，非君所近，不使得君其君，比〔二〕於凡弑君者也。其爲弑則同者〔三〕，故雖刑人、賤人，未有無君者也。經譌殺，是與盜殺鄭公子騑、公子發、公孫輒，盜殺衛侯之兄縶，盜殺陳夏區夫，書法不別〔四〕也。是不亦便〔五〕於亂臣賊子，刑人賤人之賊其君，且藉口於春秋不書弑哉？豈聖人正名之意哉！」

閽者何？門人也，【注】守門人號。【疏】注「守門人號」。○禮記祭統云：「閽者，守門之賤者也。」又檀弓：「閽人，爲君在，弗内焉。」注：「閽人，守門者也。」周禮秋官序官「閽人」注：「閽人，司昏晨，以啓閉者。」説文門部：「閽，常以昏閉門隸也。」杜云：「閽，守門者。」穀梁傳：「閽，門者也。」

刑人也。【注】以刑爲閽。古者肉刑：墨、劓、臏、宫，與大辟而五。孔子曰：「三皇設言民不違，五帝畫象世順機，三王肉刑揆漸加，應世黠巧姦僞多。」【疏】注「以刑爲閽」。○周禮閽人注又云：「刑人墨者，使守門。」用掌戮職文，彼云：「墨者使守門，刖者使守囿。」故閽人云：「王宫每門四人，囿游亦如之。」是守

〔一〕「爲」，原訛作「其」，叢書本同，據經韻樓集校改。
〔二〕「比」，原訛作「者」，叢書本同，據經韻樓集校改。
〔三〕「者」字原脱，叢書本同，據經韻樓集校補。
〔四〕「不別」，原訛作「何異」，叢書本同，據經韻樓集校改。
〔五〕「便」，原訛作「使」，叢書本同，據經韻樓集校改。

門，守圉皆用刑人，統謂之閽也。左傳〔一〕莊十九年載，鬻拳自刖，「楚人以爲大閽」，明諸侯閽人亦用刑人矣。○注「古者」至「而五」。○白虎通五刑云：「刑所以五何？法五行也：大辟，法水之滅火；宫者，法土之壅水；臏者，法金之刻木；劓者，法木之穿土；墨者，法火之勝金。」又云：「墨者，墨其額也；劓者，劓其鼻也；腓者，脱其臏也；宫者，女子淫執置宫中不得出也，丈夫淫割去其勢也；大辟，謂死也。」書呂刑云：「墨罰之屬千，劓罰之屬千，腓罰之屬五百，宫罰之屬三百，大辟之罰其屬二百，五刑之屬三千。」書序以爲訓夏贖刑，蓋夏初制也。周禮司刑職：「墨罪五百，劓罪五百，宫罪五百，刖罪五百，殺罪五百。」較之夏制，則重刑多而輕刑少矣。舊疏引元命包云：「墨、劓辟之屬各千，臏辟之屬五百，宫辟之屬三百，大辟之屬二百，列爲五刑，罪次三千。」與書同。惟臏、刖異。舊疏引鄭駁異義云：「臯陶改臏爲剕。呂刑有剕，周改剕爲刖。孔子爲春秋採摘古制也。」説文骨部：「髕，厀耑也。」脱其髕，謂鑽傷其厀耑骨。剕者，説文足部：「𧿹、跀，斷足也。」〔二〕舊疏云：「何氏必言古者肉刑者，漢文帝感女子之訴，恕倉公之罪，除肉刑之制，故指肉刑爲古矣。」○注「孔子」至「僞多」。○舊疏云：「孝經説文。」校勘記云：「鄂本『漸』作『斬』，誤。」白虎通五刑〔三〕云：「傳曰：『三皇無文，五帝畫象，三王明〔四〕刑，應世以五。』周禮保氏疏以爲

〔一〕「傳」，原訛作「傅」，叢書本不誤，據改。
〔二〕説文曰：「𧿹，跀也。」「跀，斷足也。」
〔三〕白虎通五刑中未見以下引文。周禮疏有引自孝經緯的文字與此同，但無「應世以五」四字。
〔四〕「明」，叢書本同，周禮疏所引孝經緯作「肉」。

鉤命決文。「三王明刑」，司圜疏引作「肉刑」，義與此同。易繫辭傳：「上古結繩而治，後世聖人易之以書契。」即三皇設言，民不違也。初學記引書傳云：「唐虞象刑，而民不犯。」漢書武帝紀：「詔曰：昔在唐虞，畫象而民不犯。」白虎通又云：「五帝畫象者，其衣服象五刑也。犯墨者幪巾，犯劓者以赭著其衣，犯髕者以墨蒙其髕處而畫之，犯宮者履雜屝，犯大辟者布衣無領。」書鈔引書傳云：「唐虞象刑，犯墨者蒙皁巾，犯劓者赭其衣，犯髕者以墨蒙其髕處而畫之，犯大辟者衣無領。」白帖引書傳又云：「唐虞之象刑：上刑赭衣不純，中刑雜屨，下刑墨幪以居州里，而人恥是也。」舊疏引：「唐傳云：『唐虞之象刑：上刑赭衣不純。』注：『純，緣也。』時人尚德義，犯刑者但易之衣服，自爲大恥。『中刑雜屨』，『屨，履也』。又曰：『下刑墨幪。』『幪〔一〕，巾也，使不得冠飾。』周禮罷民亦然。」蓋并注文引之。又曰：「上刑易三，中刑易二，下刑易一，輕重之差，以居州里，而民恥之。」亦書傳語。御覽引慎子云：「有虞氏之誅，以幪巾當墨，以草纓當劓，以菲屨當刖，以艾韠當宮，以布衣無領當大辟。」周禮疏引孝經緯云：「上罪墨幪、赭衣、雜屨，中罪赭衣、雜屨，下罪雜屨而已。」所説大同小異，皆以唐虞象刑也，故周禮司圜注：「弗使冠飾者，著墨幪，若古之象刑與？」是也。荀子正論：「古無肉刑而有象刑。」漢書刑法志：「禹承堯舜之後，自〔二〕以德衰而制

〔一〕「幪」，原譌作「之」，叢書本不誤，據改。
〔二〕「自」，原譌作「日」，叢書本同，據漢書校改。

肉刑，湯武順而行之者〔一〕，以俗薄於唐虞故〔二〕也。」違與機韻，加與多韻。舊疏云：「三皇之時，天下醇粹，其若設言，民無違者，是以不勞制刑，故曰三皇設言民無違也。五帝之時，黎庶已薄，故設象刑以示其恥。當世之人，順而從之，疾如機矣，故曰五帝畫象世順機也。畫猶設也。」「三王之時，劣薄已甚，故作肉刑以威恐之。言三王必爲重刑者，正揆度其世，以漸欲加而重之，故曰揆漸加也。當時之人，應其時世而爲黠巧作姦僞者彌多于本，用此之故，須爲重刑也。」疑皆宋均注語，故云「云云之説，備在孝經疏」。蓋孝經注也。

刑人則曷爲謂之閽？【注】据非刑人名。

刑人非其人也。【注】以刑人爲閽，非其人，故變盜言閽。【疏】注「以刑」至「言閽」。○穀梁傳曰：「寺人也，不稱名姓，閽不得齊於人。」禮記祭統云：「古者不使刑人守門。」故曰以刑人爲閽非其人也。舊疏：「刑人弑君正合書盜。哀四年『盜殺蔡侯申』下傳云：『弑君賤者窮諸人，此其稱盜以弑何？賤乎賤者也。賤乎賤者孰謂？謂罪人也。』是其刑人弑君正合稱盜之文。」按：此稱閽者，戒人君以刑人爲閽，故變盜言閽。繁露順命云：「皆絶骨〔三〕肉之屬，離人倫，謂之閽盜而已，無名姓號氏於天地之間，至賤乎

〔一〕「者」字原脱，叢書本同，據漢書校補。
〔二〕「故」字原脱，叢書本同，據漢書校補。
〔三〕「骨」，原訛作「首」，叢書本同，據繁露校改。

賤者也。」是也。惠氏春秋説云：「不稱盜而稱閽，何也？周禮墨者使守門，劓者使守關，宮者使守内，刖者使守囿，髡者使守積，皆刑人焉。守門謂之閽，左傳謂：『吴人伐越〔一〕，獲俘焉，以爲閽。』明非刑人，乃俘囚，安知其非諜也？故春秋備書之，以爲戒云。」俞氏樾公羊平議云：「弟子問曷爲謂之閽，則當曉以書閽之故。按，二十三年傳：『曷爲不言殺其大夫？非其大夫也。』非其人與非其大夫文法一律，義亦當同。文十六年傳：『賤者窮諸人。』則此刑人正宜書人，不書人而書閽者，以非其人也。非其人，謂非吴人也。左傳：『吴人伐越〔二〕，獲俘焉，以爲閽，使守舟。』則此刑人乃越人，若書曰吴人弑其君，失其實矣。又在吴國，非自外來，不得從邾婁人戕鄫子之例，故如其實書之曰閽，且因以爲人主近刑人之戒。何氏誤據哀四年傳，而於『非其人』句不得其解。」按：何意以刑人非其人，謂刑人非可爲閽之人也，故特書閽示戒，足答弟子之問，不必如「非其大夫」一例解也。「獲俘」語出左傳，未知公羊同否。非士不得稱人以弑，穀梁所謂「不得齊諸人」者也。何解正合傳意。

君子不近刑人，近刑人，則輕死之道也。【注】刑人不自賴，而用作閽，由之出入，卒爲所殺，故以爲戒。不言其君者，公家不畜，士庶不友，放之遠地，欲去聽所之，故不繫國。不繫國，故不言其君。

【疏】校勘記：「唐石經原刻無『則』字，後磨改增之。」繁露王道云：「閽弑吴子餘祭，見刑人之不可近。」鹽

〔一〕「越」，春秋説同，十三經注疏本左傳作「楚」。
〔二〕「越」，十三經注疏本左傳作「楚」。

鐵論周秦云：「古者，君子不近刑人。刑人非人也。身放殛〔一〕而辱後世，故無賢不肖，莫不恥焉。」公羊問答云：「君子不近刑人，而周禮『墨者使守門』，何也？曰：祭統云：『閽者，守門之賤者也。古者不使刑人守門。』注：『謂夏殷時。』然則，春秋用四代之禮而損益之〔二〕，不獨用周禮，故不同。」通義亦云：「祭統注以爲夏殷時。若然，墨者使守門，周公制禮如是，但王政與世隆汙，情變黠僞，則防姦遠患之道益密，故春秋因此事而著不近刑人之戒，亦變周從殷之一端焉。」按：曲禮：「刑人不在君側。」注：「爲怨恨爲害也。春秋傳曰：『近刑人則輕死之道也。』」漢書蕭望之傳：「自武帝遊宴後庭，故用宦者，非國舊制，又違古不近刑人之義。」又後漢書曹節傳：「吳使刑人，身遘其禍。」是也。○注「刑人」至「爲戒」。○舊疏以不自賴猶言不自重。穀梁傳：「禮，君不使無恥，不近刑人，不狎敵，不邇怨，賤人非所貴也，貴人非所刑也，刑人非所近也。舉至賤而加之吳子，吳子近刑人也。閽弑吳子餘祭，仇之也。」用以爲閽，由之出入，是狎敵邇怨也，故著爲戒。○注「不言」至「其君」。○曲禮疏引白虎通云：「古者，刑殘之人，公家不畜，大夫不養，士遇之路不與語。放諸墝埆不毛之地，與禽獸爲伍。」禮記王制云：「是故公家不畜刑人，大夫弗養，士遇之塗弗與言也。屏之四方，唯其所之，不及以政，示弗故生也。」注：「屏，猶放去也。已施刑，則放之棄

〔一〕「殛」，原訛作「殖」，叢書本同，據鹽鐵論校改。

〔二〕「而損益之」四字原脱，叢書本同，據公羊問答校補。

之，役賦不與，亦不授之以田，困乏又無賙餼〔一〕也。虞書曰『五流有〔二〕宅，五宅三居』是也。周則墨者使守門，劓者使守關，宫者使守内，刖者使守囿，髡者使守積。」是周禮説與春秋禮今文家殊也。穀梁傳：「不稱其君，閽不得君其君也。」不言其君，故不繫國稱吴閽也。正以不齊諸人，絶君臣之義故也。

○仲孫羯會晉荀盈、齊高止、宋華定、衛世叔齊、鄭公孫段、曹人、莒人、邾婁人、滕人、薛人、小邾婁人城杞。【注】書者，杞時微，善能成王者後。【疏】舊疏云：「左氏經『世叔齊』作『太叔儀』。」今本左氏「大」亦作「世」，與公、穀同。左氏經「莒人」下脱「邾人」二字。左傳：「晉平公，杞出也」，故「合諸侯之大夫以城杞」。○注「書者」至「者後」。○穀梁傳：「古者，天子封諸侯，其地足以容其民，其民足以滿城以自守也。杞危而不能自守，故諸侯之大夫相帥以城之，此變之正也。」注：「諸侯微弱，政由大夫，大夫能同恤災危，故曰變之正。」何氏不曰大夫，義或同也。

○晉侯使士鞅來聘。

〔一〕「餼」，原訛作「恤」，據禮記正義校改。

〔二〕「有」，原訛作「爲」，據禮記正義、尚書正義校改。

○杞子來盟。【注】貶稱子者，微弱不能自城，危社稷宗廟，當坐。善諸侯城之，復貶者，諸侯自閔而城之，非杞能以善道致諸侯。【疏】注「貶稱」至「諸侯」。○僖二十七年：「杞子來朝。」注：「杞稱子者，起其無禮不備。」正以杞本公，春秋新周故宋，黜杞爲小國，稱伯，莊二十七年書「杞伯來朝」是也。今稱子，以其危弱，不能自城，危宗社，當坐，故貶從子也。春秋伯子男一也，得爲貶者，爵位雖同，名號究異，故僖二十三年注：「聖人子孫，有誅無絶。故貶不失爵也。」彼亦以爲徐莒所脅，故以其一等貶之，稱杞子卒也。

○吴子使札來聘。

吴無君、無大夫，此何以有君、有大夫？【注】据向之會稱國。【疏】注「据向之會稱國」。○即上十四年「季孫宿、叔老會晉士匄以下會吴于向」是也。

賢季子也。何賢乎季子？【注】据聘不足賢，而使賢有君有大夫，荆人來聘是也。【疏】注「据聘」至「是也」。○莊二十三年書「荆人來聘」是也。

讓國也。其讓國奈何？謁也、餘祭也、夷昧也，與季子同母者四。【注】與，并也，并季子四人。【疏】史記刺客傳：「光之父曰諸樊。諸樊弟三人：次曰餘祭，次曰夷眛，次曰季子札。」諸樊即謁。

季子弱而才，兄弟皆愛之，同欲立之以爲君。【疏】刺客傳：「諸樊知季子札賢，而不立大子，以次傳弟，欲卒致國季子札。」

謁曰：「今若是迮而與季子國，【注】迮，起也，倉卒意。【疏】注「迮，起也，倉卒意」。○説文辵部：「迮，迮起也。」孟子公孫丑篇：「今人乍見孺子。」乍亦倉卒意。

季子猶不受也。請無與子而與弟，弟兄迭爲君，【注】迭，猶更也。【疏】注「迭，猶更也」。○小爾雅廣詁：「迭，更也。」太玄玄文：「陰陽迭循。」注：「迭，更也。」廣雅釋詁：「迭，代也。」易説卦傳：「迭用剛柔。」注：「迭，遞也。」代、遞皆更義也。

而致國乎季子。」皆曰：「諾。」【疏】吴越春秋二〔一〕：「季札賢，壽夢欲立之，季札讓曰：『禮有舊制，奈何廢前王之禮，而行父子之私〔二〕乎？』壽夢乃命諸樊曰：『我欲傳國季札，爾無忘寡人之言。』諸樊曰：『周之太王知西伯之聖，廢長立少，王之道興。今欲授國季札，臣誠耕于野。』王曰：『昔周行之，德加于四海，今汝於區區之國，荆蠻之鄉，奚能成天子之業乎？且今子不忘前人之言，必授國以次及乎季札。』諸樊曰：『敢不如命？』」較此及史記爲詳。授位季札之意，蓋起於壽夢，成於諸樊也。故吴世家云：「季札賢，而壽夢欲立之。季札讓，不可，乃立長子諸樊，攝行事當國。」是也。

故諸爲君者，皆輕死爲勇，【疏】吴越春秋：「諸樊驕恣，輕慢鬼神，仰天求死。將死，命弟餘祭曰：

〔一〕「二」，原誤記爲「一」，以下引文實出自吴越春秋吴王壽夢傳第二，據改。
〔二〕「私」，原訛作「禮」，叢書本同，據吴越春秋校改。

『必以國及季札。』」舊疏云：「或輕其死，或爲勇事，即餘祭不遠刑人、謁爲巢門所殺是也。」

飲食必祝，【注】祝，因祭祝也。論語曰：「雖疏〔一〕食菜羹，瓜祭。」是也。【疏】注「祝因」至「是也」。○論語鄉黨文。校勘記云：「古論語作『瓜祭』，魯論語作『必祭』。何氏今文之學，當引作『必祭』。」又曰：「何氏於尚書多用伏生之學，於論語不可必其用魯也。」臧氏鏞堂拜經日記云：「古論『雖疏食菜羹，瓜祭，必齊如也』，魯論『雖疏食菜羹，必祭，必齊如也』。公羊傳注引『瓜祭』。按，何邵公止通今學，不當引古論，即兼通古學，義當全引，必不從瓜祭而止。此蓋用魯論『必祭』之文，以證傳中飲食必祝。疏家不能詳其所出，後人誤據今本論語改之。」按：臧説是也。李氏惇羣經識小云：「必字从八弋，篆文作[illegible]，與爪相近而誤。」飲食必祭者，周禮大祝辨九祭：「一曰命祭，二曰衍祭，三曰炮祭，四曰周祭，五曰振祭，六曰擩祭，七曰絶祭，八曰繚祭，九曰共祭。」皆言祭食之禮，皆出少許置之籩豆之間，或上豆，或醬湆之間。然玉藻云：「唯水漿不祭。」注：「水漿非盛物。」此引論語「疏食菜羹」，至微至薄亦祭，明凡飲食必祭也。禮運云：「後聖有作，然後修火之利。」所爲祭，始爲飲食之人不忘本故也。雜記：「孔子言，少施氏食我以禮，吾祭，作而辭曰：『疏食不足祭也。』」蓋主人謙辭，論衡祭意篇、南史顧憲之傳皆引此爲孔子語。

曰：「天苟有吴國，【注】猶曰「天誠欲有吴國，當與賢弟」。【疏】注「猶曰」至「賢弟」。○舊疏云：「言天誠有吴，不滅我，當將國與賢弟也。」

〔一〕「疏」，叢書本同。十三經注疏本論語作「蔬」，通。

尚速有悔於予身。」【注】尚，猶努力。速，疾也。悔，咎。予，我也。欲急致國于季子意。【疏】説苑至公云：「吴王壽夢有四子：長曰謁；次曰餘祭〔一〕；次曰夷昧；次曰季札，號曰延陵季子，最賢，三兄皆知之。於是王壽夢死，謁以位讓季子，季子終不肯當。謁乃爲約曰：『季子賢，使國及季子，則吴可以興。乃兄弟相繼。』飲食必祝曰：『使吾早死，令國及季子。』」與此大同。舊疏云：「成十七年左傳：『晉士燮祈死。』何氏膏肓云：『休以爲，人生有三命：有壽命以保度，有隨命以督行，有遭命以摘暴，未聞死可祈也。若周公之隆，天不出妖，地不出孽，陰陽和調，災害不生。武王有疾，周公植璧秉圭，願以身代。武王疾愈，周公不夭。由此言之，死不可請，偶自天禄欲盡矣，非果死。今左氏以爲果死，因著其事以爲信然。於義左氏爲短。』今此謁等亦自祈死，而得難左氏者，公羊此事直言謁等愛其友弟，致國無由，精誠之至而願蚤卒，遂忘死不可祈之義。如周公代死、子路請禱之類，豈言謁等祈得死乎？而謁及餘祭之死，或入巢之門，或閽人所殺，抑亦事非天眷也，豈如左氏以果死爲信然，故得難之。」按：舊疏通達融洽。○注「尚，猶努力」。○説文八部：「尚，曾也，庶幾也。」詩王風兔爰云：「尚無爲。」箋云：「尚，庶幾也。」漢書敘傳：「尚粤其幾。」注：「尚，庶幾也，願也。」皆與努力義近。○注「速，疾也」。○周禮考工記：「無以爲蹙速也。」注：「速，疾也。」禮記檀弓：「豈若速反而虞乎？」注：「速，疾也。」爾雅釋詁：「遫，速也。」郭云：「速亦疾也。」吕覽辯士云：「弱不相害，故遫大。」注：「遫，疾也。」遫爲速之籀文，見説文，亦訓疾。○注「悔，咎。

〔一〕「次曰餘祭」四字原脱，叢書本同，據説苑校補。

予，我也」。○賈子客經云：「悔者，凶也。」凶、咎義同。爾雅釋詁：「予，我也。」白虎通號篇：「予亦我也。」予訓我者，余之借也。

故謁也死，餘祭也立；【注】故迭爲君。【疏】在上二十五年。

餘祭也死，夷昧也立；【疏】餘祭死，見上。

夷昧也死，則國宜之季子者也。季子使而亡焉。【疏】舊疏云：「在昭十五年。」史記刺客傳：「諸樊既死，傳餘祭；餘祭死，傳夷昧；夷昧死，當傳季札。季子札逃不肯立。」吳越春秋二〔一〕：「餘昧立四年卒，欲傳位季札，季札讓，逃去，曰：『吾不受位明矣。昔前君有命，已附子臧之義。潔身清〔二〕行，仰高履尚，惟仁是處。富貴之於我，如秋風之過爾。』遂逃歸延陵。」通義云：「不在曰亡。」按：史記諸書皆謂季札逃亡，此云「使而亡」，下云「使而反」，蓋託使而亡爾。

僚者，長庶也，即之。【注】緣兄弟相繼而即位，所以不書僚簒者，緣季子之心，惡以己之是揚兄之非，故爲之諱，所以起至而君之。【疏】通義云：「即之，即位也。」○注「緣兄」至「即位」。○昭二十七年左傳：「我王嗣也。」彼疏引服云：「僚者，夷昧之庶兄。」用公羊爲説也。經義雜記云：「左傳二十七年杜

〔一〕「二」，原誤記爲「一」，以下引文實出自吳越春秋吳王壽夢傳第二，據改。

〔二〕「清」，原訛作「請」，叢書本同，據吳越春秋校改。

注：『光，吴王諸樊長子也，故曰我王嗣。』疏引服云：夷昧生光而廢之。僚者，夷昧之庶兄。夷昧卒，僚代立，故光曰：『我王嗣也。』按，吴世家、吴越春秋王僚使公子光傳、何注公羊皆以光爲諸樊子，此杜所据也。春秋正義及史記集解並引世本云：『夷昧生光。』此服所据也。春秋正義又曰：『班固云：司馬遷采世本爲史記。』而今之世本與遷言不同，世本多誤，不足据。故杜以史記爲正。言王嗣者，言己是世嫡之長孫也。考諸樊兄弟四人，最後王者夷昧，則光云『我王嗣』，似當爲夷昧子。然史記云：『光父先立。』公羊傳云：『從先君之命，則國宜之季子；不從先君之命，則我宜立。』則爲王嗣者又宜是諸樊之子。史記以餘昧之子爲僚，服虔以僚爲夷昧之庶兄。或据史記譏服氏亂父子之序。然考公羊傳云：『謁也、餘祭也、夷昧也，與季子同母者四。』後云：『僚者，長庶也，即之。』然則，謁等四人同嫡母所生，僚年長於四人，但庶妾所生耳，與服義正合。故何注云：『緣兄弟相繼而即位，所以不書僚簒者，緣季子之心，惡以己之是揚兄之非，故爲之諱。』是何氏亦以僚爲季子兄也。又：『季子曰：爾殺吾兄，吾又殺爾，是父子弟兄相殺。』則季子口中明以僚爲兄矣。故何注亦云：『兄弟相殺者，謂闔廬爲季子殺僚。』是也。」按：以光而弑僚，是以子殺父矣；今季子爲僚報仇而殺光，是父又殺子也，故云父子相殺。服氏既依世本，又据公羊，不得以爲非也。又按：説苑至公云：「謁死餘祭立，餘祭死夷昧立，夷昧死次及季子。季子時使行不在，庶兄僚曰：『我亦兄也。』乃自立爲吴王。季子使還，復事如故。」又云：「季子曰：『爾殺吾兄，吾受爾國，則吾與爾爲共簒也。爾殺吾兄，吾又殺汝，則是昆弟父子相殺無已時也。』」亦以僚爲季子兄。惠氏棟左傳補注云：「司馬採世本爲史記，然亦有旁采諸國之書，不與世本、左傳合者。今以左傳證之，服氏之説是也。

襄三十一年傳，吴屈狐庸曰：『若天所啓，其在今嗣君乎！有吴國者，必此君之子孫實終之。』注云：『嗣君，謂夷昧。』則光是夷昧之子審矣。如光爲諸樊之子，則左傳宜曰『我亦王嗣』也，不當僅以『王嗣』爲言。光即諸樊之嗣子，僚亦夷昧之長嗣，既不兄終弟及，則兄死子傳，亦其常耳。僚之立，未爲不可，光何不平之有？故當以公羊爲正。」○注「所以」至「君之」。○説苑政理云：「揚人之惡者，是謂小人也。」禮記中庸云「隱惡而揚善」，季子不欲揚君兄之惡，故春秋緣賢者之心而爲之諱也。僚得爲篡者，季子不立，光爲嫡子，光當立也。

季子使而反，至而君之爾。【注】不爲讓國者，僚已得國，無讓也。【疏】注「不爲」至「讓也」。○校勘記：「鄂本『無讓也』作『無所讓』，此誤。」世家謂：「餘昧卒，欲授弟季札，季札讓，逃去。」此傳似謂先時因使而逃，蓋如「魯季友如陳」，「通乎季子之私行也」同。

闔廬曰：「先君之所以不與子國而與弟者，凡爲季子故也。」【疏】舊疏云：「三君皆然，故言凡。凡〔一〕者，非一之辭。」

將從先君之命與，則國宜之季子者也；如不從先君之命與，則我宜立者也。僚惡得爲君乎！【疏】校勘記云：「唐石經、鄂本同。閩、監本『惡〔二〕』改『焉』。按，釋文作『僚焉』，云：

〔一〕「凡」，原訛作「二」，叢書本不誤，據改。
〔二〕「惡」，原訛作「烏」，叢書本同，據阮元校勘記校改。

『於虞反，本又作惡，音烏。』蓋據此所改。」繁露玉英云：「非其位，不受之先君而自即之，春秋危之，吴王僚是也。」史記刺客傳：「公子光曰：『使以兄弟次耶，季子必當立；必以子乎，則光真嫡嗣，當立。』」吴越春秋又曰：「光曰：札之賢也。將卒，傳付嫡長，以及乎札矣。及札，爲使，亡在諸侯，未還。餘昧卒，國空，有立者，嫡長也。嫡長之後，即光之身也。今僚何以代立乎？」

於是使專諸刺僚。【注】闔廬，謁之長子光。專諸，膳宰。僚耆炙魚，因進魚而刺之。【疏】注「闔廬」至「子光」。○何氏以光爲謁子，與史記、杜氏同。説苑至公云：「謁子光曰：以吾父之意，則國當歸季子；以繼嗣之法，則我適也，當代之君〔一〕。僚何爲也？」亦以光爲謁子。○注「專諸」至「刺之」。○舊疏云：「吴語文。」昭二十七年左傳云：「鱄設諸寘劍〔二〕於魚中以進。」史記注引服虔云：「全魚炙也。」吴世家：「光伏甲士於窟室，而謁王僚飲。王僚使兵陳於道，自王宫至光之家，門階户席，皆王僚之親也，人夾持鈹。公子光詳爲足疾，入於窟室，使專諸置匕首於炙魚之中以進食。手匕首刺王僚，鈹交于匈，遂弑王僚。」刺客傳：「使專諸置匕首魚炙之腹中而進之，既至王前，專諸擘魚，因以匕首刺王僚，王僚立死。」吴越春秋又云：「專諸曰：『凡欲殺人君〔三〕，必前求其所好，吴王僚何好？』光曰：『好味。』專諸曰：『何味

〔一〕「君」字原脱，叢書本同，據説苑校補。
〔二〕「劍」，原訛作「創」，叢書本同，據左傳校改。
〔三〕「君」，原訛作「者」，叢書本同，據吴越春秋校改。

所〔一〕甘？』光曰：『好嗜魚之炙也。』專諸乃去太湖學炙魚。」光具酒請僚，「使專諸置魚腸劍炙魚中進之。既至王僚前，專諸乃擘炙魚，因推匕首，立戟交軹倚專諸胸，胸斷臆開，匕首如故，以刺王僚，貫甲達背」。説文口部：「嗜欲，喜之也。」耆蓋嗜之借。孟子告子：「耆秦人之炙。」亦作耆。炙者，説文肉部：「炙，肉也，从肉在火上。」詩小雅瓠葉傳：「炕火曰炙。」蓋以火炕魚食之也。

而致國乎季子。【疏】説苑篇名至公又云：「刺僚，殺之，以位讓季子。」吴越春秋：「季札使還至吴，闔閭以位讓季札。」

季子不受，曰：「爾弑吾君，【疏】校勘記云：「唐石經、鄂本同。閩、監、毛本『弑』改『殺』。按，釋文作『爾殺吾君』，云：『申志反。注「殺僚」同。蓋此據所改。』注中則諸本皆作『殺僚』。」紹熙本亦作「弑」。

吾受爾國，是吾與爾爲篡也。爾殺吾兄，吾又殺爾，是父子兄弟相殺，終身無已也。」【注】兄弟相殺者，謂闔廬爲季子殺僚。【疏】經義述聞云：「家大人曰：父子兄弟非一人，不得言終身也。『身』字蓋因下『終身不入吴國』而衍。終無已者，終，竟也，竟無已時也。檀弓曰：『爾責於人，終無已夫。』莊子則陽篇：『其可喜也，竟無已。』吕覽知度篇：『是耳目人終無已也。』文義悉與此同。昭二十七年疏引此已衍『身』字，則不始於唐石經矣。新序節士篇亦作『終身無已』，後人据誤本公羊增身字也。」

〔一〕「所」，原訛作「取」，叢書本同，據吴越春秋校改。

○注「兄弟」至「殺僚」。○何意以僚爲季子庶兄，光爲札弒僚，是兄弟相殺。

去之延陵，【注】延陵，吴下邑。禮，公子無去國之義，故不越竟。【疏】注「延陵，吴下邑」。○下三十一年左傳：「延州來季子，其果立乎？」左疏引服虔云：「延，延陵也；州來，邑名。季子讓王位，升延陵爲大夫食邑州來。傳家通言之。」吴世家：「季札封於延陵，故號曰延陵季子。」漢書地理志：「會稽郡毗陵，季札所居。」師古曰：「舊延陵，漢改之。」越絶書：「毗陵故爲延陵，吴季子所居。」又云：「毗陵上湖中冢者，延陵季子冢也，去縣七十里。上湖通上洲，季子冢古名延陵墟。」○注「禮公」至「越竟」。○繁露玉英：「難紀季曰：春秋之法，大夫不得用地。又曰：公子無去國之義。」莊九年注：「公子無去國道，臣異國義〔一〕。」故白虎通五行云：「親屬臣諫不相去何法〔二〕？法水木枝葉不相離也。」

終身不入吴國。【注】不入吴朝，既不忍討闔廬，義不可留事。【疏】説苑至公又云：「卒去之延陵，終身不入吴。」○注「不入吴朝」。○舊疏云：「延陵者，竟内之邑，而言不入吴國，故以朝廷解之。」○注「既不」至「留事」。○校勘記：「鄂本無『可』字，此衍。」按：有「可」字亦通。紹熙本亦有「可」字。昭二十七年左傳：「季子至，曰：『苟先君無廢祀，民人無廢主，社稷有奉，國家無傾，乃吾君也。吾誰敢怨？哀死事

〔一〕「義」，原訛作「異」，叢書本同，據公羊注疏校改。
〔二〕「何法」二字原脱，叢書本同，據白虎通校補。

生，以待天命。非我生亂，立者從之。』」吴越春秋語同，即不忍討意也。漢書蕭望之傳：「則下走將〔一〕歸延陵之皋。」張晏曰：「吴公子札食邑延陵，薄吴王之行，棄國而耕於皋澤。」

故君子以其不受爲義，以其不殺爲仁。【注】故大其能去，以其不以貧賤苟止，故推二事與之。

【疏】説苑又云：「君子以其不殺爲仁，以其不取國爲義。夫不以國私身，捐千乘而不恨，弃尊位而無忿，可以庶幾矣。」繁露精華云：「春秋之聽獄也，必本其事而原其志。志邪者，不待成；首惡者，罪特重；本直者，其論輕。是故魯季子追慶父，而吴季子釋闔廬，罪同異論，其本殊也。俱弑君，或誅或不誅，聽訟折獄，可無審耶！故折獄而是也，理益明，教益行；折獄而非也，闇理迷衆，與教相妨。教，政之本也；獄，政之末也，其事異域，其用一也，不可不以相順，故君子重之也。」通義云：「推季子之心，本以光正當立。假令夷昧死，季子受之，比其即世，亦必歸國於光。故光既自立，因而不討也。慶父無可立道，魯季子處之以義。闔廬有可立道，吴季子處之以仁。」

賢季子，則吴何以有君、有大夫？【注】据其本不賢其君。

以季子爲臣，則宜有君者也。【注】方以季子賢，許使有臣有大夫，故宜有君。【疏】校勘記云：「浦鏜云：十二年疏引作『則國宜有君者也』，唐石經缺，以上下字數之，當無『國』字。」按：無「國」字亦通。

〔一〕「將」，原訛作「當」，叢書本同，據漢書校改。

○注「方以」至「有君」。○穀梁傳：「吳其稱子何也？善使延陵季子，故進之也。身賢，賢也；使賢，亦賢也。延陵季子之賢，尊君也。」注：「以季子之賢，吳子得進稱子，是尊君也。」

札者何？吳季子之名也。春秋賢者不名，此何以名？許夷狄者，不壹而足也。

【注】故降字稱名。【疏】舊疏云：「壹而足者，即莊二十五年『陳侯使女叔來聘』是也。」女叔，字；此稱名，故注云「降字稱名」也。經義雜記云：「嘗讀宋儒胡安國春秋傳，至『吳子使札來聘』，未嘗不歎胡氏之謬也。杜注左傳云：『不稱公子，其禮未通於上國。』正義引釋例曰：『吳晚通上國，故其君臣朝會，不同於例，亦猶楚之初始也。』又公羊傳：『春秋賢者不名，此何以名？許夷狄者，不壹而足也。』」「穀梁傳：『其名，成尊於上也。』范云：『札名者，成吳之尊稱。直稱吳，則不得有大夫。』是三傳皆無稱名爲貶之說。唐獨孤及曰：『以季子之閎通博物，慕義無窮，而使當壽夢之眷命，接餘昧之絕統，必能光啓周道，以伯荆蠻，則大業用康，多難不作，闔廬安能謀諸窟室？專諸何所施其匕首？乃全身不顧〔一〕其業，專讓不奪其志，所去者忠，所存者節，善自牧矣，謂先君何？吳之覆亡，君實階禍。』獨孤之言，本非知季子者，然尚未傅會聖人之經。胡氏之論，豈因此加刻與？惟明王世貞有言曰：『彼見乎吳之俗，狠戾而好戰，日尋干戈。而僚以貪愎躁勇之性、光以狡悍忍詬之資左右焉，其人目睆而齒挈，蓋未嘗一日而忘乎王位也。札欲以禮息鬭而不能，以義割恩而不忍，其身之不恤，而何有於國？故熟計而舍之，非得已也。札聽樂

〔一〕「顧」，原訛作「願」，叢書本同，據經義雜記校改。

而辨六國之興衰，獨不知吴之將亡而嘿無一救乎？彼不欲以其身殉鴟夷也，可謂燭照當日之情勢矣。嗟乎！季子何人者，即以其聘於列國事觀之：見叔孫穆子，而慮其不得死；説晏平仲，而告之以免難之法；與子産交，而憂鄭之將敗；聞孫文子之鐘，爲之懼禍而不敢止；説叔向，而恐其好直以離禍。是其於萍蹤遇合之人，尚爲之深思遠慮，惓惓不忘如是，而況於宗社乎？是故吴之興亡，季子必籌之熟、慮之深矣。特時勢流轉，有非人力所能挽者，與其以身殉之，躬受篡弑之禍，而不能有所濟，孰若見幾而去〔一〕，全身潔己之爲愈哉！闔廬使專諸刺僚，而致國於季子。季子曰：「爾殺吾君，吾受爾國，是吾與爾爲篡也。爾殺吾兄，吾又殺爾，是父子弟兄相殺，終身無已也。」季子之志，至是而始白。然當其初讓之時，已見之明決矣，非固讓以全小節，而罔念國家之大禍也。』唐蕭定云：『易曰：「知幾其神乎？」季子之見，可謂知幾矣；季子之明，可謂知進退存亡而不失其正者。』嗚呼！其知季子也哉！」

季子者所賢也，曷爲不足乎季子？許人臣者必使臣，許人子者必使子也。【注】緣臣子尊榮，莫不欲與君父共之。字季子，則遠其君，夷狄常例，離君父辭，故不足隆父子之親，厚君臣之義。季子讓在殺僚後，豫於此賢之者，移諱于闔廬，不可以見讓，故復因聘起其事。【疏】注「緣臣」至「之義」。○校勘記云：「何校本十二年疏引作『故不足乎季子，所以隆父子之親也』，與今本異。」通義云：「必使臣必使子者，必使全其爲臣子之道。當札君父之世，並未得有君有大夫，今爲季子足與之，則非臣子尊

〔一〕「去」，原訛作「作」，叢書本同，據經義雜記校改。

榮欲與君父共之意，故仍未許醇同諸夏。此春秋以忠教孝也。」是也。宣十四年〔一〕：「夏，五月，壬申，曹伯壽卒。」注：「日者，公子喜時父也，緣臣子尊榮，莫不欲與君父共之，故知録之，所以養孝子之志。許人子者，必使父也。」義與此同。○注「季子〔二〕」至「見讓」。○殺僚事在昭二十七年，彼注云：「不書闔廬弑其君者，爲季子諱。明季子不忍父子兄弟自相殺，讓國闔廬，欲其享之，故爲没其罪也。」是移諱闔廬，其讓不見，不得於彼賢也。○注「故復」至「其事」。○正以聘者喜接内辭，亦因其可褒褒之也。通義云：「讓國事在昭公時，豫賢之於此者，吴能修禮義來聘，因其可賢而賢之，所以得起其讓者。迄春秋，吴大夫皆不得以名見，足知札特書名，爲賢故矣。」

○秋，九月，葬衛獻公。

○齊高止出奔北燕。【疏】穀梁傳：「其曰北燕，從史文也。」注：「南燕，姞姓，在鄭、衛之間；北燕，姬姓，在晉之北。史曰北燕，据時然，故不改也。」史記燕召公世家：「召公奭與周同姓，姓姬氏。周武王之

〔一〕「十四年」，原誤記爲「十三年」，據公羊傳校改。

〔二〕「季子」，原訛作「孝子」，叢書本同，據【注】文校改。

滅紂，封召公於北燕。」索隱：「今幽州薊縣故城是也。」宋衷曰：「有南燕，故云北燕。」

○冬，仲孫羯如晉。

○三十年，春，王正月，楚子使薳頗來聘。【注】月者，公數如晉，希見答。今見聘，故喜録之。

【疏】釋文：「『頗』，一本作『跛』。二傳作『薳罷』。」顧氏炎武唐〔一〕韻正：「罷，古音婆。易中孚六三：『或鼓或罷，或泣或歌。』王肅音皮。徐邈音扶〔二〕波反。」「按，罷音皮，皮音婆，凡經傳中罷倦之罷、罷休〔三〕之罷，皆讀婆。」「儀禮鄉飲酒禮：『飲酒罷。』劉音皮。禮記少儀：『師役曰罷。』注：『罷之言罷勞也。』春秋傳曰：『師還曰疲。』此可見罷倦之罷、罷休之罷，同爲一音矣。春秋襄三十年『楚子使薳罷來聘』，昭六年『楚薳罷帥師伐楚』，公羊並作『薳頗』，頗音皮。左傳襄十五年『公子罷戎』，罷音皮。二十三年『牢成御襄罷師』，罷音皮。三十年『皆自朝布路而罷』，罷，皮買反，又扶〔四〕波反。」○注「月者」至「録之」。○舊疏

〔一〕「唐」，原訛作「廣」，叢書本同，引文出自唐韻正，據改。
〔二〕「扶」，原訛作「抉」，叢書本同，據顧炎武唐韻正及周易音義校改。
〔三〕「休」，原訛作「體」，叢書本同，據顧炎武唐韻正校改。
〔四〕「扶」，原訛作「抉」，叢書本同，據顧炎武唐韻正校改。

云：「文當言『如晉』是，若有作『如楚』字者，誤也。」按：上三年、四年、八年、十二年、二十一年皆書「公如晉」，是數「如晉」也。公五「如晉」，惟八年「晉侯使士匄來聘」，十二年「晉侯使士彭來聘」，二十九年「晉侯使士鞅來聘」，來答者三，是希見答也。今二十八年「公如楚」，三十年即報聘，故喜録之也。通義云：「聘例時，此月者，與『公如楚』同意。莊、文之篇，楚再來聘，皆取其敬慕中國。至是公親往朝楚，使大夫報聘而已。陵轢諸夏之甚，故爲諸夏危録之。」按：於如楚，已月危之。彼既來聘，皆屬修好，無爲復危也。

○夏，四月，蔡世子般弑其君固。【注】不日者，深爲中國隱痛有子弑父之禍，故不忍言其日。

【疏】注「不日」至「其日」。○決文元年「楚世子商臣弑其君髡」，書丁未日故也。穀梁傳：「其不日，子奪父政，是謂夷之。」疏引：「何氏廢疾云：『蔡世子般弑其君固，不日，謂之夷。楚世子商臣弑君，何反書日耶？』鄭釋之曰：『商臣弑父日之，嫌夷狄無禮，罪輕也。今蔡中國，而又弑父，故不日之。』若夷狄不足責，然公羊有若不疾乃疾之，推以況此，則無怪然。」劉氏逢禄難曰：「若夷蔡般，不夷許止，當日蔡弑與日楚弑同文，而異許不日。今異蔡於楚，以明内外之辨，反同許于楚，以明文實之例。何君明辨晳矣。傳略弑父之爲夷，而僅以不日夷其奪政，至許買之日弑，則以爲正卒，於例亂矣。」經義述聞亦云：「楚，夷狄也。夷狄不足責，便不日，則楚商臣弑其君當不日矣。此説之不可通者也。」按：穀梁此傳自亂其例，無可解説。公羊不忍之義，詞嚴義正，故子般卒書日，子赤卒不書日。以所聞世恩王父少殺，所傳聞世恩高祖曾祖又少殺，故子般殺不去日見隱。子卒去日，傳曰：「不忍言也。」亦其例也。通義云：「弑君例不日者，君〔一〕失德也。般之罪惡，不待貶絶，固無爲父之道，報于宫中，以亡其身，故去日，見亦有罪也。太史公曰：『爲人君父而不通于春秋之義者，必蒙首惡之名。』若蔡景公所以爲鑒也。」此猶牽涉左氏傳説，幾與稱君君無道、稱臣臣之罪同一傎矣。

○五月，甲午，宋災。伯姬卒。【注】伯姬守禮，含悲極思之所生。外災例時，此日者，爲伯姬卒日。【疏】包氏慎言云：「五月有甲午，月之五日。」左氏經「伯姬」上有「宋」字。趙氏坦異文箋云：「左氏傳亦云『宋伯姬』，且下注：『叔弓如宋。葬宋共姬。』有『宋』字，則此云『宋災。宋伯姬卒』，所以繫伯姬于宋，著魯女之嫁于宋者也。有宋字爲是。」按：趙説是也。水經注：「睢水東逕相縣故城南，宋共公之所都也。國府園中，猶有伯姬黄堂基。斯堂即伯姬燌死處。」方輿紀要：「相城在宿州西北九十里。」○注「伯姬」至「所生」。○漢書翼奉傳：「極陰生陽，反爲大旱，甚則有火災，春秋宋伯姬是矣。」師古曰：「伯姬幽居守寡，既久而遇火災，極陰生陽也。」五行志上：「三十年，宋災。董仲舒以爲，伯姬如宋五年，宋共公卒，伯姬幽〔二〕居守節三十餘年，又憂傷國家之患禍，積陰生陽，故火生災也。劉向以爲，先是宋公聽讒而殺太子痤，應火不炎上之罰也。」與董、何義殊。○注「外災」至「卒日」。○外災例時，則莊十一年「秋，

〔一〕「君」字原脱，據公羊通義校補。
〔二〕「幽」，原訛作「憂」，叢書本同，據漢書校改。

宋大水」、莊二十年「夏，齊大災」、上九年「春，宋火」是也。此日，故解之。昭九年「夏，四月，陳火」，書月者，彼注云：「月者，閔之。」昭十八年「夏，五月，壬午，宋、衛、陳、鄭災」，書日者，四國同日災，非常故也。此日者，爲伯姬卒日，以内女卒例日故也。莊四年「三月，紀伯姬卒」，不日者，彼年「夏，六月，乙丑，齊侯葬紀伯姬」，注：「卒不日葬日者，魯本宜葬之，故移恩録文於葬也。」莊二十九年「冬，十二月，紀叔姬卒」，亦不日，亦於三十年「八月，癸亥，葬紀叔姬」日也。

○天王殺其弟年夫。【注】王者得專殺。書者，惡失親親也。未三年不去王者，方惡不思慕而殺弟，不與子行也。不從直稱君者，舉〔一〕重也。莒殺意恢，以失子行録。設但殺弟，不能書是也。不爲諱者，年夫有罪。【疏】釋文：「年夫，音佞。二傳作『佞夫』。」古年佞同部叚借。大戴禮公符篇〔二〕：「成王冠，祝雍曰：『使王近于民，遠於年。』」説苑修文篇作「使王近於民，遠於佞」。九經古義云：「古佞讀爲壬，故晉語：『輿人誦云：佞之見佞，果喪其田。』佞與田協，是讀爲年。殊不知年讀爲甯，田讀爲陳，故詩信南山『畀我尸賓，壽考萬年』。然公羊不作壬，而作年，何也？詩甫田云：『倬彼甫田，歲取十千。我取其陳，食我農人。』自古有年，是陳讀爲田，年讀如字。」○注「王者」至「親也」。○舊疏云：「諸侯之義，不得專殺

〔一〕「舉」，原訛作「學」，叢書本不誤，據改。

〔二〕「公符篇」，原誤記爲「公冠篇」，叢書本同。此應爲大戴禮記公符篇之「公冠」節，據以校改。

大夫。若大夫有罪而殺之者，皆惡于專殺，是以書見。今此天王也，自得專殺，若殺大夫，宜不書之，書者，以其殺母弟，失親親，故惡而書也。」杜云：「稱弟，以惡王殘骨肉。」彼傳言「罪在王也」。穀梁傳：「君無忍親之義，天子諸侯所親者，唯長子母弟耳。天王殺其弟佞夫，甚之也。」○注「未三」至「行也」。○校勘記云：「鄂本、閩本同。監、毛本『去』誤『王』。」紹熙本亦作「去」。上二十八年「十二月，天王崩」，至此年五月，是未三年也。文九年傳：「踰年矣，何以謂之未君？即位矣，而未稱王也。未稱王，何以知其即位？以諸侯之踰年即位，亦知天子之踰年即位也。以天子三年然後稱王，亦知諸侯於其封内三年稱子也。」則靈王崩未三年，景王正當思慕，不合稱王。此不去王，明不與其爲子也。昭二十二年，景王崩，二十三年書「天王居于狄泉」者，彼傳云：「此未三年，其稱天王何？著有天子也。」注：「時庶孽並篡，天子失位徙居，微弱甚，故急著正其號，明天下當救其難而事之。」是也。○注「不從」至「重也」。○僖五年傳：「曷爲直稱晉侯以殺？殺世子母弟直稱君者，甚之也。」注：「甚之者，甚惡殺親親也。春秋公子貫於先君，唯世子與母弟以今君録，親親也。今舍國體直稱君，知以親親責之。」是直稱君者也。舊疏云：「殺世子母弟皆直稱君者，甚之也。今經云『天王殺其弟年夫』，甯知非直稱爵之例，而知天王者[一]乃是不與子行者，正以其[二]在父服之内不思思慕，反殺先君之子，以此爲重，故知義然。」○注「莒殺」至「是

[一]「者」字原脱，據公羊注疏校補。

[二]「其」字原脱，據公羊注疏校補。

也」。○昭十四年：「莒殺其公子意恢。」注：「莒無大夫，書殺公子者，未踰年而殺其君之子，不孝尤甚，故重而録之。稱氏者，明君之子。」是也。設但殺弟，不能書者。舊疏云：「正以莒殺意恢，以在喪内，故書責之，知天王殺弟，若不在喪，則不書矣。諸侯之義，不得專殺，而言莒殺意恢，在喪内乃書者，正以意恢，莒子之弟，不爲大夫故也。」按：莒無大夫，在喪外，故不書，非許其得專殺也。知意恢雖公子，在喪外亦不書，因以在喪内失子行，特録其不孝也。舊疏殊未了。○注「不爲」至「有罪」。○舊疏云：「春秋之義，雖言黜周王魯，乃實天子，服内殺弟，是甚惡，何故不爲尊者諱？因年夫有罪，則王者之惡稍輕，是以春秋不復諱矣。」按：左傳是「儋括欲立王子佞夫，佞夫弗知」、「尹言多等殺佞夫」，故傳曰「罪在王」。然廢立何事，儋括至興師圍蔿，逐其大夫，謂謀起於括，則可謂佞夫全弗知，無是理也。故何氏以爲有罪，景王不能善處，任〔一〕五大夫之殺，則天王不能無過也。

○**王子瑕奔晉。**【注】稱王子者，惡天子重失親親。【疏】注「稱王」至「親親」。○舊疏云：「正以文元年『天王使叔服來會葬』，注云：『叔服，王子虎也。不繫王者，不以親疎録也。』今此王子瑕言王子者，正惡天王重失親親故〔二〕也。」按：凡稱王子，猶公子貫於先君也。致令出奔，故惡失親親。

〔一〕「任」，原訛作「在」，於上下文則難通，叢書本作「任」，是也，據改。

〔二〕「故」字原脱，據公羊注疏校補。

○秋，七月，叔弓如宋，葬宋共姬。【疏】穀梁經作「葬共姬」，脱「宋」字也。文六年疏引異義：「公羊説云：襄三十年，葬宋共姬，譏公不自行也。」按：禮記疏引：「異義：諸侯夫人喪。公羊説：卿弔，君自會葬。左氏説：諸侯夫人喪，士弔，士會葬。文、襄之伯，士弔，大夫會葬。叔弓如宋葬宋共姬，上卿行，過厚，非禮也。許慎謹按，公羊説同盟諸侯薨，君會葬；其夫人薨，又會葬，是其不違國政而常在路。鄭駁之云：『按，禮，君與夫人尊同，故聘禮卿聘君，因聘夫人。凶時會弔，主〔一〕於相哀愍，略於相尊敬，故使可降一等，士弔，大夫會葬，禮之正也。周禮「諸侯之邦交，歲相問也，殷相聘也，世相朝也」，無異姓同姓親疏之數。』云夫人喪，士會葬，説者致之，非傳義也。」按：何氏無譏公不自行之語，其嚴、顏舊説與？諸侯夫人薨，君自會葬，何氏亦無此義。

外夫人不書葬，此何以書？隱之也。何隱爾？宋災，伯姬卒焉。【注】説在下也。【疏】穀梁傳：「外夫人不書葬，此其言葬，何也？吾女也。卒災，故隱而葬之也。」按：此外夫人，專謂魯女嫁爲夫人者也。若其不然，卒亦不書矣。

其稱謚何？【注】据葬紀伯姬不言謚。【疏】注「据葬」至「言謚」。○莊四年，「齊侯葬紀伯姬」是也。按：紀伯姬不言謚，蓋紀已滅，直爲齊侯所葬，未必有謚。故紀叔姬卒葬時亦無謚，非必謚宋伯姬爲賢，

〔一〕「主」，原訛作「重」，叢書本同，據禮記正義校改。

紀伯姬、紀叔姬無謚即不賢也。舊疏謂紀伯姬不言謚者，不賢；又葬紀叔姬不云謚，蓋以劣於宋伯姬，皆失之泥。

賢也。【疏】穀梁傳：「婦人以貞爲行者也。伯姬之婦道盡矣。詳其事，賢伯姬也。」經義雜記云：「考伯姬之卒，公、穀皆以爲賢。胡安國因左傳云『女而不婦』，遂以伯姬爲非，此未審傳文也。按，傳云：『甲午，宋大災，宋伯姬卒，待姆也。』是左氏雖未稱其賢，而『待姆也』三字已明著其賢之實矣。下引君子之言，是於傳文外兼載一説。然審其詞義，亦有褒而無貶。曰：『君子謂共姬女而不婦。女待人，婦義事也。』謂共姬已嫁爲婦，似可從宜行事矣，而猶謹守其女子之道，傅母不在，宵不下堂，是婦人而爲女子之行者也。朱子詩集傳葛覃曰：『可見其已貴而能勤，已富而能儉，已長而敬不弛於師傅，已嫁而孝不衰於父母，此皆德之厚而人所難也。』余於宋共姬亦可見其已嫁而猶謹守女教，是婦人所難也。」通義云：「於紀伯姬但隱之而已。於宋共姬又加賢焉，故録其謚也。共姬之謚，從共公者也，蓋得正也。詩起二南，二南起關雎，而大雅稱文王曰：『刑于寡妻，至于兄弟，以御于家邦。』蓋文王之所以風化天下者，本自正夫婦始。夫婦不正，然後貞女失所，淫俗流行。極十五國之弊〔一〕，乃至陳靈公之世，株林刺於上，澤陂、月出風於下，浸淫百餘年間，小人不復知有廉恥，君子不復知有美刺，而詩教遂亡。詩亡於陳靈公者〔二〕，春秋之

〔一〕「弊」，原訛作「勢」，據公羊通義校改。
〔二〕「者」字原脱，據公羊通義校補。

所爲懼而作也。故上本文王之教，隱、桓之際首正妃匹於内女，賢不肖必謹而別之。觀鄫季姬之淫佚，則數年之間，婦喪其躬，夫虧其體，仇及奕世，子孫見戕。此春秋之所以爲戒，亦株林之意也。觀宋伯姬之貞信，遭患難而不失其度，年踰閒居而不易其節，故能生致三國之媵，没動諸侯之哀。此春秋之所以爲勸，亦漢廣、行露之意也。左氏顧詭託君子之言，譏其女而不婦，殆猶漸於末世流俗之見者與？」趙氏坦宋伯姬論云：「春秋『宋伯姬卒』，左氏傳曰：『君子謂：宋共姬女而不婦。女待人，婦義事也。』左氏之説非也。婦人之有姆，所以防非禮，相舉動，一旦失之，則進退或無所措，其能免於非議乎？事起倉卒，皇然出走，此里巷所不爲，而謂魯公之女，宋室之婦，竟輕遽而爲之乎？且所謂義者，審其輕重之謂也。伯姬之心，固以禮爲重，而以避去爲輕。禮之所在，即義之所在，而謂舍禮而取義乎？或曰婦人非傅姆不下堂者，經也；火迫矣，不待姆而遠避者，權也；左氏所謂婦義事者，舍經而行權也。然自古所謂權者，舍小節以全大節，非所謂舍大以全小也。婦人之大節，其在守禮乎？抑在避害乎？况伯姬，嫠婦也，則亦安於禮而已矣，何權之足貴！楚王之將嫁季芈也，季芈曰：『所以爲女子，遠丈夫也。鍾建負我矣。』以妻鍾建。伯姬之見，固有出於季芈之上者。而謂不待傅姆而行乎？楚昭王嘗與貞姜約，曰召則以符。其後水大至，王使召，失持符。貞姜曰：符未至，不可去。貞姜獨非婦人乎？何以非符不行，卒殁漸臺？能識貞姜之所守者，可與言伯姬矣。公、穀得之。」按：新序一云：「是以詩正關雎，而春秋褒伯姬也。」淮南泰族訓：「宋伯姬坐燒而死，春秋大之，取其不踰禮而行也。」繁露王道云：「觀乎宋伯姬，知貞婦之信。」

列女傳貞順傳〔一〕：「春秋詳録其事，爲賢伯姬，以爲婦人以貞爲行者也。伯姬之婦道盡矣。」是皆以伯姬爲賢也。

何賢爾？宋災，伯姬存焉。有司復曰：「火至矣！請出。」伯姬曰：「不可。」【疏】左疏引服云：「不書大，非災火及人，伯姬坐而待之耳。」用此傳爲説。惟左氏謂「人火曰火，天火曰災」，公羊謂「大者曰災，小者曰火」，爲異耳。

吾聞之也，婦人夜出，【注】謂有事宗廟。

不見傅母不下堂。【注】禮，后夫人必有傅母，所以輔正其行，衛其身也。選老大夫爲傅，選老大夫妻爲母。【疏】繁露王道云：「宋伯姬曰：『婦人夜出，傅母不在，不下堂。』」「此春秋之救文以質也。」釋文：「傅母，本又作『姆』，同。」唐石經、諸本同作「母」。○注「禮后」至「身也」。○漢書張敞傳：「禮，君母出門則乘輜軿，下堂則從傅母。」又荀爽女誡云：「聖人制禮以隔陰陽，七歲之男王母不抱，七歲之女王父不持；親非父母，不與同車；親非兄弟，不與同筵；非禮不動，非義不行。是故宋伯姬遭火不下堂，知必爲災，傅母不來，遂成於灰。春秋書之，以爲高也。」詩周南葛覃云：「言告師氏。」傳：「師，女師也。古者女師教以婦德、婦言、婦容、婦功。」彼謂教女之師，在公宮宗室，不隨行者。其禮記内則云：「女子十年不

〔一〕「貞順傳」，原誤記爲「貞順篇」，叢書本同，據列女傳校改。

出，姆教婉、娩、聽從。」又齊風南山箋云：「文姜與姪娣及傅姆同處。」蓋隨女同行者矣。是知后夫人必有傅母。其實傅母亦兼女師之職也。故杜云：「姆，女師。」○注「選老」至「爲母」。○舊疏云：「春秋説文。作時王之禮。」公羊問答云：「漢時亦有此制。東方朔傳：『昭平君日驕，醉殺主傅〔一〕。』如淳曰：『禮有傅姆。説者又曰：傅者，老大夫也。漢使中行説：傅，翁主也。』師古曰：『傅母是也。』」白虎通嫁娶篇：「婦人所以有師者，學事人之道也。詩曰：『言告師氏，言告言歸。』昏禮經曰：『教于公宮三月。』婦人學一時，足以成矣。』」與君有緦麻之親者，教于公宮三月。「與君無親者，各教於宗廟宗婦之室。國君取大夫之妾、士之妻老而無子而明於婦道者禄之，使教宗室五屬之女。大夫、士皆有宗族，自〔二〕於宗子之室，學事人也。女必有傅母何？尊之也。春秋傳曰：傅至矣，姆未至。」禮昏禮注云：「姆，婦人年五十〔三〕無子，出而不復嫁，能以婦道教人者，若今時乳母矣。」然則，傅與姆不同，蓋大夫士之家，女師不隨行。后夫人位尊，或女師之外，别選老大夫爲傅、大夫妻爲姆與？

傅至矣，母未至也。」逮乎火而死。【注】故賢而録其説。【疏】穀梁傳：「取卒之日，加之災上者，見以災卒也。其見以災卒奈何？伯姬之舍失火，左右曰：『夫人少辟火乎？』伯姬曰：『婦人之義，傅

〔一〕「主傅」，原訛作「王傅」，叢書本同，據漢書校改。

〔二〕「大夫」至「宗族」七字原脱，「自」字原訛作「至」，據白虎通校補校改。

〔三〕「五十」，原訛作「四十」，據儀禮注疏校改。

母不在，宵不下堂。』左右又曰：『夫人少辟火乎？』伯姬曰：『婦人之義，保母不在，宵不下堂。』遂逮乎火而死。」舊疏云：「逮乎火而死者，爲火所逮環而死也。」水經注睢水篇：「相縣國府〔一〕園中有伯姬黄堂基。堂夜被火，左右曰：『夫人少避。』伯姬曰：『婦人之義，保傅不具，夜不下堂。』遂逮火而死。城西有伯姬冢。」○注「故賢而録其説」。○校勘記云：「鄂本『説』作『謚』，此誤。」按：紹熙本亦作「謚」。

○鄭良霄出奔許，自許入于鄭。鄭人殺良霄。【疏】穀梁傳：「不言大夫，惡之也。」通義云：「與欒盈同義。」惠氏士奇春秋説云：「欒盈者，欒書之孫，弑君賊也。積不善者，必有餘殃。欒書幸免于戮，而欒氏之族終滅於晉。目之曰賊，誰謂非宜？良霄汰侈，未聞逆蹟，故其死也，子産襚之，枕之股而哭之，又殯而葬之。明非賊也，亦從討賊辭者，辭窮則同。春秋固有辭同而事異者。」按：惠説非是。春秋弑君之賊不復見，欒書不見於厲公弑後，已示誅絶。欒盈、良霄出奔，大夫已絶。自者，有力之文。欒盈由曲沃入晉，良霄挾許力入鄭，皆亂也，故從討賊辭，無二義也。

○冬，十月，葬蔡景公。

〔一〕「國府」二字原脱，叢書本同，據水經注校補。

賊未討，何以書葬？君子辭也。【注】君子爲中國諱，使若加弒。月者，弒父比髡原恥尤重，故足諱辭。【疏】注「君子」至「加弒」。○正以凡加弒者，雖賊未討，亦書葬。昭十九年「許世子止弒其君買」下書「葬許悼公」，傳：「賊未討，何以書葬？不成于弒也。」又曰：「止進藥而藥殺，曷爲加弒焉爾？譏子道之不盡也。」此亦書葬，與彼加弒同，正緣爲中國諱故也。○注「月者」至「諱辭」。○即上七年：「鄭伯髡原如會，未見諸侯。丙戌，卒于操。」傳：「弒也。孰弒之？其大夫弒之。曷爲不言其大夫弒之？爲中國諱也。」八年：「夏，葬鄭僖公。」傳：「賊未討，何以書葬？爲中國諱也。」注：「不月者，本實當去葬，責臣子，故不足也。」彼髡原爲大夫所弒，因鄭伯欲與中國故，故春秋爲中國諱，猶責不足其文，故不月。此子弒父，比髡原中國恥尤重，是以足其諱辭，備書時月也。通義云：「恕蔡人不敢討君之適嗣，又臣民之心莫不欲諱其國惡，使若般弒爲疑獄者，故緣情量力，不過責也。許世子之罪隱，春秋責之以深；蔡般之罪顯，春秋治之以恕。蓋以教天下後世之聽獄者，莫非中庸之道也。」以君子辭爲恕蔡臣子辭，與何氏異。

○晉人、齊人、宋人、衛人、鄭人、曹人、莒人、邾婁人、滕人、薛人、杞人、小邾婁人會于澶淵，宋災故。【疏】校勘記云：「唐石經、諸本同。鄂本脱『莒人』二字。」

宋災故者何？諸侯會于澶淵，凡爲宋災故也。會未有言其所爲者，此言其所爲何？録伯姬也。【注】重録伯姬之賢，爲諸侯所閔憂。【疏】注「重録」至「閔憂」。○校勘記云：「閩、監、毛本同。鄂本『閔』作『同』，此誤。」穀梁傳：「澶淵之會，中國不侵伐夷狄，夷狄不入中國，無侵伐八年，善之也。晉趙武、楚屈建之力也。」疏引徐邈云：「晉趙武、楚屈建感伯姬之節，故爲之息兵。」

諸侯相聚，【注】聚，斂也。相聚斂財物。【疏】注「聚斂」至「財物」。○周禮大宗伯云：「以禬禮哀圍敗。」注：「同盟者會財貨，以更其所喪。春秋襄三十年冬，會于澶淵，宋烖故，是其類。」又大行人云：「致禬以補諸侯之烖。」注：「致禬，凶禮之弔禮、禬禮也。補諸侯烖者，若春秋澶淵之會，謀歸宋財。」

而更宋之所喪。【注】更，復也。如今俗名解浣衣復之爲更衣。【疏】穀梁傳亦曰：「更宋之所喪財也。」○注「更復」至「更衣」。○廣雅釋言云：「更，償也。」史記平準書：「不足以更之。」集解：「更，償也。」檀弓云：「請庚之。」注：「庚，償也。」謂諸侯償宋之所喪也。何訓爲復，亦即償義。故范云：「償其所喪財。」周禮馬質云：「以其物更。」鄭司農云：「更，猶償也。」司弓矢云：「凡亡矢者，弗用則更〔一〕。」鄭注：「更〔二〕，償也。用而棄之則不償。」釋名釋天云：「庚，更也。」月令注：「庚之言更也。」庚、更義同。

曰：「死者不可復生爾，財復矣。」【注】復者，如故時。諸侯共償復其所喪。

〔一〕「更」，原訛作「弗庚」，叢書本同，據周禮注疏校改。

〔二〕「更」，原訛作「庚」，叢書本同，據周禮注疏校改。

此大事也，曷爲使微者？【注】据詳録所爲故。卿也。【疏】左氏傳以爲晉趙武等也。

卿則其稱人何？貶。曷爲貶？【注】据善事也。【疏】注「据善事也」。○穀梁傳：「不言災故，則無以見其善也。」是善事也。

卿不得憂諸侯也。【注】時雖各諸侯使之，恩賞實從卿發，故貶起其事，明大夫之義，得憂内不得憂外，所以抑臣道也。宋憂内，并貶者，非救危亡，禁作福也。【疏】注「時雖」至「其事」。○校勘記云：「鄂本『各』作『名』，此誤。」繁露亦云：「大夫盟于澶淵，刺大夫之專政也。」舊疏云：「若恩從君發，而使大夫行之，雖非其正，罪不至貶也。」○注「明大」至「道也」。○舊疏云：「在禮，家施不及國，而言得憂内者，謂救危亡之時，助君憂内，不謂自專行之。以此言之，若助君憂内，以救危之時，雖恩發大夫，不合譏。」解詁箋云：「諸侯使大夫歸宋財，善事也。書晉趙武以下會于澶淵，歸粟于宋，可矣。且叔弓如宋，葬宋共姬，魯大夫未有不在會者，則經當書『叔弓會晉趙武以下于澶淵，歸粟于宋』，曷爲諱内，而盡貶天下之大夫，且變歸粟之文，曰宋災故？時蔡般以子弒父，臣弒君，而諸侯不知討賊，民彝泯而天倫滅矣。區區歸粟之義，曷足善乎？傳宜云『會未有言其所爲者，此言所爲何？不討賊也。此大事也，曷爲使微者？卿也。卿則其稱人何？徧刺天下之大夫也。不書内大夫，諱之也』。按，三傳皆止言歸宋財，是否歸粟無所取證。唯左傳有諱魯大夫語，公、穀皆未及魯，與弔而不與會，亦無不可。春秋可討者事甚多，其圖小忘大者亦多，譏不勝譏，奚必責此澶淵一會？」劉氏之義本之宋儒胡安國，不信注，並不信傳，直欲於三傳外造一劉氏傳，未免逞肊改作矣。○注「宋憂」至「福也」。○舊疏云：「言宋雖遭災，未至於滅，而恩發大夫，外求鄰國，近於作福，是以禁〔一〕之。」通義云：「大夫交會久矣，唯此一事録其所爲，尤見專福之實，故特貶之。宋向戌併貶者，亦徧刺之義。」按：書洪範云：「惟辟作福。」公羊疏引鄭注：「此君抑臣之言也，作福專爵賞也。」又云：「臣之有作福作威玉食，其害于而家，凶于而國。」鄭注：「害于汝家，禍在室；凶于女國，亂下民。」是大夫在本國且不得作福作威，至憂諸侯，僭越甚矣，故尤抑之也。

○三十有一年，春，王正月。

○夏，六月，辛巳，公薨于楚宮。【注】公朝楚，好其宮，歸而作之，故名之云爾。作不書者，見者不復見。【疏】包氏慎言云：「辛巳，爲月之二十八日。」○注「公朝」至「云爾」。○左傳：「公作楚宮。」注：「適楚，好其宮，歸而作之。」用何義也。傳又曰：「穆叔曰：『大誓云：「民之所欲，天必從之。」君欲楚也夫，故作其宮。若不復適楚，必死是宮也。』六月，辛巳，公薨于楚宮。」○注「作不」至「復見」。○哀三年傳文。彼經云：「桓宮、僖宮災。」傳：「此皆毁廟也，其言災何？復立也。曷爲不言其復立？春秋見者不復見

〔一〕「禁」，原訛作「貶」，十三經注疏本公羊注疏訛作「楚」。下云「故云禁作福也」，是當作「禁」，據校改。

也。」注：「謂内所改作也。哀自立之，善惡獨在哀，故得省文。」是凡内所改作，於其重者一見之而已，其輕處不復見之。僖、桓宫，哀所作，還災於哀，故於災時一書。此楚宫作于襄，旋薨于楚宫，經特書楚宫於薨時，故其作又可省也。舊疏云：「成六年『立武宫』，昭十五年『有事于武宫』，亦内所改作而重見者。正以成公立之，至昭乃有事，立之祭之者異，故不得從省文也。」

○**秋，九月，癸巳，子野卒。**【疏】包氏慎言云：「九月書癸巳，爲月之十二日。」左傳：「次于季氏。秋，九月，癸巳，卒，毁也。」後漢書周舉傳：「問曰：『言事者多云，昔周公攝天子事，及薨，成王欲以公禮葬之，天爲動變。及更葬以天子之禮，天即有反風之應。北鄉侯親爲天子而葬以王禮，故數有災異，宜加尊謚，列於昭穆。』舉對曰：『昔周公有請命之應，隆太平之功，故皇天動威，以彰聖德。北鄉侯本非正統，姦臣所立，立不踰歲，年號未改，皇天不祐，大命夭昏。春秋王子猛不稱崩，魯子野不書葬，今北鄉侯無他功德，以王禮葬之，于事已崇，不宜稱謚。災眚之來，弗由此也。』」通典禮云：「後漢安帝崩，立北鄉侯，未踰年，薨，以王禮葬。於春秋何義也？何休答曰：『春秋，未踰年，魯君子野卒，降成君稱卒〔一〕，從大夫禮宜也。』」

〔一〕「稱卒」，原作「從子」，意思亦通，叢書本同。然春秋經爲「子野卒」，通典作「稱卒」，故以「稱卒」爲是，據改。

○己亥，仲孫羯卒。【疏】包氏愼言云：「九月書己亥，爲月之十八日。」

○冬，十月，滕子來會葬。【注】此書者，與叔服同義。【疏】注「此書」至「同義」。○文九年：「天王使叔服來會葬。」傳：「其言來會葬何？會葬，禮也。」注：「常事書者，文公不肖，諸侯莫肯會之，故書天子之厚，以起諸侯之薄。」則此蓋亦昭公不肖，諸侯莫肯會之，故書滕子之厚，以起諸侯之薄。知昭公不肖者，左傳云：「穆叔曰：且是人也，居喪而不哀，在慼而有嘉容，是謂不度。」又曰：「比及葬，三易衰，衰衽如故衰。於是昭公十九年矣，猶有童心，君子是以知其不能終也。」舊疏謂襄公不肖，非。

○癸酉，葬我君襄公。【疏】包氏愼言云：「十月書癸亥〔一〕，月之二十二日。」

○十有一月，莒人弒其君密州。【注】莒子納去疾，及展立，莒子廢之。展因國人攻莒子，殺之。去疾奔齊。稱人以弒者，莒無大夫，密州爲君，惡民所賤，故稱國以弒之。【疏】注「莒子」至「奔齊」。○左傳：「莒犂比公生去疾及展輿，既立展輿，又廢之。犂比公虐，國人患之。十一月，展輿因國人以攻莒

〔一〕「癸亥」，叢書本同，據經當爲「癸酉」。

子，弑之，乃[一]立。去疾奔齊，齊出也。」是其事也。注：「犂比，莒子密州之號。」○注「稱人」至「弑之」。○莒無大夫，見莊二十七年傳。知密州爲君，惡民所賤者，即左傳云「犂比公虐」是也。又曰：「書曰：『莒人弑其君買朱鉏。』言罪之在也。」注：「罪在鉏也。」又云：「不稱弑者主名，君無道也。」是也。杜又云：「買朱鉏，密州之字。」按：買即密之轉音，朱鉏即州之合音之轉，非名字同異也。段玉裁云：「與密州音相同，左傳經自作買朱鉏，疑後人以公、穀之經易此。」見左傳校勘記。

〔一〕「乃」，原訛作「及」，叢書本同，據左傳校改。

公羊義疏六十一

南菁書院　句容陳立卓人著

昭元年盡五年

○**春秋公羊經傳解詁昭公第九**【疏】校勘記：「唐石經昭公第十卷九。」魯世家：「襄公卒，其九月，太子卒。魯人立齊歸之子裯爲君，是爲昭公。」徐廣曰：「裯，一作『袑』。」索隱：「系本〔一〕作『稠』。」左傳釋文：「昭公名裯，襄公子，母齊歸。」按：杜氏釋例、史記十二諸侯年表、漢書古今人表、律曆志並作「稠」。謚法：「威儀恭明曰昭。」

○**元年，春，王正月，公即位。**【疏】穀梁傳：「繼正即位，正也。」疏：「重發傳者，嫌繼子野，非正，故明之。」

〔一〕「系本」即「世本」。唐人注史記、漢書，引世本爲系本，避唐太宗李世民名諱。

○叔孫豹會晉趙武、楚公子圍、齊國酌、宋向戌、衛石惡、陳公子招、蔡公孫歸生、鄭軒虎、許人、曹人于漷。【注】戌、惡皆與君同名，不正之者，正之當貶，貶之嫌觸大惡，方譏二名爲諱，義當正亦可知。【疏】唐石經、諸本同。舊疏云，齊國酌「亦有作『國弱』者」。釋文：「國酌，二傳作『國弱』。」蓋後人或以二傳改公羊也。古酌、弱同部，得相叚借。石惡，左氏、穀梁作「齊惡」。校勘記：「齊召南云：二傳作『齊惡』，是也。石惡已於襄二十八年出奔晉矣。按，釋文不云二傳作『齊惡』，是公羊古本與二傳同。孫志祖説。」按：此下舊疏云：「下七年，『秋，衛侯惡卒』；十年，『冬，宋公戌卒』；知向戌、齊惡皆與君同名也。」知疏本作「齊惡」矣。釋文：「軒虎，舊音罕。二傳作『罕虎』。」按：罕虎，子展子，子罕孫，孫以王父字爲氏。罕、軒皆从干聲，古通。左氏昭四年傳「渾罕」，韓非子外儲説左下作「渾軒」，是也。釋文：「漷，音郭，又音號。左氏作『虢』，穀梁作『郭』。」按：蔡邕郭有道碑：「其先出自有周，王季之穆有號叔者，實有懿德。文王咨焉。建國命氏，或謂之郭。」漷从郭聲，或傳寫異。惠棟云：「郭、虢字古通，虞虢作虞郭。」逸周書王會解：「郭叔掌爲天子菉幣焉。」注：「郭叔，虢叔，文王弟。」戰國策秦策：「臣恐王之如郭君。」注：「古文言虢也。」是也。杜云：「虢，鄭地。」其古東虢與？○注「戌惡」至「大惡」。○禮記曲禮云：「卒哭乃諱。」注：「生者不相辟名。衛侯名惡，大夫有石惡。」疏云：「按，魯襄公二十八年，『衛石惡出奔晉』；二十九年，『衛侯衎卒』，衛侯惡乃即位，與石惡不相干。熊氏云：『石字誤，當云大夫有名惡。

知者，昭七年，衛侯惡卒。』」穀梁傳：「鄉曰衛齊惡〔一〕，今曰衛侯惡，此何爲君臣同名也？君子不奪人名，不奪人親之所名，重其所以來也。」是則與君同名小惡，不正之，嫌弱大惡故也。故曲禮疏又云：「君臣同名，春秋不譏。」是也。然曲禮又云：「不敢與世子同名。」注：「辟僭效也。」故不得無惡。彼注又云：「其先之生，則亦不改。」若臣先名，君後名，或亦不改，穀梁所云是也。故雜記云：「與君之諱同，則稱字。」若先生，與世子同名，或亦當然。」舊疏云：「君臣者，父子之倫，甯有同名之理？今二子與君同名，乃是不可之甚，春秋不正之者，若正之當去其氏，或貶稱人。若其去氏，嫌如宋督、宋山、齊無知之屬。若其稱人，嫌如襄三十年澶淵之大夫，有作福之大惡，由茲進退，不得正之。然則，君臣同名不爲大惡者，正以名者父之所置，己父未必爲今君之臣，己或先世子而生，君子既孤，禮有不更名之義，是以春秋謂之小惡。「以此言之，知『無駭入極』之屬自是大惡，故去其氏。『俠卒』、『翬溺會齊師』之屬，未命大夫，正合無氏須辟嫌故。」按：翬去公子係貶，舊疏誤。○注「方譏」至「可知」。○定六年：「季孫斯、仲孫忌帥師圍運。」傳：「此仲孫何忌也，曷爲謂之仲孫忌？譏二名，二名非禮也。」注：「春秋定、哀之間，文致太平，欲見王者治定，無所復爲譏，唯有二名，故譏之，此春秋之制也。」何意以所見世，二名小惡尚譏；君臣同名亦小惡，義當正，可從不言可知之例，所以申明上注正之之義也。言方者，譏二名在定、哀之世，昭爲太平之首，尚未合譏，故曰方也。舊疏云：「蓋欲析而言之，未當孔子之身故也。」是也。

〔一〕「齊惡」，原訛作「齊侯」，叢書本同，據穀梁傳校改。

此陳侯之弟招也，何以不稱弟？【注】据八年稱弟。【疏】注「据八年稱弟」。○即下八年書「陳侯之弟招殺陳世子偃師」是也。

貶。曷爲貶？【注】据八年殺偃師猶不貶。【疏】注「据八」至「不貶」。○即八年稱弟不貶，稱公子故也。

爲殺世子偃師貶，曰：「陳侯之弟招殺陳世子偃師。」大夫相殺稱人，此其稱名氏以殺何？【注】難八年事。【疏】舊疏云：「先舉八年經文，然後難之也。大夫相殺稱人，文十六年『宋人弒其君處臼』下師解，故此弟子取而難之。」

言將自是弒君也。【注】明其欲弒君，故令與弒君而立者同文。孔瑗弒君，本謀在招。【疏】通義云：「招殺世子而立公子留，致哀公自縊，故云爾。」舊疏云：「世子者，君之副貳，今而殺之，明其從是以後有弒君之心，故稱其名氏，不作兩下相殺辭矣。」○注「明其」至「同文」。○決莊二十二年，「陳人殺其公子御寇」稱人也。彼注云：「書者，殺君之子，重也。」彼非世子，故仍從大夫相殺稱人。招殺世子，春秋之例，殺世子者與君同罪，故與文十四年「齊公子商人弒其君舍」文同矣。爲其先有無君之心，即可階成弒君之禍，故與弒君同文也。舊疏云：「宣十五年，『王札子殺召伯、毛伯』，亦大夫相殺，不稱人以殺者，彼注云：『大夫相殺不稱人者，正之。諸侯大夫顧弒君重，故降稱人。王者至尊，不得顧。』是也。」蓋以諸侯大夫專殺大夫，彼諸侯與大夫同人臣耳，恐即自是弒君，故絶之稱人。天子與大夫尊卑殊絶，不虞有此，故不必顧也。○注「孔瑗」至「在招」。○陳杞世家云：「初，哀公娶鄭，長姬生悼大子師，少姬生偃。二嬖妾，長妾生留，少妾生勝。留有寵哀公，哀公屬之其弟司徒招。哀公病，三月，招殺悼大子，立留爲太子。哀公怒，欲誅招。招發兵圍守哀公，哀公自經殺。」左傳大同，唯以偃師爲一人，是皆以弒君者招。而此言孔瑗弒君者，蓋别有所據。是以下八年經：「楚師滅陳，殺陳孔瑗。」九年：「陳火。」傳云：「滅人之國，執人之罪人，殺人之賊。」即謂孔瑗也。明孔瑗爲弒君之賊，楚人但知罪其下手，不知原謀自招，僅放之于越而已。舊疏云：「經不書孔瑗弒君者，本爲招弒，當舉招爲重也，但始有計，不成爲弒。陳侯溺卒者，但自卒耳。」然史記、左傳皆言「哀公縊」，則成爲弒矣。公羊亦言殺人之賊，蓋亦以哀公遇弒也。舊疏又云：「本謀在招，招當爲首。楚人所以不殺招者，蓋楚失其意，或陳招歸罪於孔瑗，是以但罪孔瑗，而招但罪其殺世子之愆，遂免弒君之咎。春秋體其事，故於殺世子，經書其名氏矣。」按：以司馬昭歸罪成濟事律之，則舊疏之説信而可從。

今將爾，詞曷爲與親弒者同？君親無將，將而必誅焉。【疏】莊三十二年傳：「公子牙今將爾，辭曷爲與親弒者同？君親無將，將而誅焉。」注：「親，謂父母。」文與彼同。

然則曷爲不於其弒焉貶？【注】据未弒也。【疏】通義云：「据貶必於其重者。」○注「据未弒也」。○舊疏云：「据今仍未弒而已貶去其弟，曷爲不於殺世子時貶之乎？」

以親者弒，然後其罪惡甚。【疏】通義云：「故特著其爲同母弟。」下八年穀梁傳：「鄉曰陳公子招，今曰陳侯之弟招，何也？曰盡其親，所以惡招也。兩下相殺，不志乎春秋，此其志何也？世子云者，唯君之貳也，云可以重之，存焉志之也。諸侯之尊，兄弟不得以屬通。其弟云者，親之也。親而殺之，惡也。」注：「惡招。」又云：「盡其親，謂既稱公子又稱弟。招，先君之公子，今君之母弟。」「二稱並見，故爲盡其親也。」舊疏云：「傳言此者，欲道八年之時，罪惡大甚，不假貶絶也。」

春秋不待貶絶而罪惡見者，不貶絶以見罪惡也。【注】招殺偃師是也。【疏】通義云：「目言春秋者，亦一經之通例。若招殺世子、商臣弑父，皆所謂不待貶絶者也。」莊氏存與春秋正辭云：「凡書外弑君殺君世子叛人之類。」舊疏亦云：「解之而言春秋者，欲道上下通例如此，不爲此文。」是也。

貶絶然後罪惡見者，貶絶以見罪惡也。【注】招稱公子，及楚人討夏徵舒貶，皆是也。【疏】通義云：「其貶絶然後罪惡見者有二類：一者義隱，若楚莊王、晉郤缺之屬。一者事隱，若夫人氏、仲遂之屬。」○注「招稱」至「是也」。○招稱公子，即此文。不稱弟，是楚人討夏徵舒，即宣十一年：「楚人殺陳夏徵舒。」彼傳云：「此楚子也，其稱人何？貶。曷爲貶？不與外討也。」是也。莊氏存與云：「内弑君殺子諱不見，則貶絶以見，其與乎故也。及凡言貶絶者皆是。」

今招之罪已重矣，曷爲復貶乎此？【注】据棄疾不豫貶。【疏】注「据棄疾不豫貶」。○鄂本、紹熙本「棄」作「弃」。下十三年：「楚公子棄疾弑公子比。」傳：「言將自是爲君也。」注：「故使與弑君而立者同文。」明棄疾亦弑君。而下十一年書「楚公子棄疾帥師圍蔡」，與常稱同，無貶文，故据以難。按：棄疾弑公子比，其罪已明，無庸豫書。招殺偃師，特將有弑君重罪未見，故不得於彼貶，而復豫貶於此也。

著招之有罪也。何著乎招之有罪？【注】据棄疾不著。

言楚之託乎討招以滅陳也。【注】起楚託討招以滅陳意也。所以起之者，八年先言滅，後言執，託討招不明，故豫貶於此，明楚先以正罪討招，乃滅陳也。【疏】陳杞世家云：「楚靈王聞陳亂，乃殺陳使者，使公子弃疾發兵伐陳。陳君留奔鄭。九月，楚圍陳。十一月，滅陳。」下八年左傳：「公子招、公子過殺悼太子偃師，而立公子留。哀公縊。干徵師赴于楚，且告有立君。公子勝愬之于楚。」注：「以招、過殺偃師告愬也。」又曰：「陳公子招歸罪於公子過而殺之。楚公子弃疾帥師奉孫吴圍陳。」「冬十一月，滅陳。」明楚因勝愬討招，因之滅陳也。○注「起楚」至「意也」。○通義云：「陳以招之故，君死國滅，卒乃歸惡孔瑗、公子過，而招幸免于戮。其殺世子之罪已見，亡陳之爲罪首尚未見，故春秋甚惡招，重於此貶，著之也。」○注「所以」至「陳也」。○下八年「楚師滅陳，執公子招，放之于越」，是先言滅，後言執。託討招意不明，故於此起之。彼文所以先言滅者，彼注云：「託意不先書者，本懷滅心。」楚本有利陳之心，與莊王之討徵舒迹同心異，故如其意先書滅也，而又託辭於討招，故見招之罪於此也。舊疏云：「若其託討，宜先執後滅。」又云：「宣十一年『楚人殺陳夏徵舒』，『丁亥，楚子入陳』，先書討賊，乃言入陳者，莊王討賊之後，始有利陳國之意，故後書入也。」

○三月，取運。【疏】校勘記云：「唐石經、諸本同。或作二月，誤。」大事表云：「此爲東鄆，莒、魯所争者。在今沂州府沂水縣北有古鄆城。文十二年『季孫行父城諸及鄆』，此時鄆蓋屬魯，後入莒爲莒邑。成九年『楚子重圍莒，遂入鄆』，即此鄆也。至此年『季孫宿伐莒，取鄆』，自是鄆常爲魯有。晉趙文子請於楚，曰『莒、魯争鄆，爲日久矣』，蓋謂此也。」二傳「運」作「鄆」。

運者何？內之邑也。【疏】齊氏召南考證云：「鄆邑有二：一在西界，『昭公居鄆』是也。一在東界，與莒相接，先儒謂是莒之附庸。魯時時與莒争，襄十二年『季孫宿救臺，遂入鄆』，與此『取鄆』是也。公羊於後文『叔弓帥師疆運田』亦曰與莒爲竟。」据此則運本魯邑，時服時叛。服則屬魯，叛則屬莒，故二國争也。

其言取之何？【注】据自魯之有。

不聽也。【注】不聽者，叛也。不言叛者，爲内諱，故書取以起之。不先以文德來之，而便以兵取之，當與外取邑同罪，故書取。月者，爲内喜得之。【疏】注「不聽者，叛也」。○廣雅釋詁：「聽，從也。」國語周語：「民是以聽。」注：「聽，從也。」國策西周策：「寡人請以國聽。」注：「聽，從也。」周書周祝：「被之以刑，民始聽。」注：「聽，順也。」不聽爲不從不順，故爲叛也。○注「不言」至「起之」。○成三年：「叔孫僑如率師圍棘。」傳：「棘者何？汶陽之不服邑也。其言圍之何？不聽也。」注：「不聽者，叛也。不言叛者，爲内諱，故書圍以起之。不先以文德來之，而便以兵圍之，當與圍外邑同罪，故言圍也。」此與彼同也。彼注又云：「得曰取，不得曰圍。」○注「月者」至「得之」。○舊疏云：「正以僖三十一年『春，取濟西田』不書月，故知此月者，以其是内之叛邑，喜討得之故也。彼注云：『以不月，與取運異，知非内叛邑。』故言取是也。」

○夏，秦伯之弟鍼出奔晉。

秦無大夫，【疏】文十二年：「秦伯使遂來聘。」傳：「秦無大夫，此何以書？賢繆公也。」是彼以賢繆公，故書其大夫，明秦無大夫也。

此何以書？仕諸晉也。【注】爲仕之於晉書。

曷爲仕諸晉？【注】据國地足以禄之。【疏】公子無去國之義，故以仕諸晉爲難。○注「据國」至「禄之」。○禮記禮運云：「諸侯有國，以處其子孫。」又云：「是謂制度。」注：「言今不然也，春秋昭元年，『秦伯之弟鍼出奔晉』，刺其有千乘之國，不能容其母弟。」疏：「諸侯子孫封爲卿大夫，若其有大功德，其子孫亦有采地。故左傳云：『官有世功，則有官族，邑亦如之。』是處其子孫。」彼上云：「天子有田以處其子孫。」王制：「天子之田方千里，公侯田方百里，伯七十里，子男五十里。」明有地足以禄之也。

有千乘之國，【注】十井爲一乘，公侯封方百里，凡千乘；伯四百九十乘，子男二百五十乘。時秦侵伐自廣大，故曰千乘。【疏】注「十井」至「千乘」。○禮記疏引異義云：「天子萬乘，諸侯千乘，大夫百乘。」坊記云：「制國不過千乘，家富不過百乘。」注：「古者方十里，其中六十四井出兵車一乘，此兵賦之法也。成國之賦千乘。」彼疏引：「司馬法云：『成方十里，出革車一乘。』司馬法又云：『甸方八里，出長轂一乘。』鄭注小司徒云：『若通溝洫之地，則爲十里。除溝洫，不過八里。』」然以小司徒計之，四井爲邑，四邑爲丘，四丘爲甸，甸六十四井，出長轂一乘，與何義殊。論語學而：「道千乘之國。」注引：「包曰：千乘之國，百里之國也。古者井田，方里爲井，十井爲乘。百里之國，適千乘也。」每十井爲一乘，是方一里者十爲一乘，則方一里者百爲十乘。開方之法，方百里者一，爲方十里者百，每方十里者一，爲方一里者百，則其賦十乘。方十里者百，則其賦千乘。地與乘數適相當也。包氏説論語爲魯論今文説，故與何氏同。伯四百九〔一〕十乘，子男二百五十乘，依王制伯七十里、子男五十里計之也。車一乘士十人，故孟子盡心云：「革車三百兩，虎賁三千人。」詩魯頌閟宮：「公車千乘，公徒三萬。」謂士十人徒二十人也。劉氏逢禄春秋議禮云：「提封萬井，車賦千乘，其大數也。三分去一，定受田六萬夫，則六千井也。十井八十家，賦長轂一乘，則實賦六百乘。以魯頌、司馬法言之，每乘三十人，則徒萬八千人，不足二軍。故穀梁傳曰：『古者諸侯一軍。』何休云：『諸侯一師。』」義或然也。○注「時秦」至「千乘」。○舊疏云：「正以此稱伯故也。」

而不能容其母弟，故君子謂之出奔也。【注】弟賢當任用之，不肖當安處之。乃仕之他國，與

〔一〕「九」，原訛作「七」，據【注】文校改。

逐之無異，故云爾。【疏】繁露觀德云：「外出〔一〕者衆，以母弟出，獨大惡之，爲其亡母背骨肉也。」漢書杜鄴傳：「昔秦伯有千乘之國，而不能容其母弟，春秋亦書而譏焉。」論語泰伯云：「君子篤於親，則民興於仁。」戴氏望注云：「春秋書秦伯之弟鍼出奔晉，譏其有千乘之國，不能容其母弟。」穀梁傳：「諸侯之尊，弟兄不得以屬通。其弟云者，親之也。親而奔之，惡也。」通義云：「鍼有寵於桓公，景公忌之，使出仕于晉。方責秦伯不能容其母弟，欲加奔文，故特以名見。此與莒慶爲譏逆女特書同例。」○注「弟賢」至「云爾」。○正以古卿大夫，賢者世官，不賢者世禄，王侯子弟亦有大功德者則世其族，否則賜之邑，食其終身，禮運所謂「有田以處其子孫」是也。劉氏逢禄公羊議禮云：「經所謂譏世卿者，謂公卿大夫及寰内諸侯之適子，當先試之以士，賢然後漸進之。曷嘗曰爲公卿之子孫，雖有賢者，亦當遏絶之，以開草野之路乎？且功臣賢士之子孫，繼世不能象賢，而有采以代耕，使得收其宗族，保其祭祀，五世勿斬，厚風俗、存紀綱之要道，孰過於此？今秦伯不然，故書出奔以貶之，爲與出奔無異也。」

○六月，丁巳，邾婁子華卒。【疏】包氏慎言云：「六月有丁巳，据曆七月之十一日，五月之十日。」六月無丁巳也。

〔一〕「外出」二字原誤倒，據春秋繁露乙正。

○晉荀吴帥師敗狄于大原。【疏】左氏經作「大鹵」。杜云：「大鹵，大原晉陽縣。」彼傳亦作「大原」，云：「晉中行穆子敗無終及羣狄于大原。」注：「即大鹵也。」初學記引春秋地名：「晉大鹵、大原、大夏、大墟、晉陽、大康，六名，其實一也。」左傳云「羣狄」，大事記云：「即所云衆狄也，蓋白狄。宣十一年，『郤缺求成于衆狄』，以攜赤狄之黨，遂滅潞氏。是後役於晉，從晉伐秦，中間爲秦所誘，而有交剛之敗，其禍遂息。閲四十二年，復帥無終以伐晉。無終，今直隸薊州，在大原東北二千餘里，且曾與晉和羣狄，敢爲搆煽〔一〕，爲患邊鄙，宜其啓晉雄心，而有肥、鼓之滅也。」水經注汾水篇：「東南流過晉陽縣東，晉水從縣南，東〔二〕流注之。太原郡治晉陽城，秦莊襄王三年立，尚書所謂既修太原者也。春秋説題辭曰：『高平曰太原。原，端也，平而有度。』廣雅曰：『大鹵，大原也。』釋名曰：『地不生物曰鹵。』穀梁傳曰：『中國曰大原，夷狄曰大鹵。』尚書大傳曰：『東原底平，大而高平者謂之大原。』郡取稱焉。」按：漢書地理志：「太原郡治晉陽，爲今太原交城縣地。」

此大鹵也，曷爲謂之大原？【注】据讀言大原也。【疏】舊疏云：「古史文及夷狄之人皆謂之大原，故難之。」○注「据讀言大原也」。○舊疏云：「時公羊子亦讀言大原也。」通義云：「古文春秋經作大

〔一〕「搆煽」，原誤倒作「煽搆」，叢書本同，據春秋大事表校乙。

〔二〕「南東」，原誤倒作「東南」，叢書本同，據水經注校乙。其原注曰：「案，近刻南字訛在東下。」

鹵，公羊師以今説讀之謂大原，故弟子難之。」按：説文：「鹵，鹹地。東方謂之斥〔一〕，西方謂之鹵。」史記河渠書：「溉澤鹵之地。」索隱：「澤，一作舄，本或作斥。」吕氏春秋樂成篇：「終古斥鹵。」漢書溝洫志：「千古舄鹵。」蓋其地鹹鹵，故名大鹵也。段注説文云：「太史公曰：山東食海鹽，山西食鹽鹵。」然對文則分析，散文則不拘。

地物從中國，【注】以中國形名言之，所以曉中國，教殊俗也。【疏】舊疏云：「言所以今經與師讀皆言大原者，正以地與諸物之名，皆須從諸夏名之故也。」○注「以中」至「俗也」。○舊疏云：「謂諸夏之稱，皆從地之形勢爲名。此地形勢高大而廣平，故謂之大原。」「本史及夷狄皆謂之大鹵，而今經與師讀必謂之大原者，正以曉中國之大〔二〕，教有殊俗之義故也。」春秋異文箋云：「左氏經作大鹵，從古史文。左氏傳及公、穀經傳俱作大原，從中國稱。義既不同，故字異。」

邑人名從主人。【注】邑人名，自夷狄所名也。不若地物有形名可得正，故從夷狄辭言之。【疏】穀梁傳：「號從中國，名從主人。」舊疏云：「此主人謂夷狄也。言大原人道云之時，從其夷狄，皆謂之大鹵，故注云『邑人名，自夷狄所名也』。」按：襄五年，「會于善稻」，穀梁傳：「吴謂善伊謂稻緩。」下五年，「敗莒師于濆泉」，穀梁傳：「狄人謂賁泉失台。」又「越」名「於越」，「吴」名「句吴」，「莒密州」爲「買朱鉏」，「吴子乘」

〔一〕「斥」，説文各本均作「㡿」，同。正字通广部：「㡿，斥本字。」

〔二〕「大」，公羊注疏作「人」。

爲「壽夢」，皆邑人名爲夷狄所自名故也。○注「不若」至「言之」。○通義云：「此言大鹵者，從狄邑名之；大原者，從其地形廣平名之也。」然何義以邑與地別，蓋夷狄自名，不必拘形勢言也。

原者何？上平曰原，下平曰隰。【注】分別之者，地勢各有所生。原宜粟，隰宜麥，當教民所宜，因以制貢賦。【疏】書舜典〔一〕云：「疇若予上下草木鳥獸。」史記注引馬注云：「上謂原，下謂隰。」爾雅釋地云：「廣平曰原。」御覽引舍人云：「廣平，謂土廣而平。」左傳疏引李巡云：「廣平，謂土地寬博而平正也。」大雅公劉箋云：「廣平曰原。」周禮大司徒注又作「高平曰原」，離騷注亦作「高平曰原」，疑爾雅本有作「高平曰原」者。說文作「邍」，云：「高平之野，人所登。」水經注汾水篇引春秋說題辭曰：「高平曰大原。」又引書大傳曰：「大而高平者謂之大原。」是也。此作上平，與諸家高平義合。釋地又云：「下者曰隰。」郭注引此傳「下平曰隰」。詩疏引李巡云：「下者，謂下濕之地。隰，濕也。」說文𨸏部：「隰，阪下濕也。」按：釋地又云：「下濕曰隰。」詩疏引李巡云：「下濕，謂土地窊下，常沮洳，名爲隰也。」一切經音義引爾雅舊注云：「隰，墊濕也。」〔二〕專指沮洳漸濕者言。此則凡下而平者皆曰隰，故爾雅「下者曰濕」句連「陂者曰阪」，言陂陀不平曰坂，其下而平者則曰濕也，故郭引此句證彼。郝氏懿行義疏云：「濕當爲隰字

〔一〕「舜典」，原誤記爲「堯典」，所引文字實出於舜典，據改。

〔二〕「隰，墊濕也」，原訛倒爲「隰，濕墊也」，叢書本同。唐慧琳一切經音義爲：「爾雅：『下溼曰隰，言其墊溼也。』或作溼，俗字也。墊音居也。」據改。

之誤。」是也。故許書亦增一阪字，其義明矣。御覽引説題辭云：「下濕曰隰。隰者濕也，下而澤也。」釋名釋地云：「廣平曰原。原，元也，如元氣廣大也。」「下濕曰隰。隰，蟄也，蟄濕意也。」與爾雅同。○注「分别」至「貢賦」。○禮記月令孟春之月：「善相丘陵、阪險、原隰，土地所宜，五穀所殖。」孝經庶人章：「分地之利。」疏引鄭注云：「分别五土，視其高下。」初學記引鄭注又云：「若高田宜黍稷〔一〕，下田宜稻麥，邱陵、阪險宜種棗栗。」説苑復恩篇：「下田洿邪，得穀百車，蟹堁者宜禾。」又尊賢篇：「蟹堁者宜禾，洿邪者百車。」又辨物篇：「山川汙澤，陵陸丘阜，五土之宜，聖王〔二〕就其勢，因其便，不失其性。高者黍，中者稷，下者秔，蒲葦菅蒯之用不乏，麻麥黍粱亦不盡，山林禽獸、川澤魚鱉滋殖，王者京師四通而致之。」與此皆大同小異。粟即粱，俗所謂小米是也，宜高地，故云。書禹貢云：「咸則三壤，成賦中邦。」故云「因以制貢賦」也。

○秋，莒去疾自齊入于莒。莒展出奔吴。【注】主書去疾者，重篡也。莒無大夫，書展者，起與去疾争篡，當國出奔。言自齊者，當坐有力也。皆不氏者，當國也。不從莒無大夫去氏者，莒殺意恢稱公子，篡重，不嫌本不當氏。【疏】左氏作「展輿」。彼釋文本無「輿」字，與公羊同，云：「一本作莒展輿。」

〔一〕「高田宜黍稷」下原衍「下田宜黍稷」五字，叢書本同，據初學記校删。
〔二〕「王」，原訛作「人」，據説苑校改。

而展之罪重矣。篡辭；入者，當國辭；「莒去疾者，通義云：○「篡也」。至「主書」○注字。「輿」穀梁亦無故坐，明去疾之立不正，「莒犂比公既立展輿，又廢之。」左傳云：按：去疾不免爲篡者，著去疾之不正也。」踰猶陳佗之例也。「謂之莒展者，通義云：莊二十七年傳文。○莒無大夫，至「争篡」。「莒無」○注篡。從莒無大夫常文。故於其弑也，則展罪已顯，既絶之，爲弑其君絶之也。年之君而不與成君之稱，趙其之徒自不守踰年稱公之法，誤以曹羈、莒展與鄭忽比類，反疑經無惡展之文，而斥左氏記莒事爲失實，惟何妄至此。」按：何義以經書莒展與莒慶、曹羈同文，嫌是大夫，故云起與去疾争篡，明莒展，莒君也。○注「當國」至「力也」。○舊疏云：「襄三十一年，『莒人弑其氏但坐展篡，不舉弑君重，蓋不信左傳也。君密州』。今言去疾之入。入者，出入惡之文。而又不氏，故知出時爲當國也。既是當國，正合書入。而言自齊者，刺齊有力也。其出奔不書者，春秋之義，微者不兩書。」按：襄三十一年左傳：「去疾奔齊，齊出也。」本年左傳云：「公子召去疾于齊。秋，齊公子鉏納去疾。」明齊有力也，故當坐。○注「皆不」至「國也」。○隱元年「鄭伯克段于鄢」之下傳云：「何以不稱弟？當國也。」注：「欲當國爲之君，故如其意，使如國君氏。」莊九年「齊小白」、八年「齊無知」、隱四年「衛州吁」皆然。此去疾、展俱不書公子，知亦當國文矣。○注「不從」至「當氏」。○下十四年，「冬，莒殺其公子意恢」，莒無大夫，彼書公子者，彼注云：「未踰年而殺其君之子，不孝尤甚，故重而録之。稱氏者，明君之子。」然則，彼意恢事重，故變無大夫之例稱氏，此邪庶並篡亦重，故去氏以起其當國，不嫌本不當氏，明其未貶之時，亦合稱氏也。蓋小國無大夫，名氏例不見。假有見者，名氏亦不具，如莒慶、曹羈之屬。今莒展、莒去疾亦然，故辨之。明彼稱公子别有所起，此去氏非從小國大夫常例，實爲當國去氏，使其惡逆見也。如莒慶文同義異也。通義云：「有罪不月者，不成之爲君，故亦不得用諸侯奔例矣。」左傳「展輿，吳出也」，故奔吳。徐邈云：「不爲内外所與也，不成君，故但書名。」見穀梁疏。

○**叔弓帥師疆運田。**

疆運田者何？與莒爲竟也。【注】疆，竟也。與莒是正竟界，若言城中丘。【疏】注「疆竟」至「竟界」。○穀梁傳：「疆之爲言猶竟也。」注：「爲之境界。」周禮大宗伯：「大封之禮，合衆也。」注：「正封疆溝塗之固，所以合聚其民。」又大卜注：「卜大封，謂竟界侵削，卜以兵征之，若叔弓帥師疆運田。」是正竟界用師也。○注「若言城中丘」。○隱七年：「夏，城中丘。」傳：「何以書？以重書也。」注：「以功重故書也。當稍稍補完之，至令大崩弛壞敗，然後發衆城之，猥苦百姓，空虚國家，故言城，明其功重，與始作城無異。」然則，此亦以重書，蓋責魯不早正疆界，至今兩國搆釁後，始爲此興師動衆，勞民不恤，與始取無異也。

與莒爲竟，則曷爲帥師而往？【注】据非侵伐。

畏莒也。【注】畏莒有賊臣亂子，而興師與之正竟，刺魯微弱失操，煩擾百姓。【疏】注「畏莒」至「百姓」。○舊疏云：「襄三十一年，『莒人弑其君密州』，是爲賊臣；二子爭篡，是爲亂子。魯人見其賊亂，恐其轉侵，是以興兵與之正竟。賊亂之人，自救無暇，焉能轉侵？故云微弱失操，煩擾百姓也。」解詁箋云：「西運，魯、齊同壤；東運，莒、魯同壤。上年莒殺密州，魯不討亂而取運，故諱不言伐莒，而加月以起之。是時去疾與展爭篡，魯又不討，而疆運，故變文加帥師以起之。傳『畏莒也』，諱辭，與莊九年『浚洙』傳『畏齊也』同例。此不言曷爲畏莒也，辭不討賊也，乃省文。魯兵不以義動，而以利起，故諱使若非從莒取也。傳云内邑，順經諱文，解詁俱失之。」按：劉説非是。魯君失政，彊臣執柄，傳云「畏莒」，微弱已甚，安能責其討莒？春秋無義戰，無非利動，何獨責之於此？詳繹傳意，但責其微弱爾。若以周禮證之〔一〕，則帥師以疆運田，正「臨事而懼」，無爲譏也。

○**葬邾婁悼公。**【疏】通義云：「所見之世，邾婁始書葬。」

○**冬，十有一月，己酉，楚子卷卒。**【疏】包氏慎言云：「十一月書己酉，月之十五日。」校勘記云：「唐石經、諸本同。釋文『子卷』，左氏作『麇』。解云：左氏作『麇』字，二傳本亦有作『麇』者。卷、麇一聲之轉，故文異。」按：左氏哀二年傳：「羅無勇，麇之。」釋文：「麇，丘隕反。」卷，古亦音衮，王制「一命卷」是

〔一〕「以周禮證之」句之「臨事而懼」，出自論語述而：「必也臨事而懼，好謀而成者也。」又見于尚書泰誓中正義：「以兵伐人，當臨事而懼，汝將士等，無敢有無畏輕敵之心。」既不是周禮，也不出自周禮。

也。衮與隕音正同，故錢氏大昕答問云：「卷、麇聲相近也。」通義云：「左傳曰：『楚公子圍將聘於鄭。未出竟，聞王有疾而還。』『入問王疾，縊而殺之。』『葬王于郟，謂之郟敖。』韓非子亦稱春秋記曰：『王子圍因入問病，以其冠纓絞王而殺之，遂自立也。』然則卷之卒，非實卒矣。春秋不言弑者，爲内諱也。前此伯國惟齊懿公弑君自立，文公未之朝也。今楚夷狄之國，公子圍親弑君之賊，而昭公屈節往朝，内恥之大者，故略其實，没其文。所以扶中國，存天理。微乎旨乎？」

○**楚公子比出奔晉。**【注】辟内難也。【疏】注「辟内難也」。○舊疏云：「正以更無他事，於君薨之際出奔，故知止應辟内難。」按：左傳：「辟公子圍之難也。」左氏經文有脱「楚」字者。

○**二年，春，晉侯使韓起來聘。**

○**夏，叔弓如晉。**

○**秋，鄭殺其大夫公孫黑。**

○冬，公如晉，至河乃復。

其言至河乃復何？【注】据公如晉，次于乾侯，而還言至自乾侯，不言至乾侯乃復。【疏】注「据公」至「乃復」。○即下二十八年「春，公如晉，次于乾侯」、二十九年「春，公至自乾侯」是也。

不敢進也。【注】乃，難辭也。時聞晉欲執之，不敢往。君子榮見與，恥見距，故諱使若至河，河水有難而反。【疏】注「乃，難辭也」。○宣八年傳文。○注「時聞」至「敢往」。○通義云：「昭公之篇屢言『至河乃復』，蓋皆季氏爲之，使公不得志於晉。穀梁傳曰：『公如晉而不得入，季孫宿如晉而得入，惡季孫宿也。』此最得其實。左氏壹以爲晉人辭公者，魯史順季氏之飾辭耳。是行經書於冬，而左傳在秋，安知非即史官欲飾成公復爲晉辭弔喪，故移公行期，以就少姜卒之月日耶？」范云：「公凡四如晉，季氏訴公於晉侯，使不見公。公懼不利於己，故公託至河有疾而反，以殺恥也。十二年傳曰『季氏不使遂乎晉』，與此傳互文以見義。」與何氏合。惟公羊無託疾之義。○注「君子」至「而反」。○舊疏云：「若如川之滿，不可游也然。」按：文七年傳：「諸侯不可使與公盟。」注：「爲諸侯所薄賤，不見序，故深諱爲不可知之辭。」襄三年[一]：「公至自晉。」注：「不別盟得意者，成公比失意如晉，公獨得容盟，得意亦可知。」是則榮見與、恥見距之義也，故爲諱，決成十六年「不見公」，不恥之，爲公幼也故也。

〔一〕「三年」，原訛作「二年」，叢書本同，據春秋經文校改。

○季孫宿如晉。【疏】穀梁傳：「惡季孫宿。」是也。

○三年，春，王正月，丁未，滕子泉卒。【疏】包氏慎言云：「正〔一〕月書丁未，月之十日。」校勘記云：「諸本同。唐石經初刻作『原』，後磨改爲『泉』。解云：左氏、穀梁作『原』字。」按：古原、泉義同音通。説文：「灥，水泉本也。从灥出厂下。篆文从泉。」公羊作「泉」，係去厂字也。

○夏，叔弓如滕。

○五月，葬滕成公。【注】月者，襄公上葬，諸侯莫肯加禮，獨滕子來會葬，故恩録之。明公當自行，不當遣大夫，失禮尤重，以責内。【疏】「月者」至「録之」。○穀梁疏引作「月者，上葬襄公」，是也。卒月葬時，小國常例，此書月，故解之。葬襄公，獨滕子來會葬者，即襄三十一年「夏，公薨于楚宫」，「冬，十月，滕子來會葬。癸酉，葬我君襄公」。不見別國諸侯會葬文也，當恩録之故也。○注「明公」至「責内」。○舊疏云：「公羊之義，鄰國諸侯及鄰國夫人喪，皆公自會葬，故異義公羊説云：『襄公三十年，叔弓如宋葬共

〔一〕「正」，原訛作「四」，叢書本同，據經文校改。

姬，譏公不自行。』是也。然則，凡乎諸侯之葬，公猶自行，況其加禮於己者乎？故言失禮尤重，以責内也。」通義云：「諸侯之喪，士弔大夫送葬，正也。時唯畏齊、晉大國，間有使卿行者屬。襄公之喪，滕君親來，雖爲失禮，然無施不報，今亦加禮，特使卿會其葬，善得輕重之宜。月者，順内恩録之也。」按：異義所載，蓋公羊先師説，何氏無此義。故叔弓如宋葬共姬，何注無譏公不自行語。此爲滕子來會葬，視較諸國爲厚，昭公亦宜報稱，故云：「公當自行，以責内也。」

○秋，小邾婁子來朝。

○八月，大雩。【注】先是公季孫宿比如晉。【疏】注「先是」至「如晉」。○即上二年，「公如晉。季孫宿如晉」是也。五行志中之上：「昭公三年八月，大雩。劉歆以爲，昭公即位，年十九矣，猶有童心，居喪不哀，炕陽失衆。」蓋左氏家説。

○冬，大雨雹。【注】爲季氏。【疏】注「爲季氏」。○五行志中之下：「昭公三年，大雨雹。是時季氏專權，脅君之象見。昭公不寤，後季氏卒逐昭公。」開元占經引感精符云：「大臣擅法，則雨雹。」古微書考異郵云：「强臣擅命，后妃專恣，刑殺無辜，則天雨雹。」漢書蕭望之傳：「望之對：以爲春秋昭公三年大雨雹，是時季氏專權，卒逐昭公。鄉使魯君察於天變，宜亡此害。」

○北燕伯款出奔齊。

【注】名者，所見世著治大平，責小國詳録，出奔當誅。【疏】燕世家：「惠公多寵姬。公欲去諸大夫而立寵姬宋，大夫共誅姬宋，惠公懼，奔齊。」左傳以款爲簡公，史記以簡公後惠公四代，二文不合。○注「名者」至「國詳」。○舊疏云：「春秋之義，有三世異辭，入所見世，小國出奔而書名，故知義然也。即莊十年『譚子奔莒』、僖五年『弦子奔黄』、十年『温子奔衛』、成十二年『周公出奔晉』之屬皆不名，至於此文『北燕伯款』、下三十年『徐子章禹出奔楚』之屬，皆書其名是也。」然者所見世，著治大平，崇仁義，天下遠近小大若一，用心尤深而詳，故并責及小國也。○注「録出奔當誅」。○舊疏云：「大平之世，民皆有禮，況於諸侯，不死社稷而棄國出奔，當合誅滅矣。」包氏慎言云：「桓十五年，鄭伯突出奔蔡。傳曰：『突何以名？奪正也。』注：『明祭仲得出之，故不以失衆録也。』然則，諸侯出奔者，皆以失衆論絶。桓十六年『衛侯朔出奔齊』，傳曰：『衛侯朔何以名？絶。曷爲絶之？得罪于天子也。其得罪于天子柰何？見使守衛朔，而不能使衛小衆，越在岱陰齊，屬負茲舍，不即罪爾。』朔者王政也，奉王政而不能使衆，罪宜絶。朔事在所傳聞之世，外諸夏而以大惡録，罪止於絶。北燕伯款屬所見世，外無彊鄰之逼，無故出奔，不能乎臣民者也。以太平之世，責小國詳，故論誅，以爲好惡拂人之性者戒。呂刑曰：『刑罰世輕世重，上刑適輕下服，下刑適重上服。』此之謂也。」

○四年，春，王正月，大雨雹。【注】爲季氏。【疏】校勘記云：「唐石經、諸本同。釋文：『大雨雪，左氏作大雨雹。』解云：正本皆作『雹』字，左氏經亦作『雹』。故賈氏云：『穀梁作大雨雪，今此若有作雪字者，誤也。』經義雜記曰：『范注穀梁云：雪或爲雹。則穀梁亦有作雹者。或據左氏、公羊言之。』若今公羊作雪，釋文同，則誤也。」按：舊疏也蓋亦作雹，與陸本異。周正月，夏十一月，大雨雪無足異，當以作雹爲正。差繆略云：「穀梁或作雪。」則陸氏所見公羊本作「雹」。○注「爲季氏」。○五行志中之下云：「昭公四年正月，大雨雪。劉向以爲，昭取於吴而爲同姓，謂之吴孟子。君行於上，臣非於下。又三家已强，皆賤公行，慢侮之心生。董仲舒以爲，季孫宿任政，陰氣盛也。」與何同。左傳：「申豐以聖人在上，無雹，雖有不爲災。古者，日在北陸而藏冰，西陸朝覿而出之。」「今藏川池之冰，棄而不用。風不越而殺，雷不發而震。雹之爲災，誰能禦之？」疏引：「膏肓云：『春秋書雹，以爲政之所致，非由冰也。若今朝廷藏冰，亦不於深山窮谷，何故或無雹？天下郡縣皆不藏冰，何故或不雹？若言有之於古者，必有驗於今。此其不合於義，失天下相與之義。』鄭君箴之曰：『雨雹，政失之所致，是固然也。國之失政，君子知其大者，其次知其小者。藏冰之禮，凌人掌之，月令載之，豳詩歌之，此獨非政與？故其小者耳。夫深山窮谷，固陰沍寒，極陰之處，冰凍所聚，不取其冰，則氣畜不泄，結滯而爲伏陰。凡雨冰，陽也；雪雹，陰也。雨冰而伏陰薄之，則凝而爲雹。雨雪而慆陽薄之，則合而爲霰。申豐見時失藏冰之禮而有雹，推之陰陽，知此伏陰所致，亦聖人之寓言也。詳載其言者，以著藏冰之禮，不可廢耳。』」劉氏逢禄評曰：「君子識其大者，經意也。其次識其小者，左氏春秋説也。鄭既知經自爲經，左氏自爲左氏，何辨焉？且以申豐爲寓言，則可以爲聖人，則張禹、孔光於災異迭見，終不以王氏爲言，亦寓言之作俑也，豈聖人之所許！」

○夏，楚子、蔡侯、陳侯、鄭伯、許男、徐子、滕子、頓子、胡子、沈子、小邾婁子、宋世子佐、淮夷會于申。【注】不殊淮夷者，楚子主會行義，故君子不殊其類，所以順楚而病中國。

【疏】書費誓云：「徂茲淮夷。」釋文引鄭注：「淮水之夷名。」書序：「武王崩，三監及淮夷叛。」又云：「成王東伐淮夷。」詩序：「宣王命召公平淮夷。」詩大雅江漢云：「淮夷來求。」魯頌閟宮：「淮夷來同。」僖十三年左傳：「淮夷病杞。」凡淮南北近海之地，皆爲淮夷，書禹貢「淮夷貢蠙珠」者是也。在徐域者爲淮北之夷，魯頌、書序、左傳「病杞」之夷是也。在揚域者爲淮南之夷，大雅及此楚子所會是也。申者，杜云：「申國，今南陽宛縣。」大事表云：「在今河南南陽府南陽縣北三十里。終春秋之世，申最爲楚重地，每有攻伐，必發其兵。後光武亦從南陽起。」○注「不殊」至「中國」。○決成十五年「叔孫僑如會晉士燮以下會吴于鍾離」、襄十年「公會晉侯以下會吴于柤」殊吴也。監本「子」作「于」，誤。舊疏云：「內諸夏外夷狄者，春秋之常典。而不殊淮夷者，正以此會楚子爲主會行義。其行義者，即下文『爲齊誅』是也。」通義亦云：「徐稱子，又不外淮夷者，皆以非中國主會無所殊也。」舊疏又云：「君子謂孔子。孔子之意所以然者，正欲順楚之事，而病諸夏之衰微，何者？言楚夷狄，尚能行義以相榮顯，況於諸夏，反不能然，故得病之。若然，春秋之式，傳聞之世，內其國，外諸夏；所聞之世，內諸夏，外夷狄；所見之世，治致太平，録夷狄，則不殊淮夷，固其宜也。而此注云『楚子主會行義，君子不殊其類』者，正以等是太平，亦有麤細。昭當其父，非已時事；定、哀之世，乃醇粹也。是以定六年注：『春秋定、哀之間，文致太平也。』然則，淮夷始見此經，更無進稱，未當定、哀之間，仍合外限，但由楚子主會，故得不殊，是以何氏更爲立義矣。」按：舊疏義甚精密。

○楚人執徐子。【疏】校勘記云：「唐石經、鄂本同。閩、監、毛本誤『楚子』。」按：二家經皆作「楚人」。此釋文及疏並不言左、穀之異，知公羊本亦作「楚人」也。

○秋，七月，楚子、蔡侯、陳侯、許男、頓子、胡子、沈子、淮夷伐吴，執齊慶封，殺之。

此伐吴也，其言執齊慶封何？爲齊誅也。【注】故繫之齊。【疏】注「故繫之齊」。○杜云：「楚子欲行霸，爲齊討慶封，故稱齊。」

其爲齊誅奈何？慶封走之吴，【注】以襄公二十八年奔魯，自是走之吴。不書者，以絶于齊，在魯不復爲大夫，賤，故不復録之。【疏】注「以襄」至「之吴」。○即襄二十八年書「齊慶封來奔」是也。彼左傳云：「既而齊人來讓，奔吴。」○注「不書」至「録之」。○正以若言齊慶封，則已絶于齊；書魯慶封，則非内大夫，故略之不録也。

吴封之于防。【注】不書入防者，使防繫吴，嫌犯吴也。去吴，嫌齊邑也。【疏】齊世家：「奔吴。吴與之朱方，聚其族而居之。」吴世家：「齊相慶封有罪，自齊來奔吴。吴予慶封朱方之縣。」左傳：「吴句餘予之朱方，聚其族焉而居之，富於其舊。」朱方蓋即防也，即今江南之丹徒。穀梁傳云：「慶封封乎吴鍾離。」○注「不書」至「邑也」。○舊疏云：「經言『伐吴』，犯吴已著。注云『嫌犯吴』者，以慶封前已封防，爲小國，但諸侯不得專封，是以春秋奪言伐吴，實非伐吴，今此經若言『入防』，則更成上『伐吴』之文爲實，伐吴是爲犯吴。若言『入防』執齊慶封殺之，則恐防是齊邑，是以進退不得作文矣。」蓋防無所繫人，不得比濫以邑通，故不書也。

然則曷爲不言伐防？【注】据防已爲國。

不與諸侯專封也。【注】故奪言伐吴。【疏】穀梁傳：「其不言伐鍾離，何也？不與吴封也。」即不與諸侯專封之義。○注「故奪言伐吴」。○通義云：「防既非齊地，不得與『圍宋彭城』同例，故直言伐吴而已。」謂奪伐防文爲伐吴也。

慶封之罪何？脅齊君而亂齊國也。【注】道爲齊誅意也。稱侯而執者，伯討也。月者，善録〔一〕義兵。【疏】齊世家：「景公立，以崔杼爲右相，慶封爲左相。二相恐亂起，乃與國人盟曰：『不與崔、慶者〔二〕死！』晏子仰天曰：『嬰所不獲，唯忠於君、利於社稷者是從！』不肯盟。慶封欲殺晏子，崔杼曰：『忠臣也，舍之。』」又云：「慶封已殺崔杼，益驕，嗜酒好獵，不聽政令，慶舍用政。」是脅齊君亂齊國事也。左傳襄二十五年：「崔杼立而相之，慶封爲左相。盟國人于大宫，曰：『所不與崔、慶者。』晏子仰天歎曰：『嬰所不唯忠於君、利社稷者是與，有如上帝！』乃歃。」又二十八年傳云：「齊慶封好田，而耆酒，與慶舍政。」與史記大同。○注「稱侯」至「討也」。○僖四年傳文。舊疏云：「上下更無稱爵以執大夫之事，唯此一經可以當之，故何氏言焉。」繁露楚莊王云：「『楚莊王殺陳夏徵舒，春秋貶其文，不予專討也。靈王殺齊慶封，而直稱楚子，何也？』曰：『莊王之行賢，而徵舒之罪重，以賢君討重罪，其於人心善，若不貶，孰知其非正經。春秋常於其嫌得者見其不得也。是故齊桓不予專地而封，晉文不予致王而朝，楚莊弗予專殺而討，三者不得，則諸侯之得殆貶矣。此楚靈之所以稱子而討也。』問者曰：『不予諸侯之專封，復見於陳、蔡之滅；不予諸侯之專討，獨不復見於慶封之殺，何也？』曰：『春秋之用辭，已明者去之，未明者著之。今諸侯之不得專討，固已明矣，而慶封之罪，未有所見也，故稱楚子以伯討之，著其罪之宜死，以爲天下大禁。曰人臣之行，貶主之位，亂國之臣，雖不篡殺，其罪皆宜死。比於此，其云爾也。』」穀梁傳：「慶

〔一〕「録」字原脱，叢書本同，據公羊注疏校補。
〔二〕「者」字原脱，叢書本同，據史記校補。

封其以齊氏，何也？爲齊討也。靈王使人以慶封令於軍中，曰：『有若齊慶封弑其君者乎？』慶封曰：『子一息，我亦且一言。曰：有若楚公子圍弑其兄之子而代之爲君者乎？』軍人粲然皆笑。慶封弑其君，而不以弑君之罪罪之者，慶封不爲靈王服也，不與楚討也。春秋之義，用貴治賤，用賢治不肖，不以亂治亂也。孔子曰：『懷惡而討，雖死不服，其斯之謂與？』」然則，楚靈非應殺慶封之人，得以伯討予之者，春秋重義不重事，慶封脅君亂國，本國不能誅，中夏不能討，楚以蠻夷誅以行霸，雖云懷惡，聖人「不逆詐，不億不信」，故猶以義與之也。亦即予祭仲行權之義也。舊疏云：「此經不重出楚子，以爲伯討之義。僖二十一年，『秋，宋公、楚子、陳侯以下會于霍，執宋公以伐宋』，傳云『曷爲不言楚子執之者』，正〔一〕以此經楚子爲會主序于上，下言執齊慶封，可以因上文，不勞重出。」即是稱爵而執，故知爲伯討。霍之經宋公序上，乃次楚子，下言執宋公，不得因上文而不更出楚子。不與夷狄之執中國也，義或然也。○注「月者，善義兵」。○正以侵伐例時故也。下五年疏引作「月者，善録義兵」，此脱，蓋順上稱爵伯討之文，故書月以善義也。

○**遂滅厲。**【注】莊王滅蕭日，此不日者，靈王非賢，責之略。【疏】左氏作「賴」。舊疏云：「有作『賴』字者。」古厲、賴同音，廣韻皆入泰部。論語子張篇：「未信則以爲厲己也。」釋文：「厲，鄭讀爲賴。」史記刺客

〔一〕「正」字原脱，叢書本同，據公羊注疏校補。

傳：「又漆身爲厲。」集解音賴。詩大雅思齊：「烈假不瑕。」釋文：「烈，鄭作『厲』，又音賴，病也。」鹽鐵論毁學篇：「苟非其人，簞食豆羹猶爲賴民也。」即厲民也。莊子逍遥遊：「使物不疵癘。」釋文：「癘音厲，李音賴，惡病也。本或作厲。」左氏桓十三年傳：「楚子使賴人追之。」注：「賴國在義陽隨縣。」又僖十五年經：「齊師、曹師伐厲。」注：「厲，楚與國。義陽隨縣北有厲鄉。」漢書地理志南陽郡：「隨，故國。厲鄉，故厲國也。」師古曰：「厲讀爲賴。」水經注溳水篇：「溳水北出大義山，南至厲鄉西，賜水入焉。亦云賴鄉，故賴國也。」大事表：「今河南光州息縣東北爲賴國地。」按：息縣在隨州，殊遠，恐非一地。○注「莊王」至「之略」。○宣十二年「楚子滅蕭」，書「戊寅」，日是也。注：「日者，屬上有王言，今反滅人，故深責之。」是也。彼爲責備賢者，故日。靈王不足責，故略之，從常例書月，似莊十年「冬，十月，齊師滅譚」之屬是。

○九月，取鄫。

其言取之何？【注】据國言滅。【疏】注「据國言滅」。○正以莒人滅鄫，是取後于莒，非以兵滅，則鄫仍是國，故据以難也。舊疏云：「即滅譚滅遂之屬是也。」

滅之也。滅之則其言取之何？内大惡諱也。【注】因鄫上有滅文，故使若取内邑。【疏】舊疏云：「隱二年『無駭入極』之下傳云：『此滅也，其言入何？内大惡，諱也。』今又重發之者，正以入取文不同故也。」通義云：「内諱滅國辭，難曰入，易曰取。月者，從滅國例，起實滅也。取載不起者，彼承伐文，載是國。明此屬上有莒人滅鄫，嫌實取莒邑矣。」○注「因鄫」至「内邑」。○大事表云：「鄫本小國，在今兖州府嶧縣東八十里。襄六年見滅于莒，至是魯乘莒亂而取之。」彼据左傳爲義。公、穀皆以莒取鄫後仍國，今滅之，故諱言取。穀梁疏引徐邈云：「諱，故爲易言之。」是也。又以上襄六年已有滅文，故可同之内自取邑直言取，如元年取運之屬矣。繁露隨本消息云：「楚國强而得意，一年再會諸侯，伐强吴，爲齊誅亂臣，遂滅厲。魯得其威以滅鄫，其明年如晉，無河上之患。」謂五年「公如晉，不至河復」也。蓋公羊先師有此義，故董引用之，與傳文内大惡諱義尤切。

○冬，十有二月，乙卯，叔孫豹卒。【疏】包氏慎言云：「十二月有乙卯，月之三十日。」

○五年，春，王正月。舍中軍。

舍中軍者何？復古也。【注】善復古也。【疏】注「善復古也」。○穀梁傳云：「舍中軍，貴復正也。」注：「魯，次國，舊二軍，襄立三軍，今毁之，故曰復正。」繁露楚莊王云：「春秋之於世事也，善復古，譏易常，欲其法先王也。」漢書董仲舒傳：「以此見古之不可不用也，故春秋變古則譏之。」後漢書楊終傳：「襄公作三軍，昭公舍之，君子大其復古，以爲不舍則有害於民也。」舊疏云：「正以魯爲州，故正合二軍。今舍僭從禮，故曰復古。是以隱五年注云『方伯二師』是也。」又云：「襄時於司馬之下置中卿，令助司馬爲將軍，添前司徒司空爲三軍，踰王制，故於彼經『作三軍』以譏之。今還依古禮，舍司馬，不復令將軍，故曰舍中軍。」通義云：「初作中軍時，三分公室，三家各有其一。今更毁中軍，四分公室，而季氏有其二。此實弱公室之事，然當時必以復古爲名，春秋就以善復古書之者〔一〕，此内辭也，隱惡而揚善，臣子之道也。」

然則曷爲不言三卿？【注】据上言作三軍，等問不言軍云卿者，上師解言三卿，因以爲難。【疏】注「据上言作三軍」。○襄十一年云「作三軍」，今舍之，宜言舍三軍，而言舍中軍，與上異，故難之。○注「等問」至「爲難」。○襄十一年傳云「三軍者何」，据軍爲問，則此傳亦宜言「曷爲不言三軍」，而言「三卿」者，正以上傳云「三卿」也。師解以三卿答三軍，故此傳即据三卿爲難，明此傳之三卿，猶彼傳之三軍也。

五亦有中，三亦有中。【注】此乃解上作三軍時意。作時益中軍，不可言中軍者，五亦有中，三亦有中，不知何中也。今此据上作三軍，不言中，則益三之中，舍三之中，皆可知也。弟子本据上言作三，難下中不言三也。如師解言本益中，故下言舍中，爲其將復据下中難上不言中，故解上以解下，如此，則下不言三，亦可知也。不言卿者，欲同上下文以相起。傳不足以解之者，以上解下，文當同亦可知。月者，善録之。【疏】正以襄十一年時，益司馬之職將軍，正是益中軍。彼經宜書作中軍，而不然者，以三有中，五亦有中，嫌與五軍淆也，故言作三軍以明之。○注「此乃」至「中也」。○注明傳文解上不言作中軍之意。上謂襄十一年經也，意謂彼經若言作中軍，五、三皆有中，不知何中故也。○注「今此」至「知也」。○校勘

〔一〕「者」字原脱，據公羊通義校補。

記云：「疏中引注『不言中』下有『云三』二字，此脱。」注意上言作三軍，此言舍中軍，正以上不言中而云三，知此所据以舍中軍者，爲益與舍皆三之中同也。○注「弟子」至「三也」。○此明傳据曷爲不言三卿爲難意。下即此傳。○注「如師」至「知也」。○舊疏云：「如詁爲若。」按：師解，即傳義也。傳文所以答五三皆有中者，正以上作三軍本爲益中〔一〕，今將復古舍中，恐人疑此傳言舍中，上何故不言作中爲難。故以五三皆有中，明上不言中之故。上既明言作三軍，則下但言舍中軍，知爲三軍之中矣。○注「不言」至「相起」。○上襄十一年言作三軍。此年經舍中軍，知此所舍，即舍上所作，故爲同文以相起也。○注「傳不」至「可知」。○校勘記云：「諸本同，誤〔二〕也。解云：今此傳文少，故言傳不足解之也。欲以上解下者云云，則此注『足』下衍『以』字，『者』下脱『欲』字，當据以删補。」舊疏云：「傳若足解之，宜云前此作三軍之時不言中者，五亦有中，三亦有中。此舍三軍不言三者，前三非正稱，故舍時不得言三。今此傳文少，是傳不足解之也。以作時文在上，故傳特解之。上文既解訖，下文不言三之意當同上義可知。」按：此不言舍三軍者，嫌三軍盡舍，故須明斥中軍。又以起上之作三軍，爲益中軍也故也。○注「月者，善録之」。○春秋軍制别無所見，上書月爲重録；此書月，宜順傳善復古爲詳録也。通義云：「月者，重録之，作舍同例。然公如晉，亦得蒙正月也。」

〔一〕「中」，原作「不」，於義不可解，叢書本作「中」，是，據改。

〔二〕「誤」，原訛作「故」，據阮元校勘記校改。

○楚殺其大夫屈申。

○公如晉。

○夏，莒牟夷以牟婁及防、兹來奔。【疏】大事表云：「此莒三邑也。牟婁本杞邑，隱三年莒人伐杞取之，地屬莒，在今青州府諸城縣東北，與安丘縣接境。防在今安丘縣西南六十里，有故平昌城，防亭在縣西南。兹在今諸城縣西四十里，有姑幕城，兹亭在其境。」杜云：「城陽平昌縣西南有防亭，姑幕縣東北有兹亭。」一統志：「兹鄉故城在諸城縣西北，漢屬琅邪郡。」

莒牟夷者何？莒大夫也。莒無大夫，此何以書？重地也。【疏】穀梁傳：「莒無大夫，其曰牟夷何也？以其地來也。以地來，則何以書？重地也。」左傳：「牟夷非卿而書，尊地也。」通義云：「其來奔，雖不以地，亦當以近書。而傳云然者，經含兩義，則舉其重者釋之。」

其言及防、兹來奔何？【注】据漆、閭丘不言及，高張言及。【疏】注「据漆」至「言及」。○即襄二十一年「邾婁庶其以漆、閭丘來奔」，又哀六年「齊國夏及高張來奔」是也。舊疏云：「人之尊卑自有差等，可以言及。地邑無尊卑之義，恐其不得言及也。」

不以私邑累公邑也。【注】公邑，君邑也；私邑，臣邑也。累，次也。義不可使臣邑與君邑相次序，故言及，以絶之。【疏】注「公邑」至「邑也」。○通義云：「劉敞曰：私邑者，所受于君，而食之者也。公邑者，非食之者也。」○注「累次」至「絶之」。○桓二年傳：「累也。」注：「累，累從君而死也。」穀梁桓二年注：「累，從也。」從即次義。莊子外物云：「揭竿累。」釋文：「累，謂次足不得並足也。」私邑不敢並公邑，故亦曰累。莊二十九年注：「言及，别君臣之義。君臣之義正，則天下定矣。」

○秋，七月，公至自晉。

○戊辰，叔弓帥師敗莒師于濆泉。【疏】包氏慎言云：「七月書戊辰，月之十六日。」舊疏云：「左氏作『蚡泉』，穀梁作『賁泉』。」

濆泉者何？直泉也。直泉者何？涌泉也。【注】蓋戰而涌爲異也。不傳異者，外異不書。此象公在晉，臣下專受莒叛臣地，以興兵戰鬭，百姓悲怨歎息，氣逆之所致，故因以著戰處，欲明天之與人相報應之義。【疏】爾雅釋水：「濫泉正出。正出，涌出也。」郭注引此傳曰：「直出，直猶正也。」詩疏引李巡云：「水泉從下上出曰涌泉。」説文水部：「涌，滕也。」「滕，水超涌也。」是則濆有憤激之意，故作濆。凡从賁得聲字，多取義於忿，故地之突起者爲墳，起人之忿怒者爲憤，怒物之大首者爲賁首，是也。説文水部：「濫，濡上及下也。」亦謂水由下濡出而自上下也。引詩「觱沸濫泉」，今詩采菽、瞻卬俱作「檻泉」，傳箋並據爾雅爲説，則「濆泉」蓋與「檻泉」同。○注「蓋戰」至「異也」。○舊疏云：「似穀、洛鬬之事也。」通義云：「傳釋其地有涌泉，故以泉名耳。何氏謂當戰而涌，甚謬。」然爾雅專釋羣經，解檻泉不及濆泉，恐非地名。○注「不傳」至「不書」。○舊疏云：「春秋之義，外異不書，即襄十九年不書溺移之屬是。今此濆泉爲異，故不録。若書之，宜云『何以書？爲天下記異』，若僖十四年書『沙鹿崩』之傳矣。」○注「此象」至「所致」。○公在晉，即上春「公如晉」也。受叛臣邑，則上「莒牟夷以牟婁及防、茲來奔」是，在「公至自晉」前也。興兵戰鬬，則此敗「莒師于濆泉」是也。○注「故因」至「之義」。○（原文闕）

○秦伯卒。

何以不名？【注】据諸侯名。【疏】史記注引世本云：「景公名后伯車也。」通義云：「至此始發難者，据所見之世録小國。」

秦者，夷也，【疏】通義云：「秦居西陲，雜犬戎之習，非實夷國也，用夷俗爾。」按：漢書地理志：「天水、隴西及安定、北地、上郡、西河，皆迫近戎狄，修習戰備，高上氣力。」又趙充國傳：「贊曰：山西、天水、隴西、安定、北地處埶迫近羌胡，民俗修習〔一〕戰備，高上勇力。」「其風聲氣俗自古而然。」按：此於春秋皆秦地，

〔一〕「民俗修習」，原訛脱作「習修」，據漢書校補。

明時皆用夷俗也。

匿嫡之名也。【注】嫡子生，不以名令于四竟，擇勇猛者而立之。【疏】注「嫡子」至「立之」。○新書立後義云：「古之聖帝將立世子，則帝自朝服立阼階上。妃抱世子自房出。太史奉書上堂，當兩階間，北面立，曰世子名曰某者三。太史以告太祝，太祝以告太祖、太宗與社稷。太史出，以告太宰，太宰以告州伯，州伯命藏之州府。凡諸貴已下至于百姓男女，無敢與世子同名〔一〕者。」是嫡子生，以名令四竟事也。秦匿嫡名，擇勇猛者立之，無嫡庶之別，正漢志及贊所謂「迫近羌胡，高上氣力」也。隱七年「滕侯卒」，穀梁傳云：「滕侯無名，少曰世子，長曰君，狄道也。其不正者名也。」則此秦伯不名，當亦以爲用狄道，故彼疏引徐邈説云：「秦伯不名，用狄〔二〕道也。」

其名何？【注】据秦伯罃、稻名。【疏】注「据秦」至「稻名」。○即文十八年「秦伯罃卒」、宣四年「秦伯稻卒」是也。舊疏云：「文十八年經作『罃』，今此作〔三〕『嬰』字，誤也。」

嫡得之也。【注】獨嬰、稻以嫡得立之。【疏】注「獨嬰」至「立之」。○舊疏云：「『嬰』字亦誤，宜爲『罃』。」俞氏樾公羊平議云：「此傳之義甚不可曉。秦既匿嫡子之名，何以嫡子得立其名，又得書於春秋

〔一〕「名」字原脱，據新書校補。
〔二〕「狄」，原訛作「嫡」，叢書本同，據穀梁注疏校改。
〔三〕「作」字原脱，叢書本同，據公羊注疏校補。

乎？今按，説文女部：『嫡，孎也。』『孎，謹也。』是嫡本非嫡庶字，凡嫡庶字古作適。隱元年傳『立適以長』，其字作適不作嫡可證。此傳嫡字，疑古本皆作適，兩適字異義。『匿嫡之名也』，此適庶之適，言秦人於適子之名皆隱匿之。其所以隱匿之者，正以欲立爲君之故，不使人指斥之，非如何氏擇勇猛而立之也。適得之也，此適然之適，言秦人於適子之名皆隱匿之，故秦諸君名並不著，唯秦伯罃、秦伯稻兩君獨名者，乃適得之也，猶云偶然得之也。襄八年傳『侵而言獲者，適得之也』，與此傳文正同。」按：俞義亦通。然何氏擇勇猛之語必非臆撰。

○冬，楚子、蔡侯、許男、頓子、沈子、徐人、越人伐吳。【注】吳末服慶封之罪故也。越稱人者，俱助義兵，意進於淮夷，故加人以進之。義兵不月者，進越爲義兵明，故省文。【疏】注「吳末」至「故也」。○何氏以意言之，越進稱人，知義兵明，爲吳未服罪也。○注「越稱」至「進之」。○即上四年，「楚子、蔡侯、陳侯、許男、頓子、胡子、沈子、淮夷伐吳」，淮夷不稱人。注：「月者，善義兵。」彼亦義兵，淮夷無進辭，今越稱人，故解之，明爲進意也。通義云：「越何以稱人？『徐人、越』云則不辭。」按：此蓋亦因其可進而進之爾。○注「義兵」至「省文」。○正以侵伐例時，善之詳録則月，上四年「秋，七月，楚子以下伐吳」書月是也。今已進越爲人，義兵明，故省文不月也。

公羊義疏六十二

南菁書院　句容陳立卓人著

昭六年盡十二年

○**六年，春，王正月，杞伯益姑卒。**【注】不日者，行微弱，故略之。上城杞已貶，復卒略之者，入所見世，責小國詳，始録内行也。諸侯内行小失，不可勝書，故於終略責之，見其義。【疏】注「不日」至「略之」。○正以襄二十三年「春，三月，乙巳，杞伯匄卒」書日，今不日，故解之。○注「上城杞已貶」。○襄二十九年：「仲孫羯會晉荀盈以下城杞。」是城杞已貶也。○注「復卒」至「其義」。○舊疏云：「律云：『一人有數罪，則以重者坐之。』然則，亦不再加，而卒復略之者，正以此是入所見世，責小國詳，始録其内行故也。」按：杞伯内行有失，經傳無文，何氏或别有所據，諸侯内行小失云云，何氏明春秋通例，其罪重者則去葬，以明義也。

○**葬秦景公。**

○夏，季孫宿如晉。

○葬杞文公。

○宋華合比出奔衛。

○秋，九月，大雩。【注】先是季孫宿如晉，是後叔弓與公比如楚，有豫賦之煩也。【疏】注「先是」至「煩也」。○季孫宿如晉，則上文「夏，季孫宿如晉」是也。是後叔弓與公比如楚者，即下文「冬，叔弓如楚」、七年「三月，公如楚」是也。二事在後，故云豫賦，何氏以意言也。舊疏云：「一本云『叔弓如齊』者，誤。」釋文出「賦斂」，云：「力驗反，或無此字。」舊疏本即或本也。五行志中之上：「六年九月大雩。先是莒牟夷以二邑來奔。莒怒伐魯，叔弓帥師距而敗之。昭得入晉，外和大國，內獲二邑，取勝鄰國，有炕陽動衆之應。」師古曰：「時昭公適欲朝晉，而遇莒人來討，將不果行，叔弓既敗莒師，公乃得去。故傳云成禮大國，以爲援好也。」按：志所据劉歆說，蓋左氏家言也。然按經五年「公如晉。夏，莒牟夷以牟婁及防、兹來奔。秋，九月，公至自晉。戊辰，叔弓帥師敗莒師于濆泉」，則叔弓敗莒在「公至自晉」後。志以爲叔弓帥師距而敗之，昭得入晉者，誤也。師古承其誤而文之，過矣。

○楚薳頗帥師伐吴。【疏】左氏、穀梁作「薳罷」。

○冬，叔弓如楚。

○齊侯伐北燕。【疏】燕世家云：「齊高偃如晉，請共伐燕，入其君。晉平公許，與齊伐燕，入惠公。惠公至燕而死。」左傳云：「將納簡公，晏子曰：『不入，燕有君矣。』」齊遂受賂而還。公羊均無此事。

○七年，春，王正月，暨齊平。【注】書者，善録内也。不出主名者，君相與平，國中皆安，故以舉國體言之。月者，刺内暨暨也。時魯方結婚于吴，外慕强楚，故不汲汲于齊。【疏】注「書者，善録内也」。○舊疏云：「正以平爲善事，今書之，故云善録内也。」穀梁傳：「平者，成也。」疏引舊解：「平者，善事也。」○注「不出」至「言之」。○左疏引賈云：「謂魯與齊平也。」穀梁傳云：「以外及内曰暨。」賈説所本，與公羊合。不出主名者，決宣十五年「宋人及楚人平」書人也。君相與平，非平者在下，比舉國言之，起二國人皆善也。通義云：「左氏許惠卿説此爲燕與齊平。推尋經文，下有『叔孫舍如齊莅盟』，與定十一年『及鄭平。叔還如鄭莅盟』情事正同，且以僖公之篇『衛人侵狄。秋，衛人及狄盟』較之，彼間無他事，而重舉衛。此伐在隔年，而不重舉北燕，其非燕、齊平審矣。」按：經例，如燕與齊平，不得僅曰暨齊平。言暨，則魯與諸侯平之辭。下「叔孫舍如齊涖盟」，即齊平之徵，孔說是也。左疏引服氏說云：「襄二十四年『仲孫羯侵齊』，二十五年『崔杼伐我』。自爾以來，齊、魯不相侵伐。且齊是大國，無爲求與魯平，此六年，『冬，齊侯伐北燕，將納簡公』，齊侯貪賄，而與之平，故傳言『齊求之也』，『齊侯〔一〕次于虢，燕人行成』。其文相比，許君近之。」其說非是。齊自崔杼伐魯後，景公即位，求好于晉，旋即向戍弭兵。十餘年間，惟慶封通嗣君來魯一聘外，無朝聘往來。雖無侵伐，不得竟謂和好。是時蓋因魯結援晉、楚，又與吴爲昏。齊又崔、慶甫平，二惠不競求平於魯，事所或有，不得謂齊是大國，無爲求與魯平也。崔氏應榴吾亦廬稿：「萬氏隨筆曰：『以爲燕與齊平者，杜氏本許惠卿之説也。以爲魯與齊平者，孔氏宗賈逵、何氏之説也。杜説順傳，而本文自背；孔氏据經，而前後可通。諸儒多從孔氏。劉公是更截左傳『齊求之也』句爲齊、魯之事。『齊侯次于虢』下，爲『燕平』之事尤爲明確。』愚按，魯與齊平，下經書『叔孫婼如齊涖盟』是也。『燕與齊平』，下傳記鄭伯有事，『齊、燕平〔二〕之月』是也。春秋書平必有關天下大故，燕、齊平不必書，則所書當是齊、魯之平耳。」○注「月者」至「暨也」。○定十一年「冬，及鄭平」書時，此月，故解之。刺内暨暨者，隱元年傳：「及，猶汲汲；暨，猶暨暨也。及，我欲之；暨，不得已也。」平，善事，而不汲汲，故書月以刺之。穀梁傳曰：「暨猶暨暨也。暨者不得已也。」義同。○注「時魯」至「於齊」。○下「十年，十有二月」下注云：

〔一〕「齊侯」，原脱「侯」字，左傳孔疏即脱「侯」字，據左傳校補。

〔二〕「齊、燕平」句，原訛倒作「齊平燕」，叢書本同，據左傳校乙。

「去冬者，蓋昭公娶吴孟子之年，故貶之。」明時方結婚于吴也。上六年，「冬，叔弓如楚」，此下云「公如楚」，是外慕强楚也。

○**三月，公如楚。**

○**叔孫舍如齊莅盟。**【疏】釋文：「舍，二傳作『婼』。」説文女部：「婼，不順也。从女若聲。春秋傳曰叔孫婼。」古若聲舍聲同部。顧氏炎武唐韻正云：「婼，丑略切，上聲則音舍。春秋昭七年『叔孫婼』，公羊作『舍』。」是也。漢書西域傳「婼羌」，師古曰：「音而遮反。」遮从庶聲，亦同部字也。左氏「莅」作「涖」，並俗，當作「竦」。説文立部：「竦，臨也。」是也。穀梁傳：「莅，位也。内之前定之辭，謂之莅。外之前定之辭，謂之來。」非。公羊義見僖三年。

○**夏，四月，甲辰，朔，日有食之。**【注】是後楚滅陳，楚弑其君虔于乾谿。【疏】包氏慎言云：「經書四月甲辰朔，据曆爲月之三日。」五行志：「劉歆以爲，二月魯、衛分。」臧氏壽恭[一]以三統推，是年正月

[一]「壽恭」二字原誤倒，此爲清代學者臧壽恭。

甲戌朔，大；二月甲辰朔，大；三月甲戌朔，小；四月癸卯朔，二日甲辰。○注「是後」至「乾谿」。○校勘記云：「鄂本同。疏及閩、監、毛本下有『蔡』字，此脱。」楚滅陳、蔡者，即下八年「楚師滅陳」、十一年「楚師滅蔡」是也。楚弒君乾谿，見下十三年。五行志下之下：「昭公七年四月，甲辰，朔，日有食之。董仲舒、劉向以爲，先是楚靈王弒君而立，會諸侯執徐子、滅賴。後陳公子招殺世子楚，因而滅之，又滅蔡。後靈王亦弒死。」較何注加詳。志又引：「傳曰：晉侯問於士文伯曰：『誰將當日食？』對曰：『魯、衛惡之，衛大魯小。』公曰：『何故？』對曰：『去衛地，如魯地，於是有災，其衛君乎？魯將上卿。』是歲八月衛襄公卒，十一月魯季孫宿卒。晉侯謂士文伯：『吾所問日食從矣，可常乎？』對曰：『不可。六物不同，民心不壹，事序不類，官職不則，同始異終，胡可常也？詩曰：或宴宴居息，或盡顇事國。其異終也如是。』公曰：『何謂六物？』對曰：『歲、時、日、月、星、辰是謂。』公曰：『何謂辰？』對曰：『日月之會是謂。』公曰：『詩所謂「此日而食，于何不臧」，何也？』對曰：『不善政之謂也。國無政，不用善，則自取適於日月之災。故政不可不慎也，務三而已：一曰擇人，二曰因民，三曰從時。』此推日食之占，循變復之要也。易曰：『縣象著明，莫大於日月。』是故聖人重之，載於三經。於易在豐之震，曰：『豐其沛，日中見昧，折其右肱，亡咎。』於詩十月之交，則著卿士、司徒，下至趣馬、師氏，咸非其材。同於右肱之所折，協於三務之所擇，明小人乘君子，陰侵陽之原也。」按：此推日食之占，下蓋劉歆釋傳語也。

○秋，八月，戊辰，衛侯惡卒。【疏】包氏慎言云：「八月書戊辰，月之二十九日。」

○九月，公至自楚。【疏】通義云：「如楚危月，出致同例。」

○冬，十有一月，癸未，季孫宿卒。【疏】包氏慎言云：「十一月有癸未，月之十五日。」

○十有二月，癸亥，葬衛襄公。【注】當時而日者，世子輒有惡疾，不早廢之，臨死乃命臣下廢之。自下廢上，鮮不爲亂，故危録之。【疏】包氏慎言云：「十二月書癸亥，月之二十六日。」○注「當時」至「録之」。○隱三年傳：「當時而日，危不得葬也。」今此衛侯惡卒於八月，此十二月，正五月當時而日，故言危録之也。輒有惡疾者，下二十年：「盜殺衛侯之兄輒。」傳：「母兄稱兄。兄何以不立？有惡疾也。」是也。不早廢之云云，何氏蓋以經作危不得葬辭，故云然。左傳亦以靈公爲孔成子等所立，或即孔烝鉏、史朝廢之也。白虎通考黜云：「世子有惡疾，廢者何？以其不可承先祖也。故春秋傳曰：『兄何以不立？有疾也。何疾爾？惡疾也。』」按：下二十年注云：「惡疾謂瘖聾盲癘禿跛傴，不逮人倫之屬。」穀梁彼傳云：「然則何爲不爲君也？曰：有天疾者，不得入乎宗廟。輒者何也？曰：兩足不能相過。」是即何氏所謂跛與？禮喪服云：「爲君之父母妻長子祖父母。」注：「若是繼體，則其父若祖有廢疾不立。今君受國於曾祖。」是即有惡疾，宜廢是也。故禮記喪服小記云：「庶子王亦如之。」注：「世子有廢疾不可立，而庶子立，其祭天立廟，亦如世子之立也。春秋時，衛侯元有兄縶。」蓋世子有廢疾，則不可承祭臨民，故婦人有惡疾亦在七出之科也。

○八年，春，陳侯之弟招殺陳世子偃師。【注】説在元年。變其言陳者，起招致楚滅陳自此始，故重舉國。【疏】注「説在元年」。○即上元年傳云：「大夫相殺稱人，此其稱名氏以殺何？言將自是弒君也。今將爾，詞曷爲與親弒者同？君親無將，將而必誅。」是也。○注「變其」至「舉國」。○莊二十二年，「陳人殺其公子禦寇」，言其，此特言陳，故解之。又大夫相殺亦稱人，文九年「晉人殺其大夫先都」下「陳人殺其大夫公子過」是也。上元年傳又云：「何著乎招之有罪？言楚之託乎討招以滅陳也。」故此變言陳以起之。通義云：「變其言陳者，世子繫君言其則可，繫招言其則不可；言其公子則可，言其世子則不可。」然公子亦貫乎先君，何爲可言其也？

○夏，四月，辛丑，陳侯溺卒。【疏】包氏慎言云：「四月有辛丑，月之五日。」

○叔弓如晉。

○楚人執陳行人干徵師，殺之。【疏】通義云：「招所使也。」

○陳公子留出奔鄭。【疏】通義云：「招所立也。」陳杞世家：「招殺悼太子，立留爲太子。」「哀公自經殺。招卒立留爲陳君。」「楚使公子弃疾發兵伐陳，陳君留奔鄭。」

○秋，蒐于紅。【疏】唐石經、諸本同。釋文作「廋」，云：「本亦作『蒐』。」杜云：「蕭縣西有紅亭。」大事表云：「今爲江南徐州府蕭縣。蕭爲宋地，蕭叔所封邑。傳云：『自根牟至于商、衛，革車千乘。』商即宋也。豈魯蒐于近宋之鄙？而蕭縣，魯亦有其地與？」水經注獲水篇：「獲水又東歷洪溝東注，水南北各一溝，溝首對獲，世謂之鴻溝，非也。春秋昭八年『蒐于紅』，杜預云：『沛國蕭縣西有紅亭。』即地理志之虹縣。」蓋溝名音同，非楚、漢所分矣。馬氏宗槤左傳補注云：「劉昭郡國志注於泰山奉高云：『紅亭在縣西北。杜預曰：接宋、衛也。』於沛國紅縣引地記云：『左傳昭八年，大蒐于紅。』是劉昭於奉高、紅縣兩地皆以爲昭公蒐地。奉高屬泰山郡，本魯地，紅應在是。沛國去魯太遠，杜預亦疑其非。劉昭因晉書地道記而誤。何屺瞻亦疑其非，不足據也。」按：根牟，魯東界，在古琅邪陽都縣。紅地應相去不遠。其以爲在泰山奉高者近是。一統志：「紅亭在泰安府東。」是也。紀要謂在鳳陽虹縣西者，誤。

蒐者何？簡車徒也。【注】徒，衆。【疏】注「徒，衆」。○周書芮良夫解：「實繁有徒。」注：「徒，衆也。」文選東京賦：「結徒營。」薛注：「徒，衆也。」漢書刑法志：「卒正三年簡徒。」注：「徒，人衆。」又食貨志：「賦共車馬甲兵士徒之役〔一〕。」注：「徒，衆也。」莊子徐無鬼云：「無徒驥於錙壇之宮。」注：「步兵曰徒。」隱八年左傳：「彼徒我車。」注：「徒，步兵也。」則徒與車對，車謂乘兵，徒爲步兵也。故僖二十八年左傳云「徒兵千」，襄元年「敗其徒兵于洧上」，皆是也。

何以書？蓋以罕書也。【注】說在桓六年。【疏】注「說在桓六年」。○桓六年傳：「大閲者何？簡車徒也。何以書？蓋以罕書也。」注：「罕，希也。孔子曰：『以不教民戰，是謂棄之。』故比年簡徒謂之蒐，三年簡車謂之大閲，五年大簡車徒謂之大蒐，存不忘亡，安不忘危。」是也。左疏引賈云：「蒐于紅，不言大者，言公大失權，在三家也。」然則，下十一年「大蒐于比蒲」，二十二年「大蒐于昌姦」，定十三、十四年「大蒐于比蒲」，將何說乎？舊疏云：「爲蒐之法，比年作之，今此不然，故云以罕書。」是。

○陳人殺其大夫公子過。【疏】通義云：「不去大夫者，非討賊之辭也。蓋過實不與弑，而招歸罪焉，若魯翬討寪氏之比。」按：公羊傳僅元年有云招「將自是弑君也」，注云：「孔瑗弑君，本謀在招。」春秋書殺過，同大夫相殺之例，則過與謀與否，無文以定。孔氏取左傳爲說也。

〔一〕「役」，原訛作「數」，叢書本同，據漢書校改。

○**大雩。**【注】先是公如楚，半年乃歸，費多賦重所致。【疏】注「先是」至「所致」。○即上七年「三月，公如楚。九月，公至自楚」是也。

○**冬，十月，壬午，楚師滅陳。執陳公子招，放之于越。殺陳孔瑗。**【疏】包氏慎言云：「十月書壬午，十月無壬午，十一月之二十一日。」孔瑗，左傳、穀梁「瑗」作「奐」。古爰聲奐聲同部。

○**葬陳哀公。**【注】日者，疾詐諼滅人也。不舉滅爲重，復書三事言執者，疾諼託義，故列見之。託義不先書者，本懷滅心。重舉陳者，上已言滅，不復重舉無以明。【疏】注「日者」至「人也」。○春秋之義，滅例書月，今此書日，故解之。若然，上四年：「遂滅厲。」注：「莊王滅蕭日，此不日者，靈王非賢，責之略。」此亦靈王，書日責之者，詐諼滅人，惡尤重，故書日以疾之。通義云：「劉敞曰：『此楚子也，其稱師何？貶。曷爲貶？乘人之亂，滅人之國，執人之賊，殺人之臣。稱侯則疑于伯，稱人則疑于討。滅重矣，故壹見之於師也。』謹案，孔瑗不言大夫，討賊之辭也。蓋招所使殺偃師者，若成濟之比。」按：劉敞本范甯說。○注「不舉」至「見之」。○襄六年：「齊師滅萊。」注：「不書殺萊君者，舉滅國爲重。」則此亦直書楚師滅陳，已足復列見執公子招、殺孔瑗、葬哀公，正以見其託討賊滅人國故也，穀梁傳「惡楚子也」是也。○注「託義」至「滅心」。○宣十一年先書「楚人殺陳夏徵舒」，下云：「丁亥，楚子入陳。」注：「日者，惡莊王討賊之後，欲利其國。」是莊王本行義討賊，後乃有利陳之心，故先書殺陳夏徵舒，後書入陳。靈王本懷滅心，託義討賊，與莊王異，故先書滅以誅心。○注「重舉」至「以明」。○舊疏云：「成二年『秋，七月，齊侯使國佐如師。己酉，及國佐盟于袁婁』，不重舉齊，此重舉陳者，上已言楚師滅陳，若不復舉陳，無以明其是陳人矣。」通義云：「承上滅陳文已明，復事事繫陳者，深存陳之意。」按：穀梁傳云：「葬陳哀公。不與楚滅，閔公也。」注：「滅國不葬，閔楚夷狄以無道滅之，故書葬以存陳。」孔義本此。

○**九年，春，叔弓會楚子于陳。**【注】陳已滅，復見者，從地名録，猶宋部以邑録。不舉小地者，顧後當存。【疏】注「陳已」至「邑録」。○隱十年「公敗宋師于菅。辛未，取部」。部本國名，春秋前爲宋所滅，故以邑録，是以桓二年有取部大鼎事也。○注「不舉」至「當存」。○舊疏云：「陳是總號，會時，未必在其國都，所以不舉小地，而舉陳者，正以楚人暴滅，春秋欲閔陳而存之，故還舉其大號言也。其存陳者，即下經『夏，四月，陳火』是也。」

○**許遷于夷。**【疏】水經注淮水篇：「淮水又北，夏肥水注之。水上承沙水于城父縣，右出東南，流逕城父縣故城南。縣故焦夷之地，春秋昭九年『楚公子棄疾遷許于夷』，實城父矣。取州來淮北之田以益之，伍舉授許男田。」「言夷田在濮水西者也。然則，濮水即沙水之兼稱，得夏肥之通目矣。」杜云：「城父屬譙郡。」按：譙爲今亳州地。

○夏，四月，陳火。【疏】左氏作「陳災」。杜云：「陳已滅，降爲楚縣，而書陳災者，猶晉之梁山、沙鹿崩，不書晉。災害繫於所災所害。」按：彼爲天下記異，不得以例此。

陳已滅矣，其言陳火何？【注】据災異爲有國者戒。【疏】校勘記云：「諸本同。唐石經無下『陳』字。」

存陳也。【注】陳已滅，復火者，死灰復燃之象也。此天意〔一〕欲存之，故從有國記災。【疏】注「陳已」至「記災」。○校勘記云：「鄂本大作天，此誤。」按：紹熙本亦作「天」。舊疏引考異郵云：「陳火之類，未當誅絶，天曉其君，死灰更燃之意。」穀梁傳：「國曰災，邑曰火。火不志，此何以志？閔陳而存之也。」左疏引賈、服説亦言：「愍陳，不與楚，故存陳而書之，言陳尚爲國也。」范云：「陳已滅矣，猶書火者，不與楚滅也。」李氏貽德賈服注輯述云：「春秋之例，外災不書。往弔來告，則其書法如宣十六年『成周宣榭火』，必繫其國名。於火處之上，時陳既爲楚縣，若與楚有陳，則當曰『楚陳火』，今曰『陳火』，明陳國尚存，不與楚滅，爲繼絶存亡之義明矣。若然，則沙鹿、梁山崩，何不繫晉？王制：『天子祭天下名山大川。』公羊傳曰

〔一〕「天意」，原訛作「大意」，叢書本同，據公羊注疏校改。

『爲天下記異』，與災火之異係一國者有殊，故不繫晉也。十三年經云：『陳侯吴歸于陳。』不言楚復封，則楚雖滅陳，固不與其滅也。不與楚滅，則亦不斥陳亡矣。」通義云：「姚大夫曰：『言存陳者，孔子悲之也。滅國多矣，曷爲獨悲陳而存之？以楚託於名義，若義當滅陳，世無敢議楚罪者。若是陳將竟滅矣，而幸而復存，是可悲矣，是以春秋於其未復而亟存之也。』廣森謂，陳已滅，則春秋雖欲存之，他無可記，故因天火而録之，不用外災常例矣。」故左傳：「陳災。鄭裨竈曰：『五年，陳將復封。』」是天欲存之也。陳、蔡等滅，陳最無罪，明德之後，又非蔡度可比，故天特存以勸懲示，春秋即因之書，以起繼絶存亡義也。

曰存陳，悕矣。【注】書火存陳者，若曰陳爲天所存，悲之。【疏】舊疏：「悕，謂悲也。」成十六年傳：「在招丘，悕矣。」

曷爲存陳？【注】据災非一，天意曷爲悲陳而存之？【疏】注「据災」至「存之」。○舊疏云：「弟子之意，以爲春秋之内，書災者非止一處，曷爲於此災上悲陳而存之？」

滅人之國，執人之罪人，【注】罪人，招也。

殺人之賊，【注】孔瑗弒君，賊也。

葬人之君，【疏】八年左傳疏引賈、服亦云：「楚葬哀公。」不取彼傳「袁克私葬」爲説。孔疏云：「若是楚葬，宜云『楚人葬陳哀公』，當如『齊侯葬紀伯姬』，不得直言『葬』。」按：十三年經：「葬蔡靈公。」彼傳云：「平王即位，既封陳、蔡。」「冬，十月，葬蔡靈公，禮也。」是蔡靈公亦爲平王所葬，春秋何不云楚葬也？

若是則陳存悕矣。【注】楚爲無道，託討賊行義，陳臣子辟門虛心待之，而滅其國。若是，則天存之者，悲之也。不書孔瑗弒君者，本爲招弒，當舉招爲重，方不與楚討賊，故没招正賊文，以將與上貶起之。月者，閔之。【疏】注「楚爲」至「之也」。○下十一年左傳叔向對韓宣子曰：「楚王奉孫吳以討於陳曰：將定而國。陳人聽命，而遂縣之。」是楚託討賊，陳臣子待之而滅事也。漢書五行志上云：「九年夏四月，陳火。董仲舒以爲，陳夏徵舒殺君，楚嚴王託欲爲陳討賊，陳國闢門而待之，至因滅陳。陳臣子尤毒恨甚，極陰生陽，故致火災。劉向以爲，先是陳侯弟招殺陳太子偃師，皆外事，不因其宮館者，略之也。八年十月壬午，楚師滅陳，春秋不與蠻夷滅中國，故復書陳火也。左氏經曰『陳災』，傳曰：『鄭裨竈曰：五年，陳將復封。封五十二年而遂亡。』子産問其故，對曰：『陳，水屬也。水，火妃也，而楚所相也。今火出而火陳，逐楚而建陳也。妃以五成，故曰五年。歲五及鶉火，而後陳卒亡，楚克有之，天之道也。』説曰：顓頊以水王，陳其族也。今兹歲在星紀，後五年在大梁。大梁，昴也。金爲水宗，得其宗而昌，故曰『五年，陳將復封』。楚之先爲火正，故曰『楚所相也』。天以一生水，地以二生火，天以三生木，地以四生金，天以五生土。五位皆以五而合，而陰陽易位，故曰『妃以五成』。然則，水之大數六，火七，木八，金九，土十。故水以天一爲火二牡，木以天三爲土十牡，土以天五爲水六牡，火以天七爲金四牡，金以天九爲木八牡。陽奇爲牡，陰耦爲妃，故曰『水，火之牡也；火，水妃也』。於易，坎爲水，爲中男；離爲火，爲中女，蓋取諸此也。自大梁四歲而及鶉火，四周四十八歲，凡五及鶉火，五十二年而陳卒亡。火盛水衰，故曰『天之道也』。哀公十七年七月己卯，楚滅陳。」經義雜記云：「按，所引左氏説，乃秦漢以來舊誼，當與伏生書傳、毛公詩傳等觀，不獨足以補正杜注而已。董、劉説公、穀，推所以致災之由，一自遠者言之，一自近者言之。考宣公十一年，陳亂，陳臣子痛國之亂，而望楚之救也，故開門延楚，乃乘其亂而滅之。陳之臣子痛益深矣，幸聽叔時之言，復封陳庶，爲善補過者。而又鄉取一人焉以歸，謂之夏州，則與滅陳國而虜其民人無異。陳之臣子懷羞愧憤恨之心，欲快意與楚者非一日矣。今復爲之滅，是以陰毒之氣蓄之久而發之烈也。此董生遠推意也。劉子政説穀梁，以爲招殺大子偃師，故天降之災。楚已滅陳而復書陳者，不與蠻夷滅中國也。」按：宣十一年，「楚子入陳」，傳：「入者，内弗受也。日入，惡入者也。何用弗受也？不使夷狄爲中國也。」義本此。故賈、服注左傳，范注穀梁，無以盡同。獨杜氏好爲異例，輕改舊説，非也。○注「不書」至「起之」。○上元年注云：「孔瑗弑君，本謀在招，故舉招爲重，責以弑文，不言孔瑗弑君也。」解上八年書「陳侯之弟招」義也。不與楚討賊者，決宣十一年「楚人殺陳夏徵舒」文不與而實與也。此皆不與，故没討招之文，謂不於討處貶之也，以將與上貶起之者，上貶謂元年，稱公子不稱弟爲貶辭也。明此雖没正賊，然本謀在招，上已貶明，故得與相起。○注「月者，閔之」。○舊疏云：「正以外災例時，即襄元年『春，宋火』之屬是。今而書月，故言閔之。」閔義具上。

○秋，仲孫貜如齊。

○冬，築郎囿。

○十年，春，王正月。

○夏，晉欒施來奔。【疏】校勘記云：「唐石經、諸本同。釋文晉欒施，左氏作齊欒施。孫志祖云：『此非晉之欒氏。公羊經文誤，當同左氏作齊。』按：穀梁亦作「齊」。惠氏棟周易本義辨證云：「『晉』，孟喜作『齊』，子西反，義同。晁氏曰說文作𣈆。按，齊，古文；𣈆，篆文；晉，今文。愚謂𣈆改爲晉，始於蔡邕石經。古晉字讀爲齊，音子斯反，又即移切，見春秋傳及公羊釋文。嘯堂集古録有『𣈆姜鼎』。𣈆，姬姓，安得稱姜必齊姜也？古文多借用，故晉字或借爲齊。晁以道以齊爲古文，是春秋齊晉無別矣，恐未然。」按：說文鄑从邑，晉聲。左氏莊元年釋文、莊十一年釋文，公羊桓七年釋文、莊元年釋文、十一年釋文，穀梁莊元年十一年釋文並音鄑，子斯反，又子移反。玉篇亦音鄑，子斯切。又哀十三年傳注：「敗齊師于菑。」疏：「菑字有作晉字。」知古音晉齊字音往往通轉矣。金氏廷棟齊欒施晉欒施解云：「齊欒施，公羊作晉欒施。施字子旗，齊惠公後，非晉欒氏。按，晉即齊字。晉卦之『普』，孟氏作『齊』，齊晉一也。說文：

『㬜，从日从臸〔一〕。』今人以晉易之，非也。蓋齊可爲晉，晉不可爲㬜。蔡石經改『㬜』爲『晉』，而齊晉字不通矣。然則，古齊字本爲晉，非古晉字讀爲齊也。公羊不異。」説甚明晰。

○**秋，七月，季孫隱如、叔弓、仲孫貜帥師伐莒。**【疏】釋文「隱如」，左氏作「意如」。古隱意一音之轉。禮記少儀：「隱情以虞〔二〕。」注：「隱，意也，思也。」又中庸：「壹戎衣。」注：「衣讀如殷，聲之誤也。齊人言殷聲如衣。」是殷有衣音，與隱有意音同。

○**戊子，晉侯彪卒。**【疏】包氏慎言云：「七月書戊子，月之七日。」

○**九月，叔孫舍如晉。**

○**葬晉平公。**

〔一〕「从日从臸」，原訛作「从日㬜聲」，叢書本同，據説文解字校改。

〔二〕「虞」，原訛作「度」，叢書本同，據禮記校改。

○十有二月，甲子，宋公戌卒。【注】去冬者，蓋昭公娶吴孟子之年，故貶之。【疏】校勘記云：「唐石經、諸本同。釋文『宋公戌』，讀左傳者音成。何云：『向戌與君同名，則宜音恤。』」穀梁與左傳同。左氏釋文云：「成音城〔一〕。何休音恤。」左氏文二年傳「宋公子成」，釋文：「成音城，本或作戌，音恤。」成與戌易混故也。宋王復齋鐘鼎款識宋平公鐘銘、宋公成之䡨鐘吴東發跋云：「左昭十年傳『宋公成』，公羊作戌，史記亦作成。今觀是銘，當以公羊爲正，是平公器也。頌壺銘、甲戌豐姞敦『丙戌』文皆作『成』，與此同。又按，左昭二十年傳『公子城』，杜注：『平公子。』成與城同音。若平公名成，其子似不得名城矣。」包氏慎言云：「十二月書甲子，月之十六日。」○注「去冬」至「貶之」。○舊疏云：「正以論語、禮記皆有『昭公取于吴，謂之吴孟子』文，但不指其取之年歲。今無冬，更無他罪可指，是以何氏以意當之。娶吴孟子不書，諱取同姓故也。」通義云：「謹按，此公羊師説相承，必有所受。坊記曰：『魯春秋去夫人之姓，曰吴。』謂書夫人至自吴，不書姬氏，是不修春秋〔二〕文，如是，君子修而削之矣。蓋事在是年冬十月，或十一月，不存其事，故亦不存其月〔三〕。若移冬于十有二月之上，則諱意不顯。春秋之爲諱也，没其文而不没其實，必有所託，以見端云。」極爲諦當，而舊疏引賈、服曰：「無冬，刺不登臺視氣。」考登臺視氣見僖

〔一〕「成音城」，原訛作「戌音成」，叢書本同，據左傳正義、經典釋文校改。
〔二〕「不修春秋」，指未經孔子修訂前的魯國國史。
〔三〕「月」，原訛作「目」，叢書本同，據公羊通義校改。

五年，彼傳以爲禮，明平時皆不行此禮矣，何獨於此年譏之？

○十有一年，春，王正月，叔弓如宋。

○葬宋平公。【疏】左氏、穀梁作「春，王二月」。趙氏坦春秋異文箋云：「諸侯五月同盟，至平公以十年十二月甲子卒，至是年二月葬，僅逮三月。三月而葬已速，況踰月乎？公羊傳『正月』或字之譌。」按：既速葬矣，可三月，即可踰月也。

○夏，四月，丁巳，楚子虔誘蔡侯般，殺之于申。【疏】包氏慎言云：「四月有丁巳，月之十日。」差繆略云：「穀梁作『乾』。」按：今注疏本及穀梁石經皆作「虔」。

楚子虔何以名？【注】据誘戎曼子不名。【疏】注「据誘」至「不名」。○下十六年，「楚子誘戎曼子，殺之」，不書名是也。

絶也[一]。【疏】錢氏大昕潛研堂答問云：「問：曲禮諸侯滅同姓，名。春秋衛侯燬滅邢，邢、衛固同姓矣。

[一]「也」字原脱，叢書本同，據公羊傳校補。

楚子虔誘蔡侯般，殺之于申，楚、蔡非同姓，何以亦書名？曰：禮云『滅同姓，名』者，滅天子之同姓也。陳、蔡皆楚虔所滅，不於滅陳名虔，而於滅蔡名之，以其滅周同姓，尤惡之也。春秋之君滅同姓者多矣，獨於二文見義者，蔡，姬姓之大國，非漢陽諸姬可比，誘而殺之，其惡尤甚。衞，秉禮之國，文公又賢君，且邢、衞同爲狄所滅，因齊桓仗義得復社稷，乃瞰邢之弱而取之，於義尤爲不順，故亦絶之。」按：滅同姓，爲滅天子之同姓，此錢氏臆見。蔡般宜討，虔非討蔡之人，復誘而討之，尤爲不義，傳明云「懷惡而討不義，君子不與也」。此絶之，正義也。校勘記云：「唐石經、諸本同。下十三年疏引作『絶也』，此脱。」

曷爲絶之？【注】據俱誘之。

爲其誘討也。【注】使不自知而死，故加誘。【疏】注「使不」至「加誘」。○左傳：「楚子在申，召蔡靈侯。靈侯將往。蔡大夫曰：『王貪而無信，唯蔡於感，今幣重而言甘，誘我也，不如無往。』蔡侯不可。三月，丙申，楚子伏甲而饗蔡侯於申，醉而執之。夏，四月，丁巳，殺之。」是其事也。包氏慎言云：「般弑父，殺當其罪，不聲罪而誘殺之，與詐殺同科，故絶之。稱名，明當絀爵也。」穀梁傳：「何爲名之也？夷狄之君，誘中國之君而殺之，故謹而名之也。稱時、稱月、稱日、稱地，謹之也。」范云：「蔡侯般，殺父之賊，人倫所不容，王誅所必加。禮，凡在官者殺無赦，豈得惡楚子杀般乎〔一〕？若謂夷狄之君，不得行禮于中

〔一〕「杀般乎」三字原脱，叢書本同，據穀梁注疏校補。

國，理既不通，事又不然〔一〕。宣十一年，『楚人殺陳夏徵舒』，不言入，傳曰：『明楚之討有罪也。』似若上下違反。嘗試論之曰：夫罰不及嗣，先王令典。懷惡而討，丈夫醜行。楚虔滅人之國，殺人之子，伐不以罪，亦已明矣。莊王討徵舒則異於是。凡罰當其理，雖夷必申；苟違斯道，雖華必抑。故莊王得爲伯討，齊侯不得滅紀。趙盾救陳，則稱師以大之；靈王誘蔡，則書名以惡之。所以情理俱暢，善惡兩顯，豈直惡夷狄之君討中國之亂哉！夫楚靈之殺蔡般，亦猶晉惠之戮里克，雖伐弑逆之國，誅有罪之人，不獲討賊之美，而有累謹之名者，良有以也。」范氏之駮穀梁，即據公羊爲義也。

此討賊也，【注】蔡侯般弑父而立。【疏】注「蔡侯」至「而立」。○即襄三十年「夏，四月，蔡世子般弑其君固」是也。

雖誘之，則曷爲絶之？【注】据與莊王外討，晉文譎尊。【疏】注「据與莊王外討」。○宣十一年：「楚人殺陳夏徵舒。」傳：「此楚子也，其稱人何？貶。曷爲貶？不與外討也。曷爲不與？實與而文不與。文曷爲不與？諸侯之義，不得專討也。諸侯之義不得專討，則其曰實與之何？上無天子，下無方伯，天下諸侯有爲無道者，臣弑君，子弑父，力能討之則討之，可也。」是其與莊王外討事也。○注「晉文譎尊」。○僖二十八年：「公會晉侯以下盟于踐土。公朝于王所。」傳：「曷爲不言公如京師？天子在是也。曷爲不言天子在是？不與致天子也。」注：「時晉文年老，恐伯功不成，故上白天子曰：『諸侯不可卒致，

〔一〕「理既不通，事又不然」句原脱，叢書本同，據穀梁注疏校補。

願王居踐土。』下謂諸侯曰：『天子在是，不可不朝。』迫使正君臣，明王法。雖非正，起時可與，故書朝，因正其義，所以見文公之功。」是晉文譎尊，春秋無譏辭也。

地者，起以好會誘之。

懷惡而討不義，君子不予也。【注】內懷利國之心，而外託討賊，故不與其討賊，而責其誘詐也。

【疏】通義云：「『懷惡而討不義』，讀當於討字絕句。」白虎通誅伐云：「王者諸侯之子篡弒其君而立，臣下得誅之者，廣討賊之義也。春秋傳曰：『臣弒君，臣不討賊，非臣也。』又曰：『蔡世子班弒其君，楚子誅之。』」然則，春秋自譏其誘討，非謂賊不當討也。潛研堂答問云：「問：春秋有討賊之義，蔡般弒父自立，楚人誘而殺之，雖曰不義，與殺無罪者亦宜殊科，春秋何以無異文？曰：楚虔亦弒君之賊，與蔡般同，自當從兩下相殺之例。然蔡般之罪終所當絕，此當合前後參觀之。昭十一年，『楚師滅蔡，執蔡世子有以歸，殺之』，公羊傳曰：『此未踰年之君也，其稱世子何？不君靈公，故不成其子也。誅君之子不立，非怒也，無繼也。』夫有爲般之世子，雖嗣立，而不得書爵者，不成其爲君也。春秋之法，諸侯有誅絕之罪，其子雖無罪，亦當廢，則討賊之義亦嚴矣。楚商臣亦犯誅絕之罪，而子孫享國且數十世，則有弒君不復見之例以絕之，亦未嘗漏網也。」○注「內懷」至「詐也」。○正以賊所宜討，懷惡而討，故不與其討也。繁露仁義法云：「春秋之所治，人與我也；所以治人與我者，仁與義也；以仁安人，以義正我，故仁之爲言人也，義之爲言我也，言名以別矣。」「是故春秋爲仁義法，仁之法在愛人，不在愛我；義之法在正我，不在正人；我不自正，雖能正人，弗予〔一〕爲義；人不被其愛，雖厚〔二〕自愛，不予爲仁。」「昔者，楚靈王討陳、蔡之賊，齊桓公執袁濤塗之罪，非不能正人也，然而春秋弗予，不得爲義者，我不正也。潞子之於諸侯，無所能正，春秋予之有義，其身正也。夫我無之求諸人，我有之而誹諸人，人之所不能受也，其理逆矣，何可爲義！義者，謂宜在我者。宜在我者，而後可以稱義，故言義，合我與宜以爲一言。」「君子求仁義之別，以紀人我之間，然後辨乎内外之分，而著於順逆之處也，是故内治反理以正身，据禮〔三〕以勸福，外治推恩以廣施，寬制以容衆。孔子謂冉子曰：『治民者，先富之而後加教。』語樊遲曰：『治身者，先難後獲。』以此之謂治身之與治民所先後者不同焉矣。詩云：『飲之食之，教之誨之。』先飲食而後教誨，謂治人也。又曰：『坎坎伐輻，彼君子兮，不素餐兮。』先其事，後其食，謂之治身也。春秋刺上之過，而矜下之苦，小惡在外弗舉，在我書而誹之。凡此六者，以仁治人，以義治我。躬自厚而薄責于外，此之謂也。且論己見之，而人不察，曰：君子攻其惡，不攻人之惡，非仁之寬與？自攻其惡，非義之全與？」「是故以自治之節治人，是居上不寬也；以治人之度自治，是爲禮不敬也；爲禮不敬則傷行，而民不尊；居上不寬

〔一〕「予」，原訛作「與」，據春秋繁露校改。
〔二〕「厚」，原訛作「原」，據春秋繁露校改。
〔三〕「禮」，原訛作「祉」，叢書本同，據春秋繁露校改。

則傷厚，而民弗親；弗親則弗信，弗尊則弗敬；二端之正倕〔一〕于上而僻行之，則誹于下；仁義之處〔二〕，可無論乎！」是春秋弗與靈王討賊，爲其不能先以義治我故也。○注「地者」至「誘之」。○正以下十六年，「誘戎曼子，殺之」不書地，今言「于申」，故解之也。明彼非好會也。好會誘之，事具左傳。

○楚公子棄疾帥師圍蔡。【疏】唐石經「棄」作「弃」。

○五月，甲申，夫人歸氏薨。【疏】包氏慎言云：「五月有甲申，月之八日。」

○大蒐于比蒲。

大蒐者何？簡車徒也。何以書？蓋以罕書也。【注】説在桓六年。【疏】注説在桓六年。○按：彼注云「五年大簡車徒謂之大蒐」是也。舊疏云：「上八年『蒐于紅』之下，何氏云：『説在桓六

〔一〕「正倕」，四庫本春秋繁露同，他本多作「政詭」，春秋繁露義證亦作「政詭」。正，通政。倕，通詭。

〔二〕「處」，原訛作「端」，據春秋繁露校改。

年，今復指之者，正以蒐與大蒐希數大〔一〕異，禮亦不同，是以不得相因，各指其所在。」然則，亦譏其罕之義。穀梁注：「時有小君之喪，不譏喪蒐者，重守國之衛〔二〕，安不忘危。」與左氏義反，與公羊義相足。通義云：「古者戰勝，以喪禮處之。蒐非同純吉，且起大役，須先期屬衆，比時有喪，重致衆罷遣，故君子緣人情，不譏也。」是也。左傳曰：「非禮也。」又云：「叔向曰：君有大喪，國不廢蒐。」以爲不忘君者，於義似短。

○仲孫貜會邾婁子盟于侵羊。【注】不日者，蓋諱喪盟，使若議結善事。【疏】校勘記云：「唐石經、諸本同。釋文：『侵羊』，二傳作『祲祥』。疏本作『盟于浸羊』。解云：穀梁傳作『侵祥』字，服氏注引者直作『詳』，無『侵』字。皆所見異也。」九經古義云：「古祥字作詳。易履：『視履考祥〔三〕。』釋文：『本又作詳。』書君奭：『其終出于不祥。』蔡邕石經云：『其道出于不詳。』呂刑『告爾祥刑』，後漢劉愷傳引作『詳刑』，周禮注亦云：『度作詳刑，以詰四方。』皆古祥字。故左傳『祲祥』，服虔引公羊作『詳』。今公羊作『侵羊』者，繁露云：『羊之爲言猶祥與？』鄭衆百官六禮辭亦云：『羊者祥也。』疑古祥字詳字皆省作羊。」易大

〔一〕「大」，原訛作「實」，阮元校勘記曰：「閩本同，監、毛本『大』誤『實』。」
〔二〕「衛」，原訛作「備」，叢書本同，據穀梁注疏校改。
〔三〕「祥」，原訛作「詳」，據九經古義及周易校改。

壯象：「不能退，不能遂，不詳也。」釋文：「詳，詳審也。鄭、王肅作祥[一]善也。」爾雅：「祥，善也。」鄭注車人云：「羊，善也。」杜云：「地闕。」大事表云：「當在今兗州府滋陽縣境。」沈氏欽韓云：「祲祥，當即大庭庫。魯因以望祲祥，故遂名爲祲祥。在曲阜縣。」○注「不日」至「善事」。○舊疏云：「上五月『夫人歸氏薨』，君居喪而與人盟，至十三年平丘之會，邾婁子與晉爲議，不容公盟而執季孫，理宜書日，見其不信。而不書日者，正以身居大喪而不以爲憂，是内惡可諱之限，故爲信辭，使若此盟方欲議論，結其善事然。」

○秋，季孫隱如會晉韓起、齊國酌、宋華亥、衛北宮佗、鄭軒虎、曹人、杞人于屈銀。【疏】校勘記云：「『齊國酌』，唐石經、諸本同。解云：賈氏作『酌』字，與此同。服氏及穀梁皆作『齊國弱』字。」按：杜本亦作「弱」。釋文：「屈銀，二傳作『厥憖』。」九經古義云：「左傳厥憖，徐仙民音五巾反。說文猌讀若銀，又云：『憖，从心猌聲。』公羊本口授，故以厥爲屈，以憖爲銀，字異而音同。」說文犬部：「猌，从犬來聲，讀又若銀。」則銀聲爲猌之異讀，憖从其異讀音與？杜云：「厥憖，地闕。」大事表：「或曰在今衛輝府新鄉縣境。」

[一]「祥」字原誤疊，叢書本同，據經典釋文校删。

○九月，己亥，葬我小君齊歸。【疏】包氏慎言云：「九月有己亥，月之二十五日。」

齊歸者何？昭公之母也。【注】歸氏，胡女，襄公嫡夫人。【疏】注「歸氏」至「夫人」。○舊疏云：「皆史記文。」通義云：「按，齊歸，子野母，敬歸之娣。何氏以爲襄公嫡夫人，非也。疏因附會，其初至不書者，蓋爲世子時娶之。据左傳言，會于沙隨之歲，襄公始生。公羊雖無明文，然成十六年傳猶言『公幼』，則襄公之幼可知，假令其娶定在即位以後，而襄夫人經絶不見者，似本未有正嫡云。」

○冬，十有一月，丁酉，楚師滅蔡，執蔡世子有以歸，用之。【疏】包氏慎言云：「十一月有丁酉，月之二十三日。」穀梁作「世子友」。史記管蔡世家注引世本亦作「太子友」。

此未踰年之君也，其稱世子何？【注】据陳子也。【疏】注「据陳子也」。○即僖二十八年「冬，公會晉侯、齊侯、宋公、蔡侯、鄭伯、陳子以下于温」是也。

不君靈公，不成其子也。【注】靈公，即般也。不君，不與靈公，坐弑父誅，不得爲君也。不成其子，不成有得稱子繼父也。上不與楚誘討，嫌有不當絶，故正之云耳。【疏】注「不君」至「君也」。○即襄三十年，「夏，四月，蔡世子般弑其君固」是也。靈公弑父當誅，故不與爲君。舊疏云：「靈公弑父而立，弑父之人，人倫所不容，今而見誅，正是其宜，是以春秋不與靈公爲君也。」○注「不成」至「父也」。○舊疏云：「莊三十二年傳：『君存稱世子，君薨稱子某，既葬稱子，踰年稱公。』然則，稱子者，嗣君之稱。春秋之義，既不與靈公得爲成君，故亦不成其子有得爲嗣君，以繼其父。」潛研堂答問云：「問：春秋書世子者，皆宜爲君之稱。蔡世子有何以獨爲貶辭？曰：君薨，未踰年稱子。書子則不見貶斥之文，書名又無當國之罪，故從其本號書之。般雖有罪，然蔡之臣民奉以爲君者十餘年，經亦嘗書『蔡侯』矣。有侯則宜有世子，不稱子而稱世子，從其本稱，非得正之稱，所謂美惡不嫌同辭也。齊商人、蔡般皆弑君之賊，春秋書之曰『齊侯』、『蔡侯』，無貶辭者，已成君也。已成君，則從五等諸侯之例。非奬賊也，辭窮則同也。然商人終被弑亡，般亦死楚虔之手，其子又慘死。天道果可畏哉！」按：錢氏說是也。世子，正稱也。書「世子有」於即位後，則貶。諸侯稱爵，正稱也。成四年書「鄭伯伐許」，於喪内則貶，猶斯義也。穀梁傳：「此子也，其曰世子，何也？不與楚殺也。」集解引：「何君廢疾云：『即不與楚殺，當貶楚爾，何故反貶蔡世子耶？』鄭釋之曰：『滅蔡者，楚子也，而稱師，固已貶矣。楚子思啓封疆而貪蔡，誘殺蔡侯般，冬而滅蔡殺友〔一〕，惡其淫放，其志殺蔡國二君以取國，故變子言世子，使若不得其君終。』」劉氏逢禄難曰：「君薨稱世子，明友之不當立，與衛蒯聵同文，與鄭忽異文，公羊傳之信矣。若僅貶楚殺蔡二君，則稱子不更著耶？若以子友疑於子哀，則書蔡子而去其名可也，使若不得其君終，于義爲短，于文爲悖。」○注「上不」至「云耳」。○即上傳云：「楚子虔何以名？絶。曷爲絶之？爲其誘討也。此討賊也，雖誘之，則曷爲絶之？懷惡而討不義，君子不與也。」上絶楚子，嫌蔡般無罪，故於此正之。

〔一〕「友」，左傳、公羊傳作「有」。

不君靈公，則曷爲不成其子？【注】据惡惡止其身。【疏】注「据惡惡止其身」。○下二十年傳文。

誅君之子不立，【注】雖不與楚誘討，其惡坐弑父誅，當以誅君論之，故云爾。言執者，時楚託義滅之。

【疏】繁露觀德云：「天子之所誅絶，臣子弗得立，蔡世子、齊逢丑父是也。」正以春秋天子之事，故董生本天子言之，漢書趙敬肅王彭祖傳：「大鴻臚禹奏：春秋之義，誅君之子不宜立。元雖未伏誅，不宜立嗣。」白虎通封公侯云：「誅君之子不立者，義無所繼也。諸侯世位，象賢也，今親被誅絶也。春秋傳曰：誅君之子不立。」又誅伐篇：「王者受命而起，諸侯有臣弑君而立，當誅君身死，子不得繼之者，以其逆，無所承也。詩云：『無封靡于爾邦，惟王其崇之。』此言追誅大罪也。或盜天子土地，自立爲諸侯，絶之而已。」按：定元年傳：「定無正月者，即位後也。」注：「今無正月者，昭公出奔，國當絶，定公不得繼體奉正，故諱爲微辭。」昭僅不能保有國土，當絶，子猶不得立，何論蔡靈弑父賊乎？通義云：「此春秋託王法也。昔周公誅管叔，而宥蔡叔。厥後蔡仲紹封，而管叔之子不得立，是其制也。既絶其世，復稱世子者，常辭。君薨稱子某，今不稱子某，即是絶之。若併去世子，無以知是嫡與否，不與立之義反不見也。劉敞横議此傳義與文反，而以鄭世子忽爲難，彼未知伯在喪稱名，即與侯在喪稱子同理。既書鄭忽於前，不嫌不當立矣。春秋美惡不嫌可以同辭，必欲强相援比。又可謂蔡世子般亦與使有蔡之文乎？」○注「雖不」至「云爾」。○舊疏云：「不君靈公，以誅君論之，何故上四年申之會，及伐吴之經，上文楚子誘殺之時，皆稱爵者？凡貶刺之例，正可以一事之上足見其惡而已，甯可文文皆貶。莊四年，『冬，公及齊人狩于部』，傳云：『前此者有事矣，後此者有事矣，則曷爲獨於此譏？』『擇其重者而譏焉，莫重乎其與仇狩也。』『其餘從同。』是也。」○注「言執」至「滅之」。○舊疏云：「春秋之義，舉滅國爲重，其餘輕者皆從略，是以襄六年注『不書殺萊君者，舉滅國爲重』是。今并書其執者，正以楚人託義滅之，故見其義也，似若上八年注云：『不舉滅爲重，復書三事言執者，疾諼託義，故列見之。』是也。楚既託義，執用蔡世子以滅其國，當如宣十一年『冬，十月，楚人殺陳夏徵舒』、『丁亥，楚子入陳』然。今乃先書滅蔡者，起其本懷滅心故也。」

非怒也，無繼也。【注】父誅，子當絶。【疏】舊疏云：「今不成有爲子者，非由惡其父遷怒其子孫，但由靈公大逆，理無繼嗣矣，是以注『父誅，子當絶』也。其『非』字有作『悲』字者，誤。」按：怒爲遷怒，又見莊四年傳：「此非怒與？」注：「怒，遷怒，齊人語。」是也。按：父誅子當絶，商臣弑父而立，春秋不見誅文，其子莊王復有美辭者，商臣倖逃天誅，莊王又賢。春秋必假事以示法，彼既無可託，故直於蔡般父子張義，明彼亦從同也。又見天之迸楚，直同禽獸，如梟獍之物，並生於世，在不屑誅絶之科，非如蔡爲姬姓之長，正當有父子君臣，天討之所宜加，故聖人亦因天而備責之，且蠻夷猾夏，自楚成始，假手其子以斃之，臣不臣，子不子，乖戾之氣，蓋相尋也。

惡乎用之？用之防也。其用之防奈何？蓋以築防也。【注】持其足，以頭築防，惡不以道。孔子曰：「人而不仁，疾之已甚，亂也。」日者，疾諼滅人。【疏】通義云：「意時有所築隄善崩潰，殺人釁之。」義或然也。○注「持其」至「以道」。○何蓋以意言之，或別有所據。僖十九年：「邾婁人執鄫子，用之。」傳：「惡乎用之？用之社也。其用之社奈何？蓋叩其鼻以血社也。」注：「惡無道也。不言社者，本無用人之道，言用之已重矣，故絶其所用處。」此不言防與彼義同。不以道，即無道也。○注「孔子」至「亂也」。○論語泰伯篇文。包云：「疾惡太甚，亦使其爲亂。」何蓋引『人而不仁』爲證，因連下引之，與此無涉也。」潛研堂答問云：「宋襄公用鄫子，楚靈王用蔡世子，皆特書之，惡其不仁也。且以徵二君之强死，非不幸也。」○注「日者」至「滅人」。○正以滅例月，此書日者，上八年「冬，十月，壬午，楚師滅陳」，書日，同也。

○十有二年，春，齊高偃帥師納北燕伯于陽。【疏】差繆略云：「『北燕伯』，左氏作『北燕伯款』。」唐石經左氏無『款』字。毛本『年』誤『月』。」

伯于陽者何？【注】即納上伯款，非犯父命，不當言于陽。又微國，出入不兩書，伯不當再出，故斷三字問之。【疏】注「即納」至「于陽」。○此据「納蒯聵于戚」事爲説也。哀二年：「晉趙鞅帥師納衛世子蒯聵于戚。」傳云：「戚者何？衛之邑也。曷爲不言入于衛？父有子，子不得有父也。」注：「明父得有子而廢之，子不得有父之所有，故奪其國文，正其義也。」是也。今此納北燕伯于陽，若是上三年「出奔齊」之「北燕伯款」，今納之北燕可也。既出奔稱伯，則非犯父命，何爲納之「于陽」與「于戚」同文也？○注「又微」至「再出」。○僖二十五年：「楚人圍陳，納頓子于頓。」注：「頓子出奔不書者，小國例也。」桓十五年：

「許叔入于許。」注：「不書出時者〔一〕，小國例也。」是。春秋之義，小國出入不兩書也。北燕，微國，出奔書，即入不當再見書北燕伯也。○注「故斷」至「問之」。○公羊義，以「伯于陽」連讀。

公子陽生也。子曰：「我乃知之矣。」【注】子謂孔子。乃，乃是歲也。時，孔子年二十三，具知其事。後作春秋，案史記，知「公」誤爲「伯」，「子」誤爲「于」，「陽」在，「生」刊滅闕。【疏】公羊問答曰：「聞子曰『我乃知之矣』，與史通所引不同，何也？曰：當是劉知幾所見之本異也，故子曰下有『齊之事』三字。」○注「子謂」至「其事」。○襄公二十一年傳孔子生，至是年二十三歲。又昭二十四年仲孫貜卒，左疏引服曰：「賈逵云：是歲孟僖子卒，屬其子使事仲尼。仲尼時年三十五。」據此知昭公十二年孔子正合二十三歲，故得知其事。○注「後作」至「滅闕」。○通義云：「此當爲納『北燕公子陽生』于某地，自『生』以下字並滅爾。」是也。史記者，舊疏引閔因敘所稱，「使子夏等十四人，求周史記，得百二十國寶書」，是也。

在側者曰：「子苟知之，何以不革？」曰：「如爾所不知何？」【注】如，猶奈也。猶曰奈女所不知何？甯可强更之乎？此夫子欲爲後人法，不欲令人妄億錯。「子絶四：毋意，毋必，毋固，毋我」。【疏】注「如猶」至「之乎」。○經傳釋詞：「凡經言『如何〔二〕』、『如之何』者，皆是。」「如，詞助也。易屯六二『屯如亶如』，子夏傳：『如，辭也。』」按：如即無如，無如即奈意。凡經傳言「如之何」者，皆奈之何

〔一〕「時者」二字原脱，據公羊注疏校補。

〔二〕「何」上原衍「之」字，叢書本同，據經傳釋詞校删。

也。「强」，釋文作「彊」，葉本作「强」。凡彊弱字作彊，勉强字作强。舊疏云：「孔子云當是歲時，我已年立，具見其事，奈汝在側之徒，不見之何？孔子雖知『伯于陽』者是『公子陽生』，但在側之徒皆不委曲，若改之，謂己苟出心肺，故曰甯可彊更之乎。」○注「此夫」至「億錯」。○校勘記云：「蜀大字本、閩、監、毛本同。鄂本「億」作「意」。釋文：『妄億，於力反，錯也。字或作措。』按，論語音義：『毋意或於力反。』於力反則本作億，與〔一〕此注合。陸氏以爲非，誤也。此本錯字剜改，故小而偏，當本作措，疏標起訖作『億措』可證。」釋文校勘記云：「億當作意，鄂本注作『妄意措』，於力反。下當有『下同』二字。且下『子絶四：毋意』之意音同也。」舊疏云：「莊七年傳：『不修春秋曰：「雨星不及地尺而復。」君子修之曰：「星隕如雨。」』何氏云：『明其狀似雨耳，不當言雨星。不言尺者，霣則爲異，不以尺寸録之。』孔子修春秋，大有改之處，而特此文不改者，欲示後人重其舊事，故曰夫子欲爲後人法，不欲人妄億措也。億謂有所儗度，措者置也，置意於言也。不欲令人妄置意於言矣。」按：「如雨，星不及地尺而復」，修改之曰「星霣如雨」。事本無差，文有小異。若「伯于陽」與「公子陽生」氣殊懸絶，故不敢徑改，恐襲億措也。○注「論語」〔二〕至「毋我」。○論語子罕篇。舊疏云：「備於鄭注。」今鄭注不可考，蓋取毋意義也。

春秋之信史也，其序則齊桓、晉文，【注】唯齊桓、晉文會能以德優劣、國大小相次序。【疏】注

〔一〕「與」，原作「於」，叢書本同，據阮元校勘記校改。按，作「於」意亦通。

〔二〕「論語」二字，上【注】文無之，應爲「子絶四」句，是爲論語子罕文。

「唯齊」至「次序」。○僖四年「許男新臣卒」下，「葬許繆公」注：「得卒葬，於所傳聞世，許大小次曹，故卒少在曹後。」則許小於曹，然自幽之會，皆許男序于曹伯之上，或德優於曹與？舊疏「謂其盛時事。及其衰末亦不醇粹，是以僖二十三年鹹之會，許男序于曹伯之上」者，非也。

其會則主會者爲之也，【注】非齊桓、晉文，則如主會者爲之，雖優劣大小相越，不改更，信史也。

【疏】注「非齊」至「史也」。○閩、監、毛本「如」作「知」，誤。何意謂桓、文而後，皆主會者次之，春秋因而不改，所爲信史也。俞氏樾公羊平義〔一〕：「謂其序、其會兩文對舉，蓋言諸侯之序，皆伯主所定；諸侯之會，皆主會者所爲。以見春秋所載二百四十年之事，悉據當時之實耳。其以諸侯之序爲桓、文所定者，蓋晉文踵事齊桓，無大變更，而其後又晉人世主夏盟，一循文襄之舊。故推而上之，以爲皆桓、文所定者兩句，皆證明春秋信史之義。若如何解，則齊桓、晉文句與上下文皆不屬。」按：俞義亦未協。桓、文之會，所次諸侯即不同，諸侯自會同外亦無所用序，若謂朝之天子，自有王朝定則，況春秋世朝周鮮。左傳定四年所序踐土之盟，其次即與春秋不同，是其明證。蓋兩句互文見義，上句其序，謂其會之序也；下句其會，亦謂會有序也。桓、文之會猶能次德之優劣、國之大小，後此則晉、楚狎主，意爲高下矣。春秋存之以見信，又以見無係襃貶進退之義也。

其詞則丘有罪焉耳。【注】丘，孔子名。其貶絶譏刺之辭有所失者，是丘之罪。聖人德盛尚謙，故自

〔一〕「義」，當作「議」。俞樾著有群經平議和諸子平議各五十卷，公羊平議爲群經平議之一。

名爾。主書者，惡納篡也。不書所篡出奔者，微國雖未踰年君猶不録。不足陽下言于北燕者，史文也〔一〕北燕本在上，從史文也。【疏】注「丘，孔子名」。○史記孔子世家：「魯襄公二十二年而孔子生。生而首上圩頂，故因名曰丘云。」○注「其貶」至「之罪」。○舊疏云：「即春秋説云：『孔子作春秋，一萬八千字，九月而書成，以授游、夏之徒。游、夏之徒〔二〕不能改一字。』是也。」按：説文：「詞，意内而言外也。」釋名：「詞，嗣也。令撰善言相續嗣〔三〕也。」史記儒林傳：「是時，天子方好文詞。」皆即意内言外之詞也。論衡超奇〔四〕云：「孔子得史記以作春秋，及其立義創意，褒貶賞誅，不復因史記者，眇思自出於胸中也。」通義云：「詞有褒與貶絶，假天子之事，故謙以爲有罪也。亦猶孟子云：『罪我者，其惟春秋乎！』」按：孟子離婁下：「其事則齊桓、晉文，其文則史。孔子曰：『其義則某〔五〕竊取之矣。』」趙注：「其事，則五伯所理也。桓、文，五伯之盛者，故舉之。其文，史記之文也。孔子自謂竊取之，以爲素王也。孔子人臣，不受君命，私作之，故言竊，亦聖人之謙辭。」此孔氏所本。萬氏斯大學春秋隨筆曰：「春秋，書弑君誅亂賊也。然而趙盾、崔杼之事，時史亦宜載其名，安見亂賊之懼獨在春秋而不在諸史？曰孟子言之矣，春秋之文，

〔一〕「也」爲衍文，當删。説見下【疏】所引阮元校勘記。
〔二〕「游、夏之徒」四字原脱，叢書本同，據公羊注疏校補。
〔三〕「續嗣」，原訛倒作「嗣續」，叢書本同，據釋名校乙。
〔四〕「超奇」，原訛作「起奇」，叢書本同，據論衡校改。
〔五〕「某」，孟子作「丘」。某，猶「我」。「某」、「丘」，皆孔子自稱，義同。

則史也，其義則孔子取之，諸史無義而春秋有義也。義有變有因，不修春秋曰『雨星，不及地尺而復』，君子修之曰『星實如雨』。諸侯之策曰『孫林父、甯殖出其君』，春秋書之曰『衛侯衎出奔』，此以變爲義者也。晉史書曰『趙盾弑其君』，春秋亦曰『晉趙盾弑其君』；齊大史書曰『崔杼弑其君』，春秋亦曰『齊崔杼弑其君』，此以因爲義者也。因與變相參，斯有美必著，無惡不顯，三綱以名，人道以立。春秋之義遂與天地同功。彼董狐、南史、左氏傳春秋而獲存，晉乘、楚檮杌、孟子論春秋而幸及。當時則書，久而亡焉。懼在春秋而不在諸史，有由然也。雖然以盾、杼之姦惡，齊、晉得以名赴，春秋得以名書，賴史官之直筆也。使晉、宋、吳、莒之弑逆，得董狐、南史其人，則書必以名，赴必以實。鮑與庚輿必不書人；書偃、僕、光，必不稱國。良史又曷可少哉！」按：晉、宋、吳、莒之弑稱人與國，即聖人筆削所繫。所謂某有罪者，非史官赴告之失也。如無史官，左傳又曷由知哉？史記孔子世家云：「子曰：『弗乎弗乎，君子病没世而名不稱焉。吾道不行矣，吾何以自見於後世哉？』乃因史記作春秋，上至隱公，下訖哀公十四年，十二公。據魯，親周，故殷，運之三代，約其文辭而指博。故吳、楚之君自稱王，而春秋貶之曰『子』；踐土之會實召周天子，而春秋諱之曰『天王狩于河陽』，推此類以繩當世，貶損之義，後有王者舉而開之。春秋之義行，則天下亂臣賊子懼焉。孔子在位聽訟，文辭有可與人共者，弗獨有也。至於爲春秋，筆則筆，削則削，子夏之徒不能贊一辭。弟子受春秋，孔子曰：『後世知丘者以春秋，而罪丘者亦以春秋。』」彼注引劉熙孟子注曰：「知者，行堯舜之道者也。罪者，在王公之位，見貶絶者也。」按：何氏此注以貶絶譏刺有所失，爲「某之罪」。以傳文以「其詞」與「其序」、「其會」對，皆謂次序諸侯，優劣之得失言故本而言之，與孟子之「知我」、「罪我」殊也。○注「主書」至「不録」。○春秋立納入皆簒辭，故云「主書者，惡納簒也」。舊疏云：「正以上三年之末『伯款出奔』，遥歷十許年，計應有君矣。陽生簒之，宜書其出，今不書者，微國之君被簒而出走者，皆略而不書。假令非被簒，但是微國，未踰年之君卒猶不書，況乎被簒出奔，甯不略之？何氏必將未踰年君約之者，正以所見之世，微國成君之出，例皆録之故也，即伯款之徒是也。」此不書所簒、出奔義也。○注「不足」至「文也」。○校勘記出「史文也北燕本在上」，云：「閩本同。鄂本無『也』字，此衍。監、毛本『北』誤『比』。」舊疏云：「若足其文，宜云『齊高偃帥師納北燕公子陽生于北燕』。今『陽生』之下不言『北燕』者，正以史之本文『陽生』之上有『北燕』二字，因而從之，不及改順文。」

○三月，壬申，鄭伯嘉卒。【疏】包氏慎言云：「三月書壬申，据曆爲四月朔。正月之二十九日亦壬申。經於夏五月書葬鄭簡公，簡公以四月卒，即以五月葬，在慢葬之例，宜書日，而經不書日者，同於當時不日之例，則三月之卒，當在正月。」

○夏，宋公使華定來聘。

○公如晉，至河乃復。【疏】穀梁傳：「季孫氏不使遂乎晉也。」

○五月，葬鄭簡公。

○楚殺其大夫成然。【疏】校勘記云：「唐石經、諸本同。疏云：『左氏作成熊，穀梁作成虔字。』按，穀梁作『成虎』，此作虔，誤。」趙氏坦春秋異文箋云：「左氏傳云：『書曰：楚殺其大夫成虎。』則經文作虎字，可知今左氏經文作成熊，或篆文殘脱致誤。公羊作成然，又因熊然形勢相似致譌。」

○秋，七月。

○冬，十月，公子整出奔齊。【疏】左氏、穀梁作「公子慭」，釋文：「慭，魚覲反。一讀爲整，之領反〔一〕。」此釋文云：「整，之領反，或作慭，魚覲反。」蓋古音通也。哀十一年左傳：「晉悼公子慭亡在衛。」釋文：「慭，一本作整。」通義云：「不日者，整無罪也。整與公謀去季氏，從公如晉，晉人拒公，整惶懼出奔，公之復，季孫爲之也。」按：孔氏義與何異。何氏以内大夫出奔，有罪不日也。孔義牽涉左氏爲説。然左傳南蒯以私怨欲出季氏，公子慭欲代季氏，許與爲難，又欲搆叔、季二家，不克出奔，絶無因公之意，

〔一〕「之領反」，原訛作「正領反」，叢書本同，據經典釋文校改。

何云無罪也？

○**楚子伐徐。**

○**晉伐鮮虞。**【注】謂之晉者，中國以無義，故爲夷狄所强。今楚行詐滅陳、蔡，諸夏懼然去而與晉會于屈銀，不因以大綏諸侯，先之以博愛，而先伐同姓，從親親起，欲以立威行霸，故狄之。【疏】注「謂之」至「狄之」。○舊疏云：「諸夏之稱連國稱爵，今單言晉，作夷狄之號，故須解之。」中國無義者，襄七年傳：「鄭伯將會諸侯于鄬，其大夫諫曰：『中國不足歸也，不若與楚。』鄭伯不可，其大夫曰：『以中國爲義，則伐我喪。以中國爲彊，則不若楚。』於是弑之。」注「禍由中國無義」，是其文也。遂爲夷狄所彊者，即四年「楚子以下會于申，執齊慶封，殺之」是也。今楚行詐滅陳、蔡者，即昭八年滅陳、十一年滅蔡是也。行詐，即託義討招，瑗，託義討蔡般是也。諸夏懼然去而與晉會于屈銀者，即上十一年「秋，季孫隱如會晉韓起以下于屈銀」是也。先伐同姓者，正以鮮虞姬姓故也。校勘記出「故爲夷狄所强」，云：「諸本同，誤也。疏中兩引皆作『夷狄所彊』，當據正。」又出「今楚行詐」，云：「閩、監、毛本同，誤也。鄂本『今』作『令』。此本疏中兩引亦作『令』，當據以訂正。」按：紹熙本「今」亦作「令」。懼然，當讀如「孝子聞名心瞿」之瞿。禮記檀弓：「瞿瞿如有求而弗得。」注：「皆憂悼在心之貌。」是也。通義云：「鮮虞，姬姓之國，見於世本。杜預謂『白狄別種』，妄也。後改國名中山，左氏哀三年傳有『求援於中山』者即是。史記『中山武公』，徐廣以爲『西周桓公之子』，雖失其實，然爲周之公子〔一〕無疑耳。晉爲諸夏盟主，楚翦滅姬宗，坐視不救，又效楚尤，加兵于同姓，故稱國狄之。春秋特於此責晉之甚者，初，楚人爲申之會，請諸侯于晉，晉弗敢競楚，由是大得志於中國。放乎滅陳、蔡者，晉君臣爲之也。蘇轍曰：『楚滅陳、蔡而晉不救，力誠不能，君子不罪也。能伐鮮虞而不救陳、蔡，非力不足也，棄諸侯也，故以夷書之。』繁露楚莊王云：「春秋曰『晉伐鮮虞』，奚惡乎晉而同夷狄也？曰：春秋尊禮而重信，信重於地，禮尊於身。何以知其然也？宋伯姬恐不禮而死於火，齊桓公疑信而虧其地，春秋賢而舉之，以爲天下法。曰禮而信，禮無不答，施無不報，天〔二〕之數也。今我君臣同姓適女，女無良心，禮以不答，有恐畏我，何其不夷狄也！公子慶父之亂，魯危殆亡，而齊桓安之，於彼無親，尚來憂我，如何與同姓而殘賊遇我？詩云：『宛彼鳴鳩，翰飛戾天。我心憂傷，念彼先人。明發不寐，有懷二人。』人皆有此心也，今晉不以同姓憂我，而强大厭我，我心望焉，故言之不好，謂之晉而已，是婉辭也。」穀梁傳：「其曰晉，狄之也。其狄之何也？不正其與夷狄交伐中國，故狄稱之也。」集解引：「何君廢疾云：『春秋多與夷狄並伐，何以不狄也？』鄭君釋之曰：『晉不見因會以綏諸夏，而伐同姓，貶之可也。狄之大重，晉爲厥慭之會，實謀救蔡，以八國之師而不能救，楚終滅蔡。今又伐

〔一〕「公子」，原訛作「分子」，公羊通義即誤作。據文義當作「公子」，徑改。
〔二〕「天」，原訛作「禮」，據春秋繁露校改。

徐，晉不糾合諸侯以遂前志，舍而伐鮮虞，是楚而不如也，故狄稱之。』」劉氏逢祿難曰：「狄之，所以貶之也。若僅貶之以起文，則辭費矣。鄭取董、何之義，以增飾傳文，安足以起疾乎？」按：左疏引賈、服，亦取穀梁爲說。而范甯以穀梁意非，然其荅薄氏，亦言楚滅陳、蔡而晉不能救，棄盟背好，交相攻伐，其責晉之義亦大同公羊也。蓋與夷狄並伐，事所恒有，何以不狄，誠如何君所難。漢書地理志中山國新市下引應劭曰：「鮮虞子國，今鮮虞亭是。」按：新市在今正定府新樂縣。